我国学校体育教学内容研究

蔺新茂　孙思哲　著

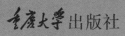
重庆大学出版社

图书在版编目(CIP)数据

我国学校体育教学内容研究／蔺新茂，孙思哲著
. -- 重庆：重庆大学出版社,2020.12
ISBN 978-7-5689-2367-5

Ⅰ.①我… Ⅱ.①蔺… ②孙… Ⅲ.①体育教学—教
学研究—中国 Ⅳ.①G807.01

中国版本图书馆 CIP 数据核字(2020)第 135102 号

我国学校体育教学内容研究

WOGUO XUEXIAO TIYU JIAOXUE NEIRONG YANJIU

蔺新茂 孙思哲 著
策划编辑:唐启秀
责任编辑:杨育彪 版式设计:唐启秀
责任校对:谢 芳 责任印制:张 策
*
重庆大学出版社出版发行
出版人:饶帮华
社址:重庆市沙坪坝区大学城西路 21 号
邮编:401331
电话:(023) 88617190 88617185(中小学)
传真:(023) 88617186 88617166
网址:http://www.cqup.com.cn
邮箱:fxk@ cqup.com.cn (营销中心)
全国新华书店经销
重庆俊蒲印务有限公司印刷
*
开本:787mm×1092mm 1/16 印张:19.75 字数:483千
2020 年 12 月第 1 版 2020 年 12 月第 1 次印刷
ISBN 978-7-5689-2367-5 定价:78.00 元

前　言

德国戏剧家、诗人贝尔托·布莱希特曾经说过："越是司空见惯的东西，人们越是对它缺乏思考。"体育作为一种文化现象，伴随着人类历史的发展纵贯占今，风靡世界，目前业已融入每一个人的日常生活之中，更有一些爱好者对之近乎痴迷，"一天不进行体育锻炼就会感觉缺少了什么"。然而，当人类沉浸其中，享受着体育文化带来的各种收获和乐趣的时候，对它的认识却依然是肤浅的——中国古代无体育的认识、西方"功利主义"体育备受推崇、被资本吞噬的号称"体育"的非体育大行其道……这些都显示出人类对体育文化认识与实践的欠缺。在经济全球化的今天，在多元文化的交流碰撞中，我们是否思考过"体育是什么？""体育能够带给人类什么？""作为一种文化现象或搭载平台，体育有没有国界？""从事体育文化交流时我们应该注意什么？"当我们有上述疑问的时候，诸多的教育家、学者、管理部门领导就不得不思考另外一些问题，"学校体育是学校教育的主要内容之一，学校体育课程是影响学生一生的重要课程，体育课程以体育教学内容为基本载体，以促使我们的学生全面发展，然而，学校体育教学内容又是什么？它源于何方？它的文化母体是什么？它对学生有什么建设性价值和不利影响？"尤其是，当我们逐渐认识到体育教学内容其实就是一种文化载体或一种文化的时候，我们还能轻松地认为学校体育教学内容可以信手拈来或随意移植吗？2007 年 5 月，《中共中央国务院关于加强青少年体育增强青少年体质的意见》要求，"通过 5 年左右的时间，使我国青少年普遍达到国家体质健康的基本要求"。然而，如何实现这一要求呢？在运动技能习得过程中，学校体育教学内容应该如何设计和选择才能在培养"德智体美劳"全面发展的社会主义建设者和接班人方面真正起作用呢？"体育运动技术""体育运动技能"仅仅是一种技术和技能吗？其"立德树人"的文化育人价值如何得以发挥呢？

2013 年，习近平总书记就曾围绕"努力夯实国家文化软实力的根基、努力传播当代中国价值观念、努力展示中华文化独特魅力、努力提高国际话语权"四个方面作过精辟阐述，明确指出，提高国家文化软实力，关系"两个一百年"奋斗目标和中华民族伟大复兴的中国梦的实现。同年，习近平总书记在山东曲阜考察孔府和孔子研究院时说，"一个国家、一个民族的强盛，总是以文化兴盛为支撑的，中华民族伟大复兴需要以中华文化发展繁荣为条件"。从表面上看，文化似乎很"软"，但当其通过人起作用的时候，却蕴藏着不可忽略的巨大能量。早在两千多年前的《道德经》里就已经阐明了这一观点，"天下之至柔，驰骋天下之至坚。无有入无间，吾是以知无为之有益。不言之教，无为之益，天下希及之"。因此，提升"文化软实力"是任何一个国家在提升本国政治、经济、军事等硬实力的同时都必须重视的，这不仅是实现"四个自信"的"因",也是践行"四个自信"的"果",是实现中华民族伟大复兴的基本保证。学校教育教学内容正是实现"无有人无间"文化育人价值的载体,体育教学内容也是如此。

历史已经无数次证明,没有一个崛起的大国不具有生动鲜明的文化气质和生动的民族个性。拿破仑说过,"历史上最强的东西有刀剑与思想两种,从长远来看,思想比刀剑更有力量"。一个国家、一个民族如果价值观扭曲、信仰缺失、浮躁涣散、奢靡享乐,缺乏吃苦精神、朴素作风,这个国家、这个民族就会丧失前进的动力和创新的源泉;一个国家是否能够在世界竞争中获得话语权,就要看这个国家是否是一个文化大国,而文化大国的基本标志就是:具有创新和引领人类世界文明发展的能力,具有创新和塑造先进价值观并始终保持强大魅力和影响力的文化追求。这就需要有强烈的文化自信心以及文化自省意识,在吸收世界优质文化丰富自己的同时,还要从民族传统文化的发展中搜寻有利于时代文化发展的优质文化,并根据时代发展的要求不断补充和完善,使其成为对本民族所有成员都具有强大影响力和教养作用的强大动力。

体育界的一些专家、学者也开始反思,目前的体育教学、体育教学内容在此方面起了多大的助推作用?体育不是最讲求规则意识的培养吗?体育不是最讲求挫折与成功相伴、痛并快乐吗?体育不是最讲求团队意识和相互协作吗?学校体育教学内容作为体育文化的一部分,是熏染和涵养中国特色社会主义的一代代建设者和接班人的特色文化之一,在对学校体育教学内容进行系统化构建时,切不可失去文化建设的警惕性,更不可失去自信、自尊与自觉,造成我国学校体育教学内容的全盘西化或单一化,而应该努力吸收先进体育文化的精神内核,并注意改造和抛弃西方体育文化中的一些与我国民族传统优质文化及思想相悖的内涵。同时,还要加强民族传统体育文化的挖掘、整理与创新,使之成为学校体育教学内容的中坚力量,自始至终都要保持民族传统体育文化对我国学生有一种安全文化呵护与涵养作用的力量存在。从 1903 年《奏定学堂章程》确立体育课为大中小学正课至今已有一百多年历史,学校体育教学内容在百余年的发展过程中,有两个问题一直没有得到解决,就是体育课要教给学生什么知识;在教授这些知识时,体育教学还要完成或实现什么任务或目标。由此中国近代的"新旧体育之辩""土洋体育之争""兵式体操""国粹体育""选手制体育"纷至沓来。中国现代先后出现的"劳卫制体育""劳动与军事体育""体质教育"与"技术教育"之争衍生出了体质教育教学内容与竞技体育教学内容,其间霹雳舞、校园集体舞对学校体育虎视眈眈、出出进进,健美操、体育舞蹈的成功突破,时至今日仍有"电子竞技"在一片质疑声中被部分学校所吸纳。当学校教育的其他学科都早已明确了自己的知识结构与逻辑体系,明确了"考试大纲"与 12 年系统的教学进度的时候,体育学科依旧顶着"教师不知道教什么、教多少""学生上了 12 年的体育课什么都没有学会"的抱怨;学校体育依然面临着"说起来重要、做起来次要、忙起来不要"的尴尬处境。什么体育运动技术与技能都没掌握,学生就难以养成终身体育锻炼的习惯并具有进行体育锻炼的能力,就无法形成高质量的生活化体育,体育就无法融入生活,无法形成体育生活化兴趣,就难有健康的生活体育内容,也就没有未来的"健康中国"。

2012 年 10 月,国务院办公厅转发教育部等部门《关于进一步加强学校体育工作的若干意见》,要求每个学生都要学会至少两项终身受益的体育锻炼项目;2016 年 4 月,《国务院办公厅关于强化学校体育促进学生身心健康全面发展的意见》,提出让学生熟练掌握一至两项运动技能;2016 年 10 月,中共中央、国务院印发了《"健康中国 2030"规划纲要》,提出基本实现青少年熟练掌握一项以上体育运动技能。掌握体育技术、形成体育技能的过程就是一种以体育文化育人的过程。上述问题也都要求我们必须从"学校体育教学内容"这一看似小而简单的问题研究着手。

本研究第 1—3 章由孙思哲教授负责撰写,第 4—6 章由蔺新茂教授负责撰写,不足之处,敬请广大同仁批评指正!

蔺新茂

2020 年 5 月 8 日

目 录

学校体育教学内容简论 第一章

　　20 世纪中期,世界经济的快速发展,经济全球化浪潮以及全球化浪潮给世界带来的种种变化不断冲击着人类生活——现代科学技术高度发展、信息技术日新月异、人工智能不断获得突破,这些都将不同国家、不同区域以及人与人之间的距离逐渐拉近,也使现代化新型生产方式、消费方式得到极大改善,生产效率得以极大提高。在现代社会生产力水平的高度发展给人类带来诸多便利的同时,种种危害也日趋明显,如环境污染、资源浪费,以及由此导致的局部冲突、自然灾害,区域间贫富差距加大,人类心理、体质健康水平下降,等等。

　　为应对生产、生活、消费方式的改变给人类健康带来的负面影响,充分发挥现代教育对人类智慧、知识、情感、态度、意志等方面的良性作用,联合国教科文组织从现代社会未来发展对人才的基本需求出发,设定了适应未来社会发展的人才标准,即"应具有良好的身体健康水平,应具有高度的精神道德水准,应具有全面深厚的科学技术及文化知识水平"。"人才标准"将各个国家学校体育的发展水平和受重视程度视为最重要的指标之一,这是该世界性组织在各项学校体育政策中第一次作此规定。由此大大强化了学校体育的重要作用,提升了体育学科的地位,促进了人们对体育教学的重视,也引发了各个国家的体育课程与教学改革。在这一背景下,我国第八次体育基础教育改革于 20 世纪 90 年代拉开序幕,改革提出了"坚持以人为本,尊重学生个体发展"的基本理念,强调尊重学生的体育学习兴趣,尊重学生对体育教学内容的自主选择,对体育课程实施"三级管理体制",明确了不同学段、级段的体育教学目标体系,强化了地方、学校、教师对我国学校体育教学内容选择的主动权,同时,又加大了我国学校体育教学过程中的目标、方式、方法、内容、评价等诸方面的改革力度。进入21 世纪以来,在积累了一定成功的经验和失败的教训之后,改革再一次向纵深推进——2013年 5 月,受教育部基础教育二司委托,由北京师范大学牵头,河南大学、华南师范大学等 5 所大学共同承担的"我国基础教育和高等教育阶段学生核心素养总体框架研究"项目启动。2016 年 9 月,该项目发布了包括"人文底蕴、科学精神、学会学习、健康生活、责任担当、实践创新"在内的我国学生六大核心素养,每个核心素养又包括三大基本指标,共计 18 个基本指标,全面展示了"中国学生发展核心素养"研究成果。"我国基础教育和高等教育阶段学生核心素养"的研制与颁布,是对我国学校教育、教学改革的再一次创新与突破,是充分展示与发挥学校教育课程在三个维度之上的基本目标的主要着眼点,也是我国新一轮学校教育改革的抓手。① 然而不管改革怎样进行,都有一个不可回避的问题:教学内容的改革。教学内容体现着教育思想和教育的价值追求,是实现教育目标的载体,是学校教学过程中连接教师与学生,教师与教学设计、教学方法、教学评价等的纽带。正因为如此,在历次学校教育改革中,都有关于教学内容的争论。

学校体育教学由教师、学生、教学目标、教学内容、教学过程、教学环境、教学模式、教学方法、教学评价 9 个方面的因素组成,当我们认真地分析与研究体育教学的这 9 个因素时,就会发现体育教学内容始终隐现于其他各因素之中,衔接或贯穿着其他诸因素:没有体育教学内容,体育课程就不能被称为学科课程而只能是运动、练习、活动或活动性课程;而学校体育课程与教学区别于其他学科课程与教学的特殊性,在很大程度上也是由体育教学内容的特殊性决定并生成的。例如,由于体育教学内容本身主要来自对各类体育运动项目的教材化改造、移植,因此,在体育教学中,教学目的与任务的确立、教学环境的设计、教师的教和学生的学,也都是以身体练习为主要特征的“体育活动”,体育教学过程从某种意义上来说,也就是将掌握体育知识,提升体育技术、技能,继承、创新与发展体育文化,并进一步培养体育生活化习惯等寓于各种科学性、规律性身体练习之中的人生情感教养、体育知识培育、体育能力提升、体育素养提高的过程;体育教学内容要求在某种情境中,以某一种或多种专门的器械进行身体练习,而且这种身体练习要在较为开放的空间和相对安全的环境中,采用多种教学方式、方法与手段进行,才能保证体育以及学校体育的价值、目标得以实现。②

但是,与学校教育的其他学科的教学内容相比,体育教学内容具有自身鲜明的特点。

第一,体育教学内容不像其他学科那样,各教学内容或知识点之间具有从基础起始的由低到高的逻辑递进关系,如数学教学内容就有加、减、乘、除的简单运算到混合运算,再到乘方、开方等复杂运算的逻辑递进关系,而体育教学内容就没有这种关系,或者说这种关系目前还没有被认识到,如篮球、排球、足球、乒乓球、羽毛球、网球等球类项目教学内容之间,就没有何为基础、何为提高、何为简单、何为复杂的逻辑递进关系,即便是某些体育教学内容之间看似存在一些微弱的逻辑关系,也很难说谁是谁的基础、谁是谁的拓展,很难厘清它们之间由易到难的逻辑递进关系,如体操、田径、球类、游泳等,哪一项是体育教学内容选择的起点和哪一项是体育教学内容排列的终点很难区分。

第二,体育项目“一项多能和多项一能”的特点使得体育教学内容多功能指向性的特点在学校体育教学过程中非常明显。体育教学内容的多功能指向性是指任何体育教学内容都具有教育和培养学生的多种相同的功能与价值,这就使学校体育教学在各学段、各级段选择体育教学内容时,具有较强的灵活性,而灵活性过强就会使体育教学内容选择的随意性增强,导致学校体育教学内容的系统性,以及学校体育教学内容所涵盖的体育知识体系的完整性受到影响或破坏,再加上体育教学内容所涵盖的一些知识与技术的“会能度”,即“会与不会”“能与不能”之间的界限模糊,运动技能的“高低”与“好坏”难以划分,所以对体育教学目标的落实与完成情况进行评价困难重重。

①② 蔺新茂.体育教学内容论[M].北京:北京体育大学出版社,2014.

　　第三,在学校体育教学中,即便是目前国家大力倡导的"足球进校园、篮球进校园"以及"体育特色学校、一校一品、建设校本课程"等活动,在真正实施过程中,各学校对体育教学内容、体育校本课程也很难给出一个确切的定义,即哪一项体育教学内容是学校体育中必须有的,是学校体育教学必须教授的? 哪些体育教学内容对学校体育来说是举足轻重的? 哪些体育教学内容是可有可无的? 但是,另一方面,体育教学内容之间确实有时隐时现或近或远的逻辑关系,学校体育很难将各体育运动技术完全割裂开来或独立出去。如体操、田径中的走、跑、跳、投、掷、跃、平衡、支撑、悬垂等动作及技术在其他项目中或直接存在或变相存在,似乎有着紧密的亲缘关系;同时,由于一部分体育项目是通过规则、活动场地、器材、运动方式、运动方法的改变从另一部分体育项目中变形、发展、衍生而来,例如,乒乓球是把网球搬到室内桌子上而出现的;冰球是把曲棍球移至冰上而衍生来的;把手球带到水中争夺就有了水球运动;体操的跳马由去掉两环的鞍马运动演化而来;高低杠运动则是将水平的双杠降低一杠高度而出现的;等等。运动项目的这种"亲子关系",使一些体育项目和另外一些体育项目、运动技术及另外一些运动技术之间就形成了或存在着类属关系和相同的运动规律。所以,体育教学内容的这些特点,再加上我国现有学校教育学制方面的阶段性特点,使学校体育教学要保证学生熟练掌握 1~2 项体育运动技术,要保证体育基本运动知识学习与掌握的整体性和系统性异常困难。因此,准确把握体育教学内容的特征特点,对体育教学内容进行恰当、合理的分类,有利于提升体育学科知识传授的系统性与完整性,以及学校体育教学的统一性与灵活性。

　　目前,学校体育教学中所涉及的内容有数十项之多,仅国务院办公厅在《关于强化学校体育促进学生身心健康全面发展的意见》(以下简称《意见》)中,所列举的具体项目就有三大球(足球、篮球、排球)、两小球(乒乓球、羽毛球)、三个基础项目(田径、体操、游泳)以及我国民族传统武术等九个大的项目,而且,《意见》还要求要进一步挖掘、整理民族、民间体育等既充实又丰富的体育课程内容。[①] 要保证学校体育教学目标的实现,就必须将众多的体育教学内容所涵盖的运动技术放在一起进行比较、归纳与分析,从宏观层面上准确把握这些体育教学内容之间的合理逻辑,并依据逻辑关系将体育教学内容进行合理、科学的分类,确立体育教学内容的层次性,才能保证体育知识教授的完整性、系统性,从而进一步促进大、中、小学体育课程衔接体系的科学性构建。

　　因此,体育教学内容是上承体育教学目标,下启体育教学方法、教学评价的中心环节,是培养高素质、全面发展型人才的手段,是保障实现体育教育目标和完成教育任务的"载体",是实施体育教学的重要因素。由于课程与教学是学校教育的核心,内容是这一核心中的核心,因此世界各国的体育课程与教学改革都会对课程与教学内容选择方面存在的一些问题进行深入的分析与研究。[②]

---

①　田麦久.项群训练理论[M].北京:人民体育出版社.1998:7-15.
②　蔺新茂.体育教学内容论[M].北京:北京体育大学出版社,2014.

第一节　体育教学内容的概念探析

一、课程内容、教材内容、教学内容辨析

长期以来,我国学校课程理论、教育与教学理论均来自对西方成熟理论的本土化改造或移植,大部分理论甚至移植多于改造。在此过程中,翻译者水平、专家对某些问题的认识、一些专用术语运用的环境和习惯、语言间的应用差异等都会影响理论的准确性,从而导致这些理论发生偏离,因此,在我国,会经常出现课程、教育、教材、教学等概念使用混乱的情况。例如,课程内容、教材内容、教学内容在我国学校教育教学实践和理论研究中就经常出现混用的情况,而学校体育作为教育学学科的一门分支学科,其大部分理论又来自对教育学理论与原理的移植,因此,这种概念运用混乱的情况在体育理论研究之中出现也就不足为奇了。这也不是体育学科中独有的现象,在学校教育的其他学科中也普遍存在,这一现状给广大体育教师和理论研究者带来了许多困惑。因此,首先厘清课程内容、教材内容、教学内容这三个术语的概念及其内涵不仅会为准确把握和应用体育教学内容的概念提供帮助,还有利于解决体育课程与教学领域中一些基础性研究的基本问题。

目前关于课程内容、教材内容、教学内容的讨论有两种观点。

一种观点认为,体育课程内容来自课程目标,体育课程目标的实现需以课程内容为载体,体育课程目标与课程内容,都直接关系到体育课程教学的结果。必须精选体育课程内容,使之能够为实现体育课程目标服务,而这些能够为实现体育课程目标服务的,被精选出来的,又经过专门加工、优化的关于体育课程的知识,就是体育课程内容。国家教育主管部门组织的、对体育课程以及与之对应的体育课程内容具有深刻认识的专家就是体育课程内容研制主体。专家们在广泛征求学校教育、学校体育等多方意见之后,将其选编入固定的教学文件(如《体育教学大纲》《体育与健康课程标准》等)中。体育课程内容不是某个人或某几个人思考的结果,它是在一定阶段具有相对稳定性、统一性和法定性的,其呈现方式是宏观的而不是微观的,是普遍的而不是个别的,是模糊的而不是具体的,体现在目前的《体育与健康课程标准》中即为学生的运动参与领域、学生的运动技能掌握领域、学生的身体健康促进领域、学生的心理健康领域和社会适应促进领域五个方面。

而体育教材内容来源于学校体育设置的体育课程内容,它具有很强的抽象性,无法在短时间内习得,并不能直接作用于学生,学生需要或者只有借助于"体育教材内容"这一中间媒介,才能够更深刻、更透彻地学习和掌握学校体育所选择的"体育课程内容"。体育教材内容选编主体包括两个层次,其一是,依据体育教材内容选择和编排的基本程序与科学标准,由国家或各省市等地方性的教育行政机构或教育主管部门组织专家、学者进行选择与加工,最后写入体育教学标准、大纲或要求之中的内容;其二是,依据各个地区的区域性特点,不同级段、学段学生生理、心理特点,以及各所学校不同的教学环境与资源条件等方方面面的具体

情况,由从事学校体育教学的教师对体育课程内容进行具有体育教学针对性的加工与改造。这样,体育素材经过两次选编、改造、加工后才能进入课堂,成为衔接教与学的媒介,即体育教材内容。体育教材内容的呈现方式是教科书及教学辅助材料等,因此,体育教材内容就是体育教科书、体育教学辅助材料承载的关于各种体育运动的具体信息。例如,体育与健康的基本常识、安全运动的相关知识、保健身心的各种身体活动性练习以及健身方式与方法等知识。

　　体育教学内容的选编依据具体的体育教学实践。如果体育教材内容不经过教学实践活动,就只能停留在教科书等物质载体中,无法转换成学生所需要的体育知识、技术与技能。[①]体育教学内容是体育教材内容进入课堂后,在师生双方教学实践的动态过程中产生的,是体育教材内容的"教学化"。其设计主体是教师和学生,是教师在复杂多变的具体教学情境中,根据体育教材内容本身所具有的功能和学生不同的需求对体育教学内容进行价值取向后生成的。体育教学内容的呈现方式或平台是具体的体育教学。

　　另一种观点认为,对课程的理解应包括宏观、中观、微观三个层次,因此,对课程内容的界定也应分为三个层次。从宏观层面上来说,课程内容为实现教育目标服务,是学校教育中各个学科系统的统称。就像赫尔巴特传统教育学依据学生的兴趣、需求以及学校教育的培养目标所构建的学校教育各学科体系一样,课程内容是由不同学科课程组成的一个大的教育素材集合,如赫尔巴特依据学生经验积累的需要,选择自然科学、物理、化学、地理学科;依据思辨培养的需要,选择数学、逻辑学、文法等学科;依据审美的需要,选择文学、唱歌、国画等学科;依据国情的需要开设外国语、本国语学科;依据社会的需要开设历史、政治、法律等学科;依据宗教的需要开设神学等学科。目前我国中小学学校教育的课程就包括语文、数学、外语、体育等,这些课程内容的设计是由国家教育行政主管部门组织专门的教育专家,依据国家教育目标,教育规律以及学校教育各级段、学段的基本范式、特征、特点等制定的,具有权威性、同一性、科学性等特点。从中观层面上来说,课程内容为实现某一学科领域教育目标服务,是某一学科专业教育中各科目系统的统称。例如,体育学科就包括田径、体操、足球、篮球、排球等科目。中观层面课程内容的制定是由教育行政主管部门组织本学科领域专家完成的,在此基础上,各教育部门依据自身的基本情况、区域特征等进行修正、删减或补充,具有权威性、灵活性、科学性、合理性等特点。微观层面的课程内容为教学目标服务,是某一具体学科科目内容体系的统称,微观层面的课程内容就是教学内容。例如,田径课程中的跳远、跳高等;体操课程中的技巧前滚翻、手倒立,单杠翻上、骑撑后倒挂膝上,双杠支撑行进、支撑摆动后摆下、支撑摆动前摆下,山羊分腿腾越等。将这些教学内容编纂成书以利于学生学习和查阅,这样承载体育教学内容的体育教科书就被称为教材。而教材的另一种含义也是体育教学内容,如为真正做到"授人以鱼不如授人以渔"的基本教育思想。在21世纪的基础教育课程改革过程中,有人就曾经提出了教师要转变教育方式,变"教教材"为"用教材教",以此来激发学生的创新能力,增强学生学习的积极主动性等。这里的"教材"就是指教学内容,这种说法或概念只是语言习惯的问题,对学术研究和教育教学实践的影响不大。

---

① 毛振明,赖天德.再谈体育教学内容的开发问题——对提倡"扁担南瓜进课堂"主要观点的辨析[J].中国学校体育,2007(5):18-20.

相对而言,以第二种观点来理解课程内容、教材内容与教学内容之间的区别与联系似乎更有说服力,也更接近体育教学实践的真相。

二、体育教学内容的内涵探讨

要准确理解、界定体育教学内容,就必须将与之相关的一些概念进行简要分析。

(一)体育

体育是伴随人类文化活动的产生而出现的一种文化现象,是教育的萌芽和初始形态。在体育运动的基本方式出现之初,世界各国对"体育"一词的称谓和称谓的含义都各不相同。直到 18 世纪末,"德国体育之父"古茨穆斯在整合、改造、发展部分身体活动内容后,形成了一个包括三大门类九项内容的体育教学内容系统,这一系统被统称为"体操"(世界近代体育的统称),为与其他国家的体操体系加以区别,人们将这一体系称为"古茨穆斯体操体系"或"德国体操体系"。古茨穆斯体操体系的出现,为后来的瑞典、丹麦体操体系奠定了良好的基础,而且得以迅速传播,流行于欧美各国,几经发展和补充又相继出现了多种新的运动项目——现代体操体系。古茨穆斯体操体系首先在施涅芬塔尔博爱学校推行,当其在欧美学校体育中广泛开展起来以后,逐渐建立起了"体育是通过身体活动进行教育的手段或方式"这一基本理念,"体操"和"体育"两个词也在此后相当长的时期内并存和被相互混用。20 世纪初,随着体育项目的不断增多,身体运动方式的不断更新,"体育"一词才得以逐渐在世界范围内被统一使用。

18 世纪中叶,我国的洋人学馆、教会学堂等西式学校中最早出现了"体操"这一称谓。1902 年,清朝政府的《钦定学堂章程》采用了由日本传入的"体操"概念,其时在学校教育中广泛推广由日本引入的德国"兵式体操"。1907 年,清朝政府学部的奏折中也开始出现"体操"一词。辛亥革命以后,"体操""兵式体操""军国民主义体操"等概念开始被广泛使用。1923 年,在国民政府的《中小学体育课程纲要(草案)》中,"体操科"被正式改称为"体育课"。也有记载称,在我国湖北省幼稚园开办章程中,最早出现了"体育"一词,其时是 1904 年。《钦定学堂章程》中提到,幼稚园要负责对幼儿进行全面教育,务必保证"幼儿身体健壮",使幼稚园成为发达的体育建设的基地;而在 1905 年的湖南蒙养院的"教课说略"上也有此记载,即体育的真正目的在于,以体操运动使学生塑造优美健康的身体,而以"歌舞"等艺术类教学内容来发展和提升学生的心理环境。①

世界范围内,关于体育概念的讨论由来已久,而且至今仍然悬而未决。1953 年在美国举办的"第一届国际体育会议",1963 年在奥地利召开的"第一届国际体育术语统一研究会",以及此后举办的多次国际体育学术会议,均将体育的基本概念列为会议讨论的重要学术议题,说明统一和明确体育的基本概念的必要性和困难性。我国体育工作者从 20 世纪 80 年代开始掀起了体育的概念研究和讨论的高潮,对"真义体育"与"整体体育"的争论至今依然

---

① 张戈,蔺新茂.我国体育教学内容沿革分析[J].体育文化导刊,2016(7):131-135.

仁者见仁,智者见智,没有达成共识。然而,这也没有妨碍体育研究者的任何研究工作,因为,大家均可综合分析各家之言,结合自己的研究侧重点,有针对性地提出自己的观念和见解。

1984年上海辞书出版社出版的《体育词典》给出的体育概念:"体育是人类根据自身生产与生活的需求,按照人体生长发育以及身体活动的基本规律,依据自然界的空气、水、光照等自然因素和生理卫生知识,将基本身体练习作为基本活动手段,为实现增强体质,丰富人们的文化娱乐生活等目的而进行的一种社会性活动,是组成我国社会主义文化教育活动的重要部分之一。"这一定义在论述体育功能时(人们需要),虽然想更全面一些,但还是漏掉了许多内涵,如体育不仅反映了人类进行社会生产和日常生活的需求,还反映了不同社会形态的政治、经济、文化、军事等多方面的需求;因此,人们在从事体育活动时,不仅要遵循人作为自然属性生命体的基本生长与发育规律以及身体运动的基本规律,还要遵循作为社会生命体的人的教育以及体育教育发展的规律等。同时,容易引起歧义的、非常模糊的表述方式,不应该在概念中出现。

《中国大百科全书(体育卷)》给出的"体育"概念:在我国,"体育具有广义和狭义两层含义,广义的'体育'包括对身体的教育活动、运动竞赛活动和身体的基本锻炼活动三个方面。身体的教育活动与道德教育、智力培养、审美教育等多种教育相结合,成为教育的基本部分。它通过有目的、有组织、有计划的身体活动来促进参与者全面发展,增强体质,掌握锻炼的基本知识与技能,培养参与者高尚的道德与意志品质;运动竞赛活动是最大限度地发展和提高人类体质、体能和心理等方面的潜力,为获取优异的运动成绩而专门进行的训练和比赛活动;身体的基本锻炼活动则是以促进身心健康而进行的医疗监督、娱乐活动等的身体活动[1]"。早在1916年,柏林国际体育工作会议就明确确立了关于体育术语的四项规定:"符合体育运动本质;语言表达准确;能为一般人所理解;语言简洁。"[2]因此,上述概念既违背了定义的逻辑原则,又不符合体育术语的四项规定。

在《辞海》的"体育"词条中有如此陈述:"狭义的体育是指以增进健康、医疗康复、休闲娱乐为目的的身体教育活动。其与品德教育、智力教育、审美教育相结合,构成了整个教育。广义的体育是指体育运动,主要包括对身体的教育、竞技性运动、身体基本锻炼三个方面。广义体育和狭义体育都是以人类的基本身体活动为手段,以增进健康、增强体质、提高技术,都具有教育以及进行教学、训练、参与运动竞赛的作用。体育随着社会的发展而进步,受社会政治、经济、文化发展的影响和限制,同时为社会的政治、经济和文化等的发展与稳定服务。"[3]从上述体育概念的基本表述来看,无论是广义的体育还是狭义的体育,都在割裂和分化体育的功能与基本的价值取向,而且也不符合我国汉语语境下的语言习惯,我们不能说,今天我们开展了广义的体育,昨天我们从事了狭义的体育,这显然是很荒诞的文字游戏。

我国专家将与体育距离最近的属概念设定为"身体文化""身体教育""社会活动""身体

---

[1] 《中国大百科全书》编委会.中国大百科全书(体育卷).北京:中国大百科全书出版社,1996.

[2] 国家体委政策研究室.体育论文选[M].北京:人民体育出版社,1986:57.

[3] 《辞海》编委会.辞海[M].上海:上海辞书出版社,1999.

活动""文化活动""一门科学"等。苏联著名的体育理论专家马特维耶夫主张,对体育概念的理解与把握应该从文化的角度(体育是一种文化,是社会文化和个人文化中不可分离的一部分)入手。体育文化与其他社会文化最基本的区别是,体育文化是利用身体活动或运动促进、控制和掌握人的身体发展,使人的身体达到最佳,为生活实践和工作实践充分做好身体方面的准备。[①] 从贾齐教授等人的《作为世界的身体》[②]和《运动学习:认识世界的一种方式》[③]等研究中,我们又能够真切地感受到体育作为一种提高人类对自身的认识水平,实现身心和谐统一的认识活动(又不仅仅是身体活动)的价值和意义。

因此,本书为了研究的需要,对体育的释义为:体育是一种以促进身心健康为目的,通过各种有针对性的身体练习优化人类身体生存或生活状态的最佳化个体身体教育与社会教育的活动,是社会文化的重要内容。

本研究查阅了多种体育理论研究的文献,没有发现对"体育内容"概念的界定,在论及体育及体育内容时,人们常常用"体育""运动项目"或"体育项目"来表述体育内容。习惯以"体育"一词来替代体育内容,其实"体育"一词表述的是体育的内涵和外延,而体育内容则更多地倾向对"体育"一词的外延展现。因此,体育内容是体育所包含的所有项目、材料以及与之相关的规程、方式与方法的总称。体育中的诸多项目内容经教材化加工以后进入学校体育,作为体育教学内容的后备军、主要来源及选择库中的素材。

由于体育产生的社会、文化、地理背景不同,体育也呈现出以下多种样态。

(1)竞技体育样态

竞技体育源于古希腊,兴于英国的绅士体育与户外运动及近代奥运会的竞技体育运动,具有统一的竞赛规则、方式与方法,目的是战胜对手,充分挖掘人类生理(体质、体能)、心理等方面的潜力,并将其发挥和提高至最大限度,在竞争中取得优异的运动成绩。随着社会的不断发展,竞技体育呈现出越来越成熟、越来越规范的发展趋势。而且随着各种内容的不断普及,喜爱观看和亲身实践竞技体育比赛的人逐渐增多,使得不同的竞技体育内容都能长盛不衰,呈现出百花齐放的局面。竞技体育内容是学校体育教学内容的前身和重要来源渠道之一。

(2)民族传统体育样态

民族的基本含义是指不同地域的种族(或人群),基于政治、文化、经济、语言、文字、生活、习惯以及历史发展过程等的不同,所形成的具有群体性特征的、特殊的社会文化生活统一体。对于民族的概念,国内外学术界至今没有统一的认识。马克思对"民族"的界定是,"民族是人类历史发展过程中,居于共同地域的人类,在长期生活过程中,所形成具有共同语言文字、共同政治经济生活以及共同文化心理素质的、特殊稳定的统一体"。据此,研究认为,民族传统体育是指各民族内形成并世代传承延续至今的体育活动内容,其主要是在本民

① 蔺新茂.体育教学内容论[M].北京:北京体育大学出版社,2014.
② 贾齐,赵纪生.作为世界的身体[J].体育与科学,2006(1):13-17.
③ 贾齐,李捷.运动学习:认识世界的一种方式——身与心如何走向统一[J].体育与科学,2003(4):36-39.

族长期生存的区域内盛行或流传。我国是拥有 56 个民族的多民族国家,体育内容丰富。这些体育内容既有普遍性的、各民族发展过程中共有的部分(如武术、摔跤、举重、游泳等),也有各民族独有的体育内容,如苗族的跳竹竿、蒙古族的叼羊、满族的射柳等。民族传统体育内容的多样性,使各民族都具有本民族独特的体育教学内容。[①]

(3)民俗体育样态

民俗体育是体育与民俗结合起来的一个组合词,是为了区别不同体育内容以及体育内容的存在状态、文化背景,以便更好地研究体育文化发展规律的一个创生词。民俗,即民间流传的风尚习俗,这种风尚习俗是由从属于一定民族的广大民众在长期的生产、生活实践中创造出来的,为本民族民众所传承和享用的体育文化。它源于不同人类社会群体生产和生活的需要,在特定时期和地域中形成并不断得以补充、发展和演进,最终成为不断影响人们行为、语言和心理状态的基本力量。中国文化学会艺术委员会主席盛琦先生认为,民俗体育的主要来源是某一民族长期流传下来的原创性体育内容(即民族体育内容)和外来体育内容经过民族文化加工和内化后的体育内容。因此,民俗体育内容的概念应该界定为"已经成为民族风尚习俗的体育内容"。

(4)军事体育样态

在众多关于体育起源的研究中,学者达成了共识:体育的产生与古代人类为个体或种族的生存、生活而进行的战争有着十分紧密的联系。现代体育中的许多运动项目,都可追溯到原始的军事行动和部落的冲突之中,都带有明显的古代战争痕迹。因此,军事体育内容是体育文化的主要形态之一,作为体育内容的主要成分一直延续到了近代的兵式体操教学与训练中,以及现代体育的军事体育内容(如摔跤、射箭、格斗等)中。目前,我国学校体育中的"队列队形练习"要求,依然是按照《中国人民解放军队列条例》中的相关规定执行。解放军体育学院军事体育发展战略研究中心的刘德佩教授认为,军事体育有别于军人体育和军队体育,任何国家与社会民众,以维护国防安全进行的战争准备和全面提升主体进行军事斗争能力为目的而进行的与军事斗争技术与技能密切联系的身体训练活动就是军事体育。军事体育内容是指与军事训练和比赛相关的体育知识、技术和技能。[②]

(二)教育与教学

1.教育

教育是培养人的社会实践活动,是随人类社会的产生和发展而出现并发展起来的一种特有的社会现象。"教育"一词在我国最早见于《孟子·尽心上》:"君子有三乐,而王天下不与存焉。父母俱存,兄弟无故,一乐也;仰不愧于天,俯亦不怍于人,二乐也;得天下英才而教育之,三乐也。"《说文解字》对教育的解释是,"教,上施下效也!","育,养子而使之为善也"。

---

① 蔺新茂.体育教学内容论[M].北京:北京体育大学出版社,2014.
② 刘德佩.军事体育的由来与军事体育的概念[J].解放军体育学院学报,2000(3):3.

在西方,"教育"一词源于拉丁文"educare",含义为引出或导出,意思是借助特定的手段,把原本隐含的东西,从人的躯体或思想之中激发出来,强调这是一种顺其自然的活动,其目的是将自然人所固有的或潜在的素质激发出来,以适应和符合现实需要的人的发展。① 19世纪末20世纪初,清政府废除"科举制"的同时,颁布了《奏定学堂章程》,宣布实施新学制,通过开办、推广新式学堂,开办师范教育,培养学堂教师等举措开启了近代学校教育的基本范式,对我国教育进行了一系列改革,使西学逐渐成为我国学校教育的主要内容,"教育"随之成为一个常用词。

教育活动背景、教育活动自身的复杂性以及教育形式的多样性,使人们在界定教育的概念时,存在很大的困难。目前,普遍认为,教育的首要和直接功能是促进个体发展;通过个体发展实现其影响社会经济、政治与文化发展的价值。因此,具有共识性的结论认为,教育有广义与狭义两种含义。广义的教育泛指有目的、有意识地影响人类个体身心发展的所有活动。狭义的教育则是指教师在学校这一特定环境内,依据社会的目标与培养要求以及学生身心发展的基本规律,对学生身心实施有组织、有目的、有计划的影响,使其按照预期目标发生变化,实现发展的培养、训练、指导等活动。据此,本研究认为,教育是人类文明得以继承与发展的一种手段,是主体根据特定的社会(或阶级)政治、经济、文化等发展的需求,对客体身心实施有组织、有目的、有计划的影响,把他们培养成能够适应社会(或阶级)发展需要的人的活动。②

学校教育的课程是进行教育的载体,课程内容是教育活动过程中的一个重要因素。它是由教育目标决定的,体现着人才培养的规格要求,反映着时代的政治、经济、文化等发展状况。教育内容包括人类社会各个领域活动的知识、技能、价值观念、行为规范等。它具有发展人的智慧、品德、体力、审美能力等诸多方面的价值和作用;从表现形式来说,教育内容有理论知识性教育内容和技术知识性教育内容。因此,本研究认为,课程内容是依据教育目标筛选出来的,是在教育活动中传授给学生的知识技能、思想观点、行为习惯等。2016年9月,受教育部基础教育二司委托,由北京师范大学牵头,华南师范大学、河南大学、山东师范大学、辽宁师范大学共同承担的"我国基础教育和高等教育阶段学生核心素养总体框架研究"项目研究成果公布。这是一套经过系统设计的育人目标框架,其落实需从教育各环节的整体改革入手,通过课程设计、教育实践与评价等诸多方面进行。而课程内容的再设计与创新发展必将成为课程设计及教育实践与评价改革的着眼点。因此,对课程内容相关因素的研究,会成为新一轮改革的热点问题。课程内容的研制与选编必将准确反映我国的教育目标及我国各级各类学生所需要的核心素养的发展要求。③

2.教学

教育的客体(学生)获取知识、促进自身发展的方式、方法与路径非常多,如在学校的教育与教学课堂之中,通过学校或学生有组织的课余文化活动,多种多样的生产、生活实践活动,以及社会公益服务、志愿活动等。方式、方法与途径多种多样的教育活动相互影响与作

---

①③ 蔺新茂.体育教学内容论[M].北京:北京体育大学出版社,2014.

② 毛振明,李忠诚.论选择体育教学内容的依据、原则与方法[J].中国学校体育,2010(3):15-18.

用,一并促进和推动教育客体(学生)的成长、进步与发展。但教育客体(学生)接受知识的主要方式和渠道还是学校的课堂教学。从本质上讲,课堂教学就是教育客体(学生)的一种"认知和认识活动",通过这些活动,避免了知识传授活动的随意性、零散性以及知识的碎片化,而使教育活动成为专业性很强的特殊活动,从而提高教学效率,避免教育客体(学生)自主选择、学习零散的知识、技术。同时,教育主体(教师)应积极引导和精心安排教学活动,这种"积极引导和精心安排"包含着教育主体(教师)自身对所传授知识的理解和创生以及最优的方法选择,避免了教育客体(学生)在学习过程中出现困难,或者在反复的实践尝试过程中出现错误,从而确保他们在学习过程的每一个环节都能够顺利进行。另一方面,这种教学活动又不只是单一的知识传授,它有极其重要的培育与教化的作用,从而确保教育的任务能够全面完成。在此过程中,既有知识的教授、认知的发展、智力的培育,又有思想的教化、品德的完善等多种价值的延展,这种促进学生全面发展的作用只有教学才能实现。

赫尔巴特基于教育与教学的这一密切关系以及认知心理学的基本理论,确立了形成道德观念、培养道德品质作为教学基本目的的认识,并在此基础上,指出了"教育性教学"的价值和意义。他认为任何教学都应该也必须内含教育性,教育也因此无法与教学脱离以独立存在。[①] 他认为:"和我们不得不承认,不存在任何'无教育的教学'一样,任何'无教学的教育'也是根本不会存在的。""没有进行道德教育的教学,仅仅是一种没有目的的教育手段;相反,教学如果不进行道德教育(或者品格教育),这样的教学就失去了手段的目的性存在。"至今,"教育性教学"的基本思想,已经成为现代教育学的共识,并且,在教育、教学不断进步、创新的过程中得到了进一步发展。[②]

因此,教学是教育过程中的一个阶段,也是教育活动中的一种手段,更是教育体系中不可或缺的一部分,其目的是充实、完善人的内涵,提升基本素养,促使人的全面发展。而学校则是不同国家在不同社会的政治、经济、文化制度与政策背景下,实现教育目标的重要一环。[③]

(三)体育教学与体育教学内容

1.体育教学

体育教学古已有之,如中国古代学校教育,已经把一些近似现代体育的成分列入了课程之中;春秋战国时期,"六艺"(礼、乐、射、御、书、数)教育中的"乐""射""御"就含有体育教学的成分,其目的是通过这些内容的教学,将受教育者培养成为文武兼备的国家需要的栋梁之材。体育教学是随着人类社会的产生而出现、随着人类社会的发展逐渐完善起来的教育现象,也是一个由多种因素组成的复杂系统。

体育教学还是现代社会我国青少年儿童学习运动技术知识,获得正确运动态度,养成健康、积极的锻炼习惯的主要途径,对学生掌握体育与保健知识、提高运动技术水平、实现我国

---

① 张焕庭.西方资产阶级教育论著选[M].北京:人民教育出版社,1985:257.
② 曹孚.外国教育史[M].北京:人民教育出版社,1979:177.
③ 蔺新茂.体育教学内容论[M].北京:北京体育大学出版社,2014.

学校体育的目的和任务具有重要意义。体育教学注重过程的教育性,注重对学生外在身体形态与内在良好气质的培养,注重对学生健康体魄的塑造和良好心理素质的修炼,具有内外合一、身心合一的健身系统性和统一性。

因此,体育教学是依据和遵循一定的学校体育教学目标而进行的具有明确目的性、计划性和组织性的体育教育活动。教师作为主体、学生作为客体共同参与了体育教学过程,其主要目的和任务是向学生进行体育"三基"(体育知识、体育技术与体育技能)教育,以增强学生的体质,培养学生的道德与意志品质,为学生终身体育服务。

2.体育教学内容

体育伴随教育的产生而产生,体育教学内容也与其他学科教育内容一样,随着人类社会的需求和教育事业的发展而发展。随着近现代社会的不断进步,体育在学校教育中的地位逐渐确立,形成了比较清晰的轮廓。然而,与其他学科的教育内容相比,体育教学内容因其多样性和复杂性,至今仍然没有一个完整的、具有合理逻辑关系的体系。在我国,虽然一般认为最早的体育教学内容是"六艺"中的"射"和"御",而实际上这只是实用军事技能、生活技能以及基本礼仪的传授,与现代教育理念下的"身体教育"内容有很大区别,也与"体育教学"意义上的内容相去甚远。

世界各国的早期教育中都存在类似的实用技术与技能教育的痕迹,这些都是近代体育教学内容的雏形,是近代体育教学内容的基础,其代表不同民族的文化形态和内涵,对形成各国的特色体育教学内容具有潜移默化的影响,对当今的体育教学内容有着重要意义。而现代体育教学内容的形成则是借助具有与发展水平相适应的近代学校和较为科学的学校教育内容体系的出现而实现的。

《体育(与健康)课程标准解读》对体育教学内容有这样的描述:"现在,我们对体育教学内容有了和过去不同的一种理解,过去的'体育教学大纲'把体育教学内容等同于教科书,而体育教师的主要任务是'教'教科书,《体育(与健康)课程标准》则是把体育教学内容作为要达成学习目标的一种手段,强调体育教学内容与教科书的不一致性,而是用教科书来教会学生获取必要的知识与技能。"我们姑且不论这句话的逻辑性,仅就体育教学内容的含义来看,将体育教学内容等同于体育教材或体育教科书是不够确切的。其实,体育教材或体育教科书所承载的应该是体育课程内容,而当体育课程内容被选出来用于具体的体育教学实践时,才被称为"体育教学内容"。体育教材或体育教科书所承载的是体育教学内容,但其内容数量往往要大于体育教学内容。[①]

因此,本研究对体育教学内容作出的定义为:体育教学内容是依据体育学科目标选择的、根据学生发展需要和教学条件进行加工的、在体育教学环境下传授给学生的体育运动的知识。

体育、体育内容与体育教学内容息息相关。体育发达程度、体育文化发展的高度、体育功能的选择、体育价值取向的侧重都影响或决定着体育内容的存续与兴衰,这些都已经被古今中外体育发展的历史所证明;而体育教学内容是体育、体育内容的发展以及与学校教

---

① 体育(与健康)课程标准研制组.体育(与健康)课程标准解读[M].武汉:湖北教育出版社,2002:121.

育相结合的必然结果。① 之所以能够形成体育教学内容,是因为体育所包含的教育属性,以及体育实践在各个历史时期所承载的或者被赋予的促进社会政治、经济、文化发展的使命。

三、体育教学内容的外延确定

"体育"与"体育教学内容"在生活中普遍存在,人们不但对之耳熟能详,而且还亲力亲为——体育的生活化使生活化体育在人们的日常工作、生活中担任了重要角色,以至于说到它,人们都能够不假思索地谈论自己的体育经历与感受,还能够列举很多体育的优点和缺点。但是,对于什么是体育,什么是体育教学内容的基本认识,人们却难以准确表述,因为,关于"体育"的许多相关信息,哪怕是最基本的概念至今尚有争议,还无法定论,所以,关于体育教学内容的争论无论是在实践层面上还是在理论层面上都非常之多。②

(一)对体育教学内容已有的理论与实践探索

自近代西方体育教学内容传入中国,"兵式体操"成为中国近代学校体育教育第一个官方认可的体育教学内容以来,无论是学校体育界还是体育理论界对体育教学内容的探索与讨论都从来没有停止过,对这些理论与实践探索的回顾与审视,有利于深入了解体育教学内容的源流以及体育内容之所以能够被改造成为体育教学内容的基本原则,有利于我们更为深刻地理解和解析体育教学内容的基本外延。

1.古茨穆斯对体育与劳动区别的认识

现代学校体育教育的奠基人、"德国体育之父"古茨穆斯搜集了古希腊、古罗马以及普鲁士王国古代体育运动项目和民间体育娱乐与游戏等,并结合学校教育的特征、特点、目的和任务,以及近代生理学、解剖学研究的成果,将学校体操同古代和当时流行的运动方式密切联系起来,形成了一个完整的体育教学内容体系。他将这个体育教学内容体系按运动目的、运动性质、运动解剖学特征和运动类型4个依据进行分类。其中,按照运动类型,古茨穆斯把体育教学内容分为3类:以身体形成为目的的活动,即基本运动、手工劳动和青少年游戏。基本运动内容包括跑、跳、步行和兵士运动、射击和剑术等9项,这种分类方式深得体育界认可,对近现代学校体育教学具有较高的价值和意义。

古茨穆斯在完善与发展体育教学内容体系的同时,也对体育教学内容的基本属性、价值等进行了深入剖析,他将体育与劳动加以区分,指出二者之异同在于,"任何手工劳动虽然都具有一定的锻炼身体的价值与作用,然而,劳动并不能因此与体操运动等值,因为劳动的客体、劳动的目标指向劳动产品,而与劳动者本人无关,而体操的对象是针对体操者本人,为体操者本人身心发展服务。……人们从事体操活动不是为了单纯的、庸俗的消遣或

① 蔺新茂.体育教学内容论[M].北京:北京体育大学出版社,2014.
② 毛振明.体育教学内容的层次[J].体育教学,2002(4):4-5.

娱乐,而是为了增进自己的健康……经合理改造、安排后的劳动在某种程度上,也可改善身体状况,它也正因如此而成为体操的一个组成部分"。这些认识至今仍具有借鉴价值和意义。

2.中国近代关于"新体育"与"旧体育"的辩论

"新旧体育之辩"是中国学校体育关于体育教学内容的第一次反思。"新体育"是指在受美国实用主义教育影响的美国"新体育"学派的体育教学改革中,涌现出的近代娱乐体育、竞技体育内容,如田径、球类、游戏、体操等内容。而"旧体育"则是指前期从日本引入的"兵式体操",后来实施"军国民主义教育"期间的军事训练性体操内容。自清朝末年开始,以孙中山为首的资产阶级革命派为了抵御外侮、推翻清朝政府的统治,积极提倡尚武精神,主张大力推行军国民主义教育,使军国民主义体育在民国初期达到了高潮。军国民主义体育教学内容于 1902 年由一批留学日本的学生从日本直接引入,其主要内容就是"兵式体操"。例如,蔡锷在其《军国民篇》中说:"军人之知识、军人之精神、军人之本质,不独限之从者,梵全国国民,皆亦具有之";1911 年有人在《教育杂志》上撰稿指出:"中国之击剑、枪术、弓法、骑法等为最佳运动",主张将这些民族传统体育内容作为学校体育教学内容进行传授,掀起了"民粹体育"的高潮。一些学者认为应"抑西扬中",大力宣传实施国粹(传统)体育教育,其对近现代学校体育教学内容的影响是:促进了民族传统体育内容(包括武术、民间游戏活动等)进入课堂,使之在学校体育教学内容中占有一席之地,从而进一步促进了对民族传统体育文化的挖掘、整理和改造。但是,中国传统体育中的武术、气功、静坐等的价值与作用也被"国粹体育"倡导者提升到了不恰当的高度。[①]

从 1919 年开始,中国体育界掀起了学校体育教育中是否还要保留"兵式体操"的大讨论。其时,一直实行军国民主义教育"兵式体操"的德国在第一次世界大战中失败,使一些学者看到"军国民主义教育"的实施,不但不能实现"体育救国"的理想,而且由于其内容枯燥,加之教学方法低劣,对学生身心发展的影响越来越表现出不利的一面,饱受非议。同时,1919 年,新文化运动爆发,西方民主自由思想在中国的传播,美国实用主义教育家杜威在我国关于其实用主义教育的巡讲,使实用主义学说在我国受到大力推崇,以实用主义教育为理论基础的美国"新体育"的相关内容也逐渐被引入学校体育教学。就此,引发了一场"新旧体育"的讨论。这场讨论的发起人是当时长沙楚怡学校体操教师黄醒。1919 年 11 月,黄醒在自己主办的《体育周报》上发文,提出了"学校应否废止兵操"的问题,从而组织体育理论界对此问题进行讨论。黄醒认为,"我们为将来人类的安全计,为种善因计,绝对要废止学校的兵式体操";江孝贤认为,"兵式体操乃军事学校中的专课,与普通学校无大关联!"五四运动的旗手陈独秀就强烈反对"军国民主义教育",反对学校体育中设立"兵式体操"等内容,甚至还反对将竞技运动和拳术等体育项目引入学校体育课堂。而反方(即认为军国民主义教育、学校兵式体操教育等还应该坚持的一方)观点认为,从第一次世界大战获胜的"协约国"(英、美、法、意等)在与德签订的和约中,对中国山东问题的处理上来看,国人已经能够感受到"当今世界所谓公理正义已不足持,来日必有祸患方兴未

---

① 张戈,蔺新茂.我国体育教学内容沿革分析[J].体育文化导刊,2016(7):131-135.

艾矣!""世界一日未大同,则国家主义一日不能抛弃,军国民主义教育是 20 世纪最流行的国家主义也,国际诸国之间的战争,终不能避免。"因此,"今日之中国,除厉行军国民主义教育发愤图强外,别无他路可走"。①

1919 年长沙"雅礼学校"和 1920 年南京高等师范学校先后宣布废止"兵式体操"教育,1921 年在全国"第七届全国教育联合会"的会议期间,又有 11 个省同时提出了改革学制的问题,在这种形势之下,当时的北京政府不得不宣布对学校教育进行改革,1922 年 11 月,正式公布学校系统改革方案,这个改革方案被称为"壬戌学制",采用美国学校教育的"六三三制",以田径、体操、球类、游戏为主要体育教学内容,设置"适应社会需要、发挥平民教育精神、谋求个性发展、注意国民经济力、注意生活教育、使教育易于普及、保持各地方灵活性等七大目标"。"新旧体育之辩"所促成的这场改革,最大的特点就是中国学校教育从初始阶段借鉴日本转而效仿美国,在各级学校推行了近 20 年的"兵式体操"就此在学校体育教学中被画上了句号。这场辩论也激发了人们对体育教学价值的追求与探索,以及学界对学校体育及体育教学内容的重视和研究,也为接下来的"土洋体育之争"奠定了思想基础。

3.中国近代关于"土体育"与"洋体育"的争鸣②

随着对中国传统体育和西方近代体育内容研究的不断深入以及人们认识的不断发展,"新旧体育之辩"没能解决的问题,终于因两场危机再一次被引发出来。一场危机是 1931 年"九一八"事变带来的民族危机,激起的抗日救亡运动的高涨和"体育救国"思想的复归;一场危机是 1932 年中国运动员刘长春代表中国参加第 10 届世界奥林匹克运动会时,100 米和 200 米预赛即遭淘汰。令人沮丧的比赛成绩引起国内舆论哗然,从而引发了一场涉及中国近代学校体育内容以及未来学校体育发展方向的关于"土体育"与"洋体育"何为学校体育教学内容的争论。所谓"土体育"就是指以民族传统武术(国粹体育)为代表的我国民族传统体育教学内容;所谓"洋体育"就是指以美国"新体育"中的部分竞技体育内容和流行于欧美的近现代竞技体育内容为代表的体育教学内容。

1932 年,北平《世界日报》发表社论,呼吁进行学校体育改革,拉开了"土洋体育之争"的序幕。1932 年天津《大公报》发表了一篇《今后之国民体育问题》的社论,系统地论述了武术、养生术等民族传统体育的价值,以及如何在中国发展民族传统体育(土体育)的问题,提出"脱离洋体育,提倡土体育"的口号。"土体育"倡导者所持的主要观点是:西方近代竞技性体育内容既有过度消磨时光、器材昂贵等问题,又有因运动过度而损害身体健康的问题,还存在过于奢华浪费、不够经济等种种问题与弊端,中国既没有时间去学习,也没有必要去学习,更进一步说也是中国国情所不允许学习的,因此,主张抛弃和脱离西洋体育。同时,由于中国传统体育内容丰富,"任何奇技,无中国所无",又有"却病延年之宏效","必成为世界第一无疑也"。因此,主张应使用武术和养生术等传统体育的内容。而持倡导"洋体育"主张的一些见解认为,西方近代的竞技性体育内容以西方的科学发展为其根本的支撑和基础,具有我国民族传统体育所不具有的三类明显发展优势和特征,一方面西方竞技性体育教学

① 张戈,蔺新茂. 我国体育教学内容沿革分析[J].体育文化导刊,2016(7):131-135.
② 蔺新茂.体育教学内容论[M].北京:北京体育大学出版社,2014.

内容具有浓厚的趣味性,能激发参与者的奋斗精神和意志品质;另一方面还能促进参与者集体主义和团结协作或相互密切合作理念的产生……这些正是当时民国政府的国民们所急需的精神气质。在此之前,人们普遍认识到的体育锻炼身心、增进健康、防病治病、延年益寿等功能,只是体育的一部分功能,体育的大部分功能或根本意义还在于能够丰富人们的文化生活,愉悦人们的身心,增强人们的幸福感受,促进人们形成高尚的人格、丰富而又浓厚的生活情趣以及社会文化生活,从而提升人们的工作效率。还有一部分人持中间立场,1932年天津《体育周报》发表的一篇《体育何分洋土》的文章称"吾人对于洋体育非敢谓尽善尽美而竭力宣传、竭力拥护;亦非敢谓土体育不美不善而排斥之、摧残之。学术固无国界,体育何分洋土?"①从对体育本质的认识上来看,这场关于学校体育教学内容选择的"土体育"与"洋体育"内容之争,就是近代中国"新旧体育之辩"的延续。关于此次争论,民国政府在后来的"全国体育会议大会"的宣言中进行了总结,"凡是那些不违背体育科学原则,而又适合人类天性发展的所有体育内容,不应追究其来源的国度或区域的不同而使之具有不同国民境遇……模仿抄袭固有失民族自信力,故步自封也失民族之伟大性……对各种身体之法,应抱择善而从之之态度,勿分新旧中外"。这场争论,不仅促使了西方近代体育教学内容更好地进入中国,也为中国民族传统体育走向世界创造了条件。②

4.毛泽东《体育之研究》中对体育教学内容的探索

在五四运动前后,由于内忧外患,民风孱弱,许多探索中国发展出路的志士仁人都积极投入到了"体育救国"的探寻之中,孙中山、黄兴、陈独秀、李大钊、毛泽东、恽代英等革命家的探索尤为积极,对体育的见解与认识也尤为深刻。其中最著名的就是毛泽东1917年4月撰写的《体育之研究》一文,对体育的社会和人的功能与价值,体育锻炼的方式、方法,学校体育教学内容的选择等的认识既独到又客观,至今仍受到诸多专家学者的推崇。如《体育之研究》通过其第一部分"释体育"对体育功能与价值以及体育项目的多样性进行了分析——"体育者,养生之道也。东西之所明者不一:庄子效法于庖丁,仲尼取资于射御;现今文明诸国,德为最盛,其斗剑之风,播于全国;日本则有武士道,近且因吾国之绪余,造成柔术,舣舣乎可观已"。在此基础之上,《体育之研究》在第二部分"体育在吾人之位置"就提出了我国中小学体育教学内容的选择策略——"体育者,人类自其养生之道,使身体平均发达,而有规则次序之可言者也。体者,载知识之车而寓道德之舍也。儿童及年入小学,小学之时,宜专注重于身体之发育,而知识之增进,道德之养成次之。宜以养护为主,而以教授训练为辅。今盖多不知之,故儿童缘读书而得疾病或至夭殇者有之矣。中学及中学以上,宜三育并重,今人则多偏于智"。这一论述充分说明了体育教学内容的选择要符合学生的年龄特点、符合学生的学习特征,无论是道德培养,还是对学生的身体养护均要做到适时而动。在第三部分"前此体育之弊及吾人自处之道"中,毛泽东又对当时的学校体育教学实践、体育教学方法等提出了批评,"然办学之人,犹未脱陈旧一流,囿于所习,不能骤变,或少注意及之,亦惟是外面铺张,不揣其本而齐其末。故愚观现今之体育,率多有形式而无实质。非不有体操课程

---

① 张戈,蔺新茂.我国体育教学内容沿革分析[J].体育文化导刊,2016(7):131-135.
② 全国体育会议大会宣言[N].申报,1932-08-22(5).

也,非不有体操教员也,然而受体操之益者少。非徒无益,又有害焉。教者发令,学者强应,身顺而心违,精神受无量之痛苦,精神苦而身亦苦矣。盖一体操之终,未有不貌瘁神伤者也。"①内容的单调乏味、生硬呆板,仍然难以使学生从体育教学中获益;虽有体育教学内容,但不讲求方式方法,不讲求身心的统一与协调发展,也必然会造成体育教学的失败。

《体育之研究》至今仍对体育教学内容的选择与编排具有教育和启迪意义的是,其第六部分"运动之方法贵少"。该部分对体育教学内容的针对性进行了论述,"夫法之致其效者一,一法之效然,百法之效亦然,则余之九十九法可废也。目不两视而明,耳不两听而聪,筋骨之锻炼而百其方法,是扰之也。欲其有效,未见其能有效矣。夫应诸方之用,与锻一己之身者,不同。浪桥所以适于航海,持竿所以适于逾高,游戏宜乎小学,兵式宜乎中学以上,此应诸方之用者也"。此段话值得我们深思,体育教学内容均具有"一项多能"的特点,在体育教学过程中,能够以较少的体育教学内容去完成尽可能多的体育教学任务,不仅能够真正提高学生对此项目的理解与学习深度,而且对学生体育能力的提升也具有重要意义。在目前学校体育教学内容选择中,一些学校、一些教师为激发学生的兴趣,盲目、频繁地变化体育教学内容,以对学生新鲜感的刺激来提升学生的学习积极性是不可取的,这既不利于学生对体育活动与体育锻炼的规律进行深入认识和把握,也不利于学生对"体育"这一特殊的身体运动文化的传承与发展。

5.关于"为什么教滑步推铅球"的讨论

中华人民共和国成立以后,学校教育工作得到了极大的重视和关注,真正做到了教育的"大众化、平民化"。学校体育在继承与借鉴的基础上,也获得了较大的发展和长足的进步。所谓继承,就是承继了中国近代学校体育的成功经验;所谓借鉴,就是借鉴了苏联的学校教育范式,体育方面实施"劳卫制"体育,以体育锻炼标准引领体育教学。同时,为了迅速提升中国的国际地位,充分发挥体育的社会价值,学校体育教学内容引入了现代竞技体育内容,促进了我国竞技体育事业的快速发展。其间,也有关于体育教学目标的争论和体育教学内容的改革与更迭。改革开放之后,学校体育工作总结了正反两方面的经验和教训,为当代中国学校体育教育的改革与发展奠定了良好的基础。

1994年,我国学校体育教育专家毛振明先生以一篇《从"为什么要教滑步推铅球"谈起》(署名真名)就我国学校体育教学内容的选择与加工、编排与创新等问题,组织了多位学校体育教育专家进行讨论。一种观点从"目标引领内容,体育教学内容为实现体育教学目标服务"的基本前提出发,认为体育所具有的"一项多能"和"多项一能"的显著特征,使得我国学校体育教学不必要也不可能将每一项体育素材都选编入学校体育教学的教材之中,使之成为我国学校体育的教学内容。……我国学校体育的特殊性决定了我国学校体育教学内容受诸多因素(如场地、器材、运动项目的性质、学生生长发育水平、区域体育发展等因素)的影响和制约,而我国学校体育教学内容的选择与加工编排之标准最重要的是看其能否保证我国学校体育教育目标的顺利实施和最终实现;另外,为了学生及体育事业的发展,我国学校体

① 毛振明,赖天德.再谈体育教学内容的开发问题——对提倡"扁担南瓜进课堂"主要观点的辨析[J].中国学校体育,2007(5):18-20.

育教学内容的选择也应该具有时代感,绝对不要出现类似"因为某些教学内容过去被教授过,那么,现在甚至是将来也必须依然选择并教授它"的错误逻辑。随着世界体育的不断发展,体育素材也在与日俱增,许多新兴的体育素材不断涌现,因此,我国学校体育教育也要站在"体育育人"的时代感、实效性等角度和一定的教育高度去科学、合理地选择。首先,要多考虑"为什么教";其次,要认真考虑"教什么"和"用什么教"以及"怎么教"等多个方面的问题"。①

而我国另一位知名体育专家卢元镇教授则对此提出了不同的看法:我国学校体育教学具有进行文化"继承、传播、发展及育人"等的历史使命和促进学生健康发展,提升学生运动技术、技能的"三基"任务,铅球是"耐久性"体育运动器材,对一些条件较差的学校体育来说,这是一个必须重视的因素,而且,各种动作形式的"推铅球"是我国中小学运动会上进行比赛的项目,所以,选择"推铅球"作为我国学校体育的主要教学内容进行体育教学是十分必要的。……一方面,学校体育教育要重视处理好与学生"对体育运动技术的学习与掌握"相关的诸多问题,如不需要过度强调和重视某种体育运动技术的系统性,完全可以将"运动技术"划分为几个层次,也可以将"运动技术的掌握"划分为几个层次,对那些在学校体育中必须掌握的运动技术可选择少一些并保证能够让学生学精(完全掌握);另一方面,对我国学校体育教学内容的选择,一定要重视保证其符合我国学校体育教育的具体情况和现实的客观条件"。② 另外,还有一部分专家从运动素材教学内容化的角度出发,探讨了对体育项目进行教学内容化改造的问题,以避免学校体育将竞技运动项目直接拿来成为体育教学内容的弊端,以利于在学校普及群众性竞技运动,提高学生的体育运动技术、技能水平,为学生终身体育、竞技体育后备人才培养、社会体育中的体育人口质量提升奠定基础。所以,我国学校体育教学内容的选择与设计,应重视"竞技运动的学校体育教学内容化"的分析与研究,尽力协调、处理好学校体育教学内容与运动竞技各项素材之间的关系。这场以"滑步推铅球教学内容"为主题进行的讨论,实际上研究的是学校体育教学内容选编的程序、原则,以及体育教学内容的选择如何解决好体育教学与体育运动文化继承、体育教学与终身体育的衔接等多方面的问题。③

6."体育舞蹈进校园"的尝试

2007年秋季,为了丰富我国中小学生的艺术体验,使广大中小学生得到美的体验和艺术的熏陶,提升我国中小学生高度与健康的审美情趣,进一步促进中小学学生身心健康发展;同时,也为了进一步开发广大中小学生的身体运动潜能,使他们都能够达到身体灵活、协调,愉快地完成在校期间的学习与生活,养成举止大方的人际交往习惯和日常活动习惯,体现出我国中小学生应有的文化素养,教育部在进行了历时两年的深入调查与反复论证之后,组织专家针对我国青少年的身心发展的特征与特点,以及学段与级段的特征与特点,编制了有史以来我国的第一套"全国中小学校园集体舞",其中就包括小学组"好朋友""阳光校园""小白船"3套,初中组"青春旋律""校园秧歌"2套以及高中组"青春风采""校园华尔兹"2套等

① 真名.从"为什么要教滑步推铅球"谈起[J].中国学校体育,1994(2):70-71.
② 卢元镇.也谈"为什么要教滑步推铅球"[J].中国学校体育,1994(4):67-68.
③ 陈琦,苏连勇.应该重视"竞技运动教材化"的研究和应用[J].中国学校体育,1994(4):70.

合计 7 套"校园集体舞蹈",并在全国中小学开始推广实施。在此过程中,教育部对部分中小学生进行抽样调查的结果显示,中小学生"喜欢"或"比较喜欢"校园集体舞的比例占72.3%;在实验开设校园集体舞学校的学生、教师中,"喜欢"和"比较喜欢"这套舞蹈比例占74.3%;而有70%的高中学校的学生选择男女生合跳,60%的初中学校认为男女生选择独跳或合跳都可以,这些数据充分说明学生和教师均认为集体舞是适合男女生合跳的活动方式。①

　　校园集体舞在推广之初,就有人提出质疑,特别对于第七个"校园华尔兹"的舞蹈问题质疑最多:其一,华尔兹是欧洲的宫廷舞蹈,把它引入中国就有了"欧化"的趋势而使之难以适应中国本土文化的发展;其二,华尔兹要求的着装问题,学生正处于生长发育阶段,穿皮鞋进行锻炼将不利于学生的身体正常发育;其三,华尔兹使用肢体语言来进行感情的交流与传递,反映青年男女对爱情的倾诉与表达等主题,"校园华尔兹"的推广可能会使学生相互倾慕,进而引发早恋问题。然而,这些质疑都被否决了。例如,关于第一个问题,一部分人就认为,华尔兹不是某一个国家和某一个民族所独有的,是全世界共有的文化财产,他人能够跳,我们也应该可以跳,我们并不片面或者是不单一地来认识民族性的问题;在华尔兹舞的运动过程中,穿什么鞋都是次要的,穿适合他们年龄的鞋,比如,运动鞋,一般舒适的鞋就可以,在服装上不要求统一;至于学生早恋问题,那是引导问题,与是否跳集体舞关系不大。集体舞的创编考虑到了这一因素,设计时没有固定的舞伴,大家随时都在交换,一般都是四个人一组,不断地换,同学们是正常的交流。

　　然而,在校园集体舞实施近一年以后,一些质疑终于成了现实,一些学生在校园集体舞的练习与比赛过程中,只关注自己的舞伴,注意力放在情感交流之中,早恋现象不断出现。其实,熟悉体育舞蹈的人都清楚,连一些成人都难以自持,更何况学生呢? 在学校正常教学环境受到影响之后,终于在一些学校和家长的强烈要求下,校园集体舞不得不草草收场,退出校园。

7.关于体育教学内容创新的实践问题

　　在 21 世纪的基础教育体育教学改革中,三级课程管理体制给了一线体育教师和学生更多的对体育教学内容的选择权,许多体育教师都在深入研究和探索适合本地、本校体育教学条件和学生身心健康及兴趣发展的体育教学内容,以便更好地为学校体育教学服务,为实现学校体育教学和教育的目标服务。然而,由于对体育教学内容认识的局限性,对一些体育教学内容的选择和创新却是错误的。例如,一些体育教师选择了诸如劳动工具(扁担、扫把)、劳动产品(南瓜、竹笋)、生活实物(砖头、小推车)作为体育教学内容,一些教师选择多米诺骨牌等游戏、娱乐项目作为体育教学内容,引起了专家对如何科学选用体育教学内容的又一次讨论。讨论中,一种观点认为,这是真正的农村体育课,反映了体育教学内容的区域性和现实环境适应性。新课程改革之所以提倡"灵活选用不同的教学内容来实现促进学生健康成长的目标",就是因为我国地域广阔,区域经济发展不平衡,贫富差距、城乡差别都比较大,为了实现农村体育教育"教学目标引领教学内容,教学内容为实现教学目标服务"的基本理

① 刘薇珊.中小学推广校园集体舞面临的困境与对策研究[D].长沙:湖南师范大学,2010.

念,如果砖头、箩筐、南瓜、扁担等作为课堂教具或教学内容,有助于实现学校体育教学目标,那么,将这些内容作为学校体育教学内容也是切实可行的,在我国广大农村,很多地方的农民运动会就对一些劳动性的场景进行了有效的竞技性改造,促使更多的农民兄弟参与进来,比如"背媳妇跑""除草比赛""搬重物比赛"等,这虽然不是奥运会的比赛项目,但是,在一些地方的农民运动会中却得以出现,因此,我们就不能说这不是体育运动。

一种观点认为,"南瓜、扁担进课堂,是实用主义教育、实用主义体育死灰复燃,是在走以劳动代替体育的老路。挑南瓜不能成为学生在体育课上必须学习的体育教学内容,将扁担、南瓜作为体育教学内容更不是因地制宜、因陋就简,这样的内容进入体育教学课堂是不严肃的、不科学的、不严谨的,更不应该是农村学校的体育教学内容";"挑南瓜是现实的劳动场景不是体育运动,更不能说它是一项可以作为学校体育教学内容的体育运动项目,因此,在这里也就根本不存在所谓的对竞技运动项目的改造的问题";"学校体育教学选择不同的体育教学或体育学习内容根本不是要让体育教师随意地拿出一些劳动产品或劳动工具来作为体育教具或体育教学内容"。这场关于我国学校体育教学内容的灵活性选择与时代性创新的争论,实际上就是对我国学校体育教学内容作为学校教育学科内容的科学性、合理性的一次识别,是使其概念更为清晰的活动,而这些问题的出现和由这些问题所引发的讨论也反映出我国学校体育教学内容的边界和类属划分不清晰的问题。①

(二)体育内容边界的确立

由于体育教学内容非常多而庞杂,而且,目前体育教学内容也处于不断创新与发展的过程中,要依据体育教学内容的内涵来准确地说明体育教学内容的具体外延是非常困难的。方法之一就是将体育教学内容分类,以类别来说明体育教学内容的外延;方法之二就是运用模糊处理法,对我国学校体育教学内容基本属性进行清理,使我国广大中小学体育教师在对我国学校体育教学内容进行选择、加工、创新时,有一些参考或参照的标准与依据。而在已有研究成果中,均是对已有的体育教学内容的粗略分类,依据体育教学内容的基本属性、选编原则等对已有体育教学内容和符合体育教学内容选编要求的"可选体育教学素材"进行分类的研究还没有。因此,本研究在深入推进的过程中,将作进一步分析;而依据体育教学内容的特征与特点,选编体育教学内容的原则将体育教学内容的边界进行划分和确立,是进行下一步研究的基础。因此,明确哪些体育素材可作为教学内容,哪些体育素材可以进行"教学内容化"加工,哪些体育素材不能作为体育教学内容,是确立体育教学内容外延的第一步。

从我国近现代以来对体育教学内容的一些争论或讨论来看,体育教学内容选择、编排、使用等方面出现的偏差,从根本上来说,一是因为体育教学内容与体育各素材之间联系紧密,体育各素材源于人类的生产、生活、军事活动等,其某些特征、特点与人类的这些活动也息息相关,它们之间界线与类属不清;二是由于对我国学校体育教学内容的相关研究不够深入、具体,对我国学校体育教学环境、教学方式与方法、教学手段与评价、教学主体与客体等给予体育教学内容的特殊性要求的认识不够全面、重视程度不够,学校体育教学内容与非学

---

① 毛振明,赖天德.再谈体育教学内容的开发问题——对提倡"扁担南瓜进课堂"主要观点的辨析[J].中国学校体育,2007(5):18-20.

校体育教学内容有时边界不清、类属模糊。

　　在学校体育教学内容长期发展的大部分时间里,体育与艺术、体育与娱乐、体育与活动、体育教学与体育训练等这些产生于同一环境、同一过程,甚至同一文化母体的活动是互不分家、互相交叉、携手发展而来的。而且,随着社会生产力与生产效率的逐步提高、社会分工的日趋细化,生产劳动技术与技能、生存生活技术与技能的培养等都会从人类实际的生产与生活过程中分离出来,成为一项相对独立的活动。这些活动本身也具有功能、目标和人类对其价值追求的多向性、多样性,部分活动与体育的功能与价值出现了重叠与分化,使得人们参与文化活动的手段、方式与方法等随之发生了改变。例如,我国古代体育与杂技的某些动作出现了一定的重叠,古代杂技中的一些内容成为体操的一部分,也成为体育教学内容或体育教学内容的后备素材,现代体操与体操教学内容中的一些技巧与器械体操动作就由此而来。体育与一些表演艺术的分化就使民族传统舞蹈从体育或体育教学内容中被分化出米,成为艺术的一部分内容;体育与其他一些益智娱乐项目的分化,就出现了麻将、纸牌、棋类等娱乐、休闲性的内容。

　　由于体育项目的庞杂性以及文化母体的多源性、运动形式的多样性和复杂性等特征,任何想穷尽体育内容的外延,描述出体育练习形式的全部特性与特征的研究都是极其困难的,但作为体育教学内容的后备军,分清体育内容与非体育内容,总结出体育教学内容的一般性特征是可能的,也是我们进行体育教学内容的研究所必须完成的第一项任务,所以,在划分体育教学内容边界时,本研究依据的是学校体育教学的目

1. 依据学校体育教学的目标

　　学校体育教学的目标维度虽然学生掌握体育基本知识、基本技术,就是体育教学在体育文化的掌握、传对体育教学提出的要求。[②] 其次,就是促进学生身心的健康、全面发展,这一维度的目标反映的是体育的本体价值,就是促进学生自身体质健康水平的提高、完美人格与个性的发展、良好的意志品质、道德水准的提升和精神气质的培养。再次就是对学生人文主义精神的发展,诸如协同精神、团队精神、爱国主义精神、纪律观念、规则意识等。因此,依据学校体育教学的目标,对体育教学内容边界的划分可从下面几个方面进行。

　　(1)学校体育教学内容必须具有对学生进行身体练习规律教育的特征

　　学校体育教学内容的首要任务就是通过体育教学活动,帮助学生了解和掌握体育运动、人体运动的基本规律,实现学生对体育知识、技术(体育文化)掌握的目标。掌握体育运动及人体运动的规律之后,才能将两者有机结合在一起,为自己的体育运动实践服务,从而促进"提升学生体育运动能力目标(体育文化传承)"的实现。随着运动能力的提高,学生在体育

---

① 蔺新茂.体育教学内容论[M].北京:北京体育大学出版社,2014.
② 毛振明,赖天德.论体育教学目标与体育教学内容的关系——兼析"目标引领教材内容"与"课程内容资源开发"的问题[J].中国学校体育,2005(6):50-52.

运动实践过程中,可以不断尝试与发展适合自身状况、能够满足自身运动兴趣和其他需求的体育运动项目,合理控制自身运动的量度和强度,并在此基础上,依据自身的需求创新出符合自身特点和要求的练习方式或练习内容,使体育运动能够为不同时期、不同年龄、不同身体状况的自己服务,这就是终身体育目标的实现,也是文化传承与发展的终极目标的完成与实现。因此,体育教学内容应有别于一般的活动性内容,如人类生活过程中的一些基本活动内容(如走、搬、抬、运等)不能作为体育教学内容;一些简单的、基本的体育素质练习内容(如俯卧撑、仰卧举腿、双臂屈伸、引体向上等)不能作为体育教学内容;一些对体育教育和教学来说属于低附加值的身体练习内容(如钻、爬、坐、蹲等)不能作为体育教学内容。

(2)学校体育教学内容必须有大肌肉参与运动的身体练习特征

学校体育教学内容的基本价值和首要任务就是通过各种方式的、具有一定身体负荷强度和量度的身体练习,来促进学生形成坐、立、行等正确的身体习惯,保持良好的生长发育状态,增进学生身心健康,塑造学生优美形态,培养学生浓厚的体育运动兴趣。因此,具有一定负荷和强度的身体练习是学校体育教学内容为保证学校体育教学目标得以实现的重要手段与方式。而我国学校体育教学内容要完成学生身体练习所要达成的各项任务,非人体大肌肉群的参与不可,不具备这一运动方式和身体练习特征的活动内容、比赛内容、娱乐内容等都非学校体育教学内容,如象棋、围棋、桥牌等棋牌类项目,多米诺骨牌、魔方、麻将等娱乐性项目,以及航模、船模等项目都不能成为学校体育教学内容。同时,本研究还认为,将象棋、围棋、桥牌、多米诺骨牌、魔方、麻将等称为"益智类体育"的项目本就不应该被列入体育的范畴,目前被列为体育内容,应该是一种认识上的误区,因为这些内容与产生于人类体育活动的起源有同样的背景,也有经常性的比赛活动,而且为了便于管理,这些比赛由国家体育总局负责,所以被误解是可以理解的。但有些研究者认为棋牌类项目有利于开发参与者的智力,而且比赛活动与组织形式等与体育内容又大体一样,所以,应该属体育范畴,是体育项目,这显然是与体育的身体练习性方式与特征不符的。如果这样片面或硬性理解和规定的话,与此相似的奥林匹克数学竞赛、钢琴比赛等也应该属于体育范畴,也是体育项目。[①] 很显然,这是一种错误的说法逻辑。

(3)学校体育教学内容必须有人为设计与加工的特征

从对体育的起源以及对体育的特征的分析与表述中我们不难发现,体育各项目最初均来自人类生产、生活、娱乐、劳动、游戏、军事等活动,但是,它们又不同于生活技能、劳动技术、军事训练,而是对这些人类活动真实场景的描述、加工、改造。这种描述、加工、改造主要表现在对活动方式改造后,对所模拟出的场地、器材具有了特殊要求,对生产、生活、军事、宗教场景等描述性的艺术再现或加工、模仿或简化。同时,体育各项目无论是技术动作的展示还是对抗中战术配合的应用,都要求有一定的科学性、合理性、规范性,符合人体运动规律及人类生存、生产、生活方式要求的动作要领、技术规范等,而这种动作要领的科学性、合理性、规范性要求均是以比较稳定、严谨的活动规则为指导的。虽然这种规则的稳定性是相对的,但即便是修订也

---

① 蔺新茂.体育教学内容论[M].北京:北京体育大学出版社,2014.

是为了促进规则更具运动的适应性,从而保证体育运动的发展具有更强的可持续性。例如,正常的"走"不是体育,也不是体育项目,也就不能作为体育教学内容。但是,经过加工再创造的"走"(如"竞走"),就是体育,就能够作为体育教学内容在学校体育课堂中得以教授和传播。①而生产劳动、春游、踏青、篝火等也不能作为体育教学内容。

2.依据学校体育教育的基本要求

教育分为家庭教育、社会教育和学校教育三种形式,虽然这三种教育形式的教育功能、教育目标、教育内容都有相似的地方,但是,因为教育环境与教育者不同、教育内容与手段方法的差异而显现出不同的教育功能和效果。对学校体育教育来说,要有特殊的条件和环境、专业的教育者,采用多种教育方式与方法才能提升学校体育教育的效率,实现学校体育教育的目标。而学校体育教学就是实现学校体育教育目标的主要手段之一,学校体育教学内容是以学校体育教学为手段来具体实现我国学校体育教育目标的平台或载体。因此,我国学校体育教学内容的选择必须考虑"学校教育"这一大的教学环境。

(1)学校体育教学内容必须具有学校教学条件的适应性

学校体育教学需要一定的条件,如制度、集体、氛围、物质等,这是由"学校""教育""体育"及"体育教学"等诸要素的特殊性决定的。学校体育教学是体育教师组织一定数量学生的集体学习、集体练习活动,教学过程不仅要求一定的体育教学设施和器材,如体育馆、体育场、篮球、足球等,而且还要求这些场地具有一定的面积和规格,器械要保证具有一定的数量和质量;不仅需要场地、设施、器械自身的设计、规划合理,既美观舒适,又经济安全,还应避免与其他学科教学互相影响;还需要这些场地、设施、器械与学校的自然环境紧密交织、相互协调,如光线柔和、空气充足、树木遮阴、草地常绿,共同对学生的身心发展起着积极作用。然而,由于我国经济依然处于发展过程,区域经济发展不平衡,贫富悬殊,教育资源分配不均,体育场地的人均占有面积、体育设施的人均占有量、体育器械器材的人均拥有量都较低,所以一些土地资源占有量比较大,设施、器械、器材制造成本比较高的运动项目(体育教学内容的素材),就无法适应我国学校体育对教学条件的要求而不能成为体育教学内容,如划船、赛车、航模、跳伞、赛骑、骑术、射击、定向越野等就不能成为体育教学内容。

(2)学校体育教学内容必须具有学习的可评价性

"评价"就是价值判断和量评工作。教学评价就是依据教学目标和教学原则对"教"与"学"的过程及教学效果所进行的价值判断和量评工作。体育学习评价就是依据某一项体育教学内容的教学目标和评价标准,对学生基本知识、基本技术、基本技能学习与掌握情况及效果所进行的判断和量评工作。体育教学评价的目的包括选拔、甄别、发展、激励。所谓选拔性评价,就是评判学生的体育学习潜力,选拔具有先天体育能力的体育后备人才;所谓甄别性评价,就是判断学生对所学体育知识、技术、技能的掌握状况,通过成绩评定将学生分层,这种评级方式也是目前中考体育所普遍采用的方式;所谓发展性评价,就是发现学生在

① 蔺新茂.体育教学内容论[M].北京:北京体育大学出版社,2014.

体育学习过程中存在的问题并及时纠正,帮助进步;所谓激励性学习评价,就是反馈学生在体育学习过程中的进步情况,激励学生不断进步。因此,学校体育教育目标是否实现、学校体育教学任务是否完成、学生对课堂体育知识掌握是否扎实等都需要进行评价,而教学评价就需要有明确、科学、合理的评价标准,评价标准就是学校教育对教师教授和学生学习效果及对学生进行分层的依据。

任何学科课程在进行学习评价时,都必须依据本学科课程的目标来确定评价的内容和标准。然而,目前,唯有体育学科在此方面遇到了难题——其他学科考试的内容是在本学科课程目标引领下被选择出来的、学生学习过的教学内容,考试也是对学生掌握本学科知识的深度、广度、应用能力进行评价;而体育考试的内容大部分与体育课程学习无关,考试也不是依据体育课程目标和课程内容,对学生体育课程知识掌握程度、应用能力的评价,而是直接对学生体育锻炼效果进行测评,虽然体育知识本身就是以身体练习为主的操作性知识,但是,这种极具功利性的考试内容和方式还是遭到了诸多专家学者的质疑。因为,如果考试或考核单纯以对学生素质的测验、健康指标的监控为依据,可能会短时期对提升学生的体质健康水平有利,但其引领和导向作用会伤害学校体育教学,使学校体育教学以实现健康指标、提升学生素质水平为主,而非"重技能练习,确保熟练掌握 1~2 项运动技能","各级各类学校以开齐开好体育课为底线,鼓励有条件的地方中小学增加体育课时",体育课程教学就会逐渐失去其应有的地位,体育教师也会失去存在的价值和意义。这对培养学生终身体育的习惯和能力,实现他们终身体育的目标不利,从长远看,对学生身体健康水平的提升也不利。因此,从我国学校体育教育的长远发展来说,体育教学内容必须具有可评价性,否则,就不能成为体育教学内容,如拳击、柔道、摔跤等。

(3)学校体育教学内容必须具有教育的安全性

对体育教育来说,教育的安全性包括两个方面,一方面是指学生学习或练习时,生命健康的安全性;另一方面是教师通过学校体育教学内容对学生进行教育时,必须保证体育文化育人的安全性。学习或身体练习的安全性是指学生在学习时,身体所处的环境是安全的;学生在进行动作练习时,发生运动伤害事故的可能性是可控的。如果无法满足这一条件,就不能作为学校体育教学内容,如一些比较复杂的体操项目,一些难度比较大的体操动作、田径动作,以及新疆流行的达瓦孜、口拉汽车、大锤砸顶、空中抛接等类似于杂技的一些内容。应该强调的是,"电子竞技"虽然在 21 世纪初被列为我国的第 78 项体育项目,但依据体育的特征、特点来衡量,这种划分是错误的。对这项运动的推广者来说,电子竞技运动是利用高科技软硬件设备作为运动器械进行的、人与人之间的智力对抗运动,可以锻炼和提高参与者的思维能力、反应能力、心眼四肢协调能力和意志力,培养团队精神等。但一个不争的事实是电子竞技对学生身心健康的伤害也是极其严重的。另外,参与电子竞技的主体是游戏内容中虚拟的人物,游戏者的参与目的不是自身的身体健康,也没有身体活动。如果牵强地说因为手指敲击键盘就是活动,借此说电子竞技是体育,可以作为学校体育教学内容的话,那么,弹钢琴或弹奏其他乐器是不是也应该是体育呢?[①]

---

① 蔺新茂.体育教学内容论[M].北京:北京体育大学出版社,2014.

体育文化育人的安全性是指符合我国政治、经济、文化、制度等发展目标及方向的要求，符合我国教育方针的要求。北京大学钱理群教授就不无忧心和愤慨地说，我们的大学正在培养一批批"绝对的、精致的利己主义者"。所谓"绝对的"就是学生将追求一己利益作为他们支配自己言行的唯一驱动力，将为他人、为社会所做的一切事情都功利性地当成了一种需要回报的"投资"；所谓"精致的"就是学生有很高的智商和修养，但都被用来借助社会的力量获取最大限度的利益。然而，大学生品格的养成始于中小学时期，被誉为"最具世界眼光"的、深圳中学的毛小平老师也这样形容目前的一些中学生："他们有知识，却没有是非判断力；他们有技术，却没有良知。"而学校体育教育正是培养有良好人文素质和道德水平的学生的最佳方式，因此，学校体育教学内容必须回避那些单纯的知识灌输和能力训练，忽视选用那些有利于良好精神气质（思想、情感、道德、品质）教育与培养的内容。

（4）学校体育教学内容参与主体必须是学生

学校体育教学的另一个重要特征就是，教学活动在一个比较宽阔的空间里进行，在教师教授、学生学习的过程中，始终都有师生或生生之间的频繁交流、协作、帮助等，对培养提升学生的交往能力、自省能力、情感抒发与思辨能力、团队协作与互助能力、集体主义精神与纪律观念等都有先天的优势，这种优势也是其他学科所不具备或很少具备的，因此，学校体育教学内容必须有利于发挥体育学科的这一优势。

另一方面，学校体育教学内容服务的主体必须是学生，而非教师。体育教学内容为学生发展智力、发展情感、提升知识水平、提升体育能力服务，而非纯粹为娱乐、为游戏、为经济等。因此，体育教学的主体虽然是教师和学生，但真正受益的主体应该是学生。基于上述两方面，一些民族、民俗游戏娱乐性的体育素材必须经过深入加工、进行学校教学适应性、学生学习适应性、文化育人附加值高规格性等方面的改造，才能成为学校体育教学内容。

第二节　体育教学内容的属性

一、学校体育教学内容与其他学科教学内容的共同属性

（一）学校体育教学内容的教育性

体育教学内容是最早的教育内容，因此，教育性是体育教学内容的第一属性。体育教学内容本身就来自教育的需要——最早的教育就是原始社会无语言文字时期，教育者通过身体语言对受教育者进行生产、生活知识传授及技能训练，这一肢体活动就是早期教育的萌芽，而其教育内容（身体语言）从某种意义上说就是最早的体育教学内容，只是它不是学校体育教育内容。随着语言文字的出现，教育得以逐渐丰富、发展，出现了多种教育方式、方法和内容，体育教育才得以分离出来。而学校体育教育是有了学校出现、有了学校教育的范式出

现以后才有的。学校体育教学内容也就随着学校体育教育的出现而出现了。体育教育始终是学校教育的一门主要课程，只是其教学内容随着人类社会的发展，人们生产、生活要求的不断提高而在不断地丰富和完善。

所以，学校体育教学内容是要传授给学生的体育知识、体育技术，提升体育运动技能，其主要目标就是让学生了解这些学生身体运动的知识与规律，同时，在潜移默化中接受内敛于其中的知识、智力与情感因素的影响。这就是学校体育教学内容的教育性。所以，人们把这些身体活动的素材学校化、教学化，使之成为学校体育教学内容时，首先，就是依据它的教育性进行改造和加工。古茨穆斯在搜集、加工古希腊、罗马、德国及欧洲其他地区一些体育素材并将之改造、加工成完整的体操体系时，首先考虑的就是对施涅芬塔尔博爱学校所有入学学生的教育功能与价值的大小和实现的难易。

我国学校体育教学内容的教育性主要体现在以下两个方面。

1.“一项多能”的学校体育教学内容决定了对学生进行教育的全面性

学校体育教学内容应首先摒弃近现代欧美自然主义体育、实用主义体育等内容的一些功利性，以及其在产生初期的一些极端利己的伪教育成分，每一项内容都包含着诸多的教育价值取向，包含着学生需要学习与掌握、需要培养和修炼的诸多方面的知识内容——劳动、生活技能，庆典、祭祀技能，运动竞技技能，社会交往、人际交往技能，军事技能，健身技能，审美技能，娱乐技能(包括运动欣赏与运动体验)。因此，学校体育教学内容既具学习难度的层次性，又有身体练习时的趣味性；既有掌握身体练习规律时的成就感，又有身体练习或竞赛失败时的挫折感；既有身体练习的挑战性、惊险性和活动的复杂性，又有练习过后，身体的轻快感、心情的愉悦感和幸福感。

2.学校体育教学内容适用于不同年龄的学生

在我国学校体育教学中，每一项教学活动均是在具有一定开放性的学校体育教学活动和具有明确的学校体育教学目的与任务、组织与规则要求等场景中，针对不同年龄阶段的学生进行设计和展开的，在此过程中，需要学生克服各种各样的困难，来学习和掌握一定数量、一定难度的运动技术，而活动场景、目的任务、组织原则、规则要求、身体练习技术、战术等体育要素构成了我国学校体育教学的环境。在这一环境中，学生从事学习、身体练习、体育锻炼或比赛等活动，都直接或间接地受到多重因素构成的这一复杂环境的影响。另一方面，学校体育教学还包括在教学过程中，体育教师的“教”与学生的“学”之间交互作用、各自身体练习的典范作用、形体美及身体练习美的展示，以及各自所采用的教与学方法和手段、教与学的教具与场地、教与学即时评价和过程评价等；还包括学校的体育传统以及体现在学校各个教学班级的学风、班风等之中的多种风气。这些环境因素会有力地吸引、影响和教育学生，对不同年龄阶段学生的身心健康发展具有良好的促进作用，这就是学校体育教学内容独特的教育价值。①

---

① 蔺新茂.体育教学内容论[M].北京:北京体育大学出版社,2014.

(二)学校体育教学内容的科学性

学校体育教学内容不仅是经过严格筛选的关于人体运动知识、人体运动规律的科学知识、科学定理、科学成果,而且,学校体育教学内容系统的结构、教学方案设计、教学排列顺序,以及每一个体育教学内容所隐含的教学思想都必须符合学校教育科学的基本要求,任何违背学校教育科学要求的内容都不能进入学校教育体系之中,更无法进入学校的体育教学过程之中。这与社会体育教育、家庭体育教育对教育对象的影响所具有的广泛性、经常性、随机性、深刻性、偶然性、片面性,真假混杂、优劣同行、良莠并存的特点有着很大区别。学校传授体育教学内容遵循的宗旨是必须有利于学生身心健康发展、有利于学生个体全面发展等。所以,凡有悖于学生身心健康发展的身体练习的内容、肢体语言或书面语言、练习方式或手段等都是体育教学所不允许的,这也是任何国家教育安全性的要求,也是依据国家教育方针所制定的教学原则、教育管理、教育理论对体育教师的基本要求。

由于学校体育教学内容是在学校这一特殊区域环境中进行的有明确目的性的、有周密计划性的、系统完整的呈现方式,因此,学校体育教学内容必须同其他教育内容一样,具有很强的科学性。学校体育教学内容的科学性主要体现在:其一,学校体育教学内容在设计、选择、改造时,具有针对学校教育、学生学习、教师教授的合理性、趣味性、娱乐性。其二,学校体育教学内容都是经过长期体育教育实践检验,并随社会及人类的发展新要求在体育教育的实践中,不断丰富和完善的、具有科学和文化高附加值的、内涵丰富的人类文化和科学发展的结晶。例如,身体科学原理、健康科学原理、训练科学原理以及相关的社会科学原理等。其三,学校体育教学内容的编制和教学,应遵循有关教学内容编制和教学的科学规律与原则,既考虑到了学生身心发展的需要,又考虑到了不同年龄学生的学习特征,既符合学校教学课堂的要求,又满足了体育教学手段、方法、过程、环境等诸要素的特殊性。

(三)学校体育教学内容的系统性

学校体育教学内容是一个庞大的通过身体练习促进学生身心健康发展,对学生进行体育知识传授以达到体育知识传承目的和作用的身体练习的知识系统,体育运动内在的规律使体育教学内容与内容之间、项目与项目之间、技术与技术之间均有着某种或远或近、或亲或疏的逻辑联系,相互之间具有一定的作用和价值,这就形成体育教学内容的内在联系,而这一内在联系中的每一个环节都是体育教学内容系统的有机构成因素,也是选择和编制学校体育教学内容的依据。尽管目前学界对这种影响各体育项目之间逻辑关系的原理和要素研究认识得还不是非常深入、透彻,但学校体育教育根据国家的教育目标,不同学段、级段学生的年龄特征,身体生长发育的特点,不同类型学校的现实教学条件与环境,以及学生认识和掌握体育教学内容的规律等,合理、完整、科学地安排各级各类学校,以及各级、各类学校不同学段与级段的具体体育教学内容,并处理好各种内容之间的相互衔接、相互影响、相互作用的关系,其自身就是在学校体育教学内容之间和学校体育教学内容内部形成了两个科学的具体内容系统。①

---

① 蔺新茂.体育教学内容论[M].北京:北京体育大学出版社,2014.

(四)学校体育教学内容的预成性和生成性

学校体育教学内容的预成性是指学校体育教学内容通常是在教育活动开始之前就已经被选编入学校体育的教材、教学大纲或课程标准之中,教师在备课时或上课前就已经准备就绪。学校教育任何学科教学都要求有良好的教学秩序,不允许无计划、无准备的教学活动,不允许或随机捕捉的或偶然决定的教学内容。因为,学校教育的基本职能是传递人类在长期的社会历史、人类历史发展实践过程中,所积累下来的知识经验。这些知识经验是人类认识世界、改造世界的基础,是人类在长期社会实践中积累起来的各种认识成果。学校各学科的教学内容均是国家或地方教育行政主管部门委托诸多教育专家、学者,在广泛调研的基础上,经过科学、慎重选择的内容,具有丰富、高效的知识含量。

学校体育教学内容也是如此。人类社会发展至今,创造和积累的各类体育运动、健身健心、塑形娱乐等身体练习的经验浩如烟海,任何人即使尽其毕生也只能了解、学习与实践其中极少的一部分内容。然而,不是所有的关于人类体育运动的经验都能够作为学校体育的教学内容,它是按照一定的标准和要求,对有关体育的知识、技能、价值观念、行为规范等进行取舍后获得的。也就是说,体育教学内容是依据一定的社会需要、人才培养的目标与方针、社会经济发展给学校教育带来的便利条件、学生在校学习的时间等诸多主客观条件,从人类积累的各种运动经验中筛选出典型的、有代表性的、符合时代发展和人们需求的关于体育的基础知识、基本理论和基本技能。由于学校体育教学内容是对人类运动经验的高度浓缩,是我们认识运动与健身实践规律的基础,可以保证学习者在有限的时间内达到掌握体育知识、技术、技能,实现健康成长的目标。[①]

学校体育教学内容的生成性是指体育教师在教学过程中,依据具体教学中出现的具体情况,将体育教学内容进行改造(分解、简化等),使之能够更好地为体育教学服务,在一定程度上说,这是教学方式、方法与手段依据体育教学变化的结果。虽然体育教师在上课前,有计划地对预成的体育教学内容进行了筛选和安排,但在具体的教学过程中,由于教学情境、学生学习情况的变化、学生的身体条件和心理状态的差异,尤其是体育教学环境(如天气、场地等外在条件),以及师生、生生交流出现的一些具体情况都在不断地发生着变化,所以,即使是一样的体育教学内容,为了不同的价值取向、教学目标等,体育教师最终传授给学生的知识广度和深度,学生掌握的体育教学内容知识的深度和广度都会发生变化,有时候这种变化还比较大。因此,教学内容如何转化为学生的学习内容,转化为什么样的学习内容取决于具体的教学对象、教学目标以及具体的教学情境。它内含教师对教学内容的理解与解析以及个性化的发现和演绎。

综上所述,学校体育教学内容包括预成性和生成性两部分,是体育教学内容经过具体教学实践后生成的。教师和学生是学校体育教学内容预成和生成的主体。

(五)学校体育教学内容的健身性

由于学校体育教学内容是以大肌肉群参与运动为要求的技术与技能练习,学生在体育教学内容的学习和练习过程中,身体必然会有一定的运动负荷和运动量。同时,为了更好地

---

① 蔺新茂.实用主义体育与体育教学内容的实用性研究[J].北京体育大学学报,2016,39(11):82-88.

学习体育教学内容,提升学生的运动能力,教师往往会安排与学习内容相关的一些身体素质练习。因此,在运动量与运动强度都符合学生实际身体需要的情况下,学生进行体育教学内容的学习和练习的同时,对身体的锻炼作用、对身心健康的促进作用就相伴而生。虽然这种健康促进、体质增强、素质提升的作用会受教学时间安排的变化以及学生学习目标的变化等多种因素的影响,经常处于一种非预期性状态(即对健身作用的难以控制性),或者说这种作用仅仅是体育教学活动的一种副产品。但是,教师与学生在教学实践中,仍然在潜意识中发挥着体育的这种价值,追求着体育教学内容健身的目的性,如在编制学校体育教学内容时,教师会根据学生不同的身心特点,将教学内容的附加健身作用进行科学化的设计和控制;在体育教学中,将以不同肢体为活动主体的体育教学内容进行合理搭配,对学生的运动负荷进行合理安排,对学生的健身效果进行评价等。可以说,体育教学内容的健身性特点是其他学科教育内容所不具备的。

因为,首先,教师在选择学校的体育教学内容时,不仅需要考虑选择的体育教学内容对学生身心健康及身体素质是否会产生积极影响,还要考虑所选择的体育教学内容对学生个体心理健康体验的良性干预和影响,会尽可能从学生心理健康促进、优美形体塑造和社会交往能力培养等方面使学生获得良好的身体锻炼。在学习和掌握关于体育运动具体的运动技术与战术过程中,使学生感受到运动给自己带来的成功愉悦感,从而激发学生进一步学习和探究的兴趣。其次,学校体育教学内容要求在具体的体育教学过程中,对于学生的教学组织应当根据实际情况实时变化,体现出充分的灵活性,要完全克服将某一教学方法、教学组织及教学模式固化的体育教学方式,以充分利用体育教学独特的生动性、具体性、灵活性等多样性教学形式,帮助学生充分享受自由、开心、充分的活动氛围,真正实现和达到身心和谐、内外兼修等发展目标。最后,学校体育教学内容的学习,不仅要关注学生生理负荷起伏的变化,还要非常关注学生心理活动变化的规律。在学生进行练习时,生理机能开始变化,机能水平开始上升。当学生身体运动的生理机能达到一定水平后,教师会调整活动量度和密度,使学生的身体运动状态与运动机能能够持续一定时间,然后,在有意识的调整中,使之开始缓慢下降。这样,学生的身体活动或身体练习将会与身体主动性的休息被合理安排、交替进行,学生身体机能的变化就会呈现出一种科学的波浪式、规律性变化,与此相适应的学生思维活动、情绪体验、注意力发展、意志品质培养等心理活动也会受身体生理机能的变化而良性循环。

(六)学校体育教学内容的娱乐性

学校体育教学内容就是各种方式的身体练习和身体活动,这些身体练习性的活动绝大部分又是来自人类的休闲娱乐性运动项目,所以,体育教学内容自然内含着身体练习的趣味性和运动的娱乐性。这种运动练习的娱乐性体现在学生在运动学习和运动竞赛过程中,通过同伴之间的运动竞争、协同配合,以及克服困难取得成就等良性的心理体验上,体现在学生对新的运动形式的体验、对学习进步的成就感,体现在对运动的环境、场地、比赛规则、比赛形式的变化等方面的良好心理体验中。当学生学习体育教学内容时,必然会产生对运动体验的追求动机,体育教学的效果也在一定程度上受到教师对体育教学内容娱乐性开发程度大小的影响。[①]

---

① 蔺新茂.体育教学内容论[M].北京:北京体育大学出版社,2014.

（七）学校体育教学内容的竞争性

竞争性是体育运动本身固有的特性,学校体育教学内容产生于人类为提升自身生活质量、发展自身生存能力进行的培养和锻炼,后来随着人们生活环境的逐渐改善、人类对体育认识程度的加深,以及人类竞争的天性,就将现实生活中生产、生存、竞争、军事、娱乐等技能进行提炼、再加工(即进行虚拟化)和升华,将这些活动进行工具、器械的类同性,方式、方法的一致性,环境的趋同化改造,使之形成了能够成为满足人类竞争和教育、培养、教化下一代的一种知识体系,这就是体育和学校体育教学内容具有竞争性的直接原因。所以,在学校体育教学内容(无论是何种形式的内容:竞技体育、健身体育、游戏与娱乐等)运动性的深处,一直饱含着体育竞争性的品质,这种竞争其实就是古今中外人类生存和发展状态的再现,即人与自然之间、人与人之间、人与社会之间的协调与竞争,以及人类个体获得自身发展的演练与行动。

（八）学校体育教学内容的虚拟性

首先,学校体育教学内容的虚拟性表现为体育对其产生的环境、因果关系等的模仿及场景再现。如跨栏跑、障碍跑等运动项目是为跨越障碍、壕沟等的虚拟战争场景而设计的动作和场景,障碍物或跨栏的前方也虚拟了要完成的"战争、战斗任务"目标;标枪、铅球等,分别是模仿古代狩猎的梭镖、现代战争中的炮弹而创生出来的运动形式与运动器械,其身体练习或运动任务中也被赋予了这种器械本源目标。所以,无论是学校体育教学内容所包含的器械,还是进行身体练习或运动时所需要的场景;无论是身体练习或运动的规则(标枪、铅球的投掷区,障碍跑的距离、速度要求)设计,还是身体练习或运动过程的要求都是某一情景的虚拟或某一场景的再现。①

其次,体育教学内容的虚拟性还表现在学生接触体育教学内容之前,体育教师就已经考虑到了具体的实施方式和实施结果。比如,教师在设计、安排田径"跨栏跑"这一教学内容进行教学时,要考虑的问题包括跨栏(或障碍物)是使用标准的、正规的栏架呢,还是使用诸如皮筋、纸箱那样的替代物(甚至不放置障碍物,让学生自己想象障碍物做出动作)？障碍物高度、数量、间隔距离怎样安排才符合学生的年龄与学习特征？再如,教师在设计和安排"跳马"这一教学内容进行教学时,要考虑的问题包括在降低"跳马"的难度时,是采用同一形式的跳跃"山羊"动作练习,还是采用同一形式的但比"跳山羊"难度更高的跳跃"跳箱"动作练习,或是采用比"跳山羊"更容易的"跳背"动作进行练习？助跑环节是采用三步助跑还是七步助跑呢？起跳板是采用"弹簧板""U形板"练习起跳,还是采用"踏跳板"练习起跳呢？因此,可以说,任何体育教学内容表在实际教学过程中,都经过了体育教师的再次设计与加工,这就是体育教学内容虚拟性的体现。②

（九）学校体育教学内容的发展性

学校体育教学内容的发展性是指体育教学内容随科学技术的发展和人们认识水平的提

---

① 蔺新茂.体育教学内容论[M].北京:北京体育大学出版社,2014.
② 贾齐,周田敬,谭惜春.论体育学科教学内容的双重性特征及实践性意义[J].体育与科学,2000(4):44-47.

高而得以不断完善和发展。科学性、先进性等要求使体育教学内容必须及时、广泛地吸纳人类社会发展过程中的最新成果,以适应社会发展、人们认识水平提升、需求改变对学校体育教学所提出的新要求,迎合或适应人类社会生活方式、需求的新变化等。中国近代的学校体育教学内容单一而枯燥,学校体育教学基本上受封建理学思想的影响,非常传统和保守,这种体育教学的形式使体育教学内容在我国古代学校教育中备受挫折,也饱受诟病。清朝洋务运动之后,这种状况逐渐发生变化——经历了鸦片战争、20世纪之初的新文化运动,随着"西学东渐"中欧美国家的一些新知识、新的教育理念在我国的广泛传播,现代科学技术的高速发展、知识的更新,一批批旧的、落后的体育教学内容不断被剔除,一个个富有时代感的、新的教学内容不断被引入。目前,体育、学校体育与自然学科、社会学科、人文学科、工程学科等学科之间的联系也正变得越来越紧密,不断吸收着其他学科的最新成果。学科之间的这种互相影响,促进了体育学科在教学目标、教学环境、教学过程、教学场地与器材、教学模式与方法、教学评价等方面的创新;社会经济、文化的发展也促进了学校教学环境与教学条件的改善,体育学科的这些进步都催生着新的学校体育教学内容的创新,鞭策着学校体育教学内容的发展;也促进我国现代学校体育教学发生了重大的变化,取得了长足的进步,使之充满着生机和活力。①

二、学校体育教学内容的独特属性

学校体育教学内容除了具有上述与其他教育内容、体育项目共同的属性之外,还具有它自身独有的属性,正确认识和理解这些特殊属性具有非常重要的意义。

(一)学校体育教学内容的实践性

体育教学通过学生亲身的运动体验、身体练习来增进学生的身心健康、提高学生的体质健康水平、培养学生对体育的兴趣、提高学生体育学习与体育活动的能力,为他们终身体育服务,因此,体育教学内容的实践性是体育教学内容最突出的一个特征。实践性是指学校体育教学的绝大部分内容都是以身体练习的形式进行,体育教学内容中所隐含的基本原理、规则、方式与方法、人文精神等与体育实践活动密切相连,学生本人必须在践行这种以科学的运动方式、内涵多种教育价值的、具有验证性实践知识特征的运动时,才可能真正学好这些体育教学内容。通俗地说,就是仅用语言信息的传递,只靠单纯地看、想、听是无法学好、掌握体育教学内容的,体育教学内容中含有的知识学习和道德培养性内容,也必须是通过具体的运动和身体练习的实践,通过运动中本体肌肉感觉和记忆,通过学生之间的交流与交往才能准确获得。

(二)学校体育教学内容对学生交往能力培养的独特性

学生对学校体育教学内容的学习活动是在一定的、较为开放的时间和空间内进行的,因

---

① 蔺新茂.体育教学内容论[M].北京:北京体育大学出版社,2014.

此,在学校体育教学过程中,学生的各种学习活动与学习表现是彼此相互联系而不是孤立的,其始终处于一种师生和生生动态的知识交流和信息传递过程之中,即学生在学习过程中不停地进行着交流与交往活动,这种充斥着大量信息的交流与交往活动能培养学生进入社会后所需要的人际交往能力、社会适应能力等。而随着现代人文社会科学的高度发展、人们认识水平的提高,人类已经注意到了长期以来由"技术理性"的"熏陶和影响"给人类交往所带来的异化作用和负面影响,其中,核心问题之一就是人类对实利性科学技术知识和技能的热衷与追求,导致人类人文精神的匮乏和交往能力的降低,因此,在探究"价值理性"的科学、合理的路径时,逐渐将研究的重点转向了学校教育,开始追寻学校教育中课程与教学的本体价值,反思和审视科学技术发展对学校教育本体价值、对青少年儿童身心发展带来的不良影响。因此,学校体育教学内容对学生交往能力培养的独特价值就符合现代人文科学发展的价值需求。

学校体育教学内容多是以集体活动的形式来进行运动技术的学习和竞赛活动。在体育教学内容的教授与学习过程中,学生对运动知识的学习、学生的身体练习和学生之间的相互比赛,使学生之间的交往和交流极其频繁,因此,体育教学内容与其他教育内容相比具有更明显的学生间信息交流与相互交往的开放性。体育教学内容就以这种人际交流的开放性为基础和基本要求,构成了对集体精神、竞争意识、协同习惯、纪律观念的独特功能,使体育教学过程中师生、生生之间的关系更加开放、单纯、真诚和密切,一些以小组形式进行的体育教学活动,各学生之间的责任定位具体、角色分工明确,使学生之间的交流远远多于其他学科,学生个性化的思想与感情,很容易得到自然流露和表现。这就利于教师准确把握学生的真实情况,有针对性地对学生进行补偿性教育,即教师发现学生所欠缺的某一种或多种人文精神时,有针对性地利用体育教学内容对学生教育施加影响。例如,对学生进行团结友爱、关心他人、互助合作的思想和意识的培养,对学生进行热爱集体的情感和意识的培养,对学生进行积极主动的参与竞争等意识以及坚韧不拔、勇敢顽强的意志品质的培养等。

(三)学校体育教学内容对教学条件的规定性

学校体育教学内容对学校体育教学条件的规定性表现在,由于大部分体育教学内容要求的教学活动都要在固定的场地中,借助于专门的器械和设施进行,甚至一些体育教学内容就是以专门的场地、器材来命名的,如以活动场地命名的有"田径""滑冰""沙滩排球""水上运动"等体育教学内容;以所借助的器械来命名的有"单杠""双杠""跳马""山羊""跨栏"等体育教学内容;以运动或活动工具来命名的有"羽毛球""乒乓球""篮球""软式排球""标枪""铅球"等体育教学内容。由于体育教学内容所要求的身体练习空间的开放性,其往往对外界环境(如光线、风速、温度)的变化等有一定的关系和要求,如"花样滑冰""速度滑冰""滑雪"等均要求在寒冷的气候条件下,有冰、有雪的环境中才能进行教学,而羽毛球、乒乓球不能在光线太强、风速太大的环境中进行教学。由于体育教学内容对时空环境、自然环境等的规定性,体育教学内容对场地、设施、器械、器材等都具有很大的依赖性,或者说这些因素本身也成为体育教学内容的重要组成部分。

所以,学校体育教学内容对学校教学条件的规定性,换句话说就是,如果这些教学内容离开了所要求的特定环境,或学校不具备相应的条件就会产生质的变化,甚至体育教学内容本身就不能被选择和利用。①

（四）学校体育教学内容对体育文化的传承性

体育是一种文化,学校体育教学内容更是体育文化的载体。文化人类学家怀特指出:"文化是通过社会各运行机制,而不是通过某种生物学方式传递、传播的,文化是通过人类社会遗传(承继与继承)方式进行的超越生物机体、超越生物肉体的形式传播的。文化一定要得以传承,这种传承表现为在横向人类社会之中得到传播,在纵向的社会历史上得到传递,否则,人类社会就无法生存与发展。而文化的传承是需要通过教育进行和实现的,特别是学校教育。这是文化的重要特征之一。"知识通过学习掌握,技术通过实践掌握,而只有文化通过学习及不断创造才能逐渐形成。学校体育教学内容既是体育知识、体育运动技术的集合,又是一种需要传承的涵养精神、塑造精神的文化成果。因此,体育知识和体育运动技术的创造、创新必须在传承的基础上进行,体育文化育人也应该在对体育文化的传承与创新中育人。

学校体育教学内容是人类对自己生产、生活、生存技能知识的总结、升华和再创造,是人类在认识和改造自己、自然界、人类社会自身的活动中创造出的一种体育文化的结晶。学校体育正是通过对体育教学内容所隐含的知识信息的教与学,发展人类对体育文化的创造能力,使体育文化得以在人类社会中的传播。学校体育教学内容以及所承载、涵养的体育文化符合青少年学生身心顺畅与和谐发展的规律,有利于提升身心健康的发展水平,能够为最终实现完成培养学生终身体育的习惯、能力和人文主义精神服务;有利于促使学生未来体育的生活化。② 因此,从体育文化传承、体育文化可持续发展的角度上来说,学校体育教学内容反映着一个时代体育文化发展的方向、深度与广度,揭示着体育文化发展的脉络和规律。

体育文化传承的过程同时也是一种对人类文化的创新过程。在体育文化传承过程中,体育教师首先要对体育文化,以及体育知识、体育运动技术进行分析与研究,依据具体情况,科学选择和改造后传授给学生。在教与学过程中,教师和学生通过良性互动激活体育知识,激发学生的兴趣,促进学生进行探究式思考,然后,再通过学生对所学体育知识、体育运动技术的内化过程,实现体育文化向学生的转化。另一方面,学生在体育知识、体育运动技术学习过程中,能够"温故而知新",即在学习已有的体育知识、体育运动技术的同时,会有新体会、新发现。同时,教师也通过对体育、体育教育、体育文化等进行科学研究,提出对体育文化的新认识,探索体育运动与体育实践的新规律,从而不断发现体育规律,创生新的体育文化。总之,体育教师、学生在共同进行的体育文化传承、创新中,不断进行体育教学内容(体育文化)的选择和改造,在选择与学习过程中不断成长、发展。

（五）学校体育教学内容的教育功能的全面性

学校体育教学必须以实现学生良好的教养、培育与发展相统一为首要原则。强调掌握

---

① 蔺新茂.体育教学内容论[M].北京:北京体育大学出版社,2014.

② 怀特.文化科学:人和文明的研究[M].曹锦清,等,译.杭州:浙江人民出版社,1988.

体育的知识、技术,提升体育运动技能,仅仅是体育教学对学生进行教养活动的一部分功能,在学生学习体育的知识、技术,提升学生体育运动技能的同时,对学生进行情感、精神品质的培育,以促进学生全面发展则体现了体育的全面教育功能。因为,学校体育教学内容就隐含着内敛于这些体育知识、技术和技能中的,为学生发展而应该对学生进行的生物性、心理性、社会性等方面培育的隐性知识内容。体育教学的全面性功能的实现,就是在对学生教养、培育和发展等的统一,这也是学校体育教学内容中显性与隐性教学内容的统一。

因此,体育对人自然属性的改造,不仅表现在体育对人体外部形态、内部结构、身体生理机能等方面的影响,也体现在体育对人身与心两方面的全面养护和影响。而学校体育教学也是如此,其在追求对学生身体生理机能的完善与发展的同时,也必须重视对学生的内在心理、精神品质、情感意志等的良性影响与发展干预。以此为依据,体育教师在学校体育的教学过程中,一定要善于灵活运用学校体育教学内容,营造出其他学科所不具有的、生动活泼的智力培养氛围和过程,为促进学生的心理健康水平的提升、形成良好的人文精神培养提供良好的环境。同时,体育教师还要善于利用体育教学内容自身作为体育文化的特殊魅力,通过合理与科学地组织教学活动,不断放大这种魅力。所以,学校体育教学应该是师生之间的一种快乐交流,一种积极地教和愉悦地学的水乳交融,在此过程中,教师应重视培养学生的积极主动参与意识,形成学生良好的情绪体验,重视学生的自由发展,建立起师生之间、生生之间平等、自由、和谐的人际关系,以促使学生能够在良好的环境中,以一种欢快、愉悦、轻松的心情获得身心全面的健康发展。①

第三节　体育教学内容的特征

查阅体育教育学上位层次(即教育学层次)的相关论著和研究文献时发现,关于教学内容的研究和论述非常少,例如,裴娣娜在其《教学论》中,仅仅对教学内容的特性以及与教学内容相关的课程资源的开发,教学方式、方法的应用等进行了简要的介绍;王策三的《教学论稿》则根本没有对教学内容进行专门性论述;在俄罗斯教育学博士、教育科学院院士科拉耶夫斯基的《教育学原理》一书中,也仅仅将教学内容作为第一章"教育学是科学"中的一个小节来进行论述;而在其他具体学科的教学研究成果中,针对学科教学内容的专门性学术研究更是少之又少,虽然在语文学科的基础教育改革过程中,曾经出现过"鲁迅文章应不应该退出教科书""文言文是否应该减少"等的争论,但这种研究和探索是碎片化的没有形成系统性成果,不具有学科的普遍代表性。究其原因是,其他学科教学内容与体育学科的教学内容相比,其他学科教学内容在一定时期内是相对稳定的,如数学的三角几何知识、代数基本原理,历史的基本发展,物理的光电基本原理,地理的自然分布等都是具体而固定的,这些学科内容与内容之间的"基础性""知识的递进性"层次与逻辑关系清晰,教学内容的排列依据学生年龄特征、学习特征、认知特征、心理成熟过程的特征,以及学生对知识掌握的规律和合理顺序十分清晰,学科教学内容依据上述规律的知识内容比例和教学时间分配相对合理,学科

---

① 蔺新茂.体育教学内容论[M].北京:北京体育大学出版社,2014.

课程教学内容预成性设计与生成性创新的维度等比较明确……而体育教学内容则因体育的特殊性而显示出与众不同的特征,主要体现在以下几个方面。①

一、体育教学内容的"后备军"——体育素材内容庞杂

作为体育教学内容"后备军"的体育素材,是由大部分来源于不同文化母体的各个体育项目组成的,这些体育项目具有各自的历史渊源、文化背景和地域特征,它们之中所包含的体育知识、体育技术与战术原理,体育健身思想与技术,技能,体育游戏、娱乐、比赛的方式方法,体育竞赛观赏与审美等各因素均可能成为学校体育教学的一部分内容。因此,作为体育教学内容后备军的体育素材丰富而庞杂,再加上这一庞杂、丰富的体育素材所隐含的多种文化价值取向的特征,使这些体育素材在人们的生活中显得缤纷多彩。因此,不同社会政体,不同价值观、世界观的社会群体,对这些体育素材的价值判断和价值取向就有很多的维度。将它们加工成学校体育教学内容时,又由于受到社会经济、学校办学条件等的限制,筛选、加工的视角和标准就会有很大的差异,各个国家或经济体将这些体育素材选编为体育教学内容方式、方法也就会不尽相同。②

同时,这些体育素材又都是在不断发展着的体育运动项目的动态集合,时代的变迁、科学技术的进步、经济社会的发展都会对体育项目产生很大的影响,也会对学校体育教学内容的选编与加工带来很大的影响。因此,各个国家必须建立起自己对体育教学内容的选择理论,然而,目前的现实是世界各国对这项研究工作都显得十分薄弱。我国近代关于体育教学内容的争论——"新旧体育之辩"就是在我国遭受西方文化强势入侵时,由于选编理论的缺乏而爆发的,其结果是西方实用主义体育教学内容的强势侵入,对我国学校体育至今影响巨大。如果说这是由于中国近代发展落后,人们对体育这种文化现象的认识不够深刻而造成的,那么,在倡导经济全球化与文化多元化的当今世界,哪一种传统文化更容易被世界大众所接受,哪一种内涵人生观念和价值观念的文化就越有影响力,这就是文化的软实力。文化软实力建设要求我们对体育教学内容的科学选择、加工工作必须被重视,必须成为学校体育教育工作第一位的基础性工作,必须成为体育课程研究的最重要内容之一;对于体育素材不能信手拈来,没有对体育素材进行比较客观的审视,比较合理的分析,比较准确的价值判断、选择与定位,体育课程研究的科学性、客观性、安全性就无从谈起;学校体育教育工作对人才培养的方向性和高效性也就无法做到;学校体育对未来体育教师的选拔与培养,学校体育教育的科学化,学校体育教育目标保质保量的实现也会成为无稽之谈。因此,学校体育教学内容选择的依据、原则和方法等,是学校体育理论研究和体育教育研究的重要课题,是每位学校体育工作者、管理者,以及一线体育教师都必须正确面对和认真思考的问题。特别是在当前学校基础教育改革正进入攻坚期,各种理论与实践冲突与融合过程中,体育基础教育改革必须走出自己的道路,必须正确面对体育的特殊性和学校体育教育学科的特殊地位,具体问

① 蔺新茂.体育教学内容论[M].北京:北京体育大学出版社,2014.
② 毛振明,赖天德.体育课应引进什么新的教学内容[J].中国学校体育,2006(4):12-13.

题具体分析、实事求是地面对学校体育发展中的问题,寻找学校体育学科自身不同于其他学科的发展道路。①

二、体育教学内容之间层次不清,逻辑性不强

和人类对科学技术及知识的追求以及科学技术、知识的发展过程一样,学校教育随学科知识、教育科学知识等的不断深化与发展而不断深入和进步,由发展中的各学科知识、观念构成的学科教学内容也就呈现出螺旋性上升、层层递进的有组织性、有序化的系统性特征。教育过程中的各学科教学内容不同于学科知识、科研成果的汇集,它是依据学科课程内容的逻辑顺序进入教育过程的。学校课程内容是教育目标的反映,各学科课程的教学内容则是人类学科知识精华的汇聚,但这些内容绝不是领域内知识简单的、机械的汇聚和堆积。这是因为任何一门学科课程教学内容的编排,都必须有诸多教育学和各学科专家在充分征集一线教师意见的基础上,充分研究受教育者心理发展、心理成熟的科学顺序以及人类认知水平发展的规律,去分析这些知识内容在教学过程中出现的先后逻辑顺序,然后,科学排列这些学科教学内容。根据这一原则,整个学科教学内容的排列,都体现着学科知识以及人们对学科知识认知由易到难、由简到繁、由浅入深的循序渐进过程,使这些学科教学内容所承载、所反映的学科知识既能容易地被各年龄阶段的学生接受,又便于理解和促进学生知识、情感、智力等获得全面的发展。这就使各学科教材编写都必须按照学科知识体系呈现以及知识本身的逻辑顺序来进行,而不是按照知识本身被发现而获得发展的自然顺序进行编排。例如,小学生阶段,逻辑思维能力发展水平不高,感知觉笼统不准确,但大脑收到的信息干扰也少,记忆力较强,以机械记忆、具体形象思维为主,在这样一个特定的认知特征下,如果学校教育的学科教学内容无视学生认知发展的客观实际,没有知识信息量宽度、难度的渐进式排列,那么,只能造成学生学习的低效、学校教学的低效,学校教育为进一步的可持续性教育欠账。所以,学科教学内容的排列必须按照一定的知识体系呈现的方式及规律,保证学生可以有序、有组织地循着由浅入深、由表及里、由具体到抽象、由现象到本质的逻辑顺序,层层递进、高效率地去获得人类生产活动中所积累的大量知识与经验。

学校教育除了体育学科之外,其他学科教学内容都有一个较完整的学科知识体系作为支撑,如代数依托于数学,语文依托于语言学,物理、化学分别依托于物理学、化学学等。这些学科依据学科教学的目标与任务,不仅可以准确地选定清晰、明确的学科教学内容,准确地绘制出这些教学内容所涵盖的知识点学习线路,还可以依据这些教学内容涵盖的知识点之间明确的层次和逻辑递进关系,结合学生的年龄特征、学习特征与学习水平等,预置较为具体的学习顺序、学习要求和评价方法,预设学习效果、学习后的水平测试。例如,在语文教学中,就可以预置语文教学内容——从单个文字的识记到简单词语的运用,再到文章的写

① 蔺新茂.体育教学内容论[M].北京:北京体育大学出版社,2014.

作,然后过渡到各种类型文章的写作与熟练运用等。预置这些教学内容后,教育管理者、语文学专家、语文教师就能够预设、预知这些内容环环相扣,从基础知识介绍到知识初步掌握后的效果,学生的学习评价就可以根据预设的效果进行,这样,学生对语文知识的掌握、熟练、运用与创新,就会由于较强的内容难易层次和逻辑性,明确学习的逻辑递进关系。

而体育学科却大不相同,体育教学以体育基本知识、体育运动技术、体育技能的传授与习得为主,身体练习是体育教学双边活动的基本方式,学校体育教学内容主要以运动项目中的技术和方法为主线,以活动类的教材为主体,没有比较成熟的体育学科理论体系作为支撑,也没有一个较为完整的实践体系作为参照,仅仅依托体育素材的内容与方法,难以寻找赖以发展的主线。体育教学内容的诸多理论知识也多是渗透在活动性教学内容的传授过程之中。所以,体育教学内容的选择、编排就不可能像其他学科内容那样逻辑严谨。

与学校教育的其他学科相比,我国学校体育教学内容所呈现出的特殊性之一就表现为体育教学内容没有知识之间由低到高的逻辑递进关系,如排球、乒乓球、足球、羽毛球、网球等球类项目之间何为基础、何为提高的逻辑关系是不存在的,即便是有些体育教学内容之间有微弱的逻辑关系,但也不像数学等学科教学内容那样,在"加、减、乘、除、乘方、开方"等知识之间存在由易到难的逻辑递进关系,如体操、跳水、游泳、攀岩等,在哪一项是难易的起点和哪一项是难易的终点之间很难区分。特殊性之二是,体育教学内容的多功能指向性使体育教学各阶段性价值选择与取向存在多维状态,再加上体育教学内容所涵盖的一些知识与技术对于学生来说,在"会"与"不会"之间的界限模糊,运动技能的"好"与"坏"难以划分,就给体育教学目标的实施与完成情况评价带来了较大的困难。特殊性之三是,在学校体育教学中,即便是目前大力倡导"足球进校园、篮球进校园"以及"体育特色学校、一校一品、建设校本课程"等活动,也不会像其他学科的内容那样,明显呈现出哪些体育教学内容举足轻重,是必须教授的?(如化学学科中的"原子与分子、化合与分解"就是必教内容)哪些内容可有可无,是不需要教授的?

同时,我们又很难说体育教学内容的各运动技术之间是完全割裂、独立的。例如,田径、体操、球类、攀岩等项目中的走、跑、跳、攀、爬等有着紧密的亲缘关系;有一部分体育素材是从另一部分的发展、演变中衍生出来的。例如,把网球搬到室内桌子上打,便出现了乒乓球;把棒球移至室内就出现了垒球;把曲棍球移至冰上就出现了冰球;把足球带到水中就出现了水球。除了球类项目,在其他项目中类似情况也很多。如体操的鞍马去掉两环便出现了跳马;双杠运动降低一杠的高度便出现了高低杠等。[①] 学校体育教学内容的这些特殊性,使得其他学科中普遍使用的"某某年级必须用某某教学内容"和"某某年龄只能教某某学校体育的教学内容"等这种用交叉选择方式无法用来选择学校体育教学内容——小学生可以踢足球、打篮球,大学生也可以踢足球或打篮球,不可能会出现"某某年级必须教授某一体育教学内容"的这一限定,如果因为体育教学目标的模糊再导致"某某年龄只能教某种体育教学内容"也不清楚的话,那么,在学校体育教学内容的选择上就会出现一种盲目性、随意性。例

---

① 张翔鹰,张翔麟.体育运动的由来[M].北京:世界知识出版社,2008:130-135,143-173.

如,不考虑应教学生什么,而是考虑教师会什么、能教什么、有什么场地器材等。在 21 世纪体育基础教育改革过程中遭遇到的、困扰课程改革和许多体育老师的体育教学内容编排与配伍的困难、教学内容的重复、蜻蜓点水式的学校体育教学等问题可能与此有关。①

三、体育教学内容具有多功能指向性

体育学科的教学目标是多维度、多向性的,因为,在同一个体育教学内容中就蕴藏着多种教育功能,如同样教授支撑跳跃,由于教学目标、任务和教师对教学内容理解的不同,会使这一教学内容呈现出多种功能:可以用来发展身体素质(弹跳力等),也可以用来发展运动技能(身体控制力等),可以用来培养学生的勇敢精神、果断坚忍的意志品质,还可以作为一种军事体育的文化传承(军事体操)。因此,学校体育教学内容"一项多能"特征明显。"一项多能"是指一项体育教学内容具有多种培养和教育功能,可以完成多个体育教学任务,实现多个体育目标,即体育教学内容具有目标的多维度、多指向性。其实不管注重体操的哪一项功能,在进行活动时,体操的多项功能都能被发挥出来。也就是说一位学生掌握一项运动技术可以为自己的多重锻炼目的服务。

学校体育教学内容的这一特征在学校体育教学中,使教师和学生对体育教学内容的选择具有了较大的灵活性,可以不拘泥于某一个内容。同时,用于体育教学的大部分内容都有各自独特的运动乐趣,如篮球和足球的乐趣是学生可以在激烈的对抗中,运用自己的技战术素养,以及与队友之间的协调配合,成功摆脱对手的防范,将球攻入对手的篮筐和球门中;隔网对抗类的排球、乒乓球等教学内容的乐趣在于双方队员在各自的活动区域内,巧妙地运用自己娴熟的技术、巧妙的战术安排,通过多回合的搏杀,最终在对方场地上造成"死球"。体操、武术类表现型体育教学内容则是通过展现对身体的有效控制,达到用身体体现动作美、形体美、线条美、有力量,以及体现勇敢精神、顽强意志力等的目的,还可以通过非正常体位的动作练习来寻求三维空间活动所带来的感官刺激,从而体验乐趣。而台球、飞镖等的乐趣在于通过长时间锻炼达到操作的稳定性,使自己能够用精确的结果来验证自己的预判能力,从中获得自信和快感。攀岩的乐趣在于获得征服自然的某项技术和能力之后,在优美和险恶的环境(或非常环境)中,检验自己的能力并获得征服自然后的超越感,即"无限风光在险峰"的感觉等。体育教学内容的这一特征是体育教学无法忽略的,否则就会使体育教学失去魅力。

体育教学内容的这一特征使体育教学内容中没有什么内容是非学不可而且无法替代的,也就是说体育教学内容没有很强的规定性。但是,也正是由于体育教学内容的这一特征,加之我国学校基础教育改革过程中提出的三级课程管理体制,增强了学校和教师对体育教学内容选择的主动性、灵活性,使一些学校以及一些学校的教师为了吸引学生的注意力,激发学生对体育新教学内容的好奇心,频繁地更换体育教学内容,使学生对一些已学体育教学内容的基本知识、基本技术、基本技能的掌握不够牢固,体育教学为学生体育能力提升的

---

① 蔺新茂.体育教学内容论[M].北京:北京体育大学出版社,2014.

任务,以及掌握1~2项运动项目的目标难以实现。还有一个值得注意的问题是,一些课外体育锻炼性内容也在时时窥视着体育课堂,一些身体自由活动性内容也在干扰着体育教学,不能不说跟体育教学内容的这一特性有很大关系。①

四、体育教学内容体系不清,缺乏最优化的分类方式

分类是认识某一事物或现象的方式之一,它是通过把握某事物内涵的规律性,依据一定的内容或标准进行归纳与整理,以深化对该事物的认知水平的方式。对我国学校体育教学内容进行分类的目的也在于此。目前,我国学校体育教学内容有数十项之多,仅国务院办公厅《关于强化学校体育 促进学生身心健康全面发展的意见》(以下简称《意见》)中,所列举的具体项目就有足球、篮球、排球、田径、游泳、体操、乒乓球、羽毛球、武术九个大的项目,同时,《意见》还要求要进一步挖掘、整理民族、民间体育,充实和丰富体育课程内容。因此,可以预见,我国学校体育教学内容现在和未来都是非常丰富和极具多样性的。但是,面对丰富多样的学校体育教学内容,许多学校和教师会显得无所适从,所以,要保证我国一些学校体育政策的顺利实施(如掌握1~2项运动技术的要求,体育考试制度的改革等),要保证学校体育教学目标的实现,就必须将众多的体育教学内容放在一起进行比较、归纳与分析,从宏观层面上准确把握这些体育教学内容之间的合理逻辑,保证体育知识教授的完整性、系统性,处理好体育教学内容规定性与灵活性的统一,从而进一步促进大中小学体育课程衔接体系的科学性构建。

目前,随着我国体育事业的发展,人类几千年来创造和积累出来的体育运动文化已经形成一个复杂的系统,系统内部各项运动技术、技能对人类身体素质的要求也多种多样、各有差异,一些运动技术和技能之间还可能有互相干扰的现象(如田径的用力和游泳的用力就是完全不同的方式,要求的身体素质也大相径庭;羽毛球的挥拍击球动作技术与网球、乒乓球的挥拍击球动作各不相同,而且会互相干扰)。因此,如果说一位天才的数学家可以基本上掌握数学的全部原理,一位作家可以运用良好的知识积累,使用任何一种文体去撰写文章的话,与之相比,无论多么优秀的体育运动专家、高水平运动员、优秀体育学生都只能掌握很少一部分体育运动的方式与方法,而且,由于大部分体育运动方式与方法和人的先天身体素质相关——身材高大的学生学习灵巧型体育动作技术时就比较困难,身材矮小的学生从事篮球运动就没有优势,甚至会因身高劣势而吃亏。这就是体育教师难以通识全部学校体育教学内容,体育师资培养提出"一专多能"要求的缘故;也是造成体育学科课程的专家、设计者、编纂者难以厘清体育课程教学内容系统,难以将体育教学内容进行最优化分类并依据科学的分类系统来编写具有普适性体育教材的主要原因。②

---

① ② 蔺新茂.体育教学内容论[M].北京:北京体育大学出版社,2014.

第四节 学校体育教学内容的功能

学校体育教学内容的功能就是学校体育教学内容所能够发挥出来的、对教师和学生(特别是对学生)的有利作用和效能。任何事物的功能都是客观的,体育运动的功能也是体育运动本身所固有,学校体育教学内容功能也是客观的,当学校体育教师对体育教学内容的功能进行选择性利用时,就是对体育教学内容的价值取向,因教师对体育教学内容价值取向的不确定性,体育教学内容的价值取向既是客观的又是主观的。然而,由于人类对自身、对体育、对体育促进人类发展的认识程度有待加深,对体育功能的认识就有一定的局限性。因此,人们对体育功能的认识就有一个逐步加深、逐步清晰的过程。然而,我们不能说因为人类对体育功能、体育教学内容功能的认知水平还有待提高,就认为体育的功能、学校体育教学内容的功能不是客观存在的,这会导致不可知论主观主义出现。

因此,对学校体育教学内容功能的分析,有利于体育教师依据体育教学内容的功能进行全面、准确、合理的价值分析和价值取向。

一、学校体育教学内容多元的教育性

(一)学校体育教学内容的规范意识教育功能

所谓"规范性"是指合乎某一事物、现象运行规律的规则或要求的属性。我们经常说,人既是一种个体,即人就是人自身,又是一种群体,即人是社会的人。个体与群体之间必须关系协调,才能相互促进,使彼此获得更好的发展。社会的发展要保持一定的持续性和稳定性,对其中的每一位成员来说,就得有一定规则或要求(规范性),因此,人类个体为了适应复杂的社会生活,不得不建立起一种共同认可的社会规范,这种规范要求每一位社会成员必须了解并遵守。而体育教学内容从其诞生的那一天起,就与人的发展联系在一起,就具有对参与者进行规范性教育的目的性,因此,学校体育教学内容也就具有了对受教育者进行规范意识教育的功能。

学校体育教学内容是人类创造的精神文化与物质文化的统一体。文化所具有的民族性,文化在人的发展过程中对人的教育、涵养作用等,有时候是潜移默化的、润物细无声的过程,有时候是暴风骤雨式的灵魂冲击与震撼。在体育教学内容中,人为设计的体育规则所要求的行为规范,合理的身体练习所要求的动作规范,科学健身所要求的负荷量度与强度规范等,对学生作为社会成员形成良好的道德观、价值观、行为规范以及遵守纪律,尊重社会法律、法规的自觉性等规范意识的影响力、辐射力和渗透力是其他形式的教育所无法替代的。

(二)学校体育教学内容的公平意识教育功能

竞争性是体育运动的最大特征和最基本属性,而公平竞争、自由竞争也是体育教学内容的显著规定性之一。体育、体育教学内容中，"竞争"是核心，"公平"是前提，竞争必须在公平、公正的环境下进行，公平也必须落实到竞争的每一个环节。体育规则所涉及的每一项内容都意在既保证每一位参与者都应共同遵守，也保证每一位参与者，无论是裁判员，还是运动员都享有同样的、值得尊重的地位。高度程序化、规范化、制度化、法制化的体育竞赛设计就决定了体育各个项目的比赛必须是井然有序的公平竞争。很显然，公平、公正是我们追求的社会主义核心价值观的主要内容。而学校体育教学内容无论是以西方体育文化为主体的现代体育竞技内容，还是以东方体育文化为主体的竞艺性、娱乐、游戏等体育教学内容，对参与者、评判者、观赏者来说，首先保证的就是不论职务高低，不分年龄长幼，不管身份地位，均应公平参与，平等竞争，尊重对手、团结同伴队友等，这对学生的公平意识教育无疑具有重要的意义。

（三）学校体育教学内容的康健意识教育功能

康健意识是指人类为维护自身健康，促进身体发展而预设的关于人体保健与健身促进的知识、理念。与康健概念较为接近的概念"健康素养"，是指能够在生活或运动中，理解、获取个人健康运动、健康生活的信息，并运用这些信息维护和促进自身健康水平和运动能力。2009 年，国家卫生部曾经组织课题组进行了一个"关于我国公民健康素养水平"的调查，结果显示，我国城乡居民每 100 个人中，不足 7 个人具备健康意识。其中，"能够正确认识肥胖的机理，知道一些重大传染性疾病传播方式与途径、止痛药用途与副作用、骨折以后处置方式、成年人每天该喝多少酒、药品说明书如何解读的人，都不到 20%"。尤其对于慢性病的预防，只有 4.66% 的人有正确的预防知识。在 55~69 岁的人中，健康素养水平尤其低下。

因此，学生无论学习何种体育教学内容，无论参与何种体育教学内容的锻炼，这种体育教学内容都会给学生关于自身对这种练习强度、密度、难度，以及这种练习对自身健康促进作用强弱、锻炼效果好坏等的体悟与反馈，这种适应性的体悟与反馈能使学生体察或感知到自身的生理、心理健康水平，从而在提升自身的体育锻炼意识和锻炼过程中，依据自身的具体情况调整锻炼方式、方法的能力，这就是体育教学内容促进学生增强康健意识和健康素养功能的实现过程。

（四）学校体育教学内容的文明意识教育功能

在互不相让的剧烈对抗中不忘尊重对手；在有我无他的激烈竞争中，保持对对手宽容友善；在面对失败的挫折时，不失优雅风度；在头顶胜利的光环时不失谦谦君子风采。这些场景在体育比赛中经常出现，令人激动和向往。对参赛者来说，这就是一种文明意识。对所有的社会人来说，这就是支撑人类社会发展，密切人与人之间的关系的精神文明。再如，服装对人类而言早已不只是保暖遮羞的工具，它还能够反映人的很多内涵，包括审美观、品位、态度、社会地位等。同样，不同体育项目对服装、礼仪有不同的要求，一些要求是针对项目制定的，一些要求是依据观赏者的审美要求制定的。符合要求的、得体的着装是体育参与者最基本的礼仪。例如，跳水运动员不能着长裤，跆拳道运动员不能穿短裤，体操运动员不能穿皮鞋，台球参赛者不能穿运动鞋等——这就是体育重视对人类"文明意识"培养的具体表现。

　　就学校体育教学内容对学生的要求而言也是如此,体育素材在转换成学校体育教学内容时,就保留了这种对学生文明意识培养和教育的功能。例如,在体操教学中,需要学生以高度的责任心去保护与帮助同伴,不论保护与帮助的对象是自己的竞争对手还是合作伙伴;在体育教学内容的实践环节中(如篮球赛、排球赛等教学比赛)要求学生要尊重和保护对手,不论对手是自己的同学还是他人;除此之外,武术抱拳礼、跆拳道的鞠躬礼、体操的举手示意礼等,无论是对学生还是对教师都是一种审美教育、精神气质教育、行为规范教育,归根结底是一种文明意识教育。

二、学校体育教学内容满足学生个体需求的功能

(一)满足学生个体实现自我完善的需求

　　学生对体育教学内容学习的目的就是将它作为实现自我、发展与完善自我的一种重要手段。首先,体育教学内容中,各种形式的身体练习是肌肉、骨骼、内脏等人体的各器官系统得以充分发展的必要条件。学生的能力、体格、健康、寿命等各方面,都可通过各种正确的练习而取得发展。其次,体育教学内容又是促进学生心理建设的重要手段,大脑是智力的物质基础,而这个基础要依赖学生自身的身体活动来促进和建设,因此,学生的身体练习是思维认识发生的基础和先导,各种内容和形式的身体练习可以消除心理疲劳、调节心理状态,可以沟通学生个体、群体及社会之间的联系。

(二)满足学生个体实现丰富业余校园文化生活的需求

　　学生在校期间,对知识的学习和掌握是一个艰辛的过程,这一过程中,学生的身心都要承受巨大的压力,如精神紧张会引起学生生理和心理发展不协调,紧张的学习生活会造成学生与学生之间的交流与交往困难,长时间的静坐学习会使学生因为运动不足带来种种隐患,而丰富多彩的校园体育文化生活可以使学生追求身心和谐发展,追求健康、高质量高效率的学习生活,实现自我价值的充分发挥等愿望得以实现。因此,学生在学习体育教学内容的同时,也在享受着一种愉悦精神的心理体验,特别是当学生将学习得来的体育教学内容应用于学校课外体育活动给的实践中时,不仅能促使他们身体健康和体魄强健,还能为学生提供丰富多彩的校园体育文化生活和文化产品,满足学生现实的体育需求。

三、学校体育教学内容的娱乐性功能

　　美国心理学家詹姆斯说:"人最本质的需要是渴望被肯定。"马斯洛需求层次理论中所描述的人类最高层次需求"被尊重的需求"和"自我实现的需求"也说明了人类对成功的渴望。在体育教学内容的学习过程中,在很多情况下,学生的成功,虽然是经历了种种挫折才获得

的,但这种成功足以促使他们振奋精神、情感愉快。学生在心理上的满足感、愉悦感,会激发他们思维活跃,创新求异精神得到极大提升,从而提升他们对其他学科的学习效率。体育教学内容所隐含的竞争性、规范性、公平性、趣味性等特点,使它具备了强大的吸引力和强烈的愉悦学生身心的功能。当学生参与到自己喜爱的运动之中时,在不断地战胜自我,征服种种困难后的胜利喜悦中,在经历多重困难而后圆满完成或掌握某一体育技术或动作方式的学习过程中,在体育竞赛过程中与对手斗智斗勇、拼体力、拼技术的反复对立与较量过程中,在学习者与同伴较为默契的技战术配合中,学生都能够获得身心两方面成功的快感,也都能得到一种难以言表的心理满足感,这些感觉会使学生们真实地感受到自我价值的发挥和实现,这些情绪体验也都会促使学生不断增强自己的自尊和自信心,提升他们的对体育学习成功的愉悦性与自豪感。

因此,无论是从学生的身心成长与发展方面,还是对学生社会适应性培养的需要方面,体育竞赛、体育娱乐、体育活动、体育练习都是学生精神生活追求所不可或缺的重要内容。[1]

---

① 蔺新茂.体育教学内容论[M].北京:北京体育大学出版社,2014.

中国体育与学校体育教学内容

第一节　中国古代体育与学校体育教学内容

人类文明与文化发展的历史中,涵盖与反映着体育文明与文化发展的历史。因此,要了解我国体育教育、体育教学内容的真相,必须徜徉在历史的长河中,认真审视、总结、梳理体育与学校体育发展的关系,体育诸多项目与学校体育教学内容之间的关系,了解在没有西方体育文化干扰和影响时,我国体育教学内容与民族民俗体育之间的关系,才能更清晰地发现我国学校体育教学内容发展的规律。考虑到时间久远且时间跨度大,史学家便把我国古代史分为古代前期(母系氏族社会至公元前 220 年,前后经历 3000 年左右)、古代中期(公元前 221 年至公元 1279 年,前后经历 1500 年)和古代后期(1279 年至 1840 年,即元朝至第一次鸦片战争爆发),因此,本研究也遵循这一研究线路循序进行。

一、中国古代体育

(一)中国古代前期体育

100 万年以前的原始社会,中华民族从打制和使用粗石器开始,人类的祖先从长期生活实践中,从为求得生存和繁衍后代而与自然界的各种生物的竞争中,越来越深切地体会到身体健壮、灵敏,以及各种生活技能对自身的价值和意义。只有具备了健壮的身体、高超的生活技能,才能猎获和采集更多的食物,才能有力地保护自己和部落的安全,才能更好地适应大自然的种种变化。因此,人们从无意识的体验开始了有意识地寻求增强身体体质和提升生活、生存、生产技能的方式与方法。这些活动促进了原始人类大脑的进化和发展,从这种意义上说,体育应该是人类最先创造的文化。在这一时期,表现出人类体育文化巨大进步的就是石器作为生产与生活的工具出现。

石球。石球既有敲击的功能，又是狩猎时代的利器，据研究，第二种方式应用较为广泛。这种方式使用石球的方法有三种：一种是直接投击猎物，一种是作为"绊兽锁"，一种是作为"飞石索"。飞石索又分为单股飞石索、双股飞石索和三股飞石索。石球的使用在旧石器时代具有重要的意义。[①]

至新石器时代，除了石球这一磨制石器之外，又出现了不同材质的其他工具，如作为渔猎的工具有鱼叉、鱼钩、矛、弹丸等，作为农业生产的工具有石镰、石斧、石铲等，这些工具在使用过程中，产生了不同的原始体育的雏形。

而距今4000多年前，中华民族的祖先进入了奴隶社会，统治集团为应对夺权和反夺权，侵略和反侵略的战争，更加重视族群成员的军事能力训练和教育，也有越来越多的部落成员参与了这一过程，奴隶社会军事体育以及娱乐体育就因此诞生了，一些项目至今还得以延续和发展。例如，武术、舞蹈养生导引术及养生气功、举重、射弩、狩猎、角力、蹴鞠、风筝、游泳、投壶、秋千、弄丸以及奔跑、划船、跳跃、攀爬等人类最原始的生活、劳动和争斗技能。[②]

这里简单概述与学校体育教学内容相关的部分内容。

1.射箭

射箭运动在我国历史悠久，因为借助于弓弩，箭的射程远远超越人的臂力所能投掷的距离，而且又便于隐藏自己，既安全又有杀伤力。因此，箭不仅是我国古代普遍使用的有力武器，射箭也是被大力倡导的学校体育教学内容。使用弓箭的本领与礼仪是当时社会普遍重视和喜爱的一项技能，也是衡量每个男子所具有的能力、本领、智慧的标准之一。例如，战国时魏国就有一条以射箭来判定诉讼的条文，"人之狐疑之讼者，令之射的，中者胜讼，不中者负"。然后，魏国就出现了"令下，人皆疾习射，昼夜不停"。习练射箭本来与诉讼活动是风马牛不相及的，两者之间没有必然的联系，但为了国家安全，防止外来侵略的不时之需，魏国上下就出现了人皆习射的热潮。

2.游泳

生活在湖海之滨的古代人类祖先，渔猎技艺是求得生存的主要生产劳动技能之一，许多生活和生产的习俗风尚都与水相关，人们用坚硬的树枝制作的工具叉鱼或拍打浮在水面上的鱼，还用树干和葫芦浮托身体以保证长时间在水中活动不下沉，相传伏羲氏所编著的《易经》中就有记载的"包荒"，而"包荒"就是指葫芦。春秋时期，就有吴国和越国训练有相当规模的水师和战船，齐国为了打败越国也重视水军训练，并立下法规"立沼池，令以矩泳，能泳者赏赐千金"，激励齐国军民进行游泳训练，而后就直接出现了"齐民之游水，不避吴越"的军事优势，并最终打败了越国水军。

---

① 贾兰坡,卫奇.阳高许家窑旧石器时代文化遗址[J].考古学报,1976(2):97-114.
② 崔乐泉.中国体育通史(第一卷)[M].北京:人民教育出版社,2008:24.

3.狩猎

狩猎本来是祖祖辈辈沿袭下来的一种生活方式和习俗,但西周时期的一些帝王将相把狩猎作为实地演练军队和强化战斗力的重要项目,一年四季都要举行声势浩大的围猎活动,如"春搜、夏苗、秋狝、冬狩"。体育史学家将其解释为,春天主要进行军队布阵编队演练活动,狩猎是专门猎击没有怀胎的野兽;夏天是在野外进行军事宿营训练,驱赶在田地里危害农作物生长的野兽;秋天则进行基本狩猎能力的技术和战术训练,猎杀肥壮的野兽;冬天进行全面的军事演练活动,猎捕各种飞禽走兽。帝王贵族不仅把狩猎当作军事训练和发展军士英勇善战能力的手段,同时,也把它当作显示权势威仪和消遣逸趣的享受生活的方式。

4.舞蹈

《诗经·大序》中就有关于原始社会舞蹈的产生过程,"情动于衷,而形于言;言之不足,故嗟叹之;嗟叹之不足,故歌咏之;歌咏之不足,手之舞之,足之蹈之也"。原始社会就基于人类心理活动的变化产生了舞蹈活动。我国体育史学专家郭希汾先生在其1919年编纂的《中国体育史》中就明确指出,古代舞蹈练习不仅具有"均调气血而收束其筋骸,条畅其精神,而涵养其心术。是以血气平和,耳目聪明,移风易俗……动容貌,习威仪,就其抑扬进退之节,以消其骄逸矜夸之习"的增健康、养性情等作用,还有"动作柔善,谦恭揖让之昭法"的教育作用。

5.举重与角力

托举重物是原始社会人们在生活、生产和争斗过程中经常有的动作和活动,是当时衡量一个人勇气、能力和本领的标准之一。托举的重物一般都是石块、树木、门杠、石锁、石鼎、铁鼎、铜鼎等。据记载,蚩尤与轩辕黄帝争斗时,以角相抵,故后来形成了民间流传甚广的角抵游戏。举重与角力传承至周朝时期,就已经广泛出现于宗教祭祀和民间游戏娱乐活动之中。后来逐渐演变成摔跤、柔道等体育运动项目。

6.蹴鞠

蹴鞠被称为中国古代足球活动,最早的时候又被称为踏鞠,在中国古代就有轩辕黄帝将蹴鞠用来训练士兵的传说,后来蹴鞠活动就在民间广为流传,到了战国时期已经相当普遍。相传齐国强大之时,市民们就普遍从事蹴鞠活动。《战国策·齐策一》就有记载:"齐国地方二千余里……临淄其富而实,其民无不吹竽、鼓瑟、击筑、弹琴、斗鸡、走犬、六博、蹴鞠者。"除齐国之外,蹴鞠这项运动在战国时期南方地区也非常普遍。

(二)中国古代中期体育

体育史学研究的古代中期是指公元前221年—公元1279年,即从中国第一个封建社会——秦朝到宋朝末期。

秦朝时,全国范围内建立了中央集权的封建主义制度,秦朝虽然只有15年的历史,但实行的一系列政策却有着深远的历史意义,对社会体育产生的重要影响就反映在多个方面。

为了加强权力的控制,秦始皇把被消灭的 6 个诸侯国的贵族、领主和富豪悉数迁到咸阳、南阳和四川等地方,仅咸阳一带就迁入 12 万户,还有在战争期间大量流亡的各国贵族子弟及民众等,这在客观上促进了各地文化的交流。同时,为了加强安全防卫,避免出现骚乱等,秦始皇下令民间的兵器一律上缴,运至国都咸阳集中销毁,最终铸成 24 座大铜人并昭告全国,禁止民间有讲武、学武、习练武术的活动。这对武术的发展是一个打击,民间体育活动也减少了军事体育的色彩,却促进了角抵、俳优等民间娱乐性活动的开展。同时,射箭仍然是军事训练的主要内容。

汉朝时,汉高祖刘邦吸取了秦朝迅速灭亡的教训,除了承袭和继续实施秦王朝中央集权的制度和政策之外,在思想政治统治方面倡导"罢黜百家,独尊儒术",大力实施"轻徭役,减赋税,重农抑商"的政策,对威胁国家安全的强大邻国采取"亲友邦,睦友邻"的"羁縻政策",给民众以休养生息的机会,借此发展生产,促进社会繁荣。同时,汉朝还加强了与世界各国的联系,为繁荣经济、促进文化交流创造了有利条件。到东汉光武皇帝执政时期,又实行了"退功臣,进文史"政策,进一步加强中央集权,重用文职官员,实行"精兵简政"政策,使社会安定,生产力水平提升很快。社会经济、教育、科学技术和文化艺术等各方面都有了明显的进步。在这种背景下,汉代体育也取得了较大的进步与发展。体育活动主要包括蹴鞠、导引、百戏、登高,而军事体育方面,射箭、角抵、骑马、剑术等也有长足的发展,角抵技艺有了提高,拳艺已经成为专门性的技艺。

晋朝时期,晋武帝沿袭汉朝制度分封了同姓王国 27 个,分别设公、侯、伯、子、男等不同等级的爵位,使当时的西晋王朝出现了大大小小 500 多个小国,晋武帝去世后,很快就发生了史称"八王之乱"的内战,统治阶层互相争权夺利,社会动乱不止,人民大众连年遭受天灾人祸,生活飘摇不定。史料统计结果显示,晋朝后期全国总人口锐减 80%,从汉代的 5000 多万降至 1000 多万。民间体育活动和其他文化都遭受了严重破坏,只有一些能够满足统治阶级享受、娱乐,追求延年益寿的体育活动得以保留下来,如射箭、投壶、百戏、相扑、养生、武术等。特别是这一时期出现了"武术"的概念,《昭明文选·卷二十一》中有"偃闭武术,阐扬文令"的说法,其中"偃"就是停止或放倒的意思,也就是说南朝时期,要求停止武艺修炼,提倡学文重教。北朝时期北魏孝文帝在河南登封少室山下建造了"少林寺",对体育的影响较大。郭希汾先生推测,就在这一时期,高僧达摩所创的"十八罗汉拳"成为少林拳的滥觞。然而,值得注意的是,北朝时期已有不少女子开始参加骑马、射箭、舞剑等军事体育活动。

至隋唐五代,特别是国力强盛的唐朝,是中国体育文化发展的鼎盛时期。这一阶段,政治、经济、军事、科技、文化都有了较大的发展,社会长期安定,也得到了休养生息。这种环境为社会文化与体育的发展提供了良好的契机。体育表现出丰富性、开放性、规范性等发展特征。丰富性就是唐朝以前数千年陆续形成的我国体育活动至唐朝时获得了迅速的发展,表现为体育活动的种类、数量增多,活动质量(活动规则及水平)有了很大提高,参加活动的人群迅速扩大,体育既受到王公将相的重视和喜爱,也得到了广大民众的欢迎和积极参与。而且,女子可参加的体育活动也越来越多,女子参与体育活动的人数、项目均有显著提升和扩大,以此促进了女子体育的发展。例如,马术、蹴鞠、围棋、踏秋、步打球、舞蹈、射箭、登高、秋千等。开放性是指一些体育项目是开放的,向多个方向的目的、目标发展(如舞剑):其一,向军事战斗训练的方向发展,唐朝军队对将士掌握击剑技能有基本的要求;其二,舞剑与音乐、舞蹈、杂技等项目融合,形成艺术表演化的剑术;其三,向普通民众日常锻炼身体的娱乐方向发展;其四,将宝剑作为身份的象征或避邪镇妖的器具悬挂。舞剑的形式及目标的多维性与发展方式的多样性说明至唐代时,一些军事体育已经向艺术化、娱乐化、健身化等多功能方向发展。规范性是指唐朝的一些统治者已经认识到发展体育运动对提高民众身体素质、增强军事战斗力和军事力量储备,从而为巩固统治,扩疆辟土提供服务的强大价值和意义。因此,唐朝政府重视实行一些能够促进体育发展的政策和制度,如"府兵制"和"武举制"。"府兵制"是北朝创立的义务兵役制度,经隋朝至唐朝逐渐健全,主要是男子农闲在家有兵府对其进行军事训练,发生战争时统一调遣成为军人。"武举制"是唐朝选拔任用将才的方式。这两种制度都促进了体育的发展。同时,唐朝的儒学家、道学家、佛学家、医学家、武术家以及军事家等都对体育进行研究,编写了大量的体育著作,如骑射、球类、养生、按摩、武术、气功、棋牌、剑术、舞蹈等,推动了体育快速和可持续发展。

宋代体育保持了唐代良好的发展势头,而且,宋代在体育内容与形式等方面也有了更大的拓展、创新和发展,如宋朝时期民间体育社团的活动大量涌现,宋朝政府也颁布法令组织民众接受系统的军事训练,这些都有力地推动了体育的发展。但是,南宋时期,由于受程朱理学思想的影响较大,体育的发展受到了人为阻碍。宋朝的民间社团是由民众自发组织的体育社团,平时坚持练习武艺,如以练习射箭为主的射弩社团"锦标社",以练习枪棍器械为主的"英略社",以练习相扑为主的"角抵社"。据记载,至北宋末年,这种社团多达30多万个,仅正定县和保定县就有600多个"弓箭社",社团团员们"带弓而锄,佩剑而樵,器早鞍马,常若寇至"。由于宋朝造纸术的出现,这些民间社团通过书面形式的总结与推广,不仅促进了军事技术训练和军事技能提高,也促进了养生体育的极大发展。主要体现在对前人创造的养生运动实践经验的整理和总结,促进了养生体育被进一步系统化和多样化,例如,导引法、按摩法、行气法、五禽戏、八禽戏、八段锦、十段锦、十二段锦、易筋经等。

我国古代中期的体育特别是到唐宋时期出现了鼎盛局面,体育项目之多,内容之丰富,是前期其他朝代所无法比肩的。主要有球类(水球、马球、蹴鞠、捶丸等)、角抵(角力、相扑、摔跤)、骑射、武术、养生、水秋千、投壶、棋牌、游泳、百戏、踢毽子等。下面简单介绍我国古代中期比较盛行的几种体育项目。

1. 蹴 鞠

蹴鞠运动虽然在我国宋代以前就已经出现和流行,但直到宋代才得到广泛推广与普及。其时,帝王将相及贵族家中均有专业蹴鞠高手,在宫廷御宴、招待外宾时,蹴鞠是必不可少的娱乐表演内容。据《梦梁录·社会》载:"则非仕宦者为之,盖一等富室郎君,风流子弟,与闲人所习也。"随着蹴鞠运动的盛行和广泛开展,加之宋代民间社团的普及,"齐云社"或"圆社"等民间专门性、组织化的蹴鞠社团也蜂拥而起,这些民间社团组织把喜爱和专门从事蹴鞠的运动者组织在一起,加以规范化管理,这种管理的规范化体现在,宋代不仅有规范化的蹴鞠比赛,而且还有关于蹴鞠技艺的理论性探讨,如《下脚文》一书就总结和论述了肩、背、拍、拽、捺、控、膝、拐、搭、膁等蹴鞠下脚的"十踢法":"肩如手中持重物,用背慢下快回头。拐要控膝蹲腰取,搭用伸腰不起头。控时需用双眼顾,捺用肩尖微指高。胸拍使用低头觑,何必频频向绿杨。"促进了蹴鞠技艺的不断提高,使之成为当时社会最为盛行的休闲娱乐活动。

2.捶丸

捶丸是在唐代"步打球"基础上延伸出的一种击球入"窝"的运动方式,与今日高尔夫有异曲同工之妙,场地一般都凹凸不平,球洞都设在地下,分头棒、二棒,以棒击球入窝为胜,棒分单手、鹰嘴、杓棒、扑棒、撺棒等多种。捶丸发展至宋代成为王公贵族及民间大众都非常喜爱的一项运动。到了元代,获得了长足发展,还出现了一部《丸经》,专门论述捶丸的技术与技巧。

3.相扑

北宋的宫廷中就设有专门自军中精心挑选的相扑队,他们都是膂力过人的壮年军人。每三年会进行一次这种选拔,被选拔出来的优秀者都能够获得金银、细绢等赏赐,并被分为不同的等级,而被淘汰的原相扑手就被下派到地方做管营军头,也算是其相扑生涯的完美谢幕。而民间的相扑高手一般聚集在当时的娱乐场"瓦舍"之中,是一种大众娱乐形式,又是一种赌博形式。另外,在宋代宫廷和民间的"瓦舍"中,都有女子相扑表演,这是宋代独兴的体育项目。

4.长跑

"长跑"一直是我国古代民众进行生产、生存技能培养和军事训练的重要内容。我国是典型的内陆国家,由于地理环境复杂、地形地貌特殊,古代的通信联络主要有马递、步递和急脚递三种。"步递"和"急脚递"就是全部或部分以"驿卒"自身快速的奔跑活动,来达到快速传递信息的目的。因此,我国古代就出现了选择擅长奔跑的人来担当"步递"和"急脚递"驿卒的任务,借此加快书信往来等信息的传递速度,沈括在《梦溪笔谈·官政一》中就有类似的描述:"驿传旧有三等,曰步递、马递、急脚递。急脚递最遽,日行四百里,唯军兴则用着之。又有金字急脚递,以木朱漆黄金字,日行五百里。"[①]"急脚递"要求一天要跑四百里至五百里,这样的速度是很快的。因此,长跑运动在我国有着悠久的历史。至我国宋代,长跑就成为一种军事人才选拔的手段,军队中经常将善跑的士兵用作指挥官的传令兵。《宋史·兵志七》中就有记载:"方其募时,先度人材,次阅走跃。"在士兵提升时,则"列校转补,有司先阅走跃"。

5.百戏

"百戏"也是我国古代民间广为流传的一种兼有体育与艺术表演形式的活动。宋代"百戏"技艺在我国已经发展得很成熟,花样丰富,技艺精湛。据《东京梦华录·驾登宝津楼诸军呈百戏》记载,在宫廷宝津楼下,军队里的军士们给皇帝与众官表演百戏,表演内容主要有拗腰、筋斗、倒立、踏桥、蹴鞠、龇剑、杂旋、龙狮、踢弄、走索、爬竿、擎举、踏球、弹丸、藏挟、寻撞、掷刀、透剑门等。以上表演类似今日的马戏、杂技等,场面十分壮观和热闹。宋代的宫廷和军队里的百戏艺人流入民间后,又促进了民间百戏技艺的提升与发展,民间百戏大部分都在

---

① 沈括.三沈先生文集·长兴集[M].上海:上海书店,1989.

繁华都市里的勾栏瓦舍中表演。据《东京梦华录》记载,北宋首都汴京的"瓦舍"极多,最大的"瓦舍"可容纳上千人。南宋首都临安"瓦舍"百戏参与人数非常多,他们同场献艺,相互切磋与竞争,使百戏水平不断提升,内容不断丰富从而形成一种城市民俗文化。

6.养生

宋代儒学家在承继儒学思想的基础上确立了理学思想,理学思想在我国古代后期逐渐成熟,成为统治阶级进行统治的思想工具。理学家的创始人程颐、程颢、朱熹等,大力倡导"静以养生"的思想,不断探索创新"静坐法",逐渐将以静养生的坐法推广开来,引起了社会士林们的普遍重视,对"养生功"的发展起到了极大的推动作用,使"养生术"在宋代逐渐成熟和完善。在养生静功快速发展的基础上,宋代养生动功也有一定程度的发展,"八段锦"等养生功法在南宋就有了介绍。

7.投壶

投壶这项活动在东汉以前礼教意义甚浓,魏晋南北朝至隋唐时期技艺开始朝多样化发展,其娱乐性也得到了极大的提升。宋代投壶历史中,以传统的投壶形式为主,但是,司马光认为,传统的投壶玩法大多都是奇巧侥幸的方法,不合礼仪制度,于是,他将当时较为流行的投壶活动方式、方法都进行了适应封建礼教式的改革,并且撰写了《投壶新格》,通过投壶活动来宣传封建道德,从而巩固封建秩序。有人认为,司马光对宋朝投壶运动的改革,虽然阻碍了投壶运动向技艺多样化、竞争性发展,影响了投壶运动的娱乐性,但这种改革有益于巩固当时统治阶级的政权,所以,在明清两代,投壶运动也深受皇族与士大夫们的重视。

(三)中国古代后期体育

1279 年,元朝建立了比汉唐宋时期更为辽阔的疆域,进一步巩固和发展了多民族统一的中国国家政权。然而,元朝统治者将各民族划分为四个等级,与元朝统治者同族的蒙古人为一等阶层,色目人为二等,汉人为三等,南人为四等;四个等级的人分别处于不同的社会阶层,不同社会地位的人享有不等的权利。从而造成了民族之间的深刻矛盾,给社会植入了动乱和不稳定的祸根。蒙古族一直以来都有"马背上的民族"之称,族里不论男女老幼皆擅长骑射,因此,骑射与角抵活动为元人所推崇。但是,骑射活动只是重视、支持和限制在蒙古民众中和军队里开展,并不支持汉族民众开展射箭运动,更是禁止汉人从事习练武艺活动,《元典章·卷三》中明确规定"二十人之上不准聚众围猎。不许民间私藏刀枪等兵器,违者治罪"。因此,元朝时期,武术项目遭到严重破坏。再者,由于宋代"程朱理学"思想在我国经元朝至明代发展日臻成熟,成为当时社会的主流思想,其"主静"思想也逐渐深入人心。理学繁盛,人们重文轻武,甚至轻视身体的强壮,认为"万般皆下品,唯有读书高",一心只读"圣贤之书"。这在某种程度上遏制了一些运动项目的开展,影响了体育的多样性发展。下面以蹴鞠运动为例进行阐述。

在明代,蹴鞠运动虽然依然是各种球类活动中最流行的一种,是皇室贵族、宫廷宫女、杂技艺人、儿童、部分民间女子、文人休闲娱乐的重要方式,但是,蹴鞠运动在民间已经失去了宋、元时期流行的广泛性,蹴鞠活动的社会地位也每况愈下,不仅常常被文人所诟病,将其与败兵亡国、社会不良现象以及市井小人的泼皮耍赖相联系,甚至,一段时期还禁止蹴鞠活动,因此,民间蹴鞠艺人生活贫困、社会地位低下,无法以蹴鞠为谋生的方式,民间掌握蹴鞠技艺的人越来越少,也就更谈不上有蹴鞠技艺的提高和踢法的改进了。到了清代,蹴鞠彻底失去了其生存与发展的社会文化土壤,被彻底边缘化了。从事蹴鞠运动者也被人看不起,认为蹴鞠仅仅是小儿、浪子、青楼之戏,蹴鞠运动逐渐被改成间接对抗的娱乐形式,失去了对抗、竞技、强身健体的特点,其社会适应性也越来越差。因此,清朝前期,虽然社会主流意见曾经对蹴鞠、马球等体育运动竭力反对,但是,由于传统思想的影响,社会民众总体上还能够接受,尚能参加这些运动,到了清朝后期,贵族及文人阶层不但自己逐渐退出了蹴鞠等球类活动,还对民间蹴鞠及其他球类运动横加指责,这就从社会文化层面铲除了我国传统球类活动赖以生存的土壤。

至清朝末期,西方体育文化强势侵入并逐渐占据了近代中国社会体育文化的主导地位。虽然,一段时期内,东西方体育文化冲突使国人不齿于西方体育,清政府甚至还拒绝了国际奥林匹克运动会的邀请,但是,西方各种体育活动还是在中华文明的田野中生根发芽了。两种因素的共振直接导致了许多传统球类活动迅速衰亡。这不能不说是中国古代体育文化的重大损失。由此看来,对身体文化的鄙视不利于中国文化的发展,始于明代的体育文化的衰败值得我们认真思考。

著名宗教学家任继愈先生在论及中国古代文化时曾经说过,"我国封建社会的封建主义的文化,以唐、宋两代为界,可以将其区分为两个明显不同的历史时期。汉、唐时期的社会文化是较为开放与外向性的;而至宋、明及以后时期是较为封闭和内向的"①。我国古代体育发展的轨迹与特点也和文化发展的脉络及特征一样,明清两代出现了封闭、内向的趋势,一些项目虽然继续发展,但另一些项目却逐渐消失。其时的体育有一些内容继续保持顽强的生命力,得到了继承和发展,如各门派武术、舞龙、舞狮、踩高跷、荡秋千、摔跤、举重、皮条、百戏、杂技、赛龙舟、爬竿、风筝、抖空竹、围棋、武术、少数民族体育(赛马、叼羊、马术、拔河、射箭、摔跤)、冰上运动等。

1.角抵

角抵活动一直是我国古代军事训练的重要手段和民间社会体育娱乐与竞技活动主要内容之一,有悠久的历史文化传统。至元朝,角抵之风更盛。"角抵"本身就是蒙古族及北方游牧民族的一项传统体育竞技与活动项目,蒙古草原上出名的摔跤手享有种种荣誉。如《元史·刑法志四》所说:"诸弃本逐末,习用角抵之戏。"但是,元代的角抵分为蒙古族角抵和汉族角抵,两者起源不同,竞赛规则也有所区别。汉族地区的角抵又称为"相扑",方式是"臂攘手交",要求通过多个回合分出输赢,也可以打成平局。以"角抵"为生的表演者和竞技者都被称为"相扑人"。王德渊的《角抵说》中就有角抵记载:"……四方乐艺毕来献其能,而以角抵戏殿。角抵中复择其勇且黠者殿,号曰首对。当时众人指在东者一人,相于曰:'此人前年获胜于泰安庙下,去年获胜于曲阳庙下,今日又将胜矣乎?'有老人曰:'夫在东者恃其不资于人,在西者自知不敌,篇略于同场百执事。众方嫉在东者之能,甘在西者之路,聚为议论矣,

---

① 任继愈.儒教的再评价[J].社会科学战线,1982(2):1-6.

今日胜负未可涯也 。'……"因此,在我国古代后期,军队和民间角抵运动非常盛行。

2.养生

元代初期,南北宋的养生派逐渐合并,理论与实践上的优势相结合,越来越严苛的宗教教规把养生术圈于道教之中,也和医学日益紧密地结合。在这一时期,士大夫及文人术士都特别重视老年人的养生问题。元代邹铉补充与修正了宋代陈直的《养老奉亲书》一书,将其扩展成四卷后,更名为《寿亲养老新书》,书中对老年人如何进行养生、保健、护理、调理、饮食、药物蓄养等作了详尽的论述。这些都在最大程度上推动了老年人养生体育的发展。

3.摔跤

清朝时期摔跤运动的发展与清朝政府善扑营的建立有密切的关系,也使得摔跤活动成为清代最为流行的体育活动之一。清朝政府为了军事训练,选八旗子弟中的勇士组建"善扑营",训练角抵技艺,"善扑营"分三部,设都统或副都统,一部训练"善扑",两个人相扑以摔倒对方者为胜,设名额二百人;二部训练"勇射",以拉弓力大者为优秀,名额设五十人;三部训练"马术",以身体灵活、矫捷,技艺高超者为优秀,名额有五十人。因此,"善扑营"中集聚并训练出了最优秀的摔跤手,训练过程重视实战,重视与营外强者的实际对抗比赛,尤其是经常性地同蒙古摔跤手直接对抗较量以提高摔跤水平。

二、中国古代学校体育教学内容

(一)中国古代前期学校体育教学内容

原始社会前期虽然没有学校的范式,不存在学校体育教学内容,但却有了以传授劳动经验和原始礼仪,使下一代具备生产、生活技能,以增长与自然斗争的本领为内容的体育教育活动,这就是最初的体育教育或者说是体育教育的萌芽。这种活动没有专门的组织形式,大都是在生产、生活的实践过程中直接进行。身体强健且技艺高超者,往往是氏族部落的首领和教师,教授活动以口耳相传、活动模仿的方式进行。例如,传说中,"燧人氏教人以渔、伏羲教人以猎、神农教人农作"等,这些都能很好地释解远古时期教育和体育教育内容。同时,原始社会处于萌芽中的学校体育教学内容不单传授生产劳动知识与技能,还有原始礼仪以及道德教育。"图腾和禁忌"教育就是原始礼仪教育。"图腾"是氏族社会人类敬仰和膜拜的保护神,在人类对保护神的膜拜和敬仰、祭祀等礼仪教育过程中,产生出许多身体练习动作和歌舞等。这些"图腾和禁忌"的教育在大部分情况下,是通过受教育者游戏性活动进行的。

从原始社会末期开始,社会生产力取得了一定的进步和发展,逐渐出现了剩余劳动产品,使少数人从体力劳动中分离出来从事脑力劳动,这为学校和学校教育的萌芽提供了必要的条件。有古籍资料记载:"成均,五帝之学。"其中所谓的"成均"可能就是萌芽于"三皇五帝"时期的学校。还有记载称:"米廪,有虞氏之庠也。"这里的"庠"传说就是舜帝时的学校名称。"庠"即"养"，即把道德高尚、经验丰富的老人养在那里，专门从事教育工作。"成均"和"庠"的出现，为中国古代学校教育与学校体育的发展奠定了基础。至夏朝时期，贵族为培养自己的子弟，开始建立了学校。夏朝初具形态的学校有"庠""序""校"三种，其中"庠"承继了虞舜时代的学校，"序"是为适应军事训练的需要而产生的，是练习射箭的场地，以墙相隔，没有房屋，《孟子》说："序者，射也。"就是解释当时射箭训练的实际情况。"校"即"木栅栏"，是养马的地方，后来演变为军事操练、比武、角力的场所。由此可见，在夏朝时就有了射箭、军事操练、角力、武术等体育教学内容了。

从商朝开始有了"序""庠""学"和"瞽宗"四种较为规范的贵族学校，所谓"规范"就是学校教育制度随之出现。"庠""序"仍然是习射的地方，"序"不仅教授射箭技术，还要教授"射礼"和武舞（持兵器而舞）。商代贵族重武习射，常常举行射礼，并通过"序"教育子弟懂得射箭的礼节，进而明确君臣上下长幼的规矩。在夏商学校教育制度的基础上，西周建立了奴隶制"官学"体系，官学分为"国学"和"乡学"。"国学"分为小学、大学两级，"乡学"分为"庠""序""校""塾"，主要教授射箭、骑马、驾车、礼仪、乐舞、书法、计算等比较全面的内容。西周"大学"的名称有"东序""辟雍""泮宫""成均"和"太学"等，其中辟雍和泮宫一般都设在郊区，附近有广袤的森林，贵族在子弟"大学"中，进行"射鱼、射鸟、驱车围攻野兽"等渔猎活动，这些活动实际上就是对学生实际战斗能力的一种训练。"大学"的教育内容以行礼与射御为主。

西周国学学校里的教学内容主要有礼、乐、书、数、射、御"六艺"。在大学和小学中都要教授射御。用现代学校教育课程的视角来分析"六艺"，"礼"应该是政治和伦理课，这一课程主要包括宗法制度、道德规范和礼仪。"乐"应该是艺术课，包括音乐、歌舞、雕刻、制造、建筑等内容，而"射""御"则是军事体育教学或训练课，"射"指的是射箭，"御"指的是驾车。"书"与"数"分别是指书法、计算等。从西周时期的学校教育来看，其学校教学内容主要包括射箭、骑马、驾车、舞蹈等。而据记载，"射"在西周时期的国学和乡学都是必须教授的内容，因而，在国学和乡学中都有进行"射"术教学和训练的场所。"射"术教学包括5项内容，并称为"五射"，分别是"白矢""参连""剡注""襄尺""井仪"。因此，从西周时期开始，体育教学的目标就不只是为技术提高这一单一目的了。"射"不仅能锻炼学生的身心，而且还有提升学生道德品质、礼仪风度等目标。"御"是对学生的军事技术、技能的教学和训练活动。"舞蹈"教学包括"小舞""大舞"。"小舞"包括羽舞、皇舞、旄舞、干舞、人舞等，由年龄不足20岁的学生学习；"大舞"包括大卷、大咸、大韶、大夏、大舞等，由年满20岁的学生学习。西周时期教授舞蹈的目标也是多维的——《礼经会元》中就记载说："教之以舞，所以均调血气、收束筋骸、条畅精神而涵养心术，以之使其血气和平，耳目聪明，移风易俗，天下皆宁。"

西周末期，由于奴隶社会逐渐崩塌，奴隶主的统治受到影响，奴隶主贵族所办的官学也日渐衰落。到了春秋时期，奴隶主贵族中的一部分人开始逐渐向封建地主转化，社会也出现了新的阶层——"士"。"士"，这一阶层兴起以后，奴隶主贵族学校就开始逐渐没落和消失，代之而出现的是"私学"这一学校形式。春秋时期各诸侯国王权贵族们从维护自身利益，巩固自己统治的需要出发，争先恐后四处网罗人才，招收德才兼备的人。于是，整个社会兴起了"养士""用士"的风气，这一风气进一步促进了封建社会"私学"的发展。

我国春秋战国时期著名的"私学"是儒家和墨家所创立的学校。"儒家"私学的创始人是孔子,由于其主张"有教无类""因材施教"等,所以,孔子"儒家"私学里的学生主要是由平民子弟所组成的。孔子私学的教育教学目标是培养学生成为"德才兼备、文武双全"的从政人才。在这一目标下,儒家私学在教育内容上继承了西周时期学校教育中的传统内容——礼、乐、射、御、书、数,这"六艺"内容,经常性地向学生传授射箭的礼仪和技法。《礼记·射义》中就有记载:"子射于矍相之圃,盖观者如墙堵",这也从另一个侧面说明"射箭"是孔子儒家私学的主要教学内容之一。此外,孔子还经常和学生一起,参加一些今天被称为"休闲娱乐性活动"的登山、钓鱼、射猎、郊游等活动。墨家私学的创始人是墨子。墨家私学对军事体育教育更为重视。《墨子·公孟》中就记载:"有游于子墨子之门者,身体强良,思虑徇通,欲使随而学。"可见,重视身体的训练使身体强壮、思维敏捷是墨家私学喜欢录选和培养的学生。墨子在教学过程中,非常重视"射术"教学和训练。《墨子·公孟》中还记载:"二、三子有复于墨子学射者。"后人称,墨家私学弟子有 300 余人,其中大部分是优秀的手工业者,以及能赴汤蹈火、为义而战的武士。

(二)中国古代中期学校体育教学内容

秦灭六国统一全国以后,建立了中央集权封建专制主义王朝。为了适应统治阶级政治的需要,秦政府在文化教育方面采取了许多重大举措,如废除了他们认为不利于国家统一的"百家之学",颁布"禁私学"令,"焚书坑儒",由国家普设官学,以严苛的法律代替教育、以政府贵族和官吏充当学校教师。因此,秦朝时期,曾一度影响学校教育及社会文化的发展。至汉代又承继秦代的教育制度,在教育上,实行"罢黜百家",但又推崇儒家文化,倡导"独尊儒术",采用儒家的教育、教学方式,重新定位和首肯学校教育在培养人才和教化学生两方面的作用。因此,汉代时期的官学、私学都得到了空前的发展,国家的教育制度也已经基本成型并粗具规模,逐步形成了中国封建社会儒学的重要地位以及官学、私学两种教育形式并存的教育模式。

汉代时期学校教育的基本内容主要包括三个方面,分别是"六德""六行"和"六艺",官学、私学都以《诗》《书》《易》《礼》《春秋》"五经"为基本教材,而在学校体育教学内容中,军事训练的成分明显减少,形成了"重文轻武"格局,只是在《礼经》中,还有些关于习练各种礼仪的教学内容"非但肃其威仪而已,亦所以周旋揖让而动荡其血脉,拜起屈伸而固束其筋骸也"[1]。在当时的各级官学学校教育中,比较普遍地存在"礼射"活动,这在《后汉书》的《礼仪志》《秦彭传》及《儒林列传》等篇目中,都有一些记载,如《汉书·韩延寿传》中就有"都试讲武,没斧钺旌旗,习射御之事"的记载。因此,宋代朱熹在其《朱子语类·述而篇》曾赞叹说:"汉时虽不以'射'取士,然诸生却自讲射,一年一次,依仪礼上说,会射一番,却尚好。"

魏晋南北朝是我国历史发展过程中,又一次由社会统一转为社会分裂、不断战乱的时期。统治阶级各集团之间的长期战乱,严重影响了学校正常教学活动和教学秩序,这个时期学校存废无常,出现了严重的衰退情势。但在一些较为正常的学校教学活动中,教学内容中还存有"礼射"的内容。《晋书·张轨传》中记载,前凉重视兴办学校,曾经"征九郡胄子五百

---

① 罗时铭.中国体育通史(第三卷)[M].北京:人民体育出版社,2008.

人,立学校……春秋行乡射之礼"。《晋书·慕容光》中记载,前燕贵族慕容光也曾经"赐其大臣子弟为官学生号高门生,立'东庠'于旧宫,以行乡射之礼,每月临观,考试优劣"。《十六国春秋·石勒》后赵的石勒还曾"令前将军李寒领司兵勋,教国子击刺战射之法"。在颜之推《颜氏家训》的一些相关描述中,也可读到儒家学生习练射箭内容的记载,只是这种习射活动是一种"射礼"教育,非习练军事技术的射箭技术:"江南谓世之长射,以为兵射,冠冕儒生多不习此,另有博射,弱弓长箭,施于准的;揖让升降,以行礼焉,防御寇难,了无所益。"这种"弱弓长箭"的"博射",对身体的锻炼价值不大,以致北周《孔教重刻乡射约序》中出现这种说法:"自文武之途分,而千万世之儒,皆为妇人。"

此时,国家学校教育中,教育内容被分为"德、艺"两部分基本内容,而在"艺'的教育中,除了有百家经史等书本知识之外,还有书、数、医、画、琴、棋、射、投壶等士大夫生活所需要的杂艺,这些技艺不仅有生活实用性意义,也有个人保健和娱乐的价值。

唐朝时官学有了较大发展,学制也较为完备。中央所设立的官学包括"国子学""太学""四门学"等,主要招收各级贵族、官员们的子弟入学,有 300～500 人。"四门学"除贵族、官员的子弟外,也招收少数普通民家子弟,约 800 人。在唐朝京都、州、县等地方政府设有地方官学,但人数较少,各只有 20～80 人。这些学校专门宣讲儒家思想,学习儒家的经学。《礼》经学就是教学内容之一,《礼》经内容包括"士冠礼""士昏礼""士见礼""乡饮酒礼"和"乡射礼"等,"乡射礼"就是射箭礼仪的内容,要求学生亲自实践。因此可以说,唐代的学校教育中,以"射礼"为体育教学内容。另外,唐朝建立后,在重视文化教育的同时也开始重视军事准备。"武举"制度就是这一时期为加强政府的军事管理而实施的人才选拔制度之一,其用公开考试的方法选拔武官。武举考试的内容,不仅有武艺、体力,有时还要考经书和兵书。准备参加武举考试的人,从小就需要锻炼身体。因此,学习武艺就成了另一种教育形式。[①]

宋朝实施"科举制",开始创立专门习武的学校"武学"。"武学"学校的学生主要来源于贵族、官员们的子弟以及由官员推荐、具保的民间子弟。经过学校考试,骑射、武艺和人才品德均合格者才能进行为期三年的学习生活。学校"武举"教授的内容包括理论部分与实践部分,理论部分包括兵法、战阵以及战争理论,实践部分包括拳术、器械、骑射、军事指挥等。通过将"习武"之风和"武举"相联系在一起,创建了培养军事人才的新体制,进一步巩固和提高了当时"武学"的地位。[②] 以至于对"习文"学校里的学生也有影响,有些"习文"的学生也经常性地练习射箭,这对普通学校体育教学的发展是非常有利的。

有一个值得注意的问题是,儒家思想的继承人发展至宋代时,以"程朱"(北宋程颢、程颐,南宋朱熹)的理学思想为代表的"理学养生""静以养生"思想开始占据主流位置,至明清两代逐渐发展成熟,对群众体育和学校体育的发展影响较大。

(三)中国古代后期学校体育教学内容

明朝是继汉、唐、宋之后,在中华大地上实现多民族统一,统治时期较长的封建王朝。在

---

① 罗时铭.中国体育通史(第三卷)[M].北京:人民体育出版社,2008.
② 赵娜.茅元仪《武备志》研究[D].武汉:华中师范大学,2013.

学校教育方面,明朝政府设立"国子学",后改称"国子监",各地方府、州、县也都设立学校,乡村设立"社学",军队的各级卫所设立"卫学"。明太祖即位后,因其仰慕、推崇西周时代的"六艺"教育,命令各地府、州、县皆立学校。《续文献通考·学校考》中记载,这些学校"生员专治一经,以礼、乐、射、御、书、数,设科分教",并且"令工部增益学舍,必高明轩广,俾讲习射有所,游息有地",学校里面设有专门的射箭场地——"射圃",让学生学习"射箭",洪武三年"诏国子生及郡县学生皆习射",洪武二十五年,又"命国子监辟射圃,赐诸生弓矢"。因国家对"射箭"这一体育教学内容的重视,闵超洪武年间全国各地的学校大都"开辟射圃,习礼射箭"。

清朝也沿用了明朝的国家学校制度,在京师设"国子监",地方设府、州、县等地方学校,经过推荐或考试,封建地主、贵族阶级的子弟都可以入学。另外,清朝政府还为清皇族子弟设立了"宗学""觉罗学",还开办了"算学""天文学""医学"等专门学校。为巩固统制王权,清政府所设的"宗学""觉罗学"和"八旗官学"等满人贵族学校,要求学生既要学文,又要学武,教育目标是"文武并重"。"王、公、将军及闲散子弟十八岁以下,入学分习清、汉书,兼骑射"。清朝康乾盛世之时,康熙和乾隆都非常重视培养"文武兼备"的人才。康熙二十八年下旨说:"满洲以骑射为本,学习骑射原不妨碍读书,考试举人进士,亦令骑射,倘不堪中取,监察官及中式人一并以重治罪。"所以,满族人考文举时,"乡、会试马步箭,骑射合格,乃应制举。庶文事不妨武备,遂为家制"。因此,清朝的帝王都要求包括儒生在内的学生"娴习骑射",如收八旗觉罗氏子弟的"觉罗学"就要求学生"令其读书学射,满汉兼习"。《逊清皇室轶事》记载的"清皇子日课"的教学内容中,规定的第一个学习内容是"拉弓两把"。清朝政府没有设立专门的"武学校",《清史稿·选举三》记载:"武生附儒学,通称武生。"

此外,清朝时期,一些汉人举办的地方学校也有"习射"等体育教学内容,如清初教育家颜习斋在执教"漳南书院"时,就非常重视"六艺"教育,书院开设"文事""艺能""经史""武备"等学斋,其中的"武备斋"就教授诸子兵法、陆、水战法、射御、技击等军事体育类的教学内容。另外,学校还于院外辟"马步射圃",让学生进行"超距"举石"击拳练力""比赛射箭"等训练活动。

由此可见,在封建社会的学校体育中,从封建伦理道德教化的主要目的出发的、以"礼射"教育为基本核心的学校体育教学内容,一直被传承和沿袭而没有出现过间断。但是,我国古代的儒学思想发展至宋代的"程朱理学",开始从"文武兼备"转向侧重于宣扬"静以养生",反对民间体育活动,其思想核心是"重文德,轻武勇",倡导"劳心者治人,而劳力者治于人"等封建伦理道德观念,造成了大部分儒生和一般的社会文人"轻视体育,以弱为美"的不健康追求。他们普遍缺乏必要的身体锻炼,以至于其后数百年"手无缚鸡之力"的"白面书生"形象风行于世,大行其道。这种情形延续至清朝后期,柔弱的国人被西方列强称为"东亚病夫",这是极具警示作用的历史教训。①

---

① 蔺新茂.体育教学内容论[M].北京:北京体育大学出版社,2014.

第二节　中国近代体育与学校体育教学内容

一、中国近代体育

1840 年,鸦片战争拉开了中国近代史的序幕。清末,因统治者的昏庸腐败,面对西方列强显得软弱无能,遭受了鸦片战争的失败。在英帝国主义的强迫下,清政府签订了丧权辱国的《南京条约》,一直实行"闭关锁国"政策的近代中国国门被打开。西方列强通过一个个不平等的条约,疯狂地对中国进行侵略和掠夺,近代中国彻底沦为半殖民地半封建社会。一些具有先进思想和民族意识的探索者,在民族危机面前,开始意识到必须进行社会改革,必须引入和效法西方资本主义社会先进的思想意识、文化与科学技术,由此,西方体育文化在西方资本主义坚船利炮以及强势文化的裹挟之下,也顺利侵入我国,对我国传统体育文化产生了极大的影响。作为西方工业革命高度发展后所产生的体育文化,与先进科学技术相伴而生,就其内容与形式来说,具有较强的科学性和先进性,在教育、娱乐、竞技、健身等方面都有积极的意义和作用。其对当时亟待图强求存、谋求自强和独立的中国,具有很强的借鉴与学习价值,因此,在中国的大地上也就有了很强的生命力。

在比较中西方体育的特征时,不难发现,西方体育也是在其历史发展过程中,受东西方文化交流的影响,特别是受我国唐代、宋代、元代与亚、欧各国文化交流的影响,也遗传和具有中国及东方古代体育文化的一些基因。可以认为,在欧洲体育文化勃兴之时,就有东方体育文化音符的跳动。西方体育同样受到东方一些体育运动项目的影响,有东方体育文化特别是中国古代体育文化的身影,甚至是与中国一些传统体育项目结合并改造后发展起来的,如足球、羽毛球、高尔夫球、田径、体操等。所以,当西方体育文化与东方体育文化再次相遇时,既有冲突又有融合,是一种冲突中的融合,其与中国部分传统体育(武术、射箭、举重、田径、围棋、体操、球类等)一起,共同构成了中国近现代体育。

1911 年,辛亥革命推翻清朝政府的统治,使在中国持续了两千多年的封建"君主专制"制度寿终正寝。在此过程中,西方近代体育以其不可阻挡之势被持续性地传入中国社会,在较大的范围内迅速开展起来。首先,在清末的洋务运动期间,西方近代体育通过了三种途径传入中国:①洋务派聘请西方军事教官或教师到中国传播;②清朝政府和民国政府派人赴西方学习;③西方人在我国生活及活动过程中,有意或无意地影响了中国部分民众。一些西方传教士、外交使节、经商人员、军人等在我国留驻期间,出于自身的运动习惯和健身需要从事的一些体育运动,在客观上影响了一些民众,直接或间接地对西方近代体育教学内容在我国的传播起到了促进作用。

(一)"洋务运动"与近代西方体育的传入

清朝政府为了改良社会,掀起学习西方的"洋务运动"是最早促进西方近代体育引入的一场运动,从此之后,在中国近代体育发展的100多年间,西方近代体育源源不断地传入中国。洋务运动中,清政府重金聘请德、日、英、美、法等国的教官来华,在清军中教练单杠、双杠、跳木马、列队和徒手操,而中国传统的军事体育,如武术、角抵、骑射、举重等运动项目,在清军的军事训练中被逐渐废除。

在清朝军队的军事训练中首先引入了德国的"兵式体操"作为训练内容。洋务派军队开始练习的内容主要有队列、战阵与战术、刺杀等。前期多由英、法、美三国人员进行训练,由于这些军队在甲午中日战争中遭受重创,损失巨大,清政府又改聘德国军人为教官对北洋新军进行专门的"兵式体操",以及单杠、双杠、木马等器械体操的训练。

一方面,洋务派创办了一批具有西方教育范式的"学堂"以及一些军事学堂(如北洋水师学堂、天津武备学堂、广东陆师学堂、南洋水师学堂、湖北武备学堂等)中,都设有当时被称为"体操课"的体育课程。据一些在北洋水师学堂有过学习经历的人回忆说:"这些军事学堂中,正式开设的体育课程包括兵式体操、击剑、哑铃操、木棍、枪刺、足球、跨越障碍、竞走、赛跑、跳高、跳远、爬竿、木马、单杠、双杠、游泳、滑冰等体育教学内容,此外,还有爬山运动等活动类内容。"另外,当时的北洋水师学堂还曾邀请天津水师学堂等同类军事学堂共同举行校际运动会,这是我国近代最早的运动会。

另一方面,洋务派曾向英、法、德、美、日等国家派出多批留学生学习军事技术、自然科学等科目。例如,1872年容闳等人率领30名青少年出国留学,这是我国第一批留学生,他们在美国学习"军政、船政、步示、制造诸学等"。在美期间,他们十分喜欢棒球等西方体育活动,并组织了"中华棒球队",学成归国后,在我国大力推广和发展棒球运动,客观上对西方近代竞技性体育的传入起到了助推的作用。同时,清朝政府洋务派所创办的一些官方"学馆",很重视培养专门的翻译人才。例如,从1862年至1864年三年间就分别兴办了三家著名的学馆——京师同文馆、上海方言馆、广州同文馆,"同文馆"首批10名学生之一的张德彝就大量翻译和介绍了西方国家的近代体育活动。[①]

同时,在清朝末年一些西方传教士兴办的"教会学校"中,也有众多的外国人担任体育教师,使西方体育渐渐深入到了我国社会的各个角落。据文献记述,当时的体育项目有竞走、拖物竞走、木马、单杠、双杠、木棒、哑铃、拳击、击剑、刺棍、跳远、跳高、跳栏、足球、爬桅杆、游泳、滑冰、赛跑和徒手操等运动内容。

(二)"西方侵略者"与近代西方体育的传入

清朝政府及民国政府专聘的军事人员在对中国军队进行军事训练时,促进了西方器械体操、兵操等一些西方近代体育内容在我国的流行和传播。另外,西方的教会学校、基督教青年会以及在华的西方使节、商人等对西方体育在我国的传播也起到了举足轻重的作用。

1.教会学校与西方近代体育的传入

鸦片战争以后,一些西方国家大量派遣基督教传教士在中国各地传教期间建立了许多教会学校。据统计,至1916年,仅英、美两国在中国就建立了618所教会学校和5517座教

---

① 蔺新茂.体育教学内容论[M].北京:北京体育大学出版社,2014.

堂。教会学校一般不开设体育课,仅在课外时间开展体育活动。而且,教会学校一般都有体育组织和运动队,具备基本的运动场地和体育设施。教会学校主要开展球类运动(如足球、棒球、网球、篮球、排球、壁球),另外,这些教会学校通过校际经常性的体育比赛进行体育交流活动,这也吸引了一大批国人关注的目光。体育比赛活动频繁,使教会学校的课余体育活动与训练日益频繁,在一定程度上促使了西方近代一部分体育教学内容(如田径、体操、游戏、球类等)的传入,这也是西方近代体育得以直接传入我国的主要途径与方式。

2.基督教青年会与西方近代体育的传入

"基督教青年会"是西方基督教在世界范围内建立起来的一个国际性教会组织,其成立宗旨是"发扬基督教所颂扬和推崇的'基督精神',团结各国青年,培养人类完善的人格,建立较为完美的理想社会"。"基督教青年会"非常重视吸收和培养青年人参加各种服务活动,通过建立固定的场所和特殊的文化宣传与教育活动,来宣传"基督"的基本教义,其中,体育活动与体育竞赛等就是其基本方式之一。基督教青年会通过介绍西方体育理论与方法,培养体育专业人才等方式,组织并操纵了中国的早期体育竞赛,促进了对西方体育在中国的引入和发展。例如,1915年,麦克乐来华并担任上海基督教青年会干事,他先后在"南京高等师范体育科"和"南京大学体育系"等民国政府公办的高校体育系中担任教师职务。他通过在上海和南京一些高校进行演讲,出版体育书籍并创办了《体育季刊》杂志进行西方近代体育的传播。据史料记载,麦克乐也是最早系统地把美国体育理论与方法引入中国的西方体育学者。① 基督教青年会举办的体育竞赛活动也促进了体育场地的开辟和修建,推动了篮球、排球等运动项目在中国的开展。例如,天津青年会于1896年举办了我国近代史上第一场篮球赛;1911年,基督教青年会北美协会在上海开辟了运动场地,并在运动会开幕式上组织了上海最早的排球赛。基督教青年会的这些工作对传播西方体育都起了积极作用。

3.外侨与西方体育的传入

鸦片战争之前,就有部分西方的商人、海员等在中国东南沿海一带城市活动。他们为了自身娱乐或健身的需要,经常开展体育活动,划船、游泳、网球、板球、赛马等都是他们经常从事的一些较为流行的体育项目。后来,随着世界体育运动风气日盛,在广州出现了第一个由西方外侨创立的"划船俱乐部",该俱乐部经常性地举办划船比赛。鸦片战争后,由于西方商人可以随意出入中国,因此,在中国的外侨逐渐增多,体育活动也更加频繁,内容也日趋丰富。赛马、游泳、板球等西方俱乐部式的体育团体相继建立起来,这些俱乐部定期举办比赛,如1866年,英、美、德等国在上海就举办了体育比赛;1869年,在上海又举办了"四国运动会"。这些活动间接地使中国人接触到了西方近代体育的内容、方法、实施形式和原则。例如,一位回忆当年外侨的划船比赛的作者这样写道:"这种不收费的比赛,能够吸引成千的中国人前来观看,虽然他们有自己的龙舟比赛,但是,外国人比赛的方式与方法对他们来说却是全新的。"因此,中国近代西方体育的传入与中国传统体育一起成为学校体育教学内容的新素材,给了学校体育教学内容很大的选择空间。

---

① 毛振明.学校体育发展史[M].桂林:广西师范大学出版社,2005:103.

（三）苏维埃的"人民民主特色"体育

1927 年第一次国内革命战争失败后,中国共产党领导革命武装进行了起义,建立了自己的政权和军队,创立了由中国共产党施政的地区——"苏区"。1935 年 10 月,红军长征到达陕北,在陕北建立了以延安为中心的革命根据地——"解放区"。这一时期,在这些区域内的体育活动丰富多彩,中国共产党在军事上日益强大的同时,在经济、文化事业上也取得了同样举世瞩目的成就。体育事业——这一关系政治、军事、经济、教育的文化聚合体被大胆创新,取得了巨大的成就。这一时期的体育真正走入了寻常百姓之中,实现并充分展示了"民族的、科学的、大众的"新民主主义文化的大众体育特色。

中央苏区体育的基本方针是"锻炼工农阶级铁的筋骨,战胜一切敌人"。在革命根据地中,开展体育活动的场地、器械等都是因陋就简,就地取材,因地制宜,如在较为平坦的山坡上开辟田径场,竖起自制的篮球架,立起爬竿,用毛竹做跳高架、单杠、双杠、木马等;用废弃的弹体做手榴弹、铁饼、标枪、铁球,参与者穿草鞋或赤脚踢足球等。体育俱乐部在根据地内非常普遍,根据地要求"未必每个地方都打乒乓球、篮球,在最偏远的地方,可以做一些如踢毽子、跳绳、放风筝、跳远等简易运动"[1]。就中央苏区举办运动会的情况来看,相对于学校体育教学内容来说,当时已经有非常丰富的体育素材了,如军事类的体育项目就包括射击、投弹、跨越障碍、刺枪、劈刀、团体操等;田径类的体育项目就有三级跳、跳高、跳远、推铁球、掷铁饼、掷标枪、高低栏、50 m 赛跑(青少年儿童和妇女)、100 m 赛跑、200 m 赛跑、400 m 赛跑、800 m 赛跑等;武术类的体育项目有拳术、双打、舞剑、花枪、关刀等。

（四）中国近代部分体育项目概况

1.武术

清朝政府建立之初就把民间武术活动视为动摇或威胁其统治的潜在祸根,禁止民间练武、习艺和收藏武器。但是,拥有几千年传承史的中华武术,已经在广大民众中根深蒂固地存在着,不能公开练武、习艺,就转入民间的房前屋后、荒郊庭院等不公开场合秘密传承。到了清朝末期,随着农民运动以及抗暴自保、健体护身等需要,武术以前所未有的速度和广度,迅速、蓬勃地发展起来。从全国各地波澜壮阔的农民起义等大规模军事活动,到保家卫国、抗暴力侵害的地方武术组织;从专为节日庆典表演的武术和其他体育社团,到反抗外国侵略的抗敌斗争;武术都显示出巨大的活力,充分发挥着其在诸多方面的功能与价值。同时,也可以清楚地看到,声势浩大的农民起义,地方的武术社团活动,专业社团的节日庆典表演,都为推动我国民族传统武术的发展起到了强力的促进作用。

2.体操

源于古希腊的体操,最初是涵盖一切身体练习活动的统称。17 世纪末 18 世纪初,在继承和总结古希腊体操以及欧洲近代体育的基础上,德国体操、瑞典体操、丹麦体操相继出现。

---

① 罗时铭,赵诚华.中国体育通史(第四卷)[M].北京:人民教育出版社,2008:212-215.

19 世纪末,体操才逐渐从"体育"的概念中被分化出来,从而确立了自身的基本概念。从体操身体练习的基本形式来分,体操包括徒手体操和器械体操;从体操操练的目的和任务来分,有基本体操、军事体操和竞技体操。第一次鸦片战争以后,我国首先将"兵式体操"引入军事训练和学校,后来,美、英、法等国在上海、天津、北京等城市开办基督教青年会和教会学校,先后从国外购入近代体操的基本器械,开设体操馆,体操运动在我国逐渐出现。最早的天津水师学堂、天津武备学堂等军事学堂都开设了体操课程。1908 年,上海市成立了第一所"中国体操学校"。[①]　然而,在中国近代,能够有机会接触体操、接受体操学习的人,只限于为数不多的学校学生和从事军事训练的军人,广大民众没有机会接触体操运动,因此,喜爱运动的人更少。20 世纪 20 年代之后,随着各级各类学校的增加以及普遍性体操课的开设,一些体操运动的内容才逐渐走出校园,被传播到社会民众中去。

3.网　球

12 世纪,网球运动兴起,这项运动起源于法国教堂,是法国传教士们休息时,在走廊中用手掌进行拍打球游戏的一种娱乐性活动,后来逐渐演变、发展成用拍子代替手掌打球的网球运动。14 世纪,网球运动传入英国,在其漫长的发展过程中,游戏规则和娱乐方式不断发生改变。19 世纪英国人制定了比较科学的网球比赛规则并传入我国,网球最先是在天津、上海等沿海城市的外国传教士、外侨人群以及侵华军队中出现,晚期的清朝政府和国民政府期间,网球均被列为全国运动会上的比赛项目。

4.田　径

田径运动起源于遥远的古代奥运会。1980 年,考古学家在雅典的西南部发现了一条可供 13 名运动员同时赛跑的跑道,根据专家的考证和分析认为,在公元前 12 世纪就开始举行了以田径比赛为主的综合性运动会。历史学家拉比·鲍特罗斯教授通过对雅典体育场遗址和铸有运动员形象的硬币以及腓尼基人的史诗等史料的研究与考证,十分确定地断言,公元前 15 世纪,以田径比赛为主要内容的世界性运动会,在地中海沿岸的一个古国(现在的黎巴嫩与叙利亚沿海一带)举行。我国以田径为主要比赛项目的运动会是在 1890 年举行的,以上海市英国教会创办的约翰逊学院举办为发端,这是近代中国最早出现的、具有国际规范性的田径运动。由于田径项目多种多样,对不同身体特点、不同素质的学生均具有适用性,一个人独自或几个人结合在一起共同参与练习均可。运动器材、运动设施、场地条件要求简单,竞争性较强,而且又是其他各种运动的基础性项目。所以,田径运动在我国开展得比较顺利,受到学校及大众的普遍重视。

5.篮　球

1896 年,由美国人奈·史密斯博士根据一种民间游戏创编的篮球运动传入我国。首先由中华基督教青年会的美国传教士最先在天津宣传和组织了这项活动。不久之后,北京、上海等城市的基督教青年会也相继开始宣传、组织、举办篮球运动表演和比赛活动。由于篮球

---

①　罗时铭,赵诳华.中国体育通史(第四卷)[M].北京:人民教育出版社,2008:210-214.

运动富有竞争性、竞赛观赏性和活动的趣味性,适合不同年龄阶段、不同性别的人进行练习,男女老少皆宜。因此,篮球运动在我国近代后期发展与普及较快。

6. 足球

相传欧洲地区古代也有足球运动。今天人们所熟知的足球运动与古代时期各国的足球运动大不相同,它首先是在 15 世纪英国、法国、意大利等国家兴起,1863 年,在英国伦敦成立了世界第一个正式的英国足球协会。1897 年,我国香港举办了足球比赛活动,20 世纪初期,我国上海、天津、南京等城市陆续出现了现代足球运动,也先后举办了小规模的足球比赛。1908 年,香港成立了中国第一个足球运动社团——"南华足球会"。1909 年,上海发起并举行了"上海万国足球赛",每年举行一次,这一赛事一直持续到抗日战争爆发才不得不停止。

7. 排球

1895 年美国人威廉·摩根创编的排球运动于 1905 年开始进入中国,当时进行比赛的两个队分别上场 16 个人,按站位顺序发球,因此,被称为"排球"。最初在广州、天津、上海、北京等少数城市出现。为推广这项运动,1911 年,上海举办了中国近代史上的第一次正式排球表演赛。

8. 乒乓球

19 世纪末期,英国人受网球运动的启发,发明了乒乓球运动。最初是以室内餐桌作为球台,用橡胶或软木等制作成小球,用木板制作成击打小球的"球拍",把书摆在餐桌中间当球网,人们在餐桌两端一来一往进行打球游戏。当时还没有实行统一的规则,游戏以 10 分、20 分或 30 分为一局。1890 年,英国人从美国带回一种用"赛璐珞"制造的小球,用它来取代原来用的橡胶球和软木球,用木球拍击打这种"赛璐珞"球时,有"乒乒! 乓乓!"的响声,因此得名"乒乓球"。后来这种"乒乓球"娱乐游戏活动逐渐流行于欧洲,规则也不断完善和成熟。1904 年,上海首先出现了乒乓球运动,后逐渐由上海向国内各大城市传播开来。

二、中国近代学校体育教学内容

(一)清朝末年的学校体育教学内容

19 世纪末,受西方列强入侵中华的影响,我国传统的封建教育已难以为继,清政府维新变法期间,维新派明令要"废八股、兴新学"。因此,中日甲午海战以后,一些清朝统治者中的有识之士,在全国各地先后创办了多所学堂,这是中国最早的公立普通学校;1901 年,清朝政府迫于压力宣布在全国范围内推行"新政",1902 年颁布《钦定学堂章程》("壬寅学制")建立了新的学校教育制度;1903 年,颁布的《奏定学堂章程》("癸卯学制"),终于成为中国近代学校教育史上第一个具有法律效力的学校教育制度。①《奏定学堂章程》中规定,小学至高等学堂课程均需设立"体操科"。

"癸卯学制"颁布后,全国各省、府、州、县都将原来的书院更名为学堂,同时,又建立了许多新学堂,这一时期的学校教育发展非常快。"癸卯学制"中所提出的各级学堂的体育教学内容以及教学目标、任务等,都较为恰当、全面和客观,能够从学生身心发展的实际出发,与学生学习的年龄特征和学习特点相结合。其包括促进学生身体的"均齐发育",使其"动作敏捷""运动活泼",培养学生"遵守纪律""乐于群体活动"等集体主义行为方式,以及"鼓舞精神""志气勇壮",这些目标充分关注到了学生身心两方面的发展。当时体育教学内容也相当丰富,除了有"兵式体操"之外,还有"普通体操""有益之运动""游戏""矫正体操"等;并且还规定,学校可根据当地实际情况,选择其他教学内容。② 体操教学基本上是德国军事体操、器械体操、轻器械体操,瑞典教育体操、游戏性运动和赛跑(当时称为"竞走"),其中,部分内容就是日本学校体育课的教学内容,而当时日本的学校体育教学内容是完整地引入德国体操体系。

"体操科"中的具体内容安排及要求如下:

①蒙养院教学内容采用游戏方式,游戏方法有"随意游戏"和"同人游戏"两种,"随意游戏"就是让儿童分散开来自由活动;"同人游戏"则是集中儿童一起活动。要求儿童活动时,边唱歌边运动,用节拍来指挥运动的节奏,从而使儿童心情愉快,精神活泼,身体健康安全地获得发展,并且还要求培养儿童"爱众乐群"的良好品质。初级小学的体育教学内容是体操,其基本目的是促进儿童身体活动能力的发展,使儿童身体发育均衡,矫正和改变儿童不良的动作习惯,促进儿童气血通畅,精神饱满,同时,培养儿童文明礼貌的生活习惯。

②高级小学开设的教学内容依然是体操,此时的体操为"兵式体操",目的是让小学生身体各部分发育均衡,四肢行动敏捷,精神饱满舒畅,具有勇敢顽强的意志品质,同时,培养小学生集体主义精神和遵守纪律的习惯。

③中学教学内容为"实用性体操"和"兵式体操",其中,"实用性体操"包括准备法、矫正法、徒手、哑铃、球杆、棍棒等体操;"兵式体操"包括单人兵操、柔软体操、队列队形练习、器械体操等,进一步教授团队的队列队形练习、枪术、剑术、野外训练及军事知识。此时的学校体育教学内容除蒙养院以外,各级学校每周均有 3 小时的体育课。上述学制一直沿用至 1919年的"五四运动"以后才被废止。

(二)北洋政府时期的学校体育教学内容

1."壬子癸丑学制"中的学校体育教学内容

1912—1913 年,中华民国临时政府教育部继续仿效日本学校教育的基本范式,颁布了"壬子癸丑学制",在"壬子癸丑学制"的《国民学校中小学学校令》及《国民学校令施行规

---

① 罗时铭.中国体育通史(第三卷)[M].北京:人民体育出版社,2008:48.
② 蔺新茂.体育教学内容论[M].北京:北京体育大学出版社,2014.

则》中规定,中小学仍设体操(体育)一科,每周 3 学时。中学体操教学内容包括"普通体操"和"兵式体操"两类,同时,《国民学校中小学学校令》明确强调学校体操教学内容要以"兵式体操尤宜注重"。1912—1916 年,中华民国教育部先后颁布了《小学校教则及课程表》和《高等小学校体操科教授要目草案》,①比较这两个关于学校体育的教学文件就会发现,1919 年"五四"新文化运动之前,由于学校体操教育在初兴的尝试和探索阶段,因此,学校体操教学内容同清朝末年的学校体操教学内容相比没有太大的变化。

但是,由于当时教会学校的体育活动以及基督教青年会的课外体育活动普遍开展了以西方竞技性体育教学内容为主的田径、球类等项目,而且,由于这些项目的竞技性特点,教会学校、基督教青年会等为迎合国际奥林匹克运动会的比赛,经常性地举行校内外田径及球类比赛,如各城市地区举办的运动会,全国运动会和远东地区运动会等,这些运动会对当时的学校体育产生了很大的影响。因此,在一些官办公立学校的学校体育中,除了在体育课上教授体操、武术等教学内容之外,还利用课外体育活动时间,通过逐渐组织起来的各种体育项目俱乐部、组建的体育运动队,在俱乐部和运动队中进行田径、球类的教学与训练活动。人们把这一时期学校体育中既存在体育教学过程中以"兵式体操"为主要教学内容的"体操科",又存在课外活动中以田径、球类等西方近代竞技性体育为内容的学校体育现象,称为"双轨制体育"。"双轨制体育"在学校体育教学内容方面,补入了田径、球类等近代西方体育教学内容,为田径、球类等成为学校体育教学内容奠定了基础。

2."壬戌学制"中的学校体育教学内容

"五四运动"前后,我国学校体育以军国民主义体育教学内容体系为主,由于这一教学内容体系呆板枯燥,教师的教学方式与方法简单粗暴,因此受到许多进步人士以及家长的批评和指责。另外,在 1918 年,学校体育一直实行军国民教育的德国在第一次世界大战中战败,使许多国人认为军国民主义教育没有前途。再者,美国实用主义教育家杜威的一部分学生,如胡适、陶行知、郭秉文、李建勋、张伯苓等人留美归来,将美国实用主义教育的基本理念引入中国,并在 1919 年 5 月至 1921 年 7 月邀请杜威在中国进行了为期两年的巡讲活动,因此,美国实用主义教育对中国教育影响很大。实用主义反对学校教育对学生进行知识的机械灌输,主张让学生在实践中学习,即"从做中学"。1919 年 10 月,"全国第 5 届教育联合会"决议提出:鉴于今天世界形势发展的趋势,我国的"军国民主义教育"已不合"新教育"(杜威的实用主义教育)的基本要求和世界教育发展的潮流,故必须对我国学校体育加以改进。此时的教育界已经开始纷纷主张"废除兵式体操",实施美国实用主义教育所主张的"新体育"。

1922 年(壬戌年)11 月,北洋军政府教育部宣布颁布实施移植于美国的、新的教育范式和与之呼应的"新学制"——《学校系统改革令》,这一法令与其后又颁布的学制一起,在教

---

① 课程与教材研究所.20 世纪中国中小学课程标准·教学大纲汇编:体育卷[M].北京:人民教育出版社,2001.

育史上被称为"壬戌学制"。1923 年 6 月，北洋军政府教育部又颁布实施了《中小学课程标准纲要》，此纲要正式把在学校体育中一直沿用的"体操科"改名为"体育课"。[①] 从此，"兵式体操"教学内容在学校体育中被彻底废止，我国学校教育也从照搬日本转向学习美国学校教育的基本范式，即采用"六三三制"（小学六年，初中三年，高中三年）。这对体育来说是一个重大变革，由此体育进入了一个新的历史时期。这一时期的学校体育教学内容提出了"体育课要以田径、体操、球类以及娱乐性游戏为主要体育教学内容，并在初高中增加生理和卫生等授课内容"的要求。

（三）民国时期的学校体育教学内容

1.国民政府的学校体育教学内容

1927 年，南京国民政府成立，在修正"壬戌学制"的基础上，确立了新学制"戊辰学制"，推行"三民主义"的教育宗旨，以行政手段控制和掌握各级各类学校的领导权，制订了多个学段层次的"课程标准"，实行"教科书审查制度，毕业生会考制度"等，另外把学校当作兵营，在学校实行军事训练，用军队式的管理方式来管理学校。抗日战争的爆发将南京政府新学制分成了前、后两个时期，从 1927 年南京国民政府成立至 1937 年抗日战争爆发为"戊辰学制"的前期；从 1937 年抗日战争爆发至 1949 年南京国民政府垮台为"戊辰学制"的后期。"戊辰学制"的各项条例和法令对学校体育作出了许多新的规定。

为了使学校体育的发展更加科学化、系统化、正规化，国民政府在 1929 年 4 月颁布了《国民体育法》《国民体育实施方案》等体育法令，其中《国民体育实施方案》中，依据实施对象将体育分为学校体育和社会体育，并设定了 5 大目标，对学校体育和社会体育工作做了一些原则性的规定和要求。1929—1937 年"戊辰学制"前期颁布的条例和法令很多，主要包括1929 年颁布实施的《小学体育课程暂行标准》《高级中学普通科体育暂行课程标准》；1930年颁布实施的《高级中学师范科课程暂行标准》；1932 年颁布实施的《师范学校法令》《小学体育课程标准》《初级中学体育课程标准》《高级中学体育课程标准》；1933 年颁布实施的"师范学校体育课程规程"和 1934 年颁布实施的《师范学校体育课程标准》以及于 1936 年颁布实施的《小学中高年级体育课程标准》《初级中学体育课程标准》《高级中学体育课程标准》《高级中学军事看护（女生）课程标准》《师范学校体育课程标准》《暂行大学体育课程纲要》等教学文件。[②] 从这些"课程标准"中所规定的学校体育教学内容来看，学校体育教学内容很多，体量也较大，例如 1929—1936 年《初级中学体育课程标准》中的体育教学内容见表2-1。

---

①　罗时铭.中国体育通史(第三卷)[M].北京:人民体育出版社,2008.
②　课程与教材研究所.20 世纪中国中小学课程标准·教学大纲汇编:体育卷[M].北京:人民教育出版社,2001.

表 2-1 1929—1936 年《初级中学体育课程标准》中的体育教学内容①

法规名称	初级中学普通科 体育暂行课程标准	初级中学体育课程标准	初级中学体育课程标准
颁布年份	1929 年	1932 年	1936 年
体育教学内容	游戏活动:球戏、溜冰、划船; 天然活动:田径运动、游泳; 护身技能:国术、角力; 自然活动:垫上运动、重器械体操,各种机巧运动; 韵律活动:各种土风舞、形意舞、运动舞、各种行进; 野外活动:远足、旅行、登山、宿营、骑乘、渔猎等; 个人体操、改正体操、医疗体操:身体有特殊缺点、不适于其他活动者学习	游戏;机巧运动;活泼器械运动(冬季用之);球类运动;田径运动;国术;舞蹈(男生酌减); 天然活动:游泳、滑冰、爬山、骑乘、摇船及其他; 改正体操:凡体格有缺点的学生选修之; 基本练习:球类运动、田径赛运动、器械运动之基本动作; 和缓运动:不宜于激烈运动者选修之	体操;机巧运动;团体混合连续器械运动;田径运动(女性酌减);球类运动; 天然活动:游泳、滑冰、爬山、骑乘、摇船及其他; 国术; 舞蹈(男生酌减);游戏; 改正体操:凡体格有缺点之学生选修之; 自然体燥; 和缓运动:不宜于激烈运动者选修之

同时,南京国民政府教育部还于 1929 年颁布了《暂行大学体育课程概要》(以下简称《概要》),《概要》规定了大学体育教育的基本目标:锻炼学生健壮的体格,培养学生忠勇与合作的精神,训练学生应用于生活及国防的一般技能,帮助学生养成以体育运动为手段来调节身心的良好习惯。《概要》中规定的大学体育教学内容也有很多,见表 2-2。

表 2-2 1929 年《暂行大学体育课程概要》中的体育教学内容②

法规名称	暂行大学体育课程概要
颁布年份	1929 年
体育教学内容	1.球类运动:篮球、足球(女生不开设此教学内容)、垒球、排球、手球; 2.田径运动; 3.游泳; 4.器械体操; 5.国术:少林拳、形意拳、太极拳、八卦掌、刀术、棍术、枪术等; 6.垫上运动; 7.体操:德国体操、瑞典体操、矫正体操等; 8 特种运动:武装赛跑、劈刺、掷手榴弹、武装跳远、武装跳高、障碍赛跑等; 9.韵律运动(女生); 10.和缓运动:弓箭、槌球、推木饼、甲板网球、踢键子、掷马蹄铁等; 11.野外运动:划船、登山、露营、驾驶、骑马、自行车、滑冰等; 12.其他

注:上述第 8 类教学内容就是"国防体育"内容。

---

① 蔺新茂.体育教学内容论[M].北京:北京体育大学出版社,2014:65-70.
② 蔺新茂.体育教学内容论[M].北京:北京体育大学出版社,2014:65.

值得注意的是,1928 年,国民政府以"第 174 号文"批准备案,"国术研究馆"在南京成立,后更名为"中央国术馆",直属中央国民政府,张之江任第一任馆长。其建馆宗旨是"倡导与推进中国'国粹'(武术)及各种民族传统体育运动的发展,增进全体国民的身心健康",其主要任务是研究和教授中国民族传统国术与其他民族传统体育、编修"国术"及其他武术图书杂志、管理全国国术之具体事宜等。中华民国"中央国术馆"教授的内容非常丰富,包括各种拳法、腿法、掌法,以及各种器械等。中央国术馆成立后,中华民国国民政府又电令各省、市、县、区、村、里等都要设立相应的下属机构,自此之后,各地相继成立了地方国术馆或国术社。据统计,省市级国术馆有 24 所,县级国术馆 300 多所。国术馆的成立,不仅培养了大批武术人才、推动了民族传统武术的发展和对外交流,也促进了其他民族传统体育项目的发展。①

2.苏维埃的学校体育教学内容

1931 年 11 月,苏维埃共和国工农兵代表大会通过了《中华苏维埃宪法大纲》,明确规定了红色政权的性质、任务,也确定了教育方针:"中华苏维埃政权保证工农劳苦民众享有受教育的权利。"

列宁小学(初称"劳动小学"),入学者为 7~15 岁儿童,为革命战争服务是列宁小学学校体育的鲜明特征。学校体育教学内容主要是兵式体操和普通体操,另有球类、田径、游戏等活动,如在《工农读本》第三册中就记载着这样的体育教学内容:"赤色体育运动可分为田赛、球类、表演、径赛四种,田赛包括跳高、跳远,径赛包括赛跑等;球类包括网球、乒乓球、篮球、足球等;表演包括打拳、花枪、劈刺等。""兵式体操"先用木枪,后用钢枪;苏区颁布的《小学体育运动教学法》也明确指出,在国内革命战争轰轰烈烈开展时期,学校体育应担负起锻炼学生身体、强健学生体魄的重大任务,既要防止学校体育教学内容枯燥乏味,又要克服体育教学方式与方法呆板、单一,以及在此两方面不适合儿童身心发展特征的学校体育教学内容与学校体育教学方法和手段进入学校的体育教学过程。② 除列宁小学之外,还有干部学校,干部学校有体育、游戏等内容,但不编入课程内,只在早晚进行练习。

(四)抗战时期的学校体育教学内容

1.国民政府的学校体育教学内容

1937 年开始,国民政府实施战时学校体育政策,即"培养卫国、自卫之能力",明确提出了战时学校体育目标,包括思想方面、技能方面和规范方面的三大目标。1940 年颁布实施的《修正初级中学体育课程标准》《修正高级中学体育课程标准》;1941 年颁布实施的《六年制中学体育课程标准草案》《高级中学家事看护(包括军事看护)课程标准》;1942 年颁布实施的《小学体育科课程标准》《高级中学军事看护课程标准》,以及《中等学校体育实施成绩考核办法》《中等以上学校体育改进要点》等教学文件中的学校体育教学内容都反映了战时政

---

① 罗时铭,赵诶华.中国体育通史(第四卷)[M].北京:人民教育出版社,2008:170-173.
② 毛振明.学校体育发展史[M].桂林:广西师范大学出版社,2005:112-115.

策。① 在 1944 年、1945 年和 1947 年还对各级学校的课程标准做出新的规定,如表 2-3 所示的是 1942 年《小学体育课程标准》中的学校体育教学内容。

表 2-3 1942 年《小学体育课程标准》中的学校体育教学内容②

年　级	体育教学内容	
初级 (1—4 年级)	整队与走步:各种队列队形练习; 体操:简易徒手体操六种、模仿操四种; 韵律活动:听琴动作六种、基本步伐与舞蹈; 游戏:故事游戏八种、追逃游戏六种、竞争游戏六种; 简易垫上运动:如单脚跳、双脚跳、单跳双落、侧滚翻、虎跳、前滚翻等;30~50 公尺赛跑、立定跳远、跳高、垒球掷远及掷准等	
高级 (5—6 年级)	男生	整队与走步:各种走法组合练习; 体操:徒手操六种; 韵律活动:基本步伐练习、舞蹈两种; 游戏:追逃游戏六种、竞争游戏六种; 垫上运动:连续前后滚翻、蛙式跳、头手倒立、双人前滚翻、倒立爬墙等; 竞技运动:掷篮球、爬绳、爬竿、爬栏、推铅球、撑竿跳高
	女生	整队与走步:各种走法组合练习; 体操:徒手操六种; 韵律活动:基本步伐练习、舞蹈八种; 游戏:追逃游戏六种、竞争游戏六种; 垫上运动:连续前后滚翻、仰卧起立、单足跳画地、双人摇椅、鱼跃前滚翻、分腿腾跃过背; 竞技运动:掷篮球、推铅球、撑竿跳高

注:1 公尺＝1 米。

从国民政府教育部组织编写和出版的一些体育教材中,我们也能看到当时的学校体育教学内容还是比较丰富的。例如,1933—1936 年,以美国"实用主义新体育"和德国学校体操体系为体育教材编写的参照蓝本,国民政府教育部编印出版了我国第一部较为完整的、系统的中小学学校体育教材《体育教授细目》,一共 24 册。③但是,由于战争,教材中的大部分教学内容无法实施,尤其是 1937 年全面抗战开始后,各校的体育教学无法正常进行。

2.苏维埃的学校体育教学内容

陕甘宁边区政府颁布了《小学法》,其中规定:课程内容都以抗战为中心,由边区教育厅统一编制发给,初小每周 3 节体育课,上课内容以活动性游戏为主,如爬山、赛跑等。高小每周 5 节体育课,教学内容主要是进行军事训练,如爬山、掷手榴弹、射击、野战、防毒演习等。

① 蔺新茂.体育教学内容论[M].北京:北京体育大学出版社,2014.
② 课程与教材研究所.20 世纪中国中小学课程标准·教学大纲汇编:体育卷[M].北京:人民教育出版社,2001:23-31.
③ 罗时铭.中国体育通史(第三卷)[M].北京:人民体育出版社,2008.

另外,在其他一些根据地的中小学中,也有一些如踢毽子、跳绳、武术等教学内容。解放区大学也非常重视体育,为解决边区体育师资和体育干部缺乏的问题,国家于 1941 年 9 月在延安大学成立了体育系,开设的课程主要有田径、体操、滑冰、舞蹈等,为解放区培训了一批从事体育事业的骨干力量,如表 2-4 所示的是部分"苏区"学校体育教学内容。

表 2-4　苏维埃的学校体育教学内容①

年　份	文件名称	学　段	体育教学内容
1933 年	《小学法》 《战时教育方案》	中小学	兵式体操、普通体操; 田径:跑、跳、投; 球类运动:足球、篮球、网球等; 军事训练:爬山、手榴弹、射击、野战、游击战术、防空、防毒演习; 活动性游戏:赛跑、爬山、跳高、跳远

第三节　中国现代体育与学校体育教学内容

一、中国现代体育

中华人民共和国在 1949 年宣布成立,昭示着在中国共产党的领导下中国最广大的人民群众当家做主,中国也进入了新民主主义建设和社会主义建设的新时期。从此以后,我国体育事业的性质、地位、服务对象等,都发生了天翻地覆的根本性变化,成为一种真正服务于最广大的人民群众的社会主义崭新文化。中国现代体育事业也随之进入了一个新的发展阶段,学校体育、社会体育、军事体育等,首先承继了近代体育及新民主主义革命时期的一切革命的、进步的、辉煌的优秀传统,也注意借鉴和吸收了国外特别是苏联在此方面的发展经验,并结合自身的实际情况,走出了一条有自己特色的社会主义体育发展道路。这是一段从"一穷二白"的体育发展成为亚洲乃至世界体育强国的曲折发展历史。在这一时期,新中国克服了体育事业发展中的重重困难和挫折,创造了举世瞩目的、辉煌的体育成就,也逐步摸索出一条符合中国国情的、具有中国特色的体育事业发展道路。例如,竞技体育的举国体制,群众体育的普及与提高相结合。

由于在经受多年的战乱及贫困之后,国民体质水平极度低下,为改善这一状况,1951 年11 月,中华全国体总会筹委会、中华人民共和国教育部、全国总工会等 9 家行政管理部门联合颁发了《关于在全国推行"广播体操运动"的联合通知》,这是新中国编排的第一套广播体操。第一套广播体操的出台极大地激发了广大人民群众体育锻炼的热情,在极端薄弱的基

① 　罗时铭.中国体育通史(第三卷)[M].北京.人民体育出版社,2008:220-230.

础上,有力地推动了我国群众性体育运动的广泛开展,并在全国范围内迅速掀起了一股通过广播体操进行科学化锻炼身体的热潮。与此同时,新中国的体育竞技活动也在逐渐建立和恢复,一些近代竞技体育运动项目逐渐开展开来。例如,全国第一届工人体育运动会于1955年10月在北京成功举行,运动会的比赛项目包括足球、篮球、排球、田径、自行车和举重,在这次运动会中,有10名运动员取得了良好成绩,并打破了11项全国纪录。在职工体育蓬勃开展的同时,国家也非常重视农村体育工作,国家体委、共青团中央于1956年6月,在北京主办召开了中国历史上第一届"全国农村体育工作会议",充分体现了国家对农村群众体育和广大农民群众身体健康的重视。此次会议确立了"在农村中结合日常的民兵军事训练,利用农闲时间或季节开展体育活动"的相关农村体育工作安排。国家体委号召广大农民要结合民兵军事训练开展游泳、通信、射击、登山四项体育活动。同时,国家还非常重视对农村民族、民俗传统体育项目、娱乐游戏项目等的开发和挖掘。在广大的少数民族地区,也倡导重视开展具有民族特色的传统体育活动,并对武术和民间体育进行了积极的搜集、挖掘与研究整理。中国是拥有56个民族的多民族国家。各民族在其发展过程中,都拥有和创造了多姿多彩的民族传统及民俗传统体育文化。例如,蒙古族的赛马、马球、马术、套马赛等;藏族的马术、射碧秀、射箭、赛马、赛牦牛、藏棋、登山、大象拔河、奔牛、蹬棍等;高山族的竿球、山猎、斗走、挑担比赛、赛跑择婿、跑步迎亲、搭茅屋、投梭镖等;锡伯族的射箭;壮族的手毽、板凳龙、踩风车、跳桌、秋千、拾天灯等,都尽显各自浓郁的民族风情与风格、民族传统文化的特色与追求。同时,在各民族节日庆典、丰收庆典与祭祀活动中,也包含着非常丰富的体育文化与娱乐活动内容,如蒙古族的"那达慕"大会,傣族的"泼水节",白族的"三月街",彝族的"火把节"等,在这些节日庆典活动中,各民族都要举行类似于摔跤、赛马、杂技、舞蹈、射箭、斗牛、舞龙舞狮、赛龙舟等体育活动。

中华人民共和国成立初期,除了人民大众体质健康面临很大问题之外,还有一大问题就是西方国际反华势力一直在阴谋颠覆新中国政权,新中国时刻面临着再一次被入侵、政权被颠覆的危险,因此,培养大众良好的军事素质,进行军事体育训练成为体育的主要任务之一。1953年,中央军委将体育列为"中国人民解放军"进行军事化训练的一项基本内容。这些军事体育的内容有与军事训练相关的运动项目以及田径的44个项目,而且定期进行比赛。20世纪60年代初,由于与美国、苏联等国矛盾的凸显,国际形势发生了极大的变化,解放军积极备战,群众性军事体育活动也相应地得到了进一步加强。在军队中掀起了全军的"军事大比武",全军各兵种为了迅速、全面提升军人战斗素质,增强战斗力,在全军上下广泛组织开展了体操的单双杠、球类、跳障碍跑、长跑、拔河、登山、游泳等军事体育活动。① 同时,射击、无线电、航空模型、航海模型等军事体育项目的成绩也得到了显著提高。

根据中华人民共和国1956年公布的《中华人民共和国运动竞赛制度的暂行规定(草案)》所规定的体育竞赛项目,当时我国的竞技体育有43个项目,主要包括田径、体操等基本项目,乒乓球、羽毛球、篮球等球类项目,游泳、跳水等水上项目,花样滑冰、速度滑冰、滑雪等冰雪项目,以及拳击、举重、摔跤、技巧运动、武术、棋类、自行车等。同时,还有较为丰富的民族民俗传统体育项目。

---

① 盛琦.中外体育民俗文化[M].北京:北京体育大学出版社,2011:256-270.

二、中国现代学校体育教学内容

中华人民共和国成立初期,各行各业百废待兴。学校体育也一样,在马克思主义理论以及新民主主义方针的指导下,体育工作者迅速投入对旧体育思想的批判、改造以及建立新的、科学的体育思想体系之中。在对旧的学校体育思想的批判和反思过程中,人们逐渐认识到,过去的学校体育无论在思想上还是在实践过程中,理论与目标过于庞大、空泛,以至于忽视了学校体育的根本任务与特殊任务的关系……旧中国的学校体育过于重视体育对学生的个体价值的发挥,而轻视体育对学生的社会价值的发挥。因此,改造的重点是明确学校体育的任务,并建立与之相适应的学校体育教学内容体系,从而将学校体育课改造为具有科学的教学内容支撑的学科。这一阶段,最为显著的特征就是,在对学校体育功能进行重新审视的基础上,结合新中国的现实情况,确立了"学校教育为劳动生产和国防建设服务,强调锻炼学生身体,增强学生身体健康"的基本目标。由于当时真正实现了全民大众化教育的追求,全国各级、各类学校体育基础都较为薄弱,学校体育教育一直缺乏统一的"体育教学大纲"和相应的"体育教材"等,学校体育教学内容也显得较为凌乱和繁杂,基本上是从体育教师的实际基本情况出发,教师会什么就教什么,或者是以锻炼性、活动性内容为主的体育课堂。①

1950年,教育部又组织相关专家进行了深入探讨与反复论证,适时制定出了我国《小学体育课程暂行标准(草案)》,明确了我国小学体育教育的培养目标是:"培养儿童健康身体体质,使他(她)们能够具备为人民服务、为国家新民主主义建设和国防建设奠定身体的体力基础;学校体育要注意培养学生在体操、田径、舞蹈、游戏等诸方面体育运动的兴趣,不断培养学生的体育锻炼习惯,增进学生身心健康,使学生都能够具有进行健康生活的能力和习惯;同时,还要重视培养儿童良好的国民道德观念和活泼、勇敢、守纪、敏捷、团结与友爱等的精神品质,对学生加强爱国主义思想和集体主义精神的培养与教育。"《小学体育课程暂行标准(草案)》还规定了我国小学各年级的体育教学内容,包括"队列队形练习""体操""田径""球类""游戏""舞蹈"等。其中"游戏""舞蹈"等内容所占的课时比例较大,"队列队形练习""体操"次之,而"田径""球类"运动等在小学三年级以上级段出现。《小学体育课程暂行标准草案》还规定"小学每周进行2课时体育课",还制定了学校体育课和课外活动的具体内容,提倡小型的足球、篮球、低网排球以及民间的一些体育游戏和娱乐项目,如踢毽子、跳房子、跳绳、跳皮筋、扭秧歌等,体育教学内容的选择及安排较为丰富和多样化,重视反映和体现我国小学学校体育教学目标的要求,以及我国小学生对体育学习的年龄特征和小学学校实际条件。② 中华人民共和国成立初期,由于发展的条件所限,各地方的体育教学内容安排具有一定的自主性,如1950年大连的"旅顺中学"就翻译了苏联《中小学体育教材大纲》,并依据这些教学文件制定了大连市《中小学体育教学大纲》。

从1951年开始,我国学校教育开始转向全面学习苏联的学校教育范式,为制定全国统

---

① 郝勤.体育史[M].北京:人民体育出版社,2006:379-385.

② 毛振明,赖天德.解读中国体育课程与教学改革:著名专家、学者各抒己见[M].北京:北京体育大学出版社,2006.

一的学校体育教学大纲,编写学校体育教材,1951—1953 年,教育部专门组织力量翻译了苏联中小学、高等学校以及高等师范学校的学校体育教学大纲,并于 1952 年底和 1953 年 5 月,将这些翻译过的苏联中小学和高等学校、高等师范学校的《学校体育教学大纲》下发给全国各省、市和地区,号召各地教育主管部门组织学校一线体育教师进行学习、领悟与掌握。1953 年 10 月,教育部参照苏联学校体育的教学范式,颁布了《关于高等师范学校以及中小学学校体育教学指导工作的通知》,要求全国各地各级、各类学校重视体会苏联《高等师范学校及中小学的体育教学大纲》的精神实质,特别明确地提出了"关于中小学学校体育教育的目的、任务",以及全面发展学生身体素质,促进学生身心健康发展的各类切合实际、行之有效的学校体育思想。要求各地要在全面学习和领会与应用苏联高等师范学校及中小学学校体育先进经验的同时,结合各省、市、地区的实际条件和情况,灵活地采取不同方式进行学习和落实。例如,北京市、沈阳市每周抽出半天的时间,组织全市中小学体育教师进行集中学习和讨论,而天津市、广州市、江西省等省市,则利用暑假时间组织体育教师进行学习和培训。很多地方的体育教师在学习了苏联《中小学体育教学大纲》之后,结合本地区具体情况和体育教师与学校的实际条件,编制了较为系统的学校体育教材,从而保证了这一时期的学校体育教学有计划、有目的地进行了改进,在教学内容、教学方法等方面也加深了认识,使我国学校体育教学工作得以快速发展,促进了学校体育教学质量的提升,如我国东北地区和京、津、沪等省市的学校体育工作者,先后编写了《中小学体育教学参考》等学校体育教材和辅导材料,在这些教学材料中,我国东北地区针对学校体育,制定的五年一贯制《小学体育教材》和《初、高中体育使用教材》,在这一时期的工作,不仅促进了这一地区学校体育教学质量的提高,而且也为全国其他省市和地区提供了借鉴,还为我国教育主管部门编制统一的全国学校体育教学大纲和编写统一的教材奠定了良好的基础。

1953 年,中共中央政治局专门召开会议,针对我国国民经济发展与建设的"第一个五年计划"中关于"教育工作"的现实问题,提出"要抽调大批干部编写全国学校教育通用教材"的措施。在学习、借鉴苏联学校教育和我国对学校体育教学实践进行的实验和总结的基础上,国家体委、教育部、共青团中央三部委于 1954 年联合发出了《关于在中等以上学校开展群众性的体育活动》的指示,要求全国学校系统"着手实行学校体育课程改革",这一指示同时又要求"凡是试行了'劳卫制'体育教学的学校,以及推行'劳卫制预备级'的学校和地区,均要以'劳卫制及其预备级'为主线,把学校体育课教学、课余体育活动、课余体育运动竞赛以及早操和课间操等,与学校体育密切相关的体育活动内容有机地结合与统一起来。"同年 11 月,教育部体育教材编写组成立,开始着手编制全国统一的《体育教学大纲》。编写组专家深入调查并总结了各地学校体育学习苏联"劳卫制"进行教学改革的经验,得到了全国广大体育教师和体育工作者的普遍支持,征集并取得了诸多的改革建议和几十万条关于《学校体育教学大纲》编写的数据,为日后《中小学体育教学大纲》的编定工作提供了强有力的支撑和奠定了良好的基础。其后,编写组较为系统、全面地分析和研究了苏联学校体育的相关信息资料,以苏联《中小学体育教学大纲》为借鉴和"蓝本",终于编制出了全国统一的各级学校通用的《学校体育教学大纲》。

1955 年,在参照苏联《高等学校体育教学大纲》基本内容的基础上,教育部组织专家深入了解了我国学校体育的实际情况,以"劳卫制"为基础,制定了《一般高等学校体育教学大纲》（表 2-5）并于 1956 年 2 月公布实施。《一般高等学校体育教学大纲》明确规定："高等学校的体育工作是整个高等学校教育工作的重要组成部分，是保证高等学校教育培养学生成为'德、智、体全面发展的社会主义建设高级人才'的目标得以实现的重要条件。"因此，要求全国各高等学校体育应努力完成《一般高等学校体育教学大纲》中规定的所有任务，这些任务包括培养学生的共产主义道德品质；以"劳卫制"等体育制度为基础，促进学生健康水平的不断提升，促使学生身心的全面发展；保证学生能够掌握体育的"三基知识"，即基本的体育运动知识、技术和技能，并且保证能够在学生的生产与劳动实践和日常生活中熟练运用；培养高校学生从事体育锻炼的习惯，并不断提高学生的体育运动水平，最终要使学生毕业时，体育成绩达到"劳卫制"二级标准。为此，针对学校体育的教学方法、教学组织、教学考核等方面，《一般高等学校体育教学大纲》作出了一系列的具体规定，特别强调，高等学校体育教学应贯彻体育教学的"自觉性与积极性"原则，教学内容与教学方式方法的"可接受性、系统性和不断巩固性"等原则，保证学校体育教学质量不断提高。

表 2-5 1956 年《一般高等学校体育教学大纲》中的体育教学内容①

年 份	文件名称	体育教学内容
1966 年	《一般高等学校 体育教学大纲》	田径：跑（快速跑、耐久跑、接力跑、障碍跑）、跳跃（各种方式跳、蹲踞式跳远、跨越式或俯卧式跳高）、投掷（手榴弹、标枪、铅球等）；体操（基本体操、技巧、支撑跳跃、低单杠）；球类（足球、篮球、排球）、游泳、滑冰、举重等

　　1956 年 3 月至 5 月，经过多年的酝酿、实践调研与实验，教育部先后公布实施《小学体育教学大纲（草案）》和《中学体育教学大纲（草案）》两个文件。

　　1956 年的《学校体育教学大纲》（表 2-6）明确规定了我国中小学学校体育的目的和任务，即"培养广大中小学生使他们都能够成为全面发展的社会主义建设者、保卫者和接班人"，"通过学校体育促进广大青少年儿童成为全面发展的社会主义一代新人，为将来参加建设社会主义和保卫祖国做好准备"。《学校体育教学大纲》还明确了我国中小学学校体育在整个学校教育中的重要地位，指出"学校体育是全面发展中小学学校教育的一个组成部分"，中小学体育教学的基本任务是"全面锻炼学生身体和增进学生身心健康，促进学生身体的生长发育；传授给学生体育的基本知识、技能；培养体育锻炼与讲究卫生的习惯；对学生进行爱国主义、集体主义等思想品德教育"。

表 2-6 1956 年《学校体育教学大纲》中的体育教学内容

年 份	文件名称	体育教学内容
1956 年	《小学体育教学大纲（草案）》	基本体操：队列练习和体操队形练习的基本动作、一般发展和准备的练习、跳绳的练习（跳长绳）、实心球的练习、走和跑、跳跃、投掷、攀登和爬越、平衡； 游戏：活动量大的游戏、中等活动量的游戏、活动量小的游戏

① 毛振明.学校体育发展史［M］.桂林：广西师范大学出版社,2005:123-126.

续表

年 份	文件名称		体育教学内容
1956 年	《中学体育教学大纲（草案）》	《初中体育教学大纲》	体操：队列练习和体操队形练习、一般发展和准备练习、操棒、体操凳、跳绳、实心球练习、对抗拓角力、悬垂、支撑、攀登、爬越、跳跃、投掷、技巧练习、搬运重物； 田径：走和跑、跳跃、投掷、攀登和爬越、平衡； 游戏："车轮""神枪手""互射""跑垒球"、篮球、排球动作游戏等
		《高中体育教学大纲》	体操：队列练习和体操队形练习、一般发展和准备的练习、悬垂、支撑、攀登、爬越、跳跃、平衡、技巧练习； 田径：走和跑、跳跃、投掷； 游戏：体操、田径、球类游戏

《学校体育教学大纲》根据中小学学校体育的目的和任务，结合我国学校教育及学校体育的客观现实，明确了我国学校体育选编学校体育教学内容的基本原则，即"全面性原则、系统性原则、年龄特征适应性原则、健康性原则、体育与卫生相结合原则"等。

《小学体育教学大纲（草案）》明确将我国中小学体育教学内容分为基本体操、游戏两大类。其中，基本体操包括队列队形练习、一般身体发展与准备的练习以及反映基本活动能力的走、跑、投掷、跳跃等；游戏则按活动量大、中、小进行分类和编排。《小学体育教学大纲（草案）》中规定小学一、二年级应该选用基本体操并结合游戏等较为简单的体育教学内容；小学三、四年级的体育教学内容中基本体操和游戏并重；而小学五、六年级要以基本体操为主，游戏为辅；在《学校体育教学大纲》中，体育的基本理论知识没有单独列出。

《中学体育教学大纲（草案）》规定的体育教学内容主要包括体操、田径、游戏三大内容系列，各项体育教学内容均以发展学生自身基本的活动能力为目标，为体现男、女性在体育教学方面的差异，《学校体育教学大纲》将体育教学内容按男生和女生分别排列。《学校体育教学大纲》规定的学校体育教学内容主要分为"基本教材和补充教材"两部分。《学校体育教学大纲》规定，"基本教材"是全国中学必须统一贯彻实施的体育教学内容；"补充教材"是为适应不同地区、不同环境、不同气候条件下，针对各地区中学学校体育发展实际水平或其他不均衡的发展条件而制定的。[1]

通过《学校体育教学大纲》的颁布与实施，使全国各级学校体育课从教学目标、教学内容、教学方法、成绩考核等，有了统一的规格要求和统一的标准，促进了我国学校体育教学质量的提高和学校体育工作的顺利开展，尤其是促进了学校体育教师整体水平的提高和学校体育教学管理工作科学与合理化程度。但在某些方面，也存在结合国情不够，有脱离学生实际的情况。

由于试图"尽快改变我国经济文化落后的状况"，1958—1960 年，全国范围内开展了"大跃进"运动。1958 年 10 月，国家体委和教育部在徐州联合召开了"全国中小学体育工作经

验交流会",会议总结了各地体育工作的基本情况,明确指出到年底全国基本上普及"四红""双红"的"大跃进"目标。所谓"四红"就是除病残学生之外,要求所有的学生都要通过"劳卫制"规定的一、二、三级运动员等级标准和军队"普通射手"标准。所谓"双红"是指除病残学生之外,百分之百的学生通过"劳卫制"和达到等级运动员标准,并要求在实现"四红"目标的基础上,学校体育、群众体育要加强全面锻炼,培养更多的"三级和二级运动员",并能够培养产生"一级运动员"和"运动健将"。在这一思想指导下,为了实现短期内达到"四红""双红"的标准,要求全国各省、市、地区从本地实际情况出发,制定规划,统一安排,这也使得一些地方和学校不顾体育锻炼的科学方式与方法,盲目进行体育训练,造成了一些伤害事故的发生。1959—1961 年,"三年困难时期"引发全国性的经济困难,国内供需严重失衡,人民大众的生活出现了极端的困难,处在生长发育阶段的学生饮食、营养等很难得到保障,大部分学生体质下降,无法保障正常的体育课程学习,有一些地区因此忽视体育工作,一部分体育教师被分派去干了别的工作,操场种菜,体育场地、器材遭受严重破坏,这一阶段的学校体育工作受到严重影响,主要开展一些早操、课间操及一些小运动量项目,有意识地降低学生的运动量,对特别严重的地区暂时减少或停止业余训练或体育课。①

　　1960 年 11 月,中央文教小组通过贯彻落实中央的"调整、巩固、充实、提高"的方针,在学校教育中,开展纠正"左倾"错误的活动,同时着手建立规范的学校教学制度。1961 年 2月,中共中央书记处召开会议,讨论了各级学校教育的教材问题,并提出了"要抓紧大、中、小学教科书和讲义等教材编写工作"的重要指示。1961 年,教育部根据中央的指示,组织修订了《高等学校体育课教材纲要》和体育教师参考用书,编辑出版了《小学体育教材纲要》和《中学体育教材纲要》两本教师用书(表 2-7)。1962 年 7 月,教育部在《关于直属高等学校本科(五年制)修订教学计划的规定(草案)》中规定:"体育课程教学每周 2 学时一般应安排在一、二年级,各个学校都要积极安排各年级学生参加课余体育锻炼。"1963 年 7 月,教育部颁布实施《全日制中小学新教学计划(草案)》,其中规定,小学六年每周设 2 学时的体育课,体育课的总学时数 422 学时,中学六年每周 2 学时的体育课,体育课总学时 412 学时。

表 2-7　1961 年《学校体育教学大纲》中的体育教学内容

年　份	文件名称	体育教学内容
1961 年	《小学体育教材纲要》	体操:队列练习和体操队形练习基本动作、一般发展和准备的练习、跳绳、实心球练习、体操棒、体操凳、对抗拓角力、悬垂、支撑、攀登、爬越、跳跃、投掷、技巧练习、搬运重物; 田径:走和跑、跳跃、投掷、攀登和爬越、平衡 武术:基本功、基本套路; 游戏:"大鱼网""支援同伴""守卫红旗""钓鱼钩""攻堡垒""圆形的棒球""叫号赛跑""长江、黄河""跑得快、跳得好""挑战应战""把红旗插上珠峰""接力赛跑""障碍赛跑""胯下传球""打靶""投沙包"

---

① 蔺新茂.体育教学内容论[M].北京:北京体育大学出版社,2014:79.

续表

年　份	文件名称	体育教学内容
1961 年	《中学体育教材纲要》	体操:队列练习和体操队形练习、一般发展动作(徒手操、体操棒、肋木、实心球、跳绳、悬垂、支撑、攀登、低双杠、爬绳、技巧、支撑跳跃); 田径:跑、跳跃、投掷、攀登和爬越、平衡; 武术:基本功、基本套路; 游戏:篮球、小足球、手球

在高等学校体育教育方面,教育部编订颁发的《高等学校普通体育课程教材纲要》中指出,学校体育是学校教育的重要组成部分,其主要目的是通过体育增强学生体质,对学生进行共产主义教育,保证学生能够更好地从事学习、参加劳动和保卫祖国。学校体育的基本任务是使学生的身体素质得到全面发展,促进学生身体各器官的生长发育,提高学生身体适应能力,使学生掌握生产劳动和保卫祖国必需的身体基本活动能力,能够使学生正确认识学校体育的重要意义,从而掌握科学地锻炼身体的方法,具有必要的体育卫生与保健知识,并养成自觉锻炼身体的良好习惯,发现并促使具有运动天赋的学生不断提升运动技术。

1969 年,学校体育课逐渐被"军体课"(学军)所取代,体育教学内容也变为军事化训练内容。1970 年,全国先后有天津、陕西、甘肃、北京、辽宁、浙江、河北、青海、河南、山西、江西等省、市编的军体课教材出版。① 1973 年前后,各地重新编写体育教材,这些教材与 1970 年的"军体课"教材相比,继承了 1961 年颁布的全国统一体育教材的指导思想,强调从增强学生体质出发的观点,并要求根据学生年龄、性别、生理特点、体质情况,师资状况和现有设备条件出发。在体育教学内容方面,以体育基本项目为主,而不是以军事项目为主。1978 年 4 月,教育部、国家体委、卫生部联合印发了《关于学校体育卫生工作的通知》。同年 9 月,教育部又先后颁布了《全日制中学暂行条例(试行草案)》《全日制小学暂行条例(试行草案)》《全国重点高等学校暂行工作条例》。这三个《暂行条例》是根据新时期的总任务和新经验、新情况,对 1961 年颁布的"高教 60 条""中学 50 条""小学 40 条"进行修订后,重新颁布的。

第四节　中国当代体育与学校体育教学内容

一、中国当代体育

"国运盛,体育兴。"中国体育从 20 世纪 80 年代开始进入到了全面复兴时期,改革开放使中国走向了世界,也使中国必须融入世界;中国在向世界学习的同时,也必须让世界了解中国。在世界政治、经济、文化交流的过程中,充分展示自己的成就和自信,频繁的体育竞赛

---

① 蔺新茂.体育教学内容论[M].北京:北京体育大学出版社,2014:79.

与体育交流活动就为这一目标的实现提供了良好的契机。20世纪60年代,中国在学习苏联的过程中,所形成的以"全运会为中心",由国家体委统一管理协调下的国家集训队、省体工大队、各地市体校及业余训练队相衔接的竞技体育管理与训练体制(被称为"举国体制"),充分发挥了其巨大的优势和潜力,保证了我国体育竞技水平的迅速恢复和提升,使我国体育健儿在世界大赛中崭露头角,取得了辉煌的成绩;体育在其自身发展过程中,其社会政治、经济、文化等价值逐渐凸显,显示出强大的魅力,先有"乒乓外交",再有"女排精神",后有"体育经济""体育产业"的快速发展,让人们真正认识到了体育,逐渐懂得了体育。中华人民共和国成立后,中央政府对学校体育、群众体育、军事体育等的重视,使人们形成了良好的体育意识和习惯,再加上随着改革开放所带来的社会经济的发展,社会生产力水平的提升,人们富裕程度的提高,各类人群对体育的需求日益旺盛,从而也促进了体育的发展;同时,党的十一届三中全会以后,对体育工作的重视程度不断加深,各种政策的出台、各种举措的实施,也促进了我国体育的稳步、快速发展。

　　"在本世纪成为世界体育发达国家之一"是1978年全国体育工作会议上提出的体育发展目标。5月12日,国务院在批转国家体委《1978年全国体育工会议纪要》的批示中强调,体育各项工作都要以党的"十一届三中全会"精神为指导,以快速发展体育事业为目标,要"坚持普及与提高相结合的原则,广泛开展为群众所喜闻乐见的体育活动,一定要重点抓好学校体育的教育和管理工作,促进我国青少年儿童身心健康成长;积极、稳妥、有秩序地大力开展军事体育训练工作;不断提高我国人民体质健康水平;以迎接经济、文化建设的新高潮,适应实现'四个现代化'的需要"。这一论述,指明了中国体育发展的方向与目标,为中国体育的发展奠定了良好的基础。1979年,国家体委又下发了《1979年的全国体育工作会议纪要》,确立了"大力加强业余训练,加速培养优秀运动员的后备力量",以及"建立、健全大中城市的训练网","加强科研工作,着力研究解决赶超世界水平"的课题。同时还强调要"努力创造条件,逐步把体育学院办成教学、科研与训练的中心"。这一时期,"侧重抓提高"为推动我国竞技体育发展的重要战略决策。

　　1980年,在中央新八字方针"调整、改革、整顿、提高"的指导下,全国体育工作会议要求调整工作的重点,正确处理好体育与政治、经济、文化、教育等的关系,抓好普及与提高、学习与创新等工作,为中长期目标的实现打下坚实基础,在党的领导下,充分运用竞赛手段,依靠社会、依靠群众积极推进我国体育事业的发展。[①]

　　1979年,国际奥委会恢复了我国的合法席位,这使我国体育全面登上了得以充分展示自己的国际舞台,国家体委也对我国体育的发展方向及发展重点进行了调整,首先确立了竞技体育以"奥林匹克运动会为中心,力争在奥运会上取得好成绩"的基本原则。在这一原则指导下,国家体委对20世纪50年代末60年代初确定的重点发展体育项目布局进行了调整,以便能够集中人力、物力、财力于一起,尽快把部分传统优势项目先搞上去,然后带动整个体育项目的发展,这是攀登世界体育高峰的一项重大措施。这一举措,改革了过去的发展重点不突出,力量分散的问题。根据奥运会的项目设置和金牌分布,并结合当时我国竞技体育技术水平高低的情况,将金牌数量多,在我国较为普及、影响较大的田径、体操、举重、游泳、射

---

①　谷世权.中国体育史[M].北京:北京体育大学出版社,1997.

击、射箭等 13 个项目确定为全国重点发展项目。这 13 个项目也引领和影响着学校体育教学内容、群众体育内容的选择与发展。同时，政府非常重视对民族、民俗体育运动内容的开发与创新。1979 年，国家体委专门发出了《关于发掘、整理武术遗产的通知》，要求各级体委努力做好民族传统体育的整理与挖掘工作并围绕武术挖掘整理，在广西南宁举行了由来自全国 24 个省、市、自治区等地表演的"全国武术观摩交流大会"，该大会有近 300 名运动员参加，包括各种流派的 50 多个项目。至 1986 年，历时 3 年的武术挖整工作，还激发了民间武术锻炼的热潮，取得了丰硕的成果，挖整工作初步查明了"源流有序，拳理明晰、风格独特、自成体系"的拳种 129 个，编写了 651 万多字的武术专著。

我国是一个统一的多民族国家，56 个民族各有其独特的体育素材，这些项目有共性的也有个性的，如有共性的体育项目有田径、体操、游泳、篮球、足球等，还有许多各民族自己的传统体育项目。国家体委"体育文史工作委员会"曾经组织全国 30 个省、自治区、直辖市的体育文史工作者搜集、编写《中华民族传统体育志》，收集到少数民族体育运动的 676 个项目，汉民族体育运动的 301 个项目，共计达 977 个。1983 年，国务院又批转了文化部、国家体委、共青团中央联合发出的《全国农村体育工作会议纪要》，要求各地积极开展农村文化体育活动，以满足 8 亿农民日益增长的文化生活的需要。

我国传统体育开展得比较广泛，而且规模比较大的有：赛马，蒙古族、藏族、维吾尔族、白族、满族、苗族、哈萨克族、水族、纳西族、塔吉克族、鄂温克族、鄂伦春族等，特别是蒙古赛马每年都要举行，分为走马、跑马、颠马 3 种。风筝，汉族及云南、西藏、台湾等少数民族聚居的地方，风筝较为流行。摔跤，蒙古族、哈萨克族、哈尼族、壮族、彝族、维吾尔族、朝鲜族、满族、侗族、达斡尔族、佤族、独龙族、瑶族、基诺族、裕固族、怒族、普米族、锡伯族等。赛龙舟，汉族、苗族、傣族、土家族、高山族、壮族、布依族、白族、水族等。①

1. 现代竞技体育项目统计

夏季奥运项目共有 28 个竞赛大项和 302 个竞赛小项。其中，男子竞赛项目有 165 项、女子竞赛项目有 127 项、男女混合竞赛项目有 10 项。田径：跑（短、中、长跑及障碍跑、跨栏跑、4×100 m 接力、4×400 m 接力）、越野跑、跳（跳高、撑竿跳高、急行跳远、三级跳远）、投（铅球、铁饼、链球、标枪）、十项全能、竞走；男子十项全能（女子七项全能）等。赛艇、羽毛球、篮球、足球、拳击、皮划艇、自行车、击剑、体操：竞技体操（男子六项，女子四项）、艺术体操（绳操、圈操、棒操、带操、球操）、蹦床、技巧、健美操。举重、手球、曲棍球、柔道、摔跤、水上项目；现代五项；跆拳道、网球、乒乓球、射击、射箭、铁人三项等。

冬季奥运会项目：速度滑冰、短跑道速度滑冰、高山滑雪、自由式滑雪、越野滑雪、北欧两项、跳台滑雪、现代冬季两项、雪橇、雪车、花样滑冰、冰壶、冰球、滑板滑雪等 14 种项目。

亚运会项目（奥运会项目除外）：棒球、垒球、保龄球、台球、板球、体育舞蹈、壁球、武术、棋类（围棋、象棋）、藤球、橄榄球、轮滑、空手道、卡巴迪、高尔夫球、龙舟等 17 项。

2. 目前我国正式开展的体育项目统计

为促进我国体育运动的发展进一步与国际接轨，便于统一标准，促进体育竞技的规范

---

① 郝勤.中国体育通史(第六卷)[M].北京:人民体育出版社,2008:6-20.

化、科学化管理,国家体育总局于 2007 年 11 月 14 日,对我国正式开展的体育运动项目进行重新调整和分类,调整后显示,我国目前正式开展的体育运动项目为 78 个,游泳:速度游泳、跳水、花样游泳、水球、公开水域游泳;射箭;田径(有 46 个小项,男子 24 个小项,女子 22 个小项);羽毛球;皮划艇:激流回旋、静水;棒球;篮球;拳击;自行车:场地自行车、公路自行车、山地车、BMX 小轮车;击剑:花剑、重剑、佩剑;足球;手球;马术;曲棍球;柔道;现代五项;体操、艺术体操、蹦床;赛艇;帆船;射击;排球、软式排球、沙滩排球;垒球;乒乓球;跆拳道;网球;铁人三项;举重;摔跤、中国式摔跤;冬季两项;冰壶;冰球;滑冰:花样滑冰、短道速滑、速度滑冰;滑雪:高山滑雪、越野滑雪、自由式滑雪、跳台滑雪、单板滑雪;潜水、蹼泳;滑水;摩托艇;救生;健美操、街舞;技巧;高尔夫球;保龄球;掷球;台球;藤球;壁球;橄榄球;软式网球;热气球类运动:热气球、热气飞艇、氢气球、氢气飞艇、混合式气球;运动飞机:超轻型飞机、轻型飞机、特技飞机、旋翼类、模拟飞机;跳伞:特技定点、造型、踩伞、低空伞、牵引伞、花样跳伞;滑翔:滑翔机、悬挂滑翔、滑翔伞、动力滑翔机;航空模型:自由飞、线操纵、无线电遥控、仿真、电动、航天模型;车辆模型:非遥控车、电动公路车、电动越野车、内燃机公路车、内燃机越野车、火车模型;航海模型:仿真、仿真航行、帆船、耐久、动力艇、建筑场景;定向:徒步定向、滑雪定向、轮椅定向、山地车定向、GPS 定向;业余无线电:业余无线电台、无线电测向、无线电通信;围棋、五子棋;国际象棋;中国象棋;桥牌;武术:套路、散打;健身气功;登山、攀岩、攀冰、山地户外运动;汽车;摩托车;轮滑;毽球;门球;舞龙舞狮;龙舟;钓鱼;风筝;信鸽;体育舞蹈;健美;拔河;飞镖;电子竞技等。[①]　其中能够作为体育教学内容,在学校教学环境和条件下开展的项目有田径、游泳、体操、艺术体操、健美操、足球、篮球、排球、垒球、棒球、乒乓球、羽毛球、网球、武术、跆拳道、攀岩、轮滑、毽球、体育舞蹈、健美、拔河、飞镖、摔跤、拳击等近 30 项。[②]

3.新兴体育项目

新兴体育项目是指目前在国际上比较盛行,国内开展时间不长或由国内新创的、深受社会大众所推崇和喜爱的适宜在国内开展的运动项目。新兴体育项目也在飞速发展,有些新兴体育项目还在窥觎奥运会、亚运会以及世界运动会等。据不完全统计,目前已经形成规模的新兴体育项目有网球、蹦极、跑酷、滑板、轮滑、散手、飞镖、攀岩、拓展训练、定向运动、野外生存、电子竞技、蹦床、跆拳道、独轮车、沙滩足球、漂流探险、冲浪、街舞、滑翔伞、藤球、地掷球等 23 项。[③]　这些新兴体育项目中的许多项目,已经成了我国学校体育教学的内容。

4.目前我国现存的民族传统体育内容

民间游戏和娱乐性的体育内容大部分发端于民俗活动,由民俗群众活动衍生而来。我国是个多民族的国家,56 个民族拥有丰富的民间体育游戏和娱乐竞赛内容,都是在多彩的节日、劳动之余、丰收之后进行的,如有摔跤、象棋、秋千、风筝、踢毽、举重、掌旋球、龙舟、舞

①　郝勤.中国体育通史(第六卷)[M].北京:人民体育出版社,2008:29-30.
②　韩坤.我国竞技体育崛起的成功经验及其可持续发展[D].北京:北京体育大学,2008.
③　盛琦.中外体育民俗文化[M].北京:北京体育大学出版社,2011:182-342.

龙、耍狮、抖空竹、赛马、射箭、射击、春游、钓鱼、登山、技巧、云梯、浪木、划船、扔沙袋、爬竿、爬绳、拔河、马术、慢跑、鼓舞、舞铜钺、腰鼓、高跷、旱船、陀螺、秧歌、叠罗汉、跳棋、斗鸡、跳人马、丢铁饼、砸铜子、跳房子、跳皮筋、弹弓、丢玻璃球、丢手绢、骑马打仗、投飞镖、弹棋、老鹰抓小鸡、三足竞走、门球、登山、奔牛、马球、赶牛等五百多种。

二、中国当代学校体育教学内容

党的十一届三中全会总结了"文化大革命"十年的教训,明确了我国今后社会主义初级阶段的发展道路,确立了社会主义初级阶段"以经济建设为中心"建设具有中国特色社会主义的发展策略,确立了"改革开放"的总方针和推进我国社会主义现代化建设的总任务,学校体育工作也随着社会政治、经济、文化、教育等工作的恢复和发展而逐渐好转,"百家争鸣"的学术方针使学校体育课程建设和体育教学改革如火如荼。从 20 世纪 80 年代开始,我国学校体育引入、介绍了许多国外学校体育的思想和实践,使中国学校体育文化融入世界体育文化的大环境中,在反思、改造、完善着自己。

思考深入、思想活跃、观点纷呈,是这一时期学校教育工作的特征之一。学校体育经过不断地比较、反思与借鉴,不仅从思想上深化了认识,从实践上也提升了体育教学、学校体育课余活动等整个学校体育工作的水平,校园体育文化也步入正常轨道,逐渐活跃起来。学校体育思想的多样化发展、学校体育实践的多彩化繁荣意味着学校体育界的专家、学者们在专注学术研究的过程中,形成了大胆探索、不断创新的良好氛围;同时,不同观点和学术流派的争论又有利于推动学校体育思想的发展与提高。

1979 年的"扬州会议",突破了苏联学校教育、学校体育的基本范式,将"增强学生体质"作为学校体育的本质特征和首要任务,确立"促进和发展学生身心健康水平"作为学校体育的出发点和归宿,系统地阐释了学校内、外体育的关系,将学校体育事业作为我国教育事业与体育事业共有的一个子系统,它们之间是整体与部分的关系,并且相互作用。同时,也从人的生理、心理和社会学三个维度拓展学校体育功能,制订学校体育的目标,初步建立起学校体育目标与任务体系。在目标体系中,为适应"终身学习型社会"的要求和特征,提出了学生应树立终身体育思想,学校体育应为学生的终身体育奠定基础的具体目标和学校体育应使学生在体育文化素养、体育认知、体育能力与习惯等多方面终身受益的要求。

为适应新形势的发展,教育部组织专家对教学大纲进行了修订,于 1978 年颁布了《十年制中小学体育大纲(试行草案)》和《十年制中小学体育教材(试用本)》,这两份教学文件是在新的思想体系指导下,参照新的学校体育目标设计和建构起来的。1981 年 4 月 17 日,教育部颁发通知要求在 1985 年前,全国大部分地区力争把中学学制改为六年。针对十二年的中小学学制,1987 年,国家教委又制定颁布了《全日制中小学体育教学大纲》,此大纲与以往大纲相比有以下特点:重新确立了学校体育教学为"一个目的"服务的目标,即"增强学生体质,促进学生身心健康,使学生在德育、智育、体育、美育几方面得到全面发展,成为祖国社会主义的建设者和保卫者"。同时,《全日制中小学体育教学大纲》还确定了学校体育教学的"三项基本任务",即"全面锻炼学生身体;掌握体育基本知识、基本技能和基本技术;向学生进行思想品德教育"①。为了使三项任务落实到位,《全日制中小学体育教学大纲》也对"三项基本任务"的内涵和要求作了进一步解释,加强了学校对体育教学内容选择的灵活性,并将体育教学内容进行了分类,一类为基本教学内容,包括体育基本知识和各项体育教学内容;另一类是选用性体育教学内容。因此,学校体育教学在教学内容方面就增加了很大的弹性:增加了地方选用体育教学内容教材的比重,小学提高到 30%,初中提高到 40%,高中提高到 50%;各项教学内容的比重都规定了上下浮动的范围,鉴于某些地区学校的体育教学条件达不到大纲要求,可以力争逐步实现,教师根据选用教学内容的原则,有权更换使用本地的某些教学内容来代替某些无法完成的内容。②

1986 年 4 月,我国颁布了《中华人民共和国义务教育法》,中小学九年义务教育开始实施,也就是说适龄的儿童和少年必须接受(小学+初中)九年的义务教育。我国九年义务教育法规的颁布,促进了我国国民整体素质的提高,使学校教育的普及性和公平性提升了一大步。因此,为了适应九年义务教育和义务教育期间学校体育教育工作的需要,教育部又于1988 年有针对性地颁布实施了《九年义务教育全日制中小学体育教学大纲(初审稿)》。此大纲在尊重以前大纲对体育教学内容分类的基础上,对体育教学内容的基本分类进行了微调,使其更为严谨。大纲将整个体育教学内容分为"基本教学内容和选用教学内容"两部分,基本教学内容又分为"体育卫生、保健基本常识和身体锻炼性教学内容";而"身体锻炼性教学内容"又分为"各项运动基本内容和发展身体素质性教学内容"两大类。与1986 年颁布的《中华人民共和国义务教育法》的明显区别是,将"武术"改为"民族传统体育",将"韵律运动"改为"韵律运动与舞蹈";增添了"发展身体素质"的内容,因为这一时期已经出现了青少年体质下降的问题,"体质教育论"与"技术学习论"的争论也在持续进行,一些持"体质教育论"观点的专家也在学校体育教学实践中开始了实验。另外,在基本教材和选用教材的比例上进行了一些微调,如将以前大纲中的基本教材占比为 70%,改为占比为 70%~80%,详见表 2-8。

表 2-8　1987 年《全日制小学体育教学大纲》中的体育教学内容③

内容分类	体育教学内容
基本教材	体育常识 实践部分　唱游(一年级)(放鞭炮、丢手绢、老鹰捉小鸡、拍苍蝇等)、田径(走和跑、跳跃、投掷)、基本体操(队列和体操队形、徒手操、沙袋操、跳绳、攀登和爬越)、技巧与器械体操(技巧、支撑跳跃、低单杠)、游戏(队列游戏、奔跑游戏、跳跃游戏、投掷游戏、对抗与负重游戏、球类游戏)、韵律活动(律动、表情歌舞、集体舞、韵律体操)、武术(武术操、基本动作)、小球类(小篮球、小排球、小足球)
选用教材	根据各地区实际情况确定

为了使《义务教育阶段学校教育大纲》中的各项内容能够更科学、更合理,更能适应不同地方中小学教育的特点,更能体现区域化、人文化、地域化体育的特征,国家教委于 1991 年

① 课程与教材研究所.20 世纪中国中小学课程标准·教学大纲汇编:体育卷[M].北京:人民教育出版社,2001:591.
② 蔺新茂.体育教学内容论[M].北京:北京体育大学出版社,2014:81.
③ 课程与教材研究所.20 世纪中国中小学课程标准·教学大纲汇编:体育卷[M].北京:人民教育出版社,2001:115-157.

批准上海市、浙江省进行学校教育课程与教材的改革试验。上海市与浙江省也分别制定了《课程改革方案》，并依据《课程改革方案》制定上海市各科《课程标准》及九年义务教育《体育与保健学科课程标准》；浙江省制定了《课程教学计划草案》和浙江省各学科的《课程教学指导纲要》及《义务教育体育与保健教学指导纲要》。1991 年，上海市的《课程标准》与浙江省的《课程纲要》上报全国中小学教材委员会审查通过供课程试验用。

上海市九年义务教育《体育与保健学科课程标准（草案）》对体育课程改革的亮点主要体现在以下几个方面：从培养"全面发展的社会主义现代化建设人才"出发，全面贯彻国家教育方针和学校体育教育目标，构建起了"体育教育目标""体育教学目标""各个学段目标""各个级段目标"的多层次目标相衔接的目标体系。《体育与保健学科课程标准（草案）》规定，我国学校教育中，九年义务教育阶段的小学一年级到六年级，实施每周 3 学时体育课制度，而初中七至九年级实施每周 2 学时体育课制度，并要求各地学校保证落实；为加强教育与培养学生的"体育卫生知识"，此部分内容占总课时的 23%，"体育卫生保健知识"的选择共有 118 个题目，内容丰富、具体。

浙江省《九年义务教育·中小学体育与保健学指导纲要》和《中学体育与保健指导纲要》指出，为了贯彻执行党的教育方针，培养适应公民素质，在完成体育课教学任务的基础上，要以全面发展学生身体素质、掌握基本活动能力、增强体质健康为出发点。小学四、五年级及初中一、二年级的体育课每周 3 课时，其余级段的学生每周 2 课时体育课；体育课强调体育与保健融为一体，身体锻炼与身体养护相结合；同时，将学校体育教学内容按学生身体活动能力进行分类，建立以发展人体基本活动能力为主线的教学体系，如按年级教学目标及基本教学内容要求，确定各项体育教学内容，保障了体育教学内容较强的针对性和系统性，并把体育选修课、课外体育活动、假期活动列入了学校《体育教学指导纲要》之中，便于学生有计划、有针对性地进行学习和锻炼。国家教委根据上海、浙江两地的课程教材改革试验结果，又结合其他各地的经济、文化差异及本地特点的需要，1992 年，教育部推出了我国《九年义务教育全日制中小学体育教学大纲（试用稿）》，1994 年推出了对这个"试用稿"的"调整意见稿"，1996 年推出了《全日制高级中学体育教学大纲（试用稿）》；2000 年，在基础教育新课程改革前夕，教育部又颁布实施了《九年义务教育全日制中小学体育教学大纲（试用修订稿）》，以及《全日制普通高级中学体育与健康教学大纲（试验修订稿）》。[①] 这些"试用稿"以及试用稿的修订稿，都是对上海、浙江教育试验的总结与不断修正，也作为承上启下的学校教育文件，其下启的就是始于 2001 年的体育基础教育改革。2001 年学校体育教育也以体育与健康课程标准代替了大纲，为 21 世纪我国基础教育体育改革奠定了基础。

应特别提出的是我国农村学校体育教学内容问题。农村人口占我国总人口的 80%，农村的中小学学生已有 4 亿多人。因此，农村中小学体育发展的好坏，中小学体育教学内容安排的科学性、合理性程度直接影响全国学校体育的发展，也直接影响我国教育的公平性以及社会主义核心价值观的具体实施。其实，党和国家历来重视农村学校体育的发展，不断加大对农村学校体育改革的力度。1990 年 11 月 17 日国家教委颁布《农村教育综合改革实验县贯彻"学校体育与卫生工作条例"的意见》，文件中提出要充分发挥地方政府，特别是县一级政府要领导和协作"学校体育及卫生工作"，并且要求各地必须成立"学校体育与卫生工作

① 蔺新茂.体育教学内容论［M］.北京：北京体育大学出版社，2014：81-82.

的相关领导小组",领导小组一般以主管县长为组长,由教育、体育、卫生等部门领导组成,目的是加强对该项工作的领导,协调与学校教育相关的各个部门之间的关系。县、乡中小学要成立体育与卫生管理机构,配备专职干部,要把学校体育与健康、卫生保健与疾病防治等工作一并纳入县、乡的"教育综合改革与治理"和学校教育发展的总体规划之中,并将其作为督导评估政府政绩的主要内容之一;所有的农村中小学学校必须按国家教委颁布的"中小学学校体育教学计划"开设体育课。同时,各农村学校每周要保证安排2次以上课外体育活动,每天要开展大课间活动等;并且要建立一支数量保证、质量合格、队伍稳定的体育师资和卫生保健队伍,加快和努力改善农村学校体育与卫生的条件。

1994年,国家教委体育卫生与艺术教育司对全国农村学校体育的现状进行了调查,又在广东省湛江市遂溪县等地区,分别召开农村学校体育教育工作研讨会,提出了《关于加强农村学校体育工作的工作意见》,进一步明确了做好农村学校体育与卫生工作的意义与基本措施,对我国农村学校体育的现状、形势和存在的问题与困难进行了全面的分析和阐释,为设计今后国际如何根据形势、任务和发展条件,进一步推动和促进全国农村学校体育工作,促使农村学校体育工作发展逐步走向制度化、规范化奠定了良好的基础。

2003年7月11日,为了全面贯彻和落实《全民健身计划纲要》的基本要求,加快农村体育事业的发展进程,国家体育总局依据《中华人民共和国体育法》,专门有针对性地制定了《农村体育工作暂行规定》,其中第七条明确规定:"各级、各类农村学校,要全面贯彻党的教育方针,重视落实《学校体育与卫生工作条例》,保障在学校素质教育中,促进广大农村中小学生健康成长,同时,农村各类学校要充分利用学校体育教师、学校体育场地、器材、体育设施等体育资源的优势,为广大农村群众体育服务。"2003年11月,教育部"体育卫生与艺术教育司"在总结与规划今后若干年学校体育工作推进的总体思路时,进一步强调一定要加强广大农村的学校体育工作,切实提高农村中小学学校体育教学的"开课率",保证每个学生都能受益。2004年,教育部农村学校体育规划要求,5年内要使农村学校的体育课开课率达到95%以上。国家要重点扶持经济不发达或欠发达地区的1000所学校,帮助这些学校配置体育器材、设施等,"争取实现每年对200~300所西部地区的农村学校予以足够的体育经费支持,使这些农村学校的体育场地设施能够达到《中小学体育器材、设施配备目录》的基本要求,并保障这些学校能够按照《体育与健康课程标准》的要求,正常开设体育课程、开展课间及课外体育活动"。

总之,随着未来社会商品经济的高度发展,信息社会所带来的种种红利全面兑现,全球化信息资源的传播与共享,使全球化的速度和方式更加快捷,由此,会促使人们的生活方式发生深刻的变化。2020年,我国即将完成脱贫攻坚任务,全民小康的目标即将实现。大众的温饱问题不仅能够得到解决,而且在追求高质量的生活,实现人类不断追求的真、善、美价值体系,使人民大众分享社会发展的红利已经不是梦想。未来体育服务与体育消费就是人们不断增长的需求之一,因此,这也对学校体育的发展提出了新的问题和挑战。毛振明先生认为,未来我国学校体育整体发展的战略思想应该是:以人为本,面向全体学生,尊重学生的个体选择,以发展学生身心健康、和谐为前提,以终身体育为终极目标,以成功、快乐的体育为主体,对学生进行丰富多彩的健康教育,以保证达到促使身心全面发展的目的。为此应采取的具体指导措施为:通过学校体育培养学生的公平意识、竞争意识、参与意识和创新意识,培养学生的拼搏精神和创造能力等;坚持"以人为本",尊重学生个性发展,把教师对主导作用和学生主体性结合起来,变"被动运动的体育观"为充分调动学生学习积极性的"主动运动的体育观",使学生能够热爱体育并进行有探究性的体育学习;要面向全体学生,重视全面提高学生的体育实践能力,让每一个学生通过体育教学都能获得成就感,使体育课在他们心中更加美好,从而真正达到"为学生的终身体育服务"的目的。通过学校体育系统完整的学习来加强体育学科的实效性,以及体育教学与课余体育活动的相互衔接,能够让学生真正掌握1~2项运动技能,掌握必要的体育基本知识、必要的避险与急救技能,掌握具有清晰目的以运动处方为主体依据的身体锻炼内容与方法,实现学校体育学科的功能与价值,从而让体育课对每一个学生更加有用;为了能够更好地实现学校体育的目标,促进青少年身心健康发展。必须构建以学校、社会、家庭体育为一体的"泛学校体育体系"——学校体育教育要向整个社会大众和普通大众家庭延伸,由社会、学校、家庭共同承担对学生的体育教育责任与义务,最终形成以学校为主,以社会与家庭一体化的"泛学校体育体系"。

社会的不断发展,时时刻刻都在影响着人们的生活,对学校体育教学也会产生相当深远的影响,学校体育教学内容首当其冲。因此,必须以史为鉴,加强对学校体育的研究,发扬和延续我国优秀的体育教育传统与体育教育实践,虚心学习和借鉴国外的先进体育理论成果与实践经验,瞄准社会和学生身心发展的客观需求,瞄准终身体育的目标,努力探索、积极追求,构建客观、科学的学校体育教育,以及学校体育教学内容体系,为全面提升我国大中小学学生的体质健康水平,提升学生的体育实践与终身体育能力做出贡献。

中国学校体育教学内容历史沿革与发展分析 第三章

第一节　中国近代学校体育教学内容的沿革与发展分析

　　我国古代虽然有较为丰富的体育教学内容的素材——军事体育素材、民族娱乐体育素材、民间游戏性体育素材、生产生活类的体育素材、运动竞赛类的体育素材等。但纵观我国古代学校体育教育史,唯一留存至近代的学校体育教学内容就是"射箭",虽然各个时期对"射箭"的称呼或许有其他一些内容,但是总体来说变化不大。例如,西周称为"射礼",秦汉时期为"礼射",宋时有"拳术、器械、射箭",清朝又有"摔跤、骑射"等。因此,对我国古代学校体育教学内容的研究,只能从为什么如此单一,究竟是受到什么因素的影响等问题的回答来进行,但是,仅仅沿着历史线性发展的纵轴来研究学校体育教学内容发展变化,似乎难以寻找其变化的规律性。因此,该体育素材与西方体育文化、体育教学内容的发展进行比较,在得到启示、答案之后,将这些启示和答案与我国古代体育和学校体育教学内容的发展相互印证,也许能得到较为准确、客观的结论。

　　自鸦片战争爆发以来,西方列强用坚船利炮打开了中国的国门,与国门打开后的军事占领相伴而来的,还有经济掠夺、文化入侵,在传教士、商人、军人以及一些西方权贵到来的同时,也带来了西方各国的体育活动。从 1840 年到 1900 年,仅在上海定居的外侨人数就已经达到 13000 多人,包括英、法、日、德、美、俄等 30 多个国家在上海建立起了一个又一个"国中之国"。天津、大连、烟台、威海、青岛等众多的滨海城市沦为殖民区。西方人在这些"国中之国"中开辟高尔夫球场、足球场、棒球场、网球场、板球场、游泳馆等体育场所,安置体育设施,还在殖民区内组织侨民进行田径、拔河等比赛来观赏取乐。19 世纪末,西方近代体育的内容开始通过各种渠道,在华人学生中传播开来。

　　我国现代体育教学发展至今已有一百多年的历史,在学校体育百多年历史发展过程中,我们不得不面临这样一个现实,自我国学校体育教学内容从西方引进的一百多年以来,在体育学科、生物科学、教学内容和训练方法、场地与设施及体育器材等方面,我们接受的都是一个现代化的果实,而如今我们也仍在不断吸收最新的营养。伴随着各个时期体育教学思想的引入与更新带来的教学内容的变化,学校体育一直在借鉴、移植中曲折前行,在不断变革中得以曲折发展,在取得成就的同时,也同样遭遇着挫折,为我国学校体育课程与体育教学内容改革留下了宝贵的经验与教训。寻找体育教学内容变化发展的历史规律,理清体育教学内容发展变化的各种影响因素,从中获得一些有益的启示,为我们今天的课程改革与体育教学内容选择的科学性和合理性,做一些求真、务实的工作,就是本研究的主要目的。

通过对 1902 年 8 月 15 日颁布的《钦定学堂章程》,1903 年由清朝末年"管学大臣"张百熙主持拟定的《奏定学堂章程》,1949 年中华人民共和国成立之前国家制定的相关章程、实施标准和细则(涵盖小学 10 个、中学 17 个),以及新中国体育成立至今的课程大纲和标准(包括小学 7 个、中学 10 个)中所规定或列举的体育教学内容进行了梳理与总结,试图通过对我国现代体育教学内容的回顾与分析,理清我国学校体育教学内容发展的脉络,发现我国学校体育教学内容发展和演变的规律,探索我国学校体育教学内容未来发展的正确方向,探寻我国学校体育教学内容得以良性发展的道路。[①]

一、中国近代学校体育教学

(一)清末民初的学校体育教学

19 世纪中晚期,特别是在第二次鸦片战争之后,西方列强更加疯狂地在政治、经济、文化等方面侵略中国,使中华民族同资本主义列强的矛盾、国内人民群众与统治阶级利益集团之间的矛盾、新兴资产阶级与封建官僚主义之间的矛盾等日趋尖锐;同时,国门洞开也使一部分国内资产阶级的先驱和努力追寻救国救民之路的知识分子,面对民族存亡、国家危机,有了努力寻求救国救民的真理,挽救民族于水火之中的决心和勇气,以及接触、观察、借鉴、学习西方先进思想文化与先进科学技术的机会。此时,西方文化和政治制度也通过各种渠道被引入我国——西方近代体育也犹如一朵绚丽的奇葩,随着"西学东渐"程度的不断加深,备受人们的推崇和重视,成为最早被引入我国,在"洋务运动"兴办的军事学堂和军队训练中,用于影响和培养我国军人的教育内容。而《钦定学堂章程》《奏定学堂章程》的公布(表3-1、表3-2),又使西方近代体育从军队走进了中国学校教育的殿堂,成为影响和培养我国学生的中国现代学校体育教学的主要内容。这些西方体育教学内容先是属于自然主义体育教学内容的兵式体操,然后是属于美国实用主义体育教学内容的现代竞技运动与游戏,如田径、球类等近代体育内容。

资产阶级维新派在对西方教育进行考察时,发现"外国教育必有体操,所以强其体魄,壮起胆气。养成不畏强敌,不慑雷霆之志。然后内以靖国难,外以拒强敌,驰骋于炮光爆毁、肉震血气之际而不惧。即体操者,强体魄、实精神也",由此确立了"环球各国,和上下之精神财力,尤注重练兵。兵所以精,则以通国皆兵,又无一不出于学"的学校体育理念,希望通过

---

① 罗时铭.中国体育通史(第三卷)[M].北京:人民教育出版社,2008:37-68.

倡导军国民主义教育思想,实施军国民主义体育,来实现教育救国,体育强国、强兵、强种的目标,"有志之士,乃汇集同志,聘请豪勇军师,以研究体育之学"的良好风气就此涌现。[①] 各省"教育总会联合会"作出决定:奏请特颁布谕旨,宣布实施"军国民主义";责令小学及小学以上学堂一律设运动部,以教员之长于体育者为部长,监督学生之运动。[②] 而学生的运动应开展以"军国民教育主义"体操为主要内容的训练,加强"兵式体操"教育。晚清时期,兵式体操教育由此勃兴。[③] 从形式上看,《奏定学堂章程》之前的《钦定学堂章程》已经具有了较为完备的学校教育教学体系,可以称之为近代教育史上第一次法定学校教育系统,也为后来的《奏定学堂章程》奠定了思想基础。

表 3-1　1902 年《钦定学堂章程》中的体育教学内容[④]

学　段	体育教学内容
小学	体操:整齐步法、体势练习
中学	体操:器械体操、兵式体操

表 3-2　1904 年晚清政府《奏定学堂章程》中的体育教学内容[⑤]

学　段	体育教学内容
小学	体操:有益之运动及游戏、普通体操、兵式体操
中学	体操:普通体操(准备法、矫正法、徒手体操、哑铃操等)、兵式体操(单人教练、柔软体操、小队教练、器械体操、中队教练、枪剑术、野外演习、兵学大意)

《奏定学堂章程》即"癸卯学制",是在张百熙、张之洞、荣庆等人的主持下,于 1903 年拟定的,1904 年 1 月得以颁布实施,它规定了学校从小学到大学期间完整的学制。《奏定学堂章程》的颁布,对我国近代学校教育系统、学校管理系统、学校教育的课程系统都作出了具体规定。因此,《奏定学堂章程》是一个较为完整,并具备法律权威的学校教育体系,直至 1911 年随清朝政府的灭亡而被替代。《奏定学堂章程》对学校体育提出了以下几个目标:促进学生身体获得全面均衡的发育,使学生四肢活动灵活,动作敏捷,精神畅快,志气勇壮,同时,又能促使学生养成其"乐群"和"众动"等遵守纪律的习惯。《奏定学堂章程》划定的体育教学内容以德国的"兵式体操"为主,明文规定了各学堂一律练习兵式体操,在此内容的基础上,后又补入了我国民族传统"武术"的部分内容。[⑥]

① 中国史学会.戊戌变法(三)[M].上海:上海人民出版社,1957:157-159.
② 舒新城.中国近代教育思想史[M].上海:上海中华书局,1928:118.
③ 罗时铭.中国体育通史(第三卷)[M].北京:人民教育出版社,2008:37-68.
④ 课程与教材研究所.20 世纪中国中小学课程标准·教学大纲汇编:体育卷[M].北京:人民教育出版社,2001:25.
⑤ 课程与教材研究所.20 世纪中国中小学课程标准·教学大纲汇编:体育卷[M].北京:人民教育出版社,2001:27.
⑥ 郝勤.体育史[M].北京:人民体育出版社,2006:12.

（二）清末民初学校体育教学内容沿革与发展

一个不争的事实是,我国现代体育教学中的大部分内容源于西方的近现代体育,是从晚清时期,随着大规模的"西学东渐"活动逐渐被引入我国的。然而,与任何事物的发展相类似,体育教学内容被引入我国后,在我国学校体育教育中也经历了由稚嫩到成熟,由逐渐成熟到不断完善、补充以提高适应性和可持续发展能力的一个渐进过程。这一渐进过程也是不同民族文化之间不断融合又不断冲突,在冲突中实现融合,在融合中产生冲突的矛盾发展变化和相互转化的过程。这一矛盾发展过程外在表现为,各种体育教学思想的激烈碰撞以及对各种体育教学内容价值、方式、方法等的激烈争论而导致的学校体育教学内容在曲折中发展,在发展中有新亮点不断涌现的特点。①

1.全盘引入,内容单调,无本土化和教学适应性改造

从19世纪80年代开始,日本实行了军国民主义教育体系,通过学校、家庭、社会三条渠道,向学生灌输"尊皇、武国、神国"思想,学校更是成为日本政府培养后备军人"尊君""爱国"的场所。1880年,日本的《国家教育令》规定,学校教育从小学起实行"国民武勇精神"教育,1886年,日本中等学校体育增加了古茨穆斯德国"兵式体操"的西方自然主义体育教学内容,致力于以"武士精神"锻造学生。1904年,这种教育初现成果,在中国领土上进行的"日俄战争",以日本获胜结束,"军国民主义教育"思想自此被清政府主流广泛认同。因此,《奏定学堂章程》是模仿日本学校教育体制,因此,其明确规定"体操科"要成为各级、各类学校必须开设的课程,而"兵式体操"则是"体操科"所必需教授的教学内容。虽然,由于西方列强的入侵,在当时社会上已经出现了田径、球类等西方近代竞技体育,《奏定学堂章程》中也有"中学还可依据各自地理情况灵活组织,如若学校地处水系发达地区,则可以安排游泳等"体育教学内容的相关规定。但由于清政府基于"强兵强种"的现实需要,这一时期的田径、球类、游戏等体育项目始终被拒于学堂大门之外。由于内容呆板枯燥,教学方法粗暴单一,严重与青少年身心发育的特点相违背(当时的共识,但本研究认为,主要原因还有缺乏专门的体操师资,"兵弁"教学水平低下),因此,"兵式体操"在学校教育过程中实施一段时期之后,便遭到社会舆论的强烈批评和反对。

2.被限制的民族传统体育——武术

清朝政府决定在"军事学堂"以及公办与民办学堂中,设置体操科,实施"兵式体操"教育的同时,刻意回避了符合"军国民主义教育"思想和"尚武"理念,本身又具有较强攻防实战意义的我国民族传统体育内容——武术、摔跤、角力等,没有将这些富含深厚民族文化底蕴、具有强烈军事色彩的我国民族传统体育内容纳入学校体育教学内容体系之中,使它们成为学校体育教学或军事训练的内容。究其原因,既非当时人们没有认识到武术的健身作用与军事训练价值,也非军事学堂与普通学堂拒绝学习这些内容。原因之一是,这些冷兵器时代的产物在义和团运动及其他抗敌御侮的农民运动中,给列强以沉重打击,给清政府增添了

① 蔺新茂.体育教学内容论[M].北京:北京体育大学出版社,2014.

很大"麻烦"。因此,清朝政府对这些民族传统体育的开展非常忌惮,将参与反抗运动的农民称为"拳匪",不仅不予以提倡和引导,还对其加以限制。原因之二是,我国民族传统武术自身存在的一些问题,如门派众多,许多武术动作或套路被神秘化、玄虚化,功能被过度夸大,甚至妖魔化,对武术运动推广过程中所需要的动作规范化、运动规则化、方式理性化、评价科学化等方面的研究性开发与准备不足,对武术运动的精髓和内涵挖掘不够等,至今,这些问题还一直存在,仍然是困扰武术运动进一步发展的主要问题。然而,有着辉煌发展和传播历史的民族传统武术,其真正的价值依然巨大,对学生的教育教养作用不会被埋没,随着学校体育的发展,第一次世界大战中德国的战败,我国部分民族传统武术内容被逐渐"补入"。

3.开始重视体育的军事、健身与教育等综合性价值

自 19 世纪 80 年代开始,在清政府"洋务运动"的驱使下,一大批军事学堂兴办起来,如声名卓著的北洋水师学堂、南京水师学堂、天津武备学堂、湖北自强学堂、广东陆师学堂等。在这些学堂里,"兵式体操"训练是必修的功课,其内容非常丰富,主要有击剑、刺枪、拳击、木马、单杠、双杠、哑铃、跨栏、跳远、爬竿、游泳、滑水、跳高、跳台等,这标志着西方近代体育开始传入我国。在训练或学习过程中,人们体会到了这些西方近代体育内容价值追求的多向性,不仅具有军事价值,还有健身及"服从""尊重""爱国""忠勇"等思想涵养和精神培育的教育价值。因此,在《奏定学堂章程》所规定的"体操要义"中就有了培养学生"身体各部均衡发展、动作灵敏、精神舒畅、士气高昂、团结协作及遵守纪律的习惯"。1906 年,清朝政府在《学部奏请宣示教育宗旨折》中也直接规定:只要是中小学堂学生使用的各种教科书,必须贯彻"军国民主义教育"的基本精神,在小学阶段的学校"体操科"要使小学生以"游戏体操"为内容,促进身体的生长发育,至年龄稍长之时,则可以学习"兵式体操"来提升学生的纪律观念。①

4.对体育教学内容价值发挥的引导较为狭隘

清朝政府主张改革的"洋务派",虽然能够感受到当时时局的变化方向和趋势,但是,他们的思想仍然固守着"维护封建王权统治"的传统观念,不可能从根本上去反思当时中国积重难返的主要原因是落后的封建纲常制度所致。因此,他们傲慢地把向西方学习、借鉴的方式与重心,圈定在"以引进西方先进的科学技术,为摆脱困境的手段或应变的临时措施"。所以,尽管"洋务运动"承办者大力倡导、积极引进西方先进的科学技术,但在他们的灵魂深处依然是"劳心者治人,劳力者治于人"的思想占据主要位置,在思想中"道本艺末"的印记根深蒂固、丝毫不会动摇。他们对任何(抑或是潜在的)威胁自身极力维护的"封建纲常"的言行,都会不由自主地做出强烈反应和抗拒。在这样的背景下,西学、西艺中,任何对封建道统、制度会产生不良影响的因素都是他们时时刻刻要提防的,即便是向西方学习,其目标指

---

① 舒新城.中国近代教育史资料(上册)[M].北京:人民教育出版社,1961:223-224.

向单一的或被严格限制在实用技艺的范围之内也成了必然之果。① 也正是在这种矛盾的心态之下，"中学为体，西学为用"（也称"旧学为体，新学为用"）被洋务派们奉为圭臬。

正如一位学者所作的形象比喻：他们很像一个即将溺毙而又"恪守"封建礼教的妇人，在求生的紧要关头也不忘"男女大防"古训，但是，求生的本能使"她"不得不拒斥礼教的束缚力，而把手伸向一个能够施救于她的男子。但是，这一特殊场景之下，其对"封建礼教"的背离具有狭窄的"自我限定"属性，一旦情形发生改变，也就是一旦这位溺水妇人成功脱险后，又会重新回归"男女授受不亲"的道德古训旗帜下，生活轨道就不得不又回归到束缚其思想和行动的原来的轨道中。可能"避害趋利的动机"对所谓的"正统"冲击还是不够强烈，可能对整个旧有价值体系进行全面批判乃至反抗的冲击力还是有所欠缺。因此，虽然清朝政府学堂开始重视体育的健身与教育价值，但是，由于清政府的根本目的仅仅是将这些教学内容作为"练兵强兵"的一种"避害"手段，只是被迫临时性地选择了"师夷长技"，而思想深处或本质上是抵触的。所以，即便是学习西方的"技艺"，但是还要强调保持"中学为体，西学为用"思想，这种学习仅仅是外表、浅层次的学习，清朝统治阶级不可能也无暇顾及这种"体育技艺"深层次功能与价值的发挥。因此，他们对"兵式体操、田径、游戏、球类"等一些西方近代体育活动本身的社会政治价值、人文教育价值以及这些价值得以发挥后，可能产生或带来的巨大变化根本不进行思考，也"基本上是缺乏体育概念，缺少对体育的深层次认识，所以，中国近代体育教学内容的开展，也局限在军队、军事学堂和少数学校中展开"。

二、民国时期学校体育教学内容的沿革与发展

1911 年，辛亥革命取得胜利，中华民国成立，至 1949 年中华人民共和国成立，在古老的中国大地上，先后经历了北洋军阀政府、国民党中央政府两届政府，其间接近 40 年的军阀分治时间。这几十年中，学校体育教学因为经历了两次国内革命战争及第二次世界大战而受到种种限制与束缚。但是，由于中华民国成立初期，一直将学校教育放在很重要的位置，所以，我国的学校体育比晚清时期又得到了较快的发展，取得了长足的进步。由于当时我国正处于现代学校体育萌芽时期和初级发展阶段，基于向西方学习以保种、御侮、强国的强烈愿望，其本身就极具发展的愿望、动力和空间；同时，又由于奥运、东亚运动会等诸多世界性的、洲际性的体育赛事使民国政府更加重视体育的社会价值和社会功能的发挥，在诸多体育工作者持续不断地辛勤工作和不懈努力下，学校体育教学在曲折中得以不断地进步和发展。

1912 年 1 月 1 日，中华民国临时政府成立，此时，国内各地军阀战乱频繁，致使学堂大多停办，有的甚至成了兵营，学校教育遭受了很大的影响和打击。同时，清政府颁布的"壬寅学制"和"癸卯学制"两个老旧学制所代表学校教育思想和教育方法也难以适应新形势变化和新兴资产阶级对学校教育的要求，所以，时任教育总长的蔡元培在教育部的印信被启用的当天，就正式颁布了《普通教育暂行法》和《普通教育课程暂行标准》两份法律性教学文件。

---

① 熊晓正，曹夺，林登辕.20 世纪中国人体育认知的轨迹 从"师夷长技"到"民力富强之本"[J].体育文化导刊,1997 (2):18-21.

《普通教育暂行法》中明文规定：各级各类学堂均需改称为学校，堂长、监督一职等一律改称校长，高等小学以上学校应注重兵式体操。《普通教育课程暂行标准》也对学校学习科目（课程）和学习年限进行了统一规定。对于学校体育方面的规定有以下几点：初等小学学制为四年，学习科目中有体操和游戏；高等小学学制也为四年，学习科目为体操（兼游戏），中学和师范学校学制同样是四年，体育教学内容仍是兵式体操，这些临时规定一直沿用到"壬子癸丑学制"的正式颁布。

（一）民国时期学校体育教学

1.影响民国时期学校体育教学的诸多因素

（1）军国民主义"尚武"教育的提出

在中华民国成立伊始，《大总统颁布教育要旨》得以实施，该要旨对军国民主义教育，以及教育中的"尚武"问题都做了更为详细的解说："国何以强，强于民；民何以强，强于民之身；民之身何以强，强于尚武。""而尚武之道分之为二，曰卫身，曰卫国。合之为一，卫身即卫国，卫国即为身也。""因此，今之言国民教育者，于德育智育外，并重体育。使幼稚从事游戏，活泼其精神；稍长进习兵操，锻炼其体格；极至掷球角力，习为常课；运动竞走，时开大会。凡所有图国民之发育者，无所不至。此民之所以能卫其身也。"[①]在当时的军国民主义教育思想的影响下，中华民国自此开始正式实施"军国民主义体育"，时任中华民国第一位教育总长的蔡元培要求各级、各类学校实行军事编制，开设以"兵式体操"为主要教学内容的体育课程教学与训练。

1912 年 7 月，教育部召开有 80 多人参加的临时教育会议，会议一共收集 92 件提案。此次会议明确提出了当时的教育宗旨，即"要注重对学生进行思想品德及道德教育，以实用主义教育、军国民主义教育作为辅助，还应以审美的美育教育促进学生道德的完善与发展。根据此次会议的主要精神，1912 年 9 月，决定学校继续仿效日本学制，遂即制定并颁布中华民国成立后的第一个新学制"壬子学制"，而后教育部又陆续颁布了几个有关学校教育的法令，在内容上与"壬子学制"略有修订与差异，为了便于实施，1913 年，教育部又将这一系列法令性教育文件改称"壬子癸丑学制"。"壬子癸丑学制"在建构学校体育教学内容方面，仍要求以军国民主义教育为主线，继续坚持"兵式体操"这一主要教学内容。由于 1914 年第一次世界大战的爆发，随即日本在 1915 年提出了灭亡中国的"二十一条"，在这一历史背景下，我国国内各行各业，立刻掀起了大规模的群众性爱国民主运动，当时的大部分专家、学者纷纷提出要效仿德国、日本的学校教育，加强对学生的军国民主义教育，特别是要强化体育中军事训练性的内容，力求实现全民皆兵，用以挽救国家危亡，这就使军国民主义教育在这一特定的时期达到了前所未有的高潮。学校体育在继续实施"壬子癸丑学制"的相关规定之外，北洋军政府教育部又颁布了《中小学学校教育施行规则》与《学校令》，要求中小学的"体操科"仍设为每周 3 学时，中学"体操"分"兵式体操"和"普通体操"两种，尤其要重视"兵式体

---

① 罗时铭.中国体育通史（第三卷）[M].北京：人民体育出版社，2008：205-206.

操"的教学与训练。所以,至中华民国初期,学校体育教学内容同清朝末年的学校体育教学内容相比并没有发生太大的变化。[①]

(2)收回体育权的斗争

1915 年,在上海举行的第 2 届远东运动会上,中国大获全胜,以优异的成绩获得总锦标,充分展示了中国作为一个泱泱大国的风采,也使国人充分体会到了体育强大的国际影响力以及由此产生的社会价值。然而,令人遗憾的是,参加此次比赛的运动员多为西方教会学校的师生,而民国政府公立学校的学生根本没有能力也没有机会参加此次比赛,这对当时的民国政府及教育当局无疑是一个巨大讽刺。同年,为改变这一现状,教育部责令学校效法教会学校,在课余时间,所有公立学校需大力开展球类、田径等运动项目。教育部出此限令后,各公立学校,特别是一些普通中等学校,一方面,将兵式体操和普通体操仍作为学校体育课的基本体育教学内容;另一方面,在课外活动中,一些田径、球类等西方竞技体育运动内容蓬勃开展起来。"双轨制体育"就是由此而来。"双轨制"从目前来看应该是对当时单调的体育教学内容有益的补充、尝试和发展,而且其在学校实施过程中,显示其具有强大的趣味性和吸引力。随着人们对学校体育的目的、意义、价值、作用等认识的提高与升华,再加上当时由于体育教师极端缺乏,教授兵式体操的一部分军人出身的体育教师粗鲁、野蛮、缺乏教师教态、修养、教法等的现象,遭受广大学生以及家长的诟病,也促使许多人开始认真地审视学校体育中兵式体操存在的价值和意义。"双轨制"一直持续到 1922 年"壬戌学制"颁布以后才逐渐消失。因此,从 1915 年到 1922 年,可以理解为我国学校体育发展的"双轨制"时期,而"双轨制"时期学生所从事的体育课外活动内容也应该被理解为学校体育的教学内容。

(3)"五四"新文化运动对西方民主与科学的宣传

1918 年,第一次世界大战以协约国的胜利而告结束,次年,在巴黎和会上,帝国主义列强无视中国的强烈反对,支持日本提出的灭亡中国的"二十一条"生效,中国又一次面临被瓜分的生存危机,国内爆发了反对巴黎和约的"五四运动"。"五四运动"既是一场反帝反封建的运动,又是一场追求民主与科学,求思想解放的新文化运动。这场运动使科学救国思想得到了普遍认同,科学主义得到了社会的广泛倡导,使"民主"与"科学"思想深入人心,恰逢此时,美国实用主义教育思想开始传入我国。在西方民主与科学思想以及实用主义教育思想的指引下,许多知识分子和爱国志士对学校教育、学校体育都进行了深入的反思和研究。其中,陈独秀分别于 1915 年和 1916 年,发表在《新青年》杂志上的《今日之教育方针》《新青年》两篇文章。毛泽东在 1917 年发表于《新青年》三卷二号上的《体育之研究》和恽代英发表于《青年进步》杂志的《学校体育之研究》等论著最具影响力。1919 年 11 月 24 日,时任长沙《体育周报》创办人兼主编、长沙楚怡学校体操教师的黄醒,在《体育周刊》上发表《学校应否废止兵操》一文,掀起了关于"兵式体操存废"问题的讨论,参与讨论的有江孝贤发表的《学校应否废止兵操》和张宝琛发表的《学校应否废止兵操》等文章。上述论著都批评了"兵式体操"单调、教条、枯燥的教学教学方式、方法,以及在具体内容方面存在的问题,同时又结

---

① 蔺新茂.体育教学内容论[M].北京:北京体育大学出版社,2014.

合学校体育的价值、任务、意义、方式、方法等都提出了较好的改进意见。特别是被称为中国现代教育理论家的时任中国学会评议员、《学生杂志》编辑的杨贤江在其《体育的四大要素》《好习惯是怎样造成的》《怎样保持健康》《莫忘了体育》等论著①中,对体育的目的、价值、功能等都作了全面的论述。

此时,学界普遍认为,注重人性应该是体育活动所具有的特性,因为"体育教育的主要目的,就是要追寻种种机会,尝试种种办法,训练儿童身心与各内脏器官系统,集培养道德水准、想象力、观察力、情感气质等本能发展于一体,促使其逐渐地、自由地生长发育……培养健壮活泼的青少年,有助于国民之进取、有为之培养,因此,体操、游戏以及手工正是用于促进生长发育的工具"。学校体育明确了"……小学游戏、体操不专是发育学生体力之用,还兼有促使学生各种内脏、器官系统发育,肢体神经感觉及运动神经本能反应和道德情感"。由此,在西方的民主与科学思想大潮以及实用主义教育思想的影响下,这一时期的学校体育教育也逐渐开始发生着重大的变化,大部分学校在进行兵式体操教学的同时,大力引入娱乐体育、竞技体育等美国实用主义体育(亦称"新体育")内容。②

(4)美国实用主义自然教育思想的重要影响

19世纪初,对中国甚至世界学校体育产生重大影响的是美国教育家杜威的自然主义教育思想,以及在此思想影响下的美国"新体育"理论。杜威被称为"实用主义神圣家族的家长",仅1919年就在华做了5场著名的演讲,其中一场《社会哲学与政治哲学》就演讲了16次,宣扬其实用主义观点。杜威的教育思想对我国初等、中等教育阶段的学校教育产生了深远的影响。现代教育的目的、方法、课程内容、道德教育的方法等,经由杜威的实用主义教育哲学的提倡与实施,产生了强烈的社会效能而被教育界所重视。杜威高度评价了体育对教育的作用。杜威认为,对儿童的教育无论任何时代,在很大程度上都依赖于游戏和娱乐,对于年幼儿童来说尤为甚者,故此要以符合儿童特性的教育对待儿童。

美国的"新体育"理论也正是受实用主义教育思想的影响而产生的,是当时美国学校体育课程改革的主要理论。"新体育"理论的观点认为,实用主义体育思想(新体育思想)强调民主、自由意识的培养,注重体育实用价值的充分发挥,强调身体练习手段与方法的合理性,推崇自由、活泼、科学的健身方式,以此来促进学生身心健康与和谐发展。"新体育"认为,传统的德式体操和瑞典体操难以满足学校体育教学的要求,不利于体育全面教育目标的实现,会影响体育教学任务的顺利实施与完成,因此,需要对体育教学目标和手段重新进行定位和诠释,并依据教学目标对体育教学内容进行适应性改造。"新体育"学派的代表伍德(T.D. Wood)认为:"体育的伟大理想更重要的是体育与全面教育的关系,在于通过体育使身体能够在个人训练方面、文化方面、生活方面、环境方面充分发挥它的作用,而不仅局限于身体训练方面。"这些理论对20世纪20年代中国的体育教育改革影响深远。

杜威的实用主义教育思想在其学生胡适、陶行知、吴蕴瑞等人的大力倡导和推广下,对我国学校教育和学校体育都产生了深远的影响。1922年,政府迫于形势压力宣布"学校系

① 罗时铭.中国体育通史(第三卷)[M].北京:人民体育出版社,2008:252-253.
② 戚谢美,邵祖德.陈独秀教育论著选[M].北京:人民教育出版社,1995:289.

统改革案",采用美国的"六三三"学制("壬戌学制"),这标志着中国学校教育制度的转变——由学习日本,转向学习美国,在中国学校实施了近20年的兵式体操教育被彻底废除。

（5）民族传统体育——国术的兴起

"国粹"泛指中国历史与文化的精华,而这些"精华"在很大程度上是指隐含在中国文化之中的、优秀的民族精神与特征,中国近代史上,"国粹主义"体育思想是伴随着兵式体操教育酝酿和萌生的。当时,中华民族所面临的危机空前,帝国主义侵略者不仅在军事、政治、经济上占有强大的优势,疯狂地侵略和掠夺中国,而且在文化方面,也表现出强势特征,企图以一种不易为人民所识破的方式对中国文化实行毁灭性的破坏。一批还保持着清醒头脑的知识分子及民间的武术大家、爱好者认识到了盲目引入西方体育文化的问题严重性,他们敏锐地意识到,"文化"是一个国家的"精神"和"元气"之所存,是各个民族获得自由、顺利发展,延续民族存续生命力的血脉和根本保障。因此,他们主张"学亡则国亡"。强烈要求要通过"保种、爱国、存种"的"古学复兴"运动,再塑中华。"国粹主义"思想对中国近代学校体育教学内容的发展也产生了深刻的影响。

1917年,全国中学校长会议通过决议,将"国术"列为中小学体育课的必修科目。[①] 1918年,在"全国教育第4次联合会、全国专门以上学校校长会议以及全国中等以上学校会议"上,通过了关于"推广新武术"的决议案,此决议案将"中华新武术"列为当时全国中等以上学校的"体操课程",强调学校体育要"注重国术"。1918年4月16日,颁发的《教育部关于采录体育咨询案办法咨》明确提出,并有"夫一国之体育,必须具一国之精神。我国武术,实中华民族精神所寄,且种类颇富。其与生理原理相合者,务须选择加入,以为体育之基本"的基本要求。此时,人们已经开始从身体锻炼的价值、意义、方式、方法、要求等方面去定义中华武术及中华武术精神。当时,一些武术工作者开始按生理学的基本原理,对拳种进行挖掘和整理,并按照拳术对人体的健身价值将之分为三种类型,第一种类型是属于"强筋骨、发展体力"类型的武术内容,如形意拳、八卦掌、八极拳、罗汉功等运动方式较为迟缓、对集中注意力锻炼具有价值的一类拳术;第二种类型是"敏捷思想、活泼肢体"类型的武术内容,如富含跳跃、身手敏捷等特色动作的少林拳、长拳、大小洪拳、谭腿等拳术;第三种类型是"强健精神、流通气血"类型的武术内容,如太极拳、少林十二式以及各种气功类的拳术等。[②]

1927年,国民政府明令建立"国术馆"系统,把武术等传统体育看作我国的"国粹"。"中央国术体育传习所"和中央国术馆在以张之江为核心的领导下,主张将"体育国术化、国术军事化、军事体育化,三者合而为一",一并编入"国术教材"并在学校推广应用。因此,"国粹主义"思想加快了我国对民族传统文化的挖掘、整理和改造,不仅使民族传统文化对现代社会人们的需求更有适应性,也保证了其在当时学校体育教学内容中的一席之地。

（6）体育管理体制及教师培养机制的逐渐形成促进了体育教学的发展

20世纪初的北洋军阀统治时期,由于连年战乱,体育管理体制较为混乱,北洋军阀政府

---

① 郑师渠.晚清国粹派:文化思想研究[M].北京:北京师范大学出版社,1997:7.
② 盛琦.中外体育民俗文化[M].北京:北京体育大学出版社,2011:174-175.

没有专门设立国家体育的行政管理机构。当时,学校体育的行政指令与管理主要是通过教育部以及一些全国性质的教育会议等,统一性颁发一些教育方面的指令、行政命令或决议来实现对学校体育各个方面的管理。① 例如,在1915年,各公立学校开展课外活动,并召开春秋两季的运动会都是教育部直接责令的。1927年之后,国民党南京政府开始着手筹建体育管理部门,制定体育管理体制。1927年12月,由当时的国民党中央政府教育部牵头,在南京召集了由部分学校体育教育与学校体育管理领域学者、专家,成立了"全国体育教育指导委员会"。20世纪30年代后期,由国民党中央政府牵头,开始组建新的、专门的体育行政管理机构。1932年,民国政府在教育部之下,设立了"全国体育委员会",后改称"国民体育委员会"。这一委员会的职责是专门负责组织设计、检查督促以及指导全国性的体育工作。而国民政府教育部于1933年至1936年,先后组织了"体育督学"和"体育组"两个隶属于教育部的体育管理系统,前者负责检查督促全国各地、各级政府对体育法规的执行和落实情况,后者负责管理学校体育教育、学校体育管理以及学校体育军事训练(含童子军训练)的所有事务。此外,在国民政府的军队里面、国民党内部以及国民党的三青团内,均专门设立了相应的体育管理部门与机构。②

辛亥革命以后,特别是1912年至1927年,由于学校教育以及学校体育发生了深刻、全面的变化,国家体育竞赛权也回归到政府手中,女子体育也逐渐出现并大众化和普及化,体育专业教育获得了较为迅速的发展。除了原有培养体育师资的机构外,又陆续创设了一些体育科、体育系和体育学校。例如,1915年,北洋军政府教育部创办了"东南女子体育师范学校体育专修科""广东高等师范学校的体育专修科"以及"南京高等师范学校的体育专修科"和"北京高等师范学校体育专修科";1917年,创设了"私立东吴大学体育专修科";1924年,创办了"上海两江女子体育学校";1926年,成立了"辽宁省立师范学校体育专修科";这一时期的主要体育学校、体育系科等就达28所之多。上文所提及的体育学校、专修科以两年制培养居多(属中等师范性质),开设的课程以普通体操、田径、球类和游戏为主,也逐渐增加了一些体育专业课程。同时,这些校、科,大部分属于私立性质,相当一部分是中国体操学校毕业生创办的,因为办学条件差、办学经费拮据、招收学生人数很少等,这些私立学校一般在3至5年内即告停办。所以,当时体育学校、专修科数量虽多,但毕业的学生实际上不多,总的来讲,仍然为近代中国培养了一批体育专门人才。

2.民国时期学校体育教学的基本情况

(1)"壬子癸丑学制"下的学校体育教学

自1912年民国政府成立,至1928年北洋军阀政府,一共制定颁布了相关的教育指导性文件9套,其中包括自中华民国成立之初的《普通教育暂行课程标准》和《普通教育暂行办法》,1912年的《小学校教则》和《中学校令施行规则》,1913年颁布的《中学校课程标准》,1916年颁布的《高等小学校令施行细则》《高等小学校体操科教授要目草案》《初等小学校体

① 罗时铭.中国体育通史(第三卷)[M].北京:人民体育出版社,2008:252-253.
② 蔺新茂.体育教学内容论[D].北京:北京师范大学,2012.

操科教授要目草案》《国民学校令施行细则》等。其中,中华民国成立之初颁布的《普通教育暂行办法》中,把各级各类的"学堂"更名为"学校",同时,认为合乎帝制的"壬寅学制"和"癸卯学制"不适合共和制度环境下的学校教育,而由"壬子癸丑学制"替代,"壬子癸丑学制"规定了高等小学学制和初等小学学制均为四年学制(表3-3)。

表3-3 "壬子癸丑学制"下的体育教学

年 份	文件名称	学 段	体育教学内容
1912年	小学校教则	小学	游戏、普通体操
	中学校令施行规则	中学	普通体操、兵式体操
1913年	中学校课程标准	中学	男:兵式体操、普通体操 女:舞蹈、游戏
1916年	国民学校令施行细则	小学	普通体操、游戏
		中学	普通体操、兵式体操
	高等小学校令施行细则	初中	游戏、普通体操、兵式体操
	初等小学校体操科教授要目草案	一、二年级	游戏:个人、团体、表情游戏 体操:瑞典式基本运动
		三、四年级	游戏:表情游戏、竞争游戏,行进法等;徒手操:瑞典式连续徒手操
	高等小学校体操科教授要目草案	一年级	游戏、徒手、舞蹈、部队运动
		二年级	游戏、徒手、哑铃、持枪运动
		三年级	游戏、徒手、哑铃、球杆、小队运动

(2)"壬戌学制"下的学校体育教学

1922年11月,北洋军阀政府教育部颁布"学校系统改革案",以此成为"壬戌学制"开始实施的标志,也意味着教育改革的开始。"壬戌学制"正式将学校"体操科"改为"体育科"(课),学习并采用美国的"六三三制",即小学六年、初中三年、高中三年,在教育宗旨上,提出"教育要充分发展平民教育、适应社会的需要、尽力寻求学生个性发展、教学内容应多留能使各地有伸缩余地部分"。在体育教学方面,提出体育课要以体操、田径、球类运动、游戏为主要教材,这场教育改革的明显特征就是开始从抄袭日本的军国民主义学校教育转变为仿效美国的实用主义学校教育。[①]

1922年"壬戌学制"的颁布,"兵式体操"在学校体育中自然而然被彻底废除,部分具有中国传统的体育内容形式经过教材化改造,在学校体育中重新找到了立足点,成为近代中国体育教学内容的一部分。而西方近代体育的一部分内容,如体操、田径、游泳、球类、游戏等,也在批判、质疑、反对声中,成为中国近现代学校体育教学的主要内容。

① 蔺新茂.体育教学内容论[M].北京:北京体育大学出版社,2014.

（3）"戊辰学制"下的学校体育教学

1929 年,国民政府教育部颁布了《高级中学普通科体育暂行课程标准》和《初级中学体育暂行课程标准》两个课程标准,就是学校体育在废止"兵式体操"这一教学内容之后,对学校体育教学内容改革的一次试验和检阅。上述两个课程标准以作业类别的形式,将体育教学内容分为"课内的"和"课外的"两大类;"课内的"包括游戏、舞蹈、运动、其他等;"课外的"包括课外运动(球类运动、模仿运动、器械运动等)、日常姿势比赛和定期运动会。1932年,经过三年的实施和试验,国民政府教育部终于推出了《高级中学体育课程标准》《初级中学体育课程标准》和《小学体育课程标准》三个体育课程标准。

在 1929—1949 年国民政府统治期间,教育部一共颁布了九个中小学体育的管理性文件,主要包括 1929 年的《中小学体育暂行课程标准》,1932 年的《中小学体育课程标准》,1936 年的《高级中学军事看护(女生)课程标准》《中小学体育课程标准》,1940 年的《修正初高级中学课程标准》,1942 年的《小学课程标准》,1941 年的《高级中学军事看护课程标准》《六年制中学体育课程标准草案》(表 3-5)以及 1942 年的《高级中学军事看护课程标准》[①]。进入 20 世纪 30 年代以后,美国的学校体育工作者对学校体育的认识与研究更加深入,一些人开始关注休闲与健康体育,出现了"如何利用休闲时间"来进行体育的问题。

表 3-4　"戊辰学制"下的体育教学(1932 年《中小学体育课程标准》)

文件名称	年　级	体育教学内容
小学体育课程标准	一、二年级	运动:远足、登山、模仿运动等;舞蹈:简易土风舞、听琴动作;游戏:故事游戏、唱歌游戏、模拟游戏、追逃游戏、乡土游戏、竞技游戏;其他:姿势训练、准备操
	三、四年级	运动:田径运动(短跑、跳远、掷远、立定跳远、跳高)、简单球类运动、机巧运动、模仿运动、登山、远足等;舞蹈:土风舞、歌舞;游戏:竞争游戏、竞技(跳绳等)、追逃游戏、模拟游戏、乡土游戏;其他:姿势训练、准备操
	五、六年级	运动:器械运动(低架、高架各种跳法、垫上运动)、田径运动、球类运动、游泳、登山、远足等;舞蹈:歌舞、土风舞;游戏:竞争游戏、竞技(跳绳、豆囊等)、乡土游戏;其他:姿势训练、准备操
初级中学体育课程标准	初中(一年级)	基本练习:球类运动、田径赛运动、器械运动之基本动作;游戏;国术;机巧运动;球类运动;田径运动;活泼器械运动(冬季用之);舞蹈(男生酌减);改正体操:凡体格有缺点之学生选修之;天然活动:游泳、滑冰、爬山、骑乘、摇船及其他;和缓运动:不宜于激烈运动者选修之

①　课程与教材研究所.20 世纪中国中小学课程标准·教学大纲汇编:体育卷[M].北京:人民教育出版社,2001.

续表

文件名称	年　级	体育教学内容
高级中学体育课程标准	高中(三年级)	国术;田径运动(女性酌减);舞蹈(男生酌减);球戏;器械运动;改正体操:凡体格有缺点之学生选修之;团体混合连续器械运动;天然活动:游泳、滑冰、爬山、骑乘、摇船及其他;和缓运动:不宜于激烈运动者选修之

表 3-5　1941 年《六年制中学体育科课程标准草案》中的体育教学内容①

性别	体育教学内容
男生	体操:走步与各式体操;韵律活动:土风舞、踢踏舞;游戏运动:各种非正式游戏;机巧运动:垫上运动、器械运动及叠罗汉;球类运动:各种通行球戏;竞技运动:田径赛竞走、越野跑及各种障碍跑、接力跑等个人与团体竞技;自卫活动:拳术、劈刺、击剑、角力、摔角等;水上及冰上运动:游戏、水球、救生、划船、滑冰等;其他运动:爬山、自由车、踢毽子、露营、骑射、驾驶、滑翔、跳伞等
女生	体操:走步与各式体操;韵律活动:各种舞蹈与舞剧;游戏运动:各种非正式游戏;机巧运动:垫上运动、器械运动及叠罗汉;球类运动:各种通行球戏;竞技运动:田径赛竞走等个人与团体竞技;自卫活动:拳术、击剑;水上及冰上运动:游泳、救生、划船、滑冰等;其他运动:爬山、自由车、踢毽子、露营

在中学体育教材中,最常见的目标就是"教给学生到成年后的休闲时间里,可以进行的游戏和锻炼方法"。这一观点认为,健康应当是活动的副产品,而不是主要目的。韦廉斯指出,体育是以身体为手段的教育,而不是对身体的教育,并用"健康教育与体育"(Health and Physical Education)一词代替"身体训练"(Physical Training)或"身体教养"(Physical Culture)。在这一思想的引导下,1930 年以后,美国学校体育教学的基本情况发生了许多变化,如更加注重娱乐性竞赛活动的开展,学生们也开始按各自的爱好组织各种项目的娱乐和竞赛活动;选上体育课的学生人数增加,体育课的课时也逐渐增多,学校领导对体育教学、课余体育活动更加重视和关注,给体育课以更多的学分等。联邦政府教育总局还出版发行了《从中学胜利队的体育取得健全体格》,建议每个中学生每周参与 5 天的体育课,美国有 30 多个州推行了这一规划。这些对学习美国体育的中国体育教学来说,也产生了极大的影响。

(4)抗日战争时期的学校体育教学

1931 年,九一八事变爆发以后,日本帝国主义侵略、抢占我国东北三省,并时刻窥视着华

---

① 课程与教材研究所.20 世纪中国中小学课程标准·教学大纲汇编:体育卷[M].北京:人民教育出版社,2001:442-446.

北地区,中国抗日救亡运动一浪高过一浪,在这种情况下,源于新文化运动的"体育救国"理论在体育界重新响起,体育军事化思想也开始影响学校体育教学内容。当时,一些从德国学习归来的留学生带回了德国法西斯"军事化思想",主张"军事体育化"和"体育军事化",甚至主张推行"全民体育化",这种思想在抗日战争开始前,在军队中较有市场,抗日战争开始后,逐渐在学校体育中推行并受到重视,这也就是"战时体育"的理论基础和形成的历史背景,其主张的关于"国防体育"的多项措施,在反对与抗击日本帝国主义侵略的大背景下,具有非常积极的意义。

1940 年 3 月,国民政府教育部颁布了《各级学校体育实施方案》,涉及当时学校体育的目标、学校体育的组织、学校体育的实施纲要、学校体育的经费和设备,以及学校体育所包含的早操、课间操、体育课、课外体育活动、课外体育运动竞赛、体育表演活动、健康检查和体育成绩考核等方方面面的学校体育活动内容,这就是国民政府对学校体育的基本管理内容与方式。

同时,该"方案"中,还规定了当时的各级、各类学校体育课均为必修课,小学依据不同年级,每周上 120~180 分钟的"体育课",课外活动每日则有 30~40 分钟;中学期间的"课间操"或"早操"每日安排 15~20 分钟,每周 2 小时的"体育课"(初中在 1936 年前为 3 小时),课外活动规定每名学生以每天活动 50 分钟为原则;大学早操每日有 15 分钟,每周 2 小时的"体育课",而学校的课外活动每周至少 2 次,每次至少 50 分钟。这一学校体育的实施方案是中国近代史上第一个比较全面的学校体育实施管理系统,对近代学校体育的成熟与发展具有较大的影响。

另外,国民政府教育部在颁布相关学校体育管理规定的同时,也组织编写和出版了一些体育教材,以便更好地为学校体育教学服务。[①]　其中,不乏值得现代学校体育学习和重视的内容,如 1940 年,在国民政府教育部颁发的《修正初级(高级)中学体育课程标准》就明确规定了体育教学目标与体育教学内容的对应关系,体育课外活动的方式、方法,运动竞赛及野外活动,体育测验、健康检查等,至今值得我们借鉴(表 3-6、3-7)。

表 3-6　1940 年《修正初级(高级)中学体育课程标准》[②]

课程类型	基本内容
普遍活动	用体操、游戏及韵律活动等教材,使全体学生做普遍一致的大肌肉活动
技术指导	按学生体能分组指导各种技术,如机巧、球类、竞技、自卫等
精神训练	用各种运动的规约训练学生遵守纪律、公正诚实、团结合作等精神与行为
知能联系	利用运动与各学科的关系指导学生明确体育运动的价值与意义

① 　毛振明.学校体育发展史[M].南宁:广西师范大学出版社,2005:116-117.
② 　课程与教材研究所.20 世纪中国中小学课程标准·教学大纲汇编:体育卷[M].北京:人民教育出版社,2001:433-438.

表 3-7   体育教学目标与体育教学内容以及体育教学内容之间的衔接

年份	文件名称	作业要领
1940 年	修正高中学体育课程标准——实施方法概要	1.体育正课:继续进行初中所规定的计划与进度,教授各种"合理体育活动"的方法,使学生能够依照这些方法在课外活动时间进行练习 2.普遍活动:用体操、韵律活动和游戏等教学内容,使全班同学做普遍一致的大肌肉群活动,激起生理作用,促进肌肉发育 3.技术指导:按学生体能分组指导各种运动技术,如机巧、球类、竞技、自卫等运动,并注意基本训练,以求学生在运动方法与方式上得以改进,使每一位学生获得最低限度的运动技能 4.精神训练:运用各种运动的组织规则,训练学生遵守纪律、诚实公正、勇敢奋斗、团结合作的行为和精神,培养学生健全高尚的道德品质 5.知能联系:随时指示学生将体育运动与其他学科联系起来,如卫生习惯的培养、力学原理的应用、经济的意义、团队组织的价值与力量等

在学校体育教材编写与出版方面,国民政府教育部自 1933 年起,就专门聘请国内体育专家着手编写中小学体育教材,此套中小学生体育教材,以美、德两国的学校体育基本教材为"蓝本"。至 1936 年,共计编印出版 24 册《体育教授细目》,这是我国近代第一部较为完整的中小学体育教材。在此之后,1942 年,国民政府教育部又组织人员重新修订和编写新的体育教材和体育教学参考书,到 1946 年,就已经有《徒手操教材教法》《初中器械运动》《小学垫上运动》《小学叠罗汉》等 13 种教材和《短兵术》《田径赛补助运动》《国民健身操》等 10 种教学参考用书出版。但是,由于当时的社会处于动荡不安的军阀混战、国内革命战争和抗日战争时期,学校体育的开展情况并不理想。所以,在这些教材和教学用参考书中,教材的大部分内容与学校体育的实际情况相比,有较大的出入,故这些教材和教学参考用书未能得以在各级、各类学校中普遍使用,特别是在 1937 年全面抗日战争爆发之后,各级、各类学校的正常教学秩序都受到了很大的影响,学校体育教学也因为战争而改变了原有的培养目标。

此后,虽然国民政府教育部又分别在 1944 年、1945 年和 1947 年对各级学校体育教学的课程标准或课程教学大纲做出过新的修订。然而,由于国民政府的统治黑暗腐败,一无学校体育教育的决心,二无学校体育教育的经费,三无学校体育教育的具体改善措施,使这些"法令""方案"几乎都成为一纸空文。同时,又由于当时绝大部分中小学体育教师并未受过体育教学的专业训练,他们的体育教学就是把自己少许的体育锻炼经历或体育锻炼经验传递给学生,造成当时的"放羊式"教学、"自由活动"式教学等不良的教学方式在学校体育教学中普遍存在。再加上全面抗日战争爆发后,不少高等学校要么迁往内地,要么就地解散,使得体育场地、师资与经费等严重匮乏,开展正常学校体育教学活动的条件几乎没有或很难保证,更加恶劣和更为严重的是,解放战争期间和中国共产党胜利前夕,由于国民政府无力回天,不仅学校体育,而且整个学校教育都呈现出普遍的没落景象。

(5)苏维埃的学校体育教学

中国共产党在第二次国内革命战争时期(1927—1937 年),建立苏维埃政权,领导中国工农红军经过艰苦卓绝的斗争,先后创建了井冈山、鄂豫皖、湘鄂赣、左右江、陕甘宁等 10 多个革命根据地。在这些红色苏区和革命根据地中,中国共产党不仅领导民众大力推行政治、经济、文化建设,还为了配合各个时期的革命斗争,特别是军事斗争,广泛开展群众体育运动,重视推进学校体育建设与发展,为中华人民共和国成立后,社会主义体育事业的长足发展和快速进步积累了宝贵的经验。其中,赣南、闽西根据地的体育活动最具代表性,在这里,中国共产党和苏维埃政府提出了对部队官兵、苏区及根据地民众和学校学生进行苏维埃政治思想及文化教育的总方针,"以共产主义精神、信念和共产主义的远大理想来教育苏区和革命根据地中的广大民众,使苏区和革命根据地的思想教育、文化建设为人民民主革命战争和阶级斗争服务,使苏区的文化教育和劳动实践紧密地联系起来,让中国的广大民众都能够享受文明与幸福"。在这一教育方针的指导下,中华苏维埃政府也提出了苏区体育工作的总方针,"锻炼工农阶级钢筋铁骨,随时准备战胜一切来犯之敌"(表 3-8)。①

表 3-8　苏维埃的体育教学(《小学教学大纲》)

年　份	文件名称	学　段	体育教学内容
1933 年	《小学教学大纲》	小学	兵式体操、普通体操、田径(跑、跳、投)、球类运动(足球、篮球、网球等)、表演(拳术、棍术、劈刺刀等)

列宁小学(即劳动小学)又名人民小学,是针对 7—15 岁儿童实施普及义务教育的机构。而在中央苏区内设有列宁小学 3000 余所,所教授学生 10 万余人。同时,党和苏维埃政府在颁布的《中华苏维埃共和国小学制度暂行条例》中,明确规定了"小学教育是要训练参加苏维埃革命斗争的新后代,并在苏维埃革命斗争中,培养将来的共产主义建设的新后代"是作为列宁小学的教育目标,体现出注重兵式体操及军事训练性的体育教学内容的鲜明特点。据统计,1933 年仅胜利、会昌等 14 个县,就有列宁小学 2274 所。列宁小学的体育教育内容所具有的鲜明特点之一就是为革命战争服务。苏区列宁小学的学校体育课程规定学校体育教学每周安排 3 节体操课和 2 节体操游戏课。列宁小学还以儿童团、少先队为骨干,经常进行军事操练和运动竞赛。②

在教学过程中,体操教学的主要内容是"兵式体操"以及基本的军事训练活动,如部分学校体育课教学"先用木枪,后用钢枪";而体操游戏内容主要出自《少队游戏》和《竞争游戏》两本教材之中,这些游戏中 90%的游戏内容都与军事训练和军事活动相关。体育课除了教授体操游戏和兵式体操等教学内容之外,苏区学校还鼓励学生通过"学生社"(后为学生会)的组织,参加学生课外少先队活动和少年儿童团的课余体育及体育文化活动的项目,以基本的军事训练内容为主要内容,把培养身体强健的革命后备军作为目的。

苏维埃政府在颁布的《小学体育运动教学法》一文中指出:学校体育在国内革命战争时期,担负锻炼革命后代身体、培养革命后代强健体魄的重大任务,要坚决防止体育教学内容枯燥无味或体育教学内容及教学方法的呆板、单一,进而造成体育教学内容不适合儿童身体

---

① 罗时铭.中国体育通史(第三卷)[M].北京:人民体育出版社,2008:206-207.
② 罗时铭.中国体育通史(第三卷)[M].北京:人民体育出版社,2008:216.

运动的生理和学习心理的体育教学内容与形式,以及不恰当的体育教学方法与手段。少先队中央总队在 1934 年编写了苏区最早的体育教材——《少队体操》和《少队游戏》两本教材。当时苏区的学校体育课内容仍是以普通体操和兵式体操为主,各种田径项目的教授似乎较少见,此外也仅有少量的球类活动和游戏。

中国工农红军到达陕北胜利结束长征,陕北成为党中央所在地,延安成了全国革命的心脏、敌后抗日战争的指导中心。苏区的体育传统在抗日根据地得以传承,在进行文化建设过程中,十分注意体育运动发展。1937 年上半年,专门成立了"陕甘宁边区体育运动委员会",目的在于着力加强对体育运动的具体领导。1940 年,"延安体育会"成立,1941 年,毛泽东主席在《解放日报》上为人民民主专政的大众体育题词:"发展体育运动,提高人民体质。"次年,"延安新体育学会"成立,这标志着在革命苏区体育运动的良好基础上,陕甘宁边区等解放区的体育运动又有较大的发展。

1945 年,抗日战争胜利后,国民党反动政府很快发动了全面内战,中国也随之进入了为期三年的解放战争时期,共产党领导的各抗日根据地也改称为"解放区"。1946 年,陕甘宁边区颁布了《战时教育方案》,要求各级学校"应重视学校的政治思想教育工作,培养学生革命观点、群众观点、勇敢、坚定及拥军尚武的精神"。陕甘宁边区政府在《小学法》中明文规定:课程内容都以抗战为中心,初小每周 3 节体育课,以活动性游戏(如赛跑、爬山、跳高、跳远等)为主。高小每周 5 节体育课,为适应抗战的政治形势,在高小进行军事训练,加强军事体育学习等。而且,边区教育部门还很重视体育教材的建设,1941 年,专门印发了《体育游戏教材》,其目的就是上好体育课。①

陕甘宁边区政府也十分关心中等学校体育教育活动的开展,在颁发的《暂行中学规则草案》中明确指出:学校要有"运动场及体育器材设备",要"注意体格锻炼,启发艺术兴趣"。1941 年以后,由于战争环境的影响加剧,学校不再专门设置体育课,改为主要进行侦察、爬山等军事训练项目。在军事教育之中,除了教授"防空、防毒、急救看护"等实用知识之外,还组织师生参加军事训练,学习投掷炸弹、通信、侦察、站岗等实用技能,保证军事教育内容能够培养适龄学生具有自卫和作战能力。有些学校还把体育课改为军事课或在体育课上还加授分散、转移、投弹、射击等军事体育练习。

(二)民国时期的学校体育教学内容沿革与发展

1.民国政府体育教学内容的沿革与发展

(1)从极具功利性的军事操练逐渐向与增进学生身心健康并重发展

近代学校体育从"壬戌学制"转向学习美国以后,学校体育教学内容就从单一的"兵式体操"向多样性、丰富性、灵活性等方向发展。学校体育教学内容的安排也趋向满足和适应当时学校体育教学目标的要求,而当时的学校体育将体育教学的主要目标定位于军事训练和强身健体、培养意志品质、愉悦身心等多种价值追求之上,这一目标既要求学校体育及体

---

① 蔺新茂.体育教学内容论[M].北京:北京体育大学出版社,2014.

育教学重视学校青少年儿童学生的健康成长,又因为社会处于战乱时期,抗敌御侮、保家卫国的任务而要求学校体育及体育教学重视对青年学生进行军事教育和训练。因此,当时,无论是国民政府教育部颁布的《教育要旨》还是《小学教则》等,都特别重视学校体育对青少年儿童健康的促进作用。例如,"宜期儿童身体发达健全,凡所教授体育教学之内容必应适合青少年儿童学生身心发达之需求。""体操要旨,在于促使青少年儿童身体各部均衡与平均发育,强健青少年儿童的体质,活泼其精神;在教学内容方面,则主张循序渐进,先以养成性宜授之适宜游戏,高等小学渐加宜授之普通体操及时令游戏,男生则加授兵式体操。同时,还应视地方及学校不同情形,在教授体操时间或教授体操的时间之外,加授适宜的户外运动或游戏。"①而《中学校课程标准》《中学校令实施细则》以及《中学校令》三个文件则基本确定了"以完整的普通教育,造就健全的国民"的中学教育宗旨,将体育教学目标定位于:"使学生身体各部分均衡与平均发育,强健体质,活泼精神,兼养成遵规则、尚协同之习惯。"与这一目标相协调的学校体育教学内容也自然包括"兵式体操"和"普通体操"两种,但对中学女生来说,则可以"免修体操,并以舞蹈、游戏代之"。

（2）重视对民族传统体育教学内容的加工与选择

在清朝末年的"癸卯学制"执行过程中,已经有一些学堂和一些民族人士极力倡导"国术"在学校体育教学中,对学生身心健康、全面发展的促进,以及对学生精神气质提升的重大意义。因此,其时已经有部分学堂开始教授民族传统武术内容;至民国时期,随着"国粹体育"的兴起,以及西方竞技性体育教学内容的逐渐盛行,我国教育主管部门更重视对民族传统体育教学内容的挖掘、整理与加工,如除了"国术"中的大部分器械（刀、枪、剑等）、徒手动作（拳术、太极、掌法等）以及摔角、角力、石锁、石担等进行学校教育适应性改造和加工被作为学校体育教学内容之外,一些民族、民俗游戏性体育活动内容,如跳房子、踢毽子、跳绳等,也都被引入学校,作为学校体育教学内容或者体育活动性内容。② 因此,这一时期,依据西方竞技体育的特征,以及我国传统体育的基本形式、要求,对我国民族传统体育项目进行加工与改造,使之成为学校体育教学内容,用于不同级段、学段的体育教学,收到了良好的效果。

（3）体育教学内容的排列逐渐有了清晰的逻辑

随着西方体育教学内容和民族传统体育教学内容在学校体育中得到增补,从中国近代开始,学校体育教学内容的数量日益庞大,此时对体育教学内容进行科学、合理的分类就显得尤为重要。在国民政府教育部的教学大纲及课程标准中,对体育教学内容的分类越来越多样化,体育教学内容在各个学段和各个级段之间的衔接较为紧密,体育教学内容的安排也越来越重视结合学生的实际情况、学校的教学条件进行综合分析。例如,在 1940 年的大纲中,对高中体育教学内容与初中教学内容的衔接就有如下表述,"继续进行初中所规定的体育教学计划与教学进度,教授各种'合理体育活动'的方法,使学生能够依照这些方法,在课

①　成都体育学院体育史研究所.中国近代体育史资料[M].成都:四川教育出版社,1988:148.

②　罗时铭.中国体育通史(第三卷)[M].北京:人民体育出版社,2008:245-246.

外活动时间进行练习"。而在这一时期的所有教学大纲和课程标准中,均有针对性较强、衔接较为严谨的体育教学内容的安排,还有一些体育教学内容根据男女生的学习特点,分别进行安排,更有一些体育教学内容针对不同体质状况、不同运动能力基础的学生进行灵活安排,还有一些体育教学内容则专门针对身体有缺陷或有残疾的学生进行特别安排。

(4)初步形成了体育教学内容在课内外的良性互动

从1912年开始,学校体育实行"双轨制",即体育教学课堂教授体操、游戏、兵式体操等内容,而在课余活动时间则进行西方近代竞技体育的教学和训练。例如,课余时间进行田径、球类等教学与训练。教育部明确要求,各级各类学校必须重视体育教学,"原期各学校学生重视体育,养成强壮果毅之风",并要求为体育课增加课时,而且,由于学校体育课仅教授体操一项教学内容显得过于单调,因此,不仅要求每年举办春秋两季"学校运动会",促使学生"互相淬励,以惰弱为耻,以勇健为荣",更是要鼓励和引导学生"在学习体操的正常体育课之外,还要积极从事各种有益于身心健康之运动"。从这些表述中,我们能够感受到,当时的学校体育不仅重视"军国民主义教育",还非常重视对学生身心及体质健康水平的提升,而且,还进一步将关注点从体育课程教学移到学生身心上,这一制度经常被称为"双轨制",就说明了学校体育的课堂教学内容与课余活动内容是有差异的,这就不利于学生对两类内容的学习与掌握。

由于这一原因,"双轨制"在我国学校体育中实施一段时间之后就被废止。教育部要求学校既要重视体育教学,还要重视学校的课余体育训练与活动,从两个方向来促进学校体育目标的实现。因此,教育部除了对学校体育课程教学进行严格的规定之外,对课外体育活动或者课外体育锻炼的要求也逐渐严格起来,如1940年的《修正高级中学课程标准》中,关于学生的课外活动就有严格的规定,"课外活动之目的在于补充体育正课教学的不足,所以,各个学校要强迫学生参加,而且学生参加课外体育活动的情况要作为成绩之一记入学生的体育成绩之中①";关于课外体育活动的内容,《修正高级中学课程标准》也有严格要求,"在体育课外活动时间,学生可以根据自己的爱好和兴趣选择练习一项或多项运动内容,以追求技术熟练,能够收到良好的健身效果";关于课外体育活动的组织,《修正高级中学课程标准》要求"在教师的指导和监督之下,学生自行组织管理各种运动团体,借此培养学生的自治能力和服务经验"。所以,在中国近代学校体育中,对体育课外活动有如此严格、严谨的规定,使体育教学内容在课内外能够形成良性互动,将课余体育活动作为对体育教学良好的补充实在难能可贵。

(5)体育教学内容开始呈现出多样性

体育教学内容的选择与加工和学校教育中的其他学科不同,内容多而庞杂,选择范围极难限制。例如,在1932年小学及中学《体育课程标准》中,就列出了游戏、活泼器械运动、球类运动、田径运动、国术、舞蹈、天然活动以及改正体操等八项体育教学内容,这八项体育教学内容又各自包括多项具体内容,如天然活动就包括游泳、滑冰、爬山、骑乘、摇船及其他等

---

① 中国第二历史档案馆.中华民国史档案资料汇编:第三辑(教育)[M].南京:江苏古籍出版社,1991:848.

具体项目内容,这就使体育教学内容具有了多样性,这一特征就造成体育教员在选择和安排具体课堂教学时,对体育教学内容的选择较为困难。

因此,这一时期,由于体育教员对体育教学内容的选择方面存在的一些问题,影响体育教学质量与效果的问题经常出现,有时,体育教员不得不依靠临时的教学实践来断定教材对学生以及在学校的适用性。譬如,具有较高价值的器械体操中的许多动作,由于难以适应一部分学生的身体状况而难以实施,需临时酌情而定。由于教师水平、学校教学条件、学生身体情况等具体问题,一所学校对八项体育教学内容的选择就显得捉襟见肘,也绝不能完全都采用,这一问题即便是在学校体育及体育教学已经获得高度发展的今天依然存在,因此,国家、学校对体育教学内容选择的统一性与灵活性问题至今仍然需要认真思考和深入研究。

（6）体育教学内容的乏系统性出现

随着我国近代体育的发展,学校体育教学目标越来越重视"促进学生的全面发展",由于体育教学内容不断地增加,也显得越来越丰富。但是,由于学校体育师资、学校教学条件、人们对学校体育整体认识水平和体育课程教学学时设计、体育教学内容的选择与排列等方面存在的问题,在学校体育教学过程中,体育教学内容的系统性很难得到保证。虽然,体育教学在课程标准或课程章程中,都非常重视对各级段、学段学生对体育教学内容学习的知识衔接,也有意识地给出了明确的规定,如1940年《修正高级中学体育课程标准》中的体育教学内容规定:体育正课之目的,在继续初中所规定之计划与进度,教学各种合理之体育活动方法,俾学生能课外依法练习。为保持体育技能学习的连续性,保证体育运动技能的完整性也作出了明确的规定:普遍活动用体操、游戏及韵律活动等教材,使全班学生作普遍一致之大肌肉活动,激起生理作用,促进机体发育。但是,由于学校及教师对体育教学内容选择的依据或标准不同,这种衔接很难得到保证。例如,当时一部分学校或体育教师按照教学内容特点进行选择,还有部分学校及体育教师则按学生体能好坏进行体育教学内容的筛选。

2.苏维埃体育教学内容的沿革与发展

（1）体育教学内容的选择具有较强灵活性

革命苏区、抗日根据地和解放区的学校体育教学,在进行体育教学内容的筛选时显得非常灵活,一些出现在学校体育教学中的内容确实难能可贵。因为,在时时刻刻都可能出现战斗的战争环境中,任何教育都难以脱离为军事服务的目标,难以脱离战争环境对兵式体操、军事体操、基本体操等学校体育基本教学内容的需求。但是,在当时的革命苏区、抗日根据地以及解放区相当恶劣的战争环境中,在物质极端匮乏的不利条件下受器材、场地、环境等的限制,在学校体育教学内容的选择还受到了很大制约等诸多不良环境条件下,革命苏区、抗日根据地和解放区的学校体育能够根据学校体育教学目标与内容的要求,从体育教学以及进行军事体育训练的实际出发,因地制宜,敢于创新,自己开发、制作出许多体育教学内容所需的器材,修建简易的体育运动场地,保证了体育教学内容实施时具有较强的灵活性,从而也保证了体育教学内容仍能够呈现出多样化、多层次的特征,学校体育也能够做到因人、因地、因时的变化而变化,这种做法依然值得当今学校体育工作者及管理部门深刻反思。①

（2）体育教学内容真正实现了与群众体育的融合

在中国共产党的领导下，无论是革命苏区，还是抗日根据地、解放区，保证了人民大众都能享有同等的参与体育学习与活动的权利，充分调动了部队官兵、地区群众的体育热情，群众性体育运动都开展得有声有色，使体育真正成为广大群众及部队、学校喜闻乐见的锻炼和娱乐方式，成为他们生活、战斗中不可缺少的一部分，使丰富多彩的学校体育内容能够在校内外遍地开花，影响广泛。在此环境中，学校体育教学内容与这些地区广泛开展的体育内容水乳交融、互相促进、互相影响，多种多样的体育教学内容及体育活动方式无疑促进了学校体育教学的开展以及体育教学内容的丰富与完善。例如，在革命苏区、抗日根据地和解放区开展的体育活动又结合练兵进行爬山、行军、做游戏等锻炼性体育活动内容，有射击、投手榴弹、劈刀（又叫"马刀花"）、刺杀、爬云梯、跳障碍、过独木桥、木马等军事训练性体育内容，此外，跑步、舞蹈、球类、跳远、跳高、单双杠、爬绳、投标枪、打秋千、撑竿跳高等项目开展得也相当广泛和普遍。这些都是中小学体育的教学内容，也都具有深厚的群众基础。

（3）大批有责任心的体育教师队伍保证了体育教学内容顺利实施

随着抗日战争的爆发，全国各地大批进步青年学生涌入"革命圣地"延安，这些进步青年受苏区、抗日根据地以及解放区中，民主、进步、平等中国共产党先进政策与优良作风的感召和鼓舞，工作热情高、积极性强、创造力丰富，使这一区域中的各项工作都能得以高效、顺利地开展和实施。这一历史背景下，在延安建立了许多干部学校，不仅使体育教师队伍的人员得到充实、质量得到提高，更是通过这些人将体育教育的新局面拓展、延伸至各个边区，也为边区储备了大批的体育人才，至1941年春，在"中共中央青年工作委员会军体部"的领导与号召之下，"延安青年干部学校"创办了体育训练班。同年9月，中国女子大学、延安青年干部学校与陕北公学合并为延安大学，延安大学体育系也就是由青干校的体育训练班扩大而来。

延安大学体育系是共产党领导的第一个专门培养体育干部的机构，体育系的领导和教师们充分发挥了艰苦奋斗、勤俭办学的革命传统，专职行政干部仅一人、教师均为兼职。在教学上采取能者为师，互教互学的办法；场地、器材全部自己想办法解决。体育系开设了相关的技术与理论课程，根据各项课程内容教学的需要，兼职的教师们编出了各种教材。延安大学的学员们在冬天与雨天于窑洞上课，而在晴天里就到山沟中、山坡上、沟壑边、延河旁上体育课，延河滩就是他们上课的田径场，延河水就是他们夏季游泳和冬季滑冰的好地方，他们自己动手编织篮球网、排球网，用破麻袋装上麦秸或秸秆做成体操垫子，这些场地、器械、器材开发的方式与方法无疑提升了学员们对体育教学内容资源的开发能力，以及他们进行学校体育教学的责任心、事业心等。而事实证明，这批学员在1942年之后，大部分被分配到部队和边远的学校担任体育指导，从事体育教学工作，对解放区体育事业及学校体育教学工作起到了积极的作用。②

---

① 罗时铭.中国体育通史（第三卷）[M].北京：人民体育出版社，2008：235-237.
② 蔺新茂.体育教学内容论[M].北京：北京体育大学出版社，2014.

第二节　中国现代学校体育教学内容的沿革与发展分析

中华人民共和国的成立,标志着中国人民在反对殖民主义、帝国主义和封建主义的斗争中取得了阶段性的胜利,预示着中国进入了一个崭新时代。从新中国成立伊始至 1952 年,中国共产党领导全国人民彻底摧毁了国民党反动残余势力,没收官僚资本,实行土地改革,稳定社会秩序,建立了人民民主专政的国家政权,继而加强共产党自身建设,开展"三反""五反"运动。学校体育作为新民主主义"新体育"文化建设中的重要组成部分,不仅继承和发扬了革命根据地、解放区的体育经验,也确定了自己的指导方针、任务及目标,初步建立起了富有生命力、充满朝气的新学校体育。

一、中国现代学校体育教学

中华人民共和国建立之初,学生的健康状况还很差。据统计,在 1951 年 5 月的调查显示:北京大学生的 2160 名学生中,就有 216 人患有肺病,占当年学生总人数的 10%;在中国医科大学 1857 名学生两年半的学习过程中,因病休学的学生人数达 260 多人,占全校招收学生总人数的 14%;长春机械工业学校患神经衰弱、心脏、肺、肠胃、沙眼等疾病的学生人数,占全校学生总人数的 76%。因此,中华人民共和国成立之初,学生不良的身体健康状况,不仅严重影响了他们的日常学习生活,还有一大批学生因身体原因不能完成学业,甚至无法就业和参与任何社会工作及活动。为了改善广大青年学生严重的健康问题,号召青年学生重视并积极参与体育锻炼,学校体育得到极大的重视,增强学生体质,促进学生身体健康就成为当时学校体育的首要任务。因此,毛泽东主席在写给时任教育部长马叙伦的信中,就明确提出了"健康第一、学习第二"的原则,并指出学校教育要树立"德、智、体全面发展,将健康放在第一位"的指导思想。而这一指示也是在当时的特殊时期、特殊情况下提出的。

1951 年 7 月,"中华全国学生联合会第 15 届代表大会"决议指出:"要在全国学校中,积极开展体育文化娱乐活动,想尽办法努力改进全国各级、各类学校学生的身体健康状况,争取使每一个在校学生都具有强健的体魄和良好的体质健康水平,使他们都能够胜任紧张的学习生活和繁重的社会主义建设工作。"1951 年 8 月 6 日,中共中央人民政府政务院发出《关于改善各级学校学生健康状况的决定》指出:"目前,全国各级、各类学校的学生身体不良的健康状况非常严重……这种不良的学校学生身体状况必须得到遏制和改变,采取各种行之有效的措施有效增进学生身体健康,是保证学生顺利完成学习任务和培养具有强健体魄的现代青年的重大任务之一。因此,各级人民政府的教育行政主管部门,各级学校教职员工,都必须时刻注意和重视这一问题的严重性,及时纠正忽视学生身体健康的思想和对学生健康漠不关心的不负责任态度,切实改善各级、各类学校的学生健康状况。"①而新中国体育

---

① 中国第二历史档案馆.中华民国史档案资料汇编(第三辑:教育)[M].南京:江苏古籍出版社,1991:857.

就是在这样的背景下,拉开了建设与发展的序幕。

1."劳卫制"的试行与推广

从中华人民共和国成立到 20 世纪 50 年代中、后期,中国新民主主义建设和社会主义建设受西方的严格限制、破坏与打压,以苏联为首的社会主义阵营给予了中国很大的支持和帮助,因此,确立了在国家政治、经济、科技、文化、教育诸方面,全面学习苏联的基本策略。学校体育方面,从学习与借鉴美国等西方的学校体育,也转向借鉴苏联行之有效的"劳动与卫国制度"简称"劳卫制"。

1951 年暑期,青年团北京市委和北京市体育分会制定了《北京市暑期体育锻炼标准》,并组织 500 多个锻炼小组,7000 多名大、中学校的学生试行。通过历时一个月系统锻炼,最终有 1400 多人达到了的各级锻炼标准,并获得了纪念章。同年冬季,天津、上海等地又制定了《冬季体育锻炼标准》。至 1953 年底,参加体育锻炼的学生,在全国各地已达 80 多万人。在广泛试验基本成功的基础上,国家体委于 1954 年 5 月 4 日,颁布了《准备劳动与卫国体育制度暂行条例和项目标准》(简称《劳卫制》),《劳卫制》规定"'劳卫制'是中华人民共和国学校体育教育制度的基础,其目的是,对全体社会的劳动人民进行全面的体育教育,培养社会大众成为勇敢健康的、乐观向上的社会主义祖国的保卫者和社会主义建设者"。"劳卫制"的实施,掀起了全国大学和中学群众性体育活动的热潮,掀起这一热潮的标志是,1954 年 5 月 4 日,以教育部、团中央、国家体委、全国学联、高教部、卫生部等多个部委的名义,联合下发了《关于在中等以上学校中开展群众体育运动的联合指示》。

根据当时我国体育发展水平,以及学生体能、技术等方面的现实情况,"劳卫制"有明确的等级划分,分为预备级、一级和二级三个级别;同时,根据性别和年龄差异,具体划分为男子一组(15—17 岁)、男子二组(18—28 岁)、男子三组(29 岁及以上),以及女子一组(14—15 岁)、女子二组(16—23 岁)、女子三组(24 岁及以上)等几个组别;规定了项目有必测与选测两种,分别涵盖了力量、速度、灵敏、耐力等多种身体素质。学校学生是实施"劳卫制"活动的重点人群,所以,在颁布"劳卫制"的相关文件中,教育部和国家体委等部门多次明确指出:要"选择一些条件比较好的学校开始试行'劳卫制'学校体育",要在全国中等以上学校中,有目的、有计划地推行'劳卫制'的学校体育制",但是,因为小学生的年龄较小,体育师资、医务监督、场地设备等条件也不够,故此并未推行"劳卫制"。据不完全统计,1955 年初,已在全国 2300 所中等以上学校中推行"劳卫制预备级",参与锻炼的学生有 115.9 万余人;在 187 所中等以上学校试行"劳卫制一级",已有多达 12.7 万余名学生参加"劳卫制"规定的体育锻炼。①

在"劳卫制"试行过程中,"劳卫制"存在的一些问题和弊端也逐渐显现出来,由于标准偏高,训练方式、方法、手段等过于激进,训练项目也偏多,与学生体质实际情况、保健及营养状况,以及社会的医疗、卫生监督脱节等,造成学生伤害事故逐渐增多,因此,一些人对"劳卫制"提出了质疑,然而,还有一部分观点认为,"开展'劳卫制'运动不仅是为了促进个人的身体健康,而且是为了更好地保卫祖国和建设社会主义",这种观点要求不仅要继续把劳卫制

---

① 体育文史资料编审委员会.体育史料(第 11 辑:学校体育)[M].北京:人民教育出版社,1980:70.

搞下去,还需要的前提条件是要更科学、更合理、更符合中国实际。根据正反两方面的观点,1956 年,国家体委在"劳卫制"项目标准方面作了适当修改,公布了《劳卫制条例实施细则草案》;1956 年 4 月 3 日,教育部下发《关于 1956—1957 学年度在中学、师范学校及高等师范学校推行劳动和卫国体育制度的通知》,要求所有高等师范学校、85%以上的高级中学和中等师范学校、初级师范学校和 70%以上的初级中学都要推行"劳卫制"。据不完全统计,至1956 年底,"劳卫制"在全国中等以上学校都得以普遍施行,约有 300 万人经常参加锻炼,70多万人达到了各级标准。

体育锻炼标准和"劳卫制"的实施,对于群众体育活动,尤其对于学校体育教学活动的开展和学生体质健康水平的提高起到积极、有效的作用。[①]

2.对旧中国和美国学校体育教学的批判

中华人民共和国成立以后,国际政治斗争形势异常复杂,以美国为首的西方国家不断地侵略与挑衅我国主权,敌视红色的新中国政权,遏制新中国的发展。因此,国内反美浪潮很高。因为自 1922 年开始,当时中国的学校教育一直借鉴和沿袭美国的学制,所以,为了更好地贯彻党的教育方针和社会主义的教育目标,批判国内一些资本主义残余势力的亲美、崇美、恐美的"帝国主义奴化思想",对全社会进行爱国主义教育,同时,也为配合"抗美援朝"军事行动的思想与政治宣传活动,我国学校教育批判了杜威的实用主义教育思想以及对我国学校教育产生的种种不良影响,在学校体育学科建设过程中,学校体育界也分析了当时中国学校体育的"功利主义""拜金主义""利己主义""个人主义"的倾向,在此基础上,批判了以杜威实用主义教育为基础的、美国威廉姆斯的"新体育"思想,以切断这些思想在中国学校教育和学校体育中的传播,这一时期我国对学校体育教学、体育教学内容的研究与分析异常深刻,有力促进了学校体育教学内容科学性一体化的建立。

3.加强师资建设与学校体育科学研究

体育教学内容实施与教育效果的好坏,决定了学校体育教学与课外体育活动效果的好坏;学校体育教学与课余体育活动效果的好坏,决定着学校体育目标实现效果,而学校体育目标的实现、学校体育与课余体育活动的效果、体育教学内容的实施和教育效果与学校体育教师的执教水平息息相关,因此,学校体育师资建设异常重要。中华人民共和国成立后,学校体育师资的严重缺乏、队伍质量偏低仍然是困扰学校体育发展的主要问题。当时,全国范围内仅有"南京国立大学""北京师范大学"等 9 所高等院校设置有体育系(科),而且,由于这些体育系(科)的办学条件非常艰苦,在校学习的学生人数比较少,满足不了学校体育发展对专门人才培养的需求。因此,为了加快各级体育师资的培养,西南师范大学、山西大学、内蒙古师范大学等 6 所学校,在 1950 年到 1952 年,迅速增设体育系(科)。在此后的两年时间里,又先后成立了中央体育学院、上海体育学院等 6 所专业体育院校。

通过快速地增设和扩建体育院系(科),为培养体育师资创造了良好条件。同时,为了解

---

① 伍绍祖.中华人民共和国体育史(综合卷)[M].北京:中国书籍出版社,1999:26.

决体育师资问题,有效提升学校体育教学质量,国家不断健全体育教师的培训制度,在一些地区组织体育教师开展经常性的业务培训和短期集中学习。诸如,北京、天津、上海、沈阳等地,均对学校的体育教师设立有经常性的业务往来与培训学习制度。在1953—1954年的两年时间里,《新体育》杂志借助专门开辟的"体育教学经验交流"专栏,鼓励和引导广大体育工作者和一线的体育教师,对学校体育的具体教学问题,进行深入的研究与讨论。讨论内容涉及体育教学的备课工作、体育课基本部分的分组方法、基本部分组织形式的运用、直观教学法的运用、在教学过程中学生小组长的培养、学生学习体育积极性的启发和调动等异常丰富的体育教学问题。此外,《新体育》杂志还在1954年开辟过"体育教师"栏目,展开了全国范围内的对小学体育的研究和讨论。这些讨论,对消化、落实《体育教学大纲》,实施大纲中的体育教学内容教学产生了积极影响。① 1953年,北京体育学院聘请了苏联专家前来讲学,从1954年春季开始,培养出了中国体育的第一批研究生,并迅速充实到了这些体育院系的师资队伍之中,并建立了一些新的体育学科。② 这一系列体育师资的建设与质量提升工作,对促进学校体育教学工作向更为科学、有序、高效的方向发展起到了极大的促进作用。

4.编写通用教材,统一教学大纲

1950年8月,中华人民共和国教育部颁布了历史上的第一个学校体育指导性文件——《中学体育教学计划(草案)》。《中学体育教学计划(草案)》规定了学校体育课和体育课外活动的内容,规定了中学每周2课时的体育课。同年,经教育部组织专家研究,决定研制《小学体育课程暂行标准(草案)》,在研制过程中,对学校体育教学内容设计提出了基本原则,"注重基础性、全面性、实用性和学生不同年龄的针对性……体育教学要点与体育教学内容的选择,在体现体育科学性要求和基本选择原则的同时,还要涵盖田径、体操、游戏、球类运动、舞蹈、整队与步伐、技巧运动等主要体育教学内容"。

由于当时国内还没有统一的"教学大纲"来指导体育教学工作,在一定程度上,影响了学校体育教学工作的开展。为了制定统一的体育教学大纲和教材,1952年底和1953年5月将苏联师范学校和中小学体育教学大纲下发各省市,1953年10月,教育部也下发了《关于中小学及师范学校体育教学指导工作的通知》,要求各地体会苏联教学大纲的精神,明确其目的、任务,结合具体情况进行学习。③

5.三个《条例》的颁布实施促进了学校体育教学

提高学校教育质量是一项关乎国家兴衰的、具有战略意义的任务,因此,这一任务被摆在党和政府的重要议事日程上。1961年,教育部在中央规定的"八字方针"指导下,研究制定了《全日制小学暂行工作条例(草案)》(简称"小学四十条")、《全日制中学暂行工作条例(草案)》(简称"中学五十条")和《教育部直属高等学校暂行工作条例(草案)》(简称"高教

① 政务院.关于改善各级学校学生健康状况的决定[R].1951.8.

② 国家体委政策研究室.体育运动文件汇编(1949—1981)[G].北京:人民教育出版社,1982:218-219.

③ 中华人民共和国教育部办公厅.教育文献法今汇编(1957)[G].北京:人民教育出版社,1958:6.

六十条"），统称《条例》。1963 年，在充分酝酿、讨论和补充、完善的基础上，中共中央正式颁布了"小学四十条""中学五十条"和"高教六十条"，与此同时，又下发《试行条例》，《试行条例》在阐述三个《条例》所涵盖的主要内容的基础上，作出指示："保证能够促使广大中小学学生身心都能够得到正常和健康的发展，使他们都具有健康的体质，良好的生活习惯和劳动习惯；并能够使大学生具有健全的体魄。"条例还要求"学校必须以教学为主，以努力提高教学质量为主；各地、各级、各类学校必须根据中华人民共和国教育部统一制定的学校教育与教学计划、教学大纲和相关的教科书安排教学活动；教育行政部门应该积极地、有步骤地帮助学校改善教学条件，如，校舍和体育教学、体育卫生、日常生活等方面的设备等。"《条例》是一个纲领性文件，它的颁布是我国学校教育史上的一件大事，对纠正"左"的错误，稳定学校的基本教学秩序，展现党和国家对学校教育、体育和卫生工作的重视与关怀，提高教学质量有着重大的意义和深远的影响，对学校体育及卫生工作的规范化和稳定与健康地发展具有十分重要的作用。[①]

1961 年 2 月，中共中央书记处专题讨论了关于各级学校教育的教材问题，并做重要批示："要紧抓大、中、小学教科书和讲义等教材编写与出版工作，要求各级教育主管部门要把选编体育教科书和体育讲义作为学校体育工作中的重要工作。"同年，教育部根据中共中央的相关指示精神，组织修订了《高等学校体育课程教材纲要》和体育教师教学用参考书，《小学体育教材》和《中学体育教材》由人民教育出版社编辑出版发行，这套参考用教材还将体育教材与教学大纲合编在了一起。[②]（表 3-9）

表 3-9 1961 年《小学体育教学大纲》中的体育教学内容

年 份	文件名称	体育教学内容
1961 年	小学体育教材	1.田径：走和跑、平衡、投掷、跳跃、攀登和爬越；2.体操：队列练习、体操队形练习基本动作、一般发展和准备的练习、支撑、跳跃、悬垂、爬越、跳绳、攀登、投掷、实心球练习、体操棒、体操凳、对抗拓角力、技巧练习、搬运重物；3.武术；4.游戏："大鱼网""支援同伴""守卫红旗""钓鱼钩""攻堡垒""圆形的棒球""叫号赛跑""长江、黄河""跑得快、跳得好""挑战应战""把红旗插上珠峰""接力赛跑""障碍赛跑""胯下传球""打靶""投沙包"；5.基本知识（三到六年级使用）
	中学体育教材	1.体育基本知识；2.田径：跳跃、跑、投掷、爬越和攀登、平衡；3.体操：队列练习、体操队形练习和一般发展动作练习（支撑、悬垂、攀登、技巧、徒手操、体操棒、肋木、实心球、跳绳、低双杠、爬绳、支撑跳跃）；4.武术；5.球类：小足球、手球、篮球（必选）、排球（选用）等

① 张非垢.武术工作中的两条路线［J］.体育文丛，1957（9）：1.
② 蔺新茂.体育教学内容论［M］.北京：北京体育大学出版社，2014.

二、中华人民共和国成立初期学校体育教学内容的沿革与发展

1954 年,教育部继承革命根据地和解放区学校体育的已有经验,以苏联学校体育和《中小学教学大纲》为蓝本,制定了全国各级学校通用的、统一的《学校体育教学大纲》。1956年,教育部又颁布实施了《中小学体育教学大纲》。《中小学体育教学大纲》明确规定了中华人民共和国学校体育教学的目的和原则,"学校体育教学是为培养学生成为'德、智、体'全面发展的、社会主义事业的保卫者和建设者"。为此,学校体育教学要以培养人的"全面性、实用性、科学性、健康性"为基本原则。教育部为了配合新大纲的执行和落实,又在 1957 年出版了《小学体育教学参考书》和《中学体育教学参考书》。①

1956 年,教育部根据中、小学体育教育的目的和任务,颁布的《中小学体育教学大纲》是针对我国新修订的中学授课时数而制订的。《中小学体育教学大纲》规定了小学体育教学的必修内容,这些内容包括基本体操和游戏;《中小学体育教学大纲》规定了两种性质的教学内容,即基本教材和补充教材,这就是中学教学体育教学内容的两个主要部分,其中,基本教材包括体操、田径、游泳等,是要求全国中小学必须统一教授的体育教学内容;补充教材是基于各地中小学学校体育教育发展不平衡的基础之上,为提升《中小学体育教学大纲》对不同地域或不同条件的学校而选编的,其中,就包括田径、体操、游泳、速度滑冰、滑雪、游戏。无论是中学体育教学内容,还是小学体育教学内容,在分类方面都较为清晰,分类的逻辑性、科学性与合理性都较强。②

1.初步形成了学校体育教学内容系统

1956 年的《中小学体育教学大纲(草案)》,对每一项体育教学内容涵盖的具体内容都有详细设计,如,小学五年级"基本体操"就包括(1)体操队列队形基本动作(如行进间转法、行进间队形变换、原地队列变换及还原等动作);(2)一般发展动作(动作协调的要求)和肌肉紧张用力程度稍高的徒手操(包括转体、屈体、下蹲、伸展、踢腿、跳跃等);(3)跳长绳:从各方面跑入跳、边跳边做动作和一个接一个地跑入跳;跳短绳:连续地跳,速度稍快地和边跳边做简单动作地跳;(4)各种较复杂的接抛小球(小布球、小沙包等);(5)器械体操:比较复杂的和肌肉紧张用力程度稍高的体操动作等,如攀登、爬越、悬垂和支撑(爬越几个障碍物,如爬越约 1.2 米高的障碍物),在平衡木上或长凳上爬行、爬肋木;悬垂移动(不转体);手脚并用地爬竿或爬绳(固定的);站悬垂或蹲悬垂,双脚蹬地跳上成支撑,向前翻下成蹲悬垂(低单杠或其他器械等)、膝勾悬垂(手触地的或不触地的);(6)技巧(连续前滚翻;向后滚翻成跪撑;蹲撑后滚动成肩肘倒立等)以及支撑跳跃(从高处跳下:从器械上屈腿、分腿跳越过前面适当高度的横绳);支撑跳上、跳下(双脚踏跳):跳上蹲撑,向前跳下;跳上跪撑,摆臂向前跳下;分腿跳上,向前跳下;分腿腾越等。而且由于"劳卫制"的实施,各个年级都设立了对体

---

① 课程与教材研究所.20 世纪中国中小学课程标准·教学大纲汇编:体育卷[M].北京:人民教育出版社,2001:74.
② 课程与教材研究所.20 世纪中国中小学课程标准·教学大纲汇编:体育卷[M].北京:人民教育出版社,2001:37,366.

育教学内容学习效果检验的考核内容（表 3-10、表 3-11）①

表 3-10　1956 年《中小学体育教学大纲》中的体育教学内容

年　份	文件名称		体育教学内容
1956 年	小学体育教学大纲（草案）		基本体操：走和跑、体操队形练习和队列练习的基本动作、准备和一般发展的练习、跳绳的练习（跳长绳）、跳跃、投掷、实心球的练习、爬越和攀登、平衡。游戏：活动量小的游戏、中等活动量的游戏、活动量大的游戏
	中学体育教学大纲（草案）	初中	田径：走和跑、投掷、跳跃、爬越和攀登、平衡；体操：体操队形练习和队列练习、准备和一般发展的练习、跳绳、实心球练习、体操棒、体操凳、对抗拓角力、悬垂、支撑、攀登、爬越、跳跃、投掷、技巧练习、搬运重物；游戏
		高中	田径：走和跑、投掷、跳跃；体操：体操队形练习和队列练习、准备和一般发展的练习、支撑、悬垂、爬越、攀登、平衡、跳跃、技巧练习；游戏

表 3-11　1956 年《小学体育教学大纲》中各年级考查的教学内容

年　级	一般发展和准备的练习	跑	跳　跃	投　掷	攀　登	平　衡	滚　翻
一年级	跳长绳（绳下跑过）	从一条线跑向另一条线	40 公分高处跳下	正确的姿势投准小球	—	—	—
二年级	跳长绳（正面入绳连续跳）	20 公尺跑	立定跳远	小球投靶	—	—	—
三年级	抛接小球接球前体后击掌	30 公尺快速跑	急行跳远，急行跳高	小球投靶	—	—	—
四年级	—	40 公尺快速跑	急行跳远，急行跳高	小球投靶	—	—	—
五年级	—	50 公尺快速跑	急行跳远，急行跳高	垒球掷远	爬斜放的体操凳	平衡木上行进	—

注：1 公分＝1 厘米。

　　《中学体育教学大纲》中各类教学内容是在吸取苏联先进经验的基础上，参照《小学体育教学大纲》，又根据初、高中学生入学的标准、年龄特征，结合具体国情，并按照教学内容的系统性、循序渐进性编订的。同时，它还充分考虑了学生的生理特征、性别特征等，如《中学体育教学大纲》规定，由于女生上肢肩带较弱，骨盆正在生长、躯干较长、下肢较短等生理上的原因，初、高中女生的悬垂、支撑、高处跳下、耐久跑等教材均适当地减少或降低要求，同时,相应地增加了舞蹈和平衡教材的分量。在可能的条件下,女生在进行舞蹈、平衡等练习时,应有音乐伴奏。《中学体育教学大纲》中规定的教学内容的排列方式也基本合理,教学内容按年级逐渐深化、彼此紧密联系,螺旋上升性反复排列,这有利于保持中小学学生对学校体育教学内容学习的一致性,从而保证学生所掌握的体育运动技术的完整性、系统性,不断巩固和提高主要的竞技运动技术,促进全面锻炼身体,并达到"劳卫制"的标准。

《中学体育教学大纲》还规定,体育课是保证学校体育教学工作得以顺利进行的基本组织形式。体育教师应努力钻研体育教材,并制订出切实可行的体育教学工作计划,切实保证《中学体育教学大纲》中的各项体育教学内容有机协调与配合,并依据不同的教学内容,选择运用适当的体育教学方法。《中学体育教学大纲》还规定,在体育教学过程中,体育教师不仅应注意学生各种身体练习量的增长,还应注意身体练习质量的提高。为了使学生牢固掌握《中学体育教学大纲》中规定的体育教学内容,适当地留给学生一定数量的课外作业是具有重要意义和价值的。《中学体育教学大纲》中所指定的体育课外作业,是体育教师应在课堂上注意进行检查的,这样就可以充分了解学生的完成情况。[1] 同时,为了保证各项学校体育教学内容得以顺利教授,《中学体育教学大纲》还明确规定了实施这些体育教学内容所需要的场地、设施与器材。例如,《中学体育教学大纲》的附件就列出了体操、田径、游戏明确的器具一览表(表 3-12)。

表 3-12　小学部分体育器具一览表

名　　称	数　量	备　　注
垒球	6 个	周径 25 公分
平衡木	2 个	高 50 公分和 70 公分的各 1 个
吊绳	2 条	其中一条是有结绳
爬竿	4 根	长 3~5 公尺
低单杠	2 个	
体操垫子	4 块	

2.体育教学内容的灵活性进一步提升

1961 年颁发的《小学体育教材》规定,体育教学内容中的基本知识(三到六年级)、武术、田径、体操、游戏(包括球类)为必修内容。而在《中学体育教材》中,体育教学内容的分类发生了变化,体育教学内容被分为基本教学内容和选用教学内容两部分。基本教学内容要求一般学校都应该落实到教学之中的,也是主要体育教学内容,约占体育教学总课时数的80%,涵盖了体育基本知识、武术、田径以及体操与球类游戏等;选用教学内容的"内容较广、程度也较深",约占总课时的 20%,涵盖的基本内容包括武术、田径、体操、球类等,要求各级、

① 蔺新茂.体育教学内容论[M].北京:北京体育大学出版社,2014.

各类学校可以结合自身条件,灵活地选用其中某些内容。① 从整体来说,体育教学内容是按学段和级段进行编排,各类教学内容除有些难易差别不显著的外,都是按先易后难的顺序排列的。按年级阶段排列的教学内容就包含几个年级都适用的部分教学内容,如一般发展动作和体育基本知识等教学内容,就是由几个年级共同使用一组教学内容,要求教师可以灵活运用。《中小学体育教材》进一步解释了部分体育教学内容排列及选用的方法——当体育教学内容中出现两种内容、两种方法或两种器材由教师选用时,如"跨越式或滚式"跳高内容,写在前面的是主要的;同时还规定,为了充分发挥我国民族传统体育的作用,选编了一部分武术教学内容,但由于在过去的学校体育教学中很少选用武术作为教学内容,"为保持武术特有的风格,将武术单独列为一类,教师在教学过程中,可以单独教授,也可以作为教授体操、田径等内容前的准备活动内容进行教授"。这些变化都充分显示了1961年体育教学内容在实际教学实践中的灵活性不断提升。

为了增强学校选择教学内容的灵活性,《中学体育教学大纲》的第二类体育教学内容——"补充教材"中,就列举了滑雪、滑冰、游泳等教材作为大纲内的补充,保证具备条件(包括场地设备、师资、安全设备等)的学校适时、适当采用。同时,《中学体育教学大纲》还规定,各学校在实施"补充教材"教学时,可以在不影响学生掌握基本教材的情况下,按比例适当地删减基本教材中的体操、田径、游戏等教材,应用这些补充教材时,这些教材所占的教学时数为:滑雪、滑冰以10小时、游泳以8小时为原则。关于滑雪、滑冰、游泳等教材的教学时数,以及相关教材的减少,均须经由当地教育行政部门根据当地具体情况,作统一规定。如有些学校的学生,对大纲的基本教材已全部学完并掌握,若条件许可,则可采用《中学体育教学大纲》内"补充教材"中的体操、田径、游戏教材进行教学,具体采用体操、田径、游戏"补充教材"中的哪些内容作为体育教学的具体内容,应由体育教师决定、校长批准,其目的也是想更好地促进全体学生能够积极、自觉地参与到校内外的体育活动之中去;而促使学生积极从事校内外组织的各种体育活动,就是为了进一步巩固、改进和提高学生在体育课堂中所获得的体育知识与体育技术、技能,并有利于进一步提升学生运动成绩和运动水平。②

3.体育教学内容选编视角的扩大

1961年的《中小学体育教材》,更加重视学校体育对社会的工具价值和对学生的本体价值的协调发挥,拓宽了体育教学内容进行筛选的视角,提升了体育教学内容的针对性和有效性。第一,选编体育教学内容时,强调体育教学内容要有利于体育培养学生的共产主义道德品质,要有鲜明的思想性,特别是游戏教材和体育基本知识教材,要具有更好地向学生进行思想教育的作用,这是当代体育教学内容选编时,被忽视的一个前提条件或原则,应引起主管部门和专家、学者们的重视。第二,重视根据学生各年龄阶段生理和心理特征出发选编体育教学内容,从田径、体操、游戏(包括球类)、武术等各类运动中,选编出对学生身心发展更有价值和意义的体育教学内容,尽可能保持各年级体育教学内容具有各自的重点,但特别提出对于必须反复用来锻炼身体的教学内容,仍要保持螺旋上升式重复排列。第三,重视从增

①　课程与教材研究所.20世纪中国中小学课程标准·教学大纲汇编:体育卷[M].北京:人民教育出版社,2001:459-460.
②　蔺新茂.体育教学内容论[M].北京:北京体育大学出版社,2014.

强学生体质的实际情况出发选编体育教学内容,如明确了应"能够促进学生身体的正常发育,促进学生身体素质的全面发展和身体机能与基本活动能力的提升"。增强学生应对自然环境各种变化的适应能力的体育教学内容,据此,选编田径、体操、球类、游戏、武术等内容。第四,依据国情需求,重视选编国防教育类的体育教学内容,如为了贯彻民兵训练的精神,保证"劳卫制"在学校中的顺利开展,要求"需从体育教学内容与劳卫制、民兵训练相协调的视角选编体育教学内容",将"劳卫制"的部分项目列为各对应年级的教学内容,还选用了与民兵训练有关的体育教学内容,如队列、投掷手榴弹和跨越障碍跑等。[①]第五,从体育教学内容选编的基本原则出发,力求体育教学内容适合一般学校和学生的基本情况。例如,所选编的体育教学内容要力求精练简洁,不仅要便于教授、便于学习,还要照顾学校体育场地设备和师资水平等条件,以及学生的体质与班额情况,尽量选择使学生能够经常用来锻炼身体的项目作为教学内容;同时,要求"根据学校和教师具体情况,一些对场地、设施、器材条件要求较高或技术较难的教学内容,结合学生的身体条件和爱好,可以放在课外体育活动中重点学习"。

同时,为了确保体育教学内容既具有统一性,即一般学校都可以参考使用,又具有一定的灵活性,将教学内容分为基本教学内容和选用教学内容两部分。因此,也就是说,如果基本教学内容的授课时数不够,首先,各校可以根据具体条件灵活地选用其中某个或某几个教材,甚至可以占用选用教材的授课时数。其次,由于1961年的《中学体育教材》将初中和高中男、女生的教学内容合编为一本,没有分别编写,又是根据学生在各年龄阶段的差异及性别差异选编的教学内容,因此,对各项教学内容在男、女学生的不同安排上,提出了不同的要求。最后,各年级、各类学校体育教学内容的时数分配,是根据中学体育教学目标、体育教学计划(体育课每周2课时)、体育教学任务以及各类教学内容对各年级学生身体锻炼的价值来确定的,在确定之前,还要根据一般学校设备等条件,先按每节课的基本部分(约占35分钟)进行估算,然后,提供给教师作为制订教学工作计划的参考,因此,在体育教学实践中可能会有一些出入,这就要求教师要灵活运用和周密计划。[②]

4.体育教学内容的竞技性目的更为突出

1958年至1960年,为了尽快改变我国经济文化落后的状况,全国范围内掀起了"大跃进"运动的风潮。1958年10月,国家体委和教育部明确指出,截至1958年年底,全国基本上普及"四红""双红"的"大跃进"目标。然而,1959年到1961年,由于紧接着就出现了连续三年的"困难时期",造成了国民经济出现快速下滑,国内供需严重失衡,人民大众的生活出现了极端困难,处在生长发育阶段的学生,在饮食、营养等诸方面很难得到保障,大部分学生体质下降,无法保障正常的体育课程学习,一些地区不得不放下体育工作,一部分体育教师被分派去干了别的工作,操场种地、种菜,体育场地、器材遭受严重破坏,这一阶段的学校体育工作受到严重影响,学校体育主要开展一些早操、课间操及一些小运动量项目,学校也有意识地降低学生的运动量,特别严重的地区,则暂时减少或停止体育课、课余体育锻炼和学校业余训练。

---

①② 蔺新茂.体育教学内容论[M].北京:北京体育大学出版社,2014.

1960 年 11 月,中共中央在开展纠正教育中出现的"大跃进"等"左"倾错误的同时,提出了在全国各行各业实施"调整、巩固、充实、提高"的方针,同时,要求开始着手恢复和建立"规范学校教学制度"。根据中央的指示,1961 年,教育部组织修订了《体育教师教学参考用书》和《高等学校体育课教材纲要》,人民教育出版社出版了《中学体育教材》和《小学体育教材》这两本体育教师的教学用参考书。其中,在《中、小学体育教材(大纲)》中明确指出:"学校体育是学校教育的一个重要组成部分,通过学校体育教学以及课余体育活动,可以向学生进行共产主义思想品德教育,增强学生的体质,使学生能够更好地学习和工作,健康地参与到社会的生产劳动和祖国安全保卫之中。""学校体育还能够促进学生身体素质全面发展和身体基本活动能力的有效提升;使学生具备从事体育锻炼的基本知识和运动技术与技能,进一步促使学生养成自觉进行身体锻炼的良好习惯。另一方面,还能发现并有效提高部分具有运动天赋的中小学生的运动技术水平,为竞技体育培养后备人才;学校体育还能够培养和教育学生热爱共产党、热爱社会主义祖国、热爱劳动,培养学生具有高尚的共产主义道德品质。"依据我国学校体育的基本目标和任务,中小学体育教学内容的选择与设置简单而清晰,包括田径、体操、游戏(包括球类)、武术体育运动基本知识等。

5.武术内容的科学化程度得以提升

民族传统武术作为我国民族传统体育项目的主要内容之一,在我国源远流长,它是在长期的斗争实践和社会生活中,中华民族人民长期形成并逐渐积累起来的、非常珍贵的历史文化遗产。在中华人民共和国成立初期,武术运动受到了广泛的重视,但是,由于当时的武术社团政治情况比较复杂,为加强对武术工作的领导,国家体委制定了一些政策,采取了一些具体措施,对武术工作进行整顿,并提出了武术发展要"提出一些与体育有关的、对健康有益的,又能推行的项目"的目标。[①] 这些措施和要求对当时的武术健康发展起到了积极的指导作用。《新体育》1957 年第 2 期和第 4 期分别刊登了蔡龙云的《我对武术的看法》、吴高明的《武术是锻炼身体的方法》两篇文章,文章批判了一些人对武术"专讲玄虚,不讲科学,不注意生理健康"的不正确做法,因而,提出"武术没有体育价值",同时主张要"正确地使武术更加合乎'健康、适用、全面发展'的体育原则",使武术从实战目的转变为以锻炼体质为目的的体育运动项目。这两篇文章的发表,也开启了我国体育界对武术问题的讨论。这一时期,关于武术讨论的中心,主要集中在"武术的健身、养生、技击价值以及武术艺术性价值"等方面,因而,在这些问题上,不同的认识均为自己不同的学术观点进行着交流,这些争论都是正常的。

然而,1957 年 10 月,体育界关于武术问题的争论发生了方向性的偏转——由原本的学术问题逐渐引向政治问题,由学术观点上升到了政治高度,其转向缘于一篇以《对于王新午"开展武术运动的一些意见"的意见》为题的文章。这篇文章认为,"将'武术毕竟不同于一般体育'视为严重挑拨'武术界'与'体育界'关系的观点,是企图把武术从体育中割裂出去的和别有用心的、极端错误的做法"。此后,陈捷的一篇题为《驳王新午的谬论》的文章,带有更为强烈的政治批判倾向,认为,王新午文章中的一些观点,实质上是污蔑武术不受中国

---

① 蔺新茂.体育教学内容论[M].北京:北京体育大学出版社,2014:78-79.

共产党和社会主义国家的重视,其宣扬的"国术至上"和贬低其他体育项目价值的思想,实质上是武术界一直存在的、封建的、反科学倾向的思想表现,这与新的"建设为人民服务的武术运动"观念是两种不同主义与道路的斗争。1957年底,《体育文丛》登载的《武术工作中的两条路线》对这场争论定性:"怎样对待武术,历来就有两种态度,这代表两部分人对武术所采取的两条不同路线。""有一种争论,是假借武术之名,故意颠倒黑白,混淆视听,造谣挑拨,进行反共、反人民、反社会主义的阴谋和猖狂进攻,其对武术所云,其实就是企图为成就个人势力而浑水摸鱼。醉翁之意不在酒,而在于实现个人野心,为资产阶级复辟开辟道路。"因此,直截了当地说这就是"造反","人民大众必须对其予以坚决地反击,把他彻底打垮,否则,就会对人民不利,对武术运动的发展也不利"。①

6.学校体育工作的改进有力推动了体育教学内容的落实

大量合格的体育师资是中小学体育恢复和教育事业的发展所急需的人力资源。1960年,由于受三年"困难时期"的影响和冲击,从对体育师资需求的整体上看,数量上的绝对差距仍很大,尤其是县级以下的中小学校,体育师资力量更为薄弱,很多中小学没有专职体育教师,而兼职的体育教师又没有进行过专门的训练。为了尽快强化师资队伍建设,1960年5月,中共中央、国务院颁布《关于保证学生、教师身体健康和劳逸结合问题的指示》,其中明确指出,"青少年学生正处于长身体、长知识的黄金阶段和美好时期,在这一时期,学校不仅要关心他们的学习、工作和生活,还有必要时刻关注与关心他们的身体健康,使他们能够真正做到身体好、学习好和工作好"。"而学校体育教学质量的提高,主要应该依靠改进体育教学内容和方法;各级教育行政部门应该有一个专门的负责人(中央教育部副部长、各省、市、自治区教育厅、局正副厅、局长等),各级学校应有一个专职校长或副校长负责管理学生、教师的日常工作、学习与生活,使他们的安排能够做到劳逸结合,切实保障饮食健康,时刻关注并及时解决他们生活中遇到的实际困难和问题。"②

1961年后,根据《高等学校暂行工作条例》的精神与"调整、巩固、充实、提高"方针,各体育院校、系、科,在认真总结工作经验的基础上,进一步明确了培养体育师资的任务。1963年11月,教育部与国家体委联合下发了《关于七所省属体育学院培养目标等问题的通知》,这一《通知》首先确定了南京、天津、沈阳、哈尔滨、西安、成都、广州等7所省属学院的培养目标是为广大中学培养合格的学校体育教师。这一时期,国家迅速恢复和在师范院校建立了体育系、科,如先后建立了北京师范大学体育系、山西大学体育系、杭州大学体育系、河南大学体育系、湖北大学体育系、延边大学体育系等,这基本上解决了"在整个体育师资中,加强体育师资骨干队伍建设"的问题。同时,国家要求,"各地除了要尽量保证在中小学任教的体育教师,是体育师范院校毕业生之外,还要提高在职体育教师的业务水平,作为加强中小学体育师资队伍力量的重要补救措施,用以缓解体育师资严重不足的状况。③"

---

① 国家体委政策研究室.体育运动文件汇编(1949—1981)[G].北京:人民教育出版社,1982:24.
② 蔡龙云.我对武术的看法[J].新体育,1957(2):20-21.
③ 吴高明.武术是锻炼身体的方法——关于武术的几个问题与蔡龙云同志商榷[J].新体育,1957(4):16-18.

　　根据《学校暂行工作条例》规定,各省、市、自治区教育部门"应该有计划地组织教师进修,建立和健全教师的进修制度和保证教师进修时间的要求,抓紧抓好对中、小学体育教师进行短期培训"。"教育行政部门应立足于本地区的实际需求和体育教师的业务水平,挑选出一批专职教师作为短期培训班的师资","从复员军人和社会青年中挑选有一定文化基础和体育专长的人,通过短期培训后,充实到中小学担任体育教师"。通过教师进修和短期培训班的办法,"在数量上解决体育师资不足的问题"的同时,要求"各个学校成立校际教研室、中心站,开展教研活动。然后,通过辐射方式,带动其他体育教研室的教师认真钻研业务。鼓励体育教师利用寒、暑假培训骨干教师、研讨学习教学大纲规定的教材内容和要求"。经过上述这些针对性的措施,全国基本满足了体育教师在数量与质量上的急切需求,也有效地提高了体育教师的业务水平,保证了学校体育教学的顺利实施和教学质量的提高。

　　1961 年,《文汇报》《体育报》针对当时学校体育教学的目标问题展开了争论,一方观点认为,学校体育教学应该以发展学生的身体素质,增强学生的体质健康为主要目标;另一方观点认为,学校体育教学应该以教授和促使学生掌握运动技术与技能为主。这就是一直持续了 20 年的、关于"学校体育为学生'体质健康'还是为学生的'技术学习'"的讨论。这对进一步明确中小学体育教学的目的和任务具有一定的意义,在讨论过程中也逐渐形成了共识。本次讨论,使学校体育工作者进一步认识到,学校体育教学不能仅仅以追求发展学生的身体素质为主要目标,否则,往往会导致一种不讲究科学的锻炼方法的出现。反之,如果仅仅是强调学生以掌握运动技术和进行运动技术的训练为主要目标,而忽视学生体质和身体素质的全面发展,同样也难以达到学校体育教学的良好效果。

　　讨论认为,人们对学校体育教学在认识上存在的片面性,不仅会影响体育课的教学质量,还会影响学生体质的增强。所以,体育课必须为增强学生体质服务,既要为培养学生体育的习惯、兴趣、爱好打基础,也要着眼于为学生掌握体育基本知识、技能打基础。体育教学不仅要求学生在校期间获得短期的学习效果,也要求学生通过体育学习之后,受到长远的、积极的影响。因此,体育课的任务主要包括三个方面的内容:一是,培养学生的共产主义道德品质,提高学生的思想政治觉悟水平;二是,促使学生掌握体育运动的基本知识和进行身体锻炼的技术与技能,使学生了解进行体育锻炼的重要意义与价值,促使学生养成自觉锻炼身体的习惯;三是,促进学生身体的正常生长发育和身体机能的发展,增强学生身体对自然环境的适应能力,增进学生身心健康,促进学生身体基本活动能力和身体素质的全面发展。这三个方面相互协调、缺一不可。①

7.课堂内外体育教学内容学习体系初步形成

　　1963 年,国家体委明确了学校体育作为开展群众性体育活动与工作的重要性和基础作用,要求学校体育要"抓紧、抓好体育课、课间操、课外体育活动"(被称为"两课、两操、两活

---

① 　马辉.武术的性质和它当前的任务[J].体育文丛,1957(6):41.

动"）。由国家体委牵头制定相关文件,在教育部、共青团中央、国家总工会等有关部门的积极协助和配合下,加强对学校群众体育工作的领导与指导。首先,在各级、各地、各类学校中恢复了每周两节体育课的制度,在此基础上,不断提升体育课的教学质量,在学校体育中坚持开展早操、课间操活动,每周至少安排两次学生的课外活动,每次活动的时间应能够保证在一节课以上。在此基础上,形成了学校体育的"两课、两操、两活动",后来成为我国学校体育工作中的特色,也成了我国学校体育工作的基本工作模式。

上好体育课首先要求学生能在体育课堂中,真正掌握体育技术、技能,保证学校体育课堂能够成为培养学生体育兴趣的主战场。其次,要上好体育课,就要使学校领导和教师明确体育的目的和任务,认真学习体育教材的基本纲要,严格贯彻、执行上级部门对各级学校的指示精神,真正认识体育课是必须为增强学生体质服务,为学生继续体育锻炼习惯打基础,并非单纯为了发展某几方面的身体素质和提升几个项目的技术训练水平服务。各级各类学校,尤其中、小学,在课程设置上,要确保每周两节体育课;在授课内容上,根据教材的目的和基本要求,深入了解学生的接受能力、现有基础等特点,既要严格按照体育教学大纲中的体育教学内容进行选择,还要从实际出发进行落实与实施,要突出重点、难点,分清主次,只有教师把最基本的内容教好,学生才能学好。

第三节　中国当代学校体育教学内容的沿革与发展分析

一、中国当代的学校体育教学

(一)"扬州会议"召开促进了学校体育教学秩序的恢复

1979 年 5 月 15—22 日,教育部、共青团中央、国家体委,在江苏扬州联合召开了全国体育卫生工作经验交流会,包括 29 个省、市、自治区的教育、共青团、体育、卫生的代表 182 人,特邀代表 2 人,大、中、小学及中专领导干部 55 人,团干部、班主任、体育教师、校医等代表 72 人,共计有 311 人参加这次会议,江苏省参加"学校体育卫生工作经验交流会议"的代表 230 人也列席了会议。大会选择性地印发了全国 24 个省、市、自治区推荐报送到大会交流的 171 份经验材料中的 45 份,作为会议交流的材料,还讨论了《高等学校体育工作暂行规定》《中小学体育工作暂行规定》以及《中小学卫生工作暂行规定》等三个《规定》中的相关条款。

"扬州会议"是中华人民共和国成立以来,我国学校体育中,规模最大的一次关于"学校体育卫生工作"的会议,被视为是"一次体育界全面拨乱反正性的标志性会议",因为,"扬州会议对学校体育及学校卫生,对组织领导、指导思想、科学管理、教研活动等多方面工作完成了重建,将我国学校体育与卫生工作引入了法制化建设和管理的新阶段"。会议重申了学校体育的重要地位,提出,今后学校教育要提高对学校体育卫生工作的认识,进一步明确了学校体育的目的在于"增强学生的体质,全面落实党的教育方针和国家的教育目标"。要求各地、各级、各类的学校体育工作要从实际出发,认真上好体育课,抓紧、抓好学生的课余锻炼活动,保证学生每天锻炼 1 小时,真正实现普及与提高相结合,正确处理德、智、体三者的关系,坚持"三好"方针,使学校培养出来的人才能为祖国健康工作 50 年。扬州会议的召开,为学校体育的有序开展奠定了思想基础,在思想上,进一步明确了学校体育的重要地位。①

(二)加强了学校体育卫生工作的队伍建设

"文化大革命"开始之后,由于担负师资培养的院校相继暂停招生,其中,高等学校和中专分别暂停招生了 4 至 5 年,从事中等师范教育的学校被撤、被并,据国家相关部门的调查统计,受此影响,我国至少缺失了包括体育、卫生方面的专门人才在内的 100 多万大专毕业生和 200 多万中专毕业生。例如,在实际毕业的 31509 名学生中,即便算上不能完全胜任教学工作的人员,中等师范学校还是少培养了 5 万名小学教师。同时,教师培训、进修机构也已瘫痪或被撤销,师资培训工作被迫中断。不仅如此,由于教育行政部门工作瘫痪造成的教师队伍管理混乱,导致教师编制被随意占用、教师被随意调出,体育教师流失的情况也比较严重,因为体育教师缺乏,有的学校不能正常开设体育课。面对学校紧缺教师十分严重的局面,各级各类各地学校也都采取了一些积极措施,如转业军人等经短期训练任体育教师;抽调一些"上山下乡"的知识青年任体育教师;一些学校不得不大量招收民办教师作为体育教师;一些学校对体育教师拔高任用,即将小学教师提到初中任教、初中教师提到高中任教。这些方式暂时性地缓解了体育师资缺乏的状况,但也导致体育教师队伍质量降低,给学校体育教育工作带来很大困难。②

为尽快恢复学校体育组织机构,顺利开展学校体育工作,快速改善学生健康状况,提升学生的体质水平,国家明确了对恢复和重建学校体育的各级组织、教师及教辅人员配备,要求各级教育行政部门都应调配必要的工作干部,建立工作机构;各级共青团、体育、卫生等部门,也应配备必要的领导干部、建立相应的管理机构与组织,使其能够通力协作,共同做好学校体育卫生工作。同时要求"各级、各类学校的主要领导必须关注和关心学校体育与卫生工作,做到'德、智、体三育'齐抓共管,各学校具体的体育、卫生工作,还应专门调配领导干部分管,深入实际及时解决工作中的各种问题"。"各级各类学校还应该把抓好学生的体育、卫生工作,明确地确定为班主任工作的职责。"另外,在促进学生健康发展工作方面,就学校负责体育、卫生的教师职责,也提出了具体的要求,"体育教师、保健、卫生教师或医生要切实做好本职工作,还要当好学校主抓体育与卫生工作的领导的参谋和助手;学校的教务部门要注意减轻学生的学业负担,使师生能够做到劳逸结合;学校的总务部门要注意不断改善学校的体育与卫生工作的器材、设备和师生的日常生活;学校的共青团、学生会、少先队,要带领学生自觉积极地参加体育锻炼,促使学生养成良好的卫生习惯"。

教育部强调,在教师培养方面,"要大力培养一支又红又专的体育教师和卫生人员队伍。

① 蔺新茂.体育教学内容论[M].北京:北京体育大学出版社,2014:81.
② 蔺新茂.体育教学内容论[M].北京:北京体育大学出版社,2014:75.

注意落实知识分子政策,充分发挥老教师的作用;要提高学校体育教师和卫生工作人员的社会地位,在政治上、工作上、业务上、生活上关心他们"。还特别强调:"要保持学校体育教师和卫生人员队伍的稳定,确保他们不能随意调动和改行。"上述规定和措施,对学校体育卫生工作的开展,对促进学生体质健康起到了重要作用,也是强化学校体育卫生工作的组织领导与队伍建设的重要依据。

(三)完善学校体育工作的各项制度性文件

"文化大革命"开始之后,各级、各类学校体育管理及组织机构工作受到很大影响,造成各级学校不仅体育课陷入了实际上的停课状态,课余体育活动也较为混乱。"文化大革命"后开始的"军体课"既没有教学大纲,也没有教学计划和教材,大、中、小学体育教育的随意性很强,教学秩序松弛,没有明确的教学目标。加之学生的停课造反活动,许多学校和教师无法组织正常的教学活动,只能随学生的意愿自主活动或以"放羊式"课堂应付体育教学活动,"军体课"上成了自由活动课、球类课。1971 年,各级、各类学校的日常教学活动逐渐恢复;1972 年以后,全国农村公社大办中学,大队大办小学,使学校数量猛增,一些县级中学和区级小学还能勉强学习球类、田径、体操、游泳和当时流行的"红卫兵拳""军体拳""语录操"等,农村中小学体育课则由于师资和器材的限制,上课大多徒有其名,有的利用"军体课"时间进行劳动,城镇中学则用"军体课"来"学工""学农"。学校教育管理制度被严重破坏,使得校纪、校规形同虚设,学生迟到、旷课、早退现象严重,学校体育的教学目标和任务根本无法完成,1973—1974 年,教育部对北京、天津、沈阳等城市部分学校的近万名学生进行了体质检查,结果发现,学生的肺活量、心血管等功能指标都低于"文化大革命"前水平。①

基于此,教育部、国家体委、卫生部,为了恢复和重订学校体育、卫生工作规章制度,就学校体育管理制度方面,于 1978 年 4 月 14 日,联合印发了《关于学校体育、卫生工作的通知》。又于 1978 年 9 月 10 日,先后颁布了《全日制中学暂行条例(试行草案)》《全日制小学暂行条例(试行草案)》《全国重点高等学校暂行工作条例》。这是根据新时期的总任务和十几年的新经验、新情况总结而来的《暂行条例》,后又依 1961 年《中小学体育教材》的"小学 40条""中学 50 条"和"高教 60 条"进行重新修订后颁发的,对各级学校体育、卫生及保健工作都具有较强的指导意义,就开展的工作也提出了明确要求。《高等学校体育工作暂行规定(试行草案)》和《中小学体育工作暂行规定(试行草案)》则是教育部和国家体委在 1979 年10 月 5 日颁布的。两条新规确立了明确的学校体育工作的规章制度,明确学校体育的目标和任务、评定学校体育工作的标准,并对大中小学的体育教学、科研、课外活动、后勤支持、体育教师和组织领导等学校体育的方方面面都做出了明文规定。国家教委、国家体委、财政部、国家人事部、建设部等部委,在 1989 年对这两个《暂行规定》实施的基础上,又颁布了《学校卫生工作暂行条例》和《学校体育工作暂行条例》,并经国务院批准于 1990 年 3 月和 5 月由国家教委和国家体委联合颁布实施。②

为了促进我国学校体育的迅速及可持续性发展,从 20 世纪 90 年代初期开始,我国开始

---

① 蔺新茂.体育教学内容论[M].北京:北京体育大学出版社,2014:78.
② 蔺新茂.体育教学内容论[M].北京:北京体育大学出版社,2014:85.

逐渐完成了体育、卫生等管理机构的调整,丰富并完善了各个方向上的多项管理办法与规章制度。这些具体措施行之有效,促使学校体育工作向规范化、制度化迈进了一步,为学校体育教学水平的不断提升、学校体育课程与教学改革的顺利进行、学校体育课余活动的开展以及学校体育学术交流活动质量与层次的提升等方面创造了有利条件。首先是"学校体育卫生管理机构"的改革与调整,1993 年成立的"体育卫生与艺术教育司"标志着国家教委机构调整开始,全国各级教育行政部门都配套建立了"体育卫生与艺术"管理机构,随之各级教委管理机构也作相应调整和职能转变,地(市)、县(区、市)教育行政部门都配有专职干部在体育卫生工作的管理机构负责此项工作。同年 6 月份,国家教委重新审定印发了《中小学卫生室器械与设备目录》,要求各地、学校根据自身的实际情况,采取有力措施,务必按照规定分期、分批逐步配齐并认真贯彻实施。规定将器械分三档配备:一档为较高测试标准,二档为一般测试标准,三档为基本标准;"必配仪器目录"中列入了体重身高计、肺活量计、视力表、诊查床、心率遥测仪等 60 多种仪器、设备。同时,为了充分发挥大中学校"学生体育协会"的职能和作用,调动各协会工作的积极性和高效性,1998 年,教育部又批准设置学生体育协会联合秘书处。

为了进一步明晰管理职责及权限,1995 年 8 月,国家教委审定并首次颁布了《中小学卫生保健机构工作规程》。《规程》明确了各地市教育主管部门所属的"中小学卫生保健机构"的性质,是所在地区教育行政部门领导下的行政管理事业单位,属于地区性中小学卫生保健机构,直接面向中小学校,为中小学生服务,同时,它还是青少年健康的指导部门和社会性服务组织,担负着"防治常见疾病、多发病,对学生实施健康教育和研究青少年体质健康"的职责,其服务对象主要是所属区域内的中小学生,"协助本地区教育行政部门规划、部署下辖中小学学校卫生工作,协助这些学校全面贯彻党的教育方针,做好中小学学校卫生工作;调查、了解、反馈、研究本地区中小学学生的体质健康状况;指导中小学学生进行常见疾病的防治工作;普及卫生保健知识,帮助学校开展健康教育,提高广大中小学学生的卫生素养和自我保健与防护能力;协助所在地区教育行政管理部门制定辖区内中小学校的卫生技术人员及其他学校卫生管理工作人员、健康教育课程教师的培训计划,负责对上述人员进行培训和业务指导;指导辖区内中小学协助卫生行政部门对学校实施卫生监督,开展饮食卫生、教学卫生、体育卫生、环境卫生、劳动卫生等工作,并积极履行对辖区内中小学学生的卫生保健服务"。

(四)学校体育改革使学校教育焕发活力

1984 年 10 月,中共中央发布的《关于进一步发展体育运动的通知》(简称《通知》)指出:"必须坚持普及与提高相结合的原则,积极采取有力措施,使学校体育教学及体育各项工作不断向新的高度发展……努力提高国民健康水平,要从青少年儿童抓起,重点抓紧、抓好学校体育工作。在不断增强学生体质的同时,学校还要积极开展业余体育训练与竞赛活动。"[①]为将"普及与提高相结合"的工作落到实处,真正落实《通知》精神,1985 年 12 月 27 日至 1986 年 1 月 1 日,国家体委和国家教委在山东掖县(该县现已撤销),联合召开"全国学校业余体育训练工作座谈会"。在这次会议上,提出了做好学校体育工作的两个方针:一是要

---

① 　金铁宽.中华人民共和国教育大事记[M].济南:山东教育出版社,1995.

全面贯彻落实党的教育方针，坚持"德、智、体"三育并抓，培养"四有"新人，切实做到面向全体学生；二是要坚决贯彻执行"普及与提高"相结合的方针，在增强全体学生体质的同时，大力培养体育后备人才，积极开展业余体育训练和竞赛活动。为此，国家教委、国家体委于1988年8月，在南京召开会议，对"深化学校体育工作改革"进行了讨论和部署。会议最终确定了学校体育改革的三项任务：一是，深化体育课教学改革。要求各个学校从本地区、本民族和本校的实际出发，从不同层次起步，使体育课教学灵活性与统一性相结合，努力在原有的基础上改进与提高，并逐渐建立起符合各地具体情况的、具有中国特色的体育课教学体系；二是，要积极实施《学生体育合格标准》和《国家体育锻炼标准》。规定，两个标准要在全国部分高中阶段及部分初中阶段开始实施，再逐步扩大到全国所有中学，从1989年开始执行"体育达不到合格标准的学生不得报考大学"的规定。三是，要努力完善学校的课余体育训练与竞赛活动。切实贯彻《关于开展课余训练提高学校体育运动技术水平的规划》，深化学生体育竞赛制度和全国性大型比赛的改革，办好体育传统项目学校，逐步形成"地方为主，立足学校，基层组队，社会赞助，体育协会承办"、国内外比赛相衔接的新机制。

1999年6月13日，中共中央、国务院发表的《关于深化教育改革全面推进素质教育的决定》强调："青少年具有健康体魄是为祖国和人民服务的基本前提，是中华民族具有旺盛生命力的体现。学校教育一定要树立'健康第一'的指导思想，切实加强学校体育工作，使学生都能够掌握体育基本的运动技术与技能，养成积极自觉地进行体育锻炼的良好习惯。确保学生体育课程学习和课外体育活动时间，任何学校不准挤占学生的体育课余活动时间和活动场所。学校要通过举办多种多样的体育活动，努力培养学生的竞争意识、合作精神和坚强毅力。各级地方人民政府要统筹规划，为学校能够顺利地开展体育活动提供必要条件。根据农村的实际条件和需要，有针对性地加强农村学校的体育和卫生。""健康第一"的指导思想正式从这些权威的文件里提出来，这有助于透彻地认识和解析学校体育教育目标，也充分说明了国家对学生身心健康的重视。

2001年5月29日，国务院在《国务院关于基础教育改革与发展的决定》中提出要求，"学校教育要积极贯彻'健康第一'的指导思想，切实提高学生体质与身心健康水平。适当增加学校体育的基本课时，保证学生每天参加一小时的体育锻炼活动。学校还要经常性开展小型化、多样性的学生体育比赛活动，努力培养学生团队协作精神和顽强意志。"在此基础上，"学校体育课程"更名为"学校体育与健康课程"。2000年，教育部颁布了九年义务教育《全日制体育与健康教学大纲》，后又颁布试行新的九年义务教育《体育与健康课程标准》，该教学大纲和课程标准就重点突出了"健康第一"的指导思想，《体育与健康课程标准》中，"运动参与、运动技能、身体健康、心理健康与社会适应"五大课程目标也是从学生健康出发确立的。①

20世纪末21世纪初，随着现代信息技术的发展，经济、政治、文化的交流也越来越频繁，知识更新越来越快，"知识爆炸""全球化""知识经济""信息社会"等对人们的冲击越来越大，世界各国之间的联系越来越紧密，彼此之间的影响也越来越深刻，在这一环境中，"终身学习"已成为人们的共识，这一共识也在冲击、涤荡着学校教育的各个环节，这种冲击促进学

---

① 中华人民共和国教育部.普通高中体育与健康课程标准(实验)[S].北京：人民教育出版社,2003.

校教育不得不做出自我反思与自我修正,教育应该如何为现代人的需求服务。为现代社会的需求服务已经变成了被人们反复思考、被诸多教育学专家深入探讨的问题。但有一种认识已经被人们接受,即社会的进步、生产力水平的提高、经济社会的快速发展,给人类带来的并不都是所谓的福祉,还有一些灾难,如由于经济发展对人类的"物化"作用,造成价值观、人生观的混乱,面对发展,许多人容易失去自我,人生的目标追求也迷失在物质享受和极度的精神空虚之中,物质文明的极大丰富也带来了环境的极度破坏,生态平衡的逐渐丧失。这一切都在呼唤学校教育与世界经济、社会及全球化的大势相适应,而学校教育也必须通过改革以实现自我修复。因此,20世纪末开始,全球范围内掀起了教育改革运动,我国的基础教育改革,就是其中的一部分,《义务教育新课程标准》的颁布就是改革的成果之一。

(五)学校体育教学的课程结构得到调整

1994年,教育部下发了《关于印发中小学语文等23个学科教学大纲调整意见的通知》,调整了学校23个学科课程结构,此次调整要求"实施五四"学制的小学和初中共减少136个课时,"实施六三"学制的中学共减少100学时",体育课程也在结构调整之列。在总的课时削减后,各年级体育教学内容都进行了调整。例如,"五年制小学"精减了以下体育教学内容:"小足球颠球比多;跳箱、跳上成支撑、向前跳下,并脚屈膝落地;向前(后、左、右)的滚动;前滚翻起立;单脚或双脚连续跳上、跳下台阶,双脚连续跳上、跳下20~30厘米台阶;对墙投掷小皮球等;短距离助跑后用单脚起跳,以手或头触悬挂的物体,助跑后单脚起跳摸高,短距离助跑、单脚起跳,越过前面一定高度的横绳;小球类教学中的篮排足减少2项;身体素质练习中5项身体素质练习减少50%,移至活动类课程当中"等。再如,"三年制初中"精减了以下体育教学内容:(分、裂、合、并等)各种队列变换,蛇形走,连续单脚跳、屈腿跳、分腿跳、弓箭步、跨步跳;小步跑;各种方式的单(双)脚跳,各种方式的向上跳,连续单脚跳,原地摆臂练习,弓箭步走,单脚交换跳,跑跳步,蹲跳起,后退跑(篮球),变速跑(篮球),连续单脚交换跳,快速反应跑练习;短距离助跑、单脚起跳越过前面一定高度和远度的横绳;球类教材删减了2项,青年拳对练;5项身体素质练习减少50%移至活动类课程当中。

1996年1月,国家教委办公厅下发了对《"体育两类课程整体教学改革"的方案》(简称《方案》)进行实验性改革的通知。"由于在新的'大课程'观念指导下,中学的体育课课程设置将原有单一的'体育课教学'变为'体育学科类课程'与'体育活动类课程'相结合的新课程体系,特拟订此'体育两类课程整体教学改革'方案,来适应上述新的体育课程设置要求和体育教学改革的实际情况。"《方案》指出,"两类课程整体安排的方案改革"是将课内外体育教学活动统一于"体育课程"范围之内,并将两类不同方式、性质和特点的体育课程有机结合起来的"新课程"理念,最终目的还是能更有效地促进学生身心全面发展、培养学生"终身体育"能力。"整体教学改革"依据"两类课程一致的目标"以及"内容相互联系与渗透"的特点,对两类课程体育教学的教学内容、教学任务、教学组织提出了不同要求。[①] 同时,调整了以往学校体育教学内容的分类,单纯依据"人体活动能力"和"运动项目"的体育教学内容分类方法,根据不同年级、学段的学生特征,同时,又为保持"运动项目"和"人体基本活动能

---

① 蔺新茂.体育教学内容论[M].北京:北京体育大学出版社,2014.

力"分类相结合,对小学高年级和中学的体育教学内容进行了分类。在对体育教学内容的评价方面,对评价标准进行了改革。以往的大纲,只强调"达标",而忽略了对学生的学习、成绩、体质进行全面的评价,新大纲采用了结构综合考核的办法,提高了体育教学评价的全面性、科学性和可行性。基本内容包括身体素质和运动能力、体育技巧、体育基础知识和体育课出勤及体育课的课堂表现,这些基本内容分别占到成绩的 40%、30%、20%、10%。由于小学一、二年级不考运动技能、技巧以及身体素质和运动能力(占 40%),大纲对各项评价指标等都制定了相应的评分标准。①

(六)学术交流活动的加强,促进了学校体育教学的发展

在国家教委"体育艺术卫生司"支持下,从 1990 年开始,由"中国体育科学学会学校体育专业委员会"组织举办的"中日学校体育学术交流研讨活动"正式启动,这一学术交流活动初步设定每两年举办一次。这一国际性的学术交流活动主题明确,目标清晰,内容丰富,旨在求同存异、相互启迪,是中日双方学者相互了解各自学校体育教育现状及改革措施的良好平台。由于国情、背景不同,既有双方学者的论文报告,又有现场观摩、交流或录像,形式生动、活泼、丰富多彩,充分体现了体育理论与体育实践的完美结合。交流过程中,研讨双方坦诚相见,本着互尊、互谅、求同存异的精神畅所欲言,加深了相互了解与友谊,对中日学校体育的共同提高起了积极促进作用。其后,随着我国学校体育教学水平和体育学术水平的不断提升,与中韩、亚太等地区的学术交流活动也日趋频繁,频繁的学术交流引领和带动了我国的学校体育教学发展。

在教学文件的制定与出台方面,20 世纪末期,教育部共制定颁布了 6 个教学大纲。1988年,颁布《九年义务教育全日制小学体育教学大纲(试行草案)》和《九年义务教育全日制初级中学体育教学大纲(试行草案)》两个教学大纲;1992 年,颁布了九年义务教育《全日制小学体育教学大纲(试用)》、九年义务教育《全日制初级中学体育教学大纲(试用)》和九年义务教育《体育与健康教育教学大纲(初审稿供实验用)》三个教学大纲;1996 年,颁布了 20 世纪最后一个教学大纲《全日制普通高级中学体育教学大纲(供试验用)》。②

从大纲的标注形式来看,在 20 世纪末,在我国学校体育教学中,体育教学与教材的编写注重学生的身体锻炼,着眼点放在实现学生终身体育的目标上,在增加体育基本理论知识教育的同时,也非常重视学生体质的增强与发展。编写者在"体育教学大纲"的编写过程中,不断探索和改革,体现了高度的责任心和创新精神。从大纲的文本标注来看,自 1988 年的"试行草案"到 1992 年的"试用"以及"初审稿供实验用"等大纲的表述方式,都体现了专家、学者在编写大纲时严谨的态度、科学的精神,以及精益求精的工作作风,之所以到 20 世纪的最后一个大纲——1996 年《全日制普通高级中学体育教学大纲》其文本标注方式依然采用"供实验用"的方式,也充分说明了在我国这个人口大国中,经济、政治、社会、文化、教育等的多样性和复杂性,使得采用统一的教学大纲、选用统一的"体育教学内容",即便是采取较为灵活的编排方式,也难以适应各省、市、地区,各民族的各类学校对"学校体育教学"的多种要求。此标注方式也较符合在福建 1982 年 10 月举行的"全国中小学体育教材会议"中所提出

---

①② 课程与教材研究所.20 世纪中国中小学课程标准·教学大纲汇编:体育卷[M].北京:人民教育出版社,2001.

的"既要有统一的大纲,又不能规定得过死,在统一基础上要给地方一定的机动权""新编教材要符合三项基本任务的要求和青少年儿童的生理、心理特点"。同时,在1987年的《中小学体育教材》修订工作会上,我国首次提出了"发展学生个性""使学生了解和掌握利用体育进行身体锻炼的基本原理,掌握独立地、科学地进行体育锻炼的方法,以满足学生未来终身体育和生活娱乐的需要"等新理念。① 在这一理念指导下,体育教学大纲中的教学内容选编与排列更为合理和科学。

二、中国当代学校体育教学内容的沿革与发展

(一)体育教学内容选择的灵活性不断得以强化

比较这一时期编写的大纲,发现最明显的变化就是,体育教学内容选编的弹性一直在加强(选用教材的数量一直在提升或限制越来越少)。1978年,教育部颁布的《体育教学大纲》明确提出要加强体育基本知识教育,增加了体育卫生及保健知识等内容,为突出增强学生体质的目的,在具体教学实践过程中引入了"课课练"的锻炼内容。《体育教学大纲》中基本教材和选用教材两种形式正式确立,两类内容的比例分别为基本教材占80%~84%,选用教材占16%~20%,《小学体育教学大纲》见表3-13。1987年的《体育教学大纲》,"基本教材"主要包括"体育基本知识,队列队形、跑、跳、投、基本体操、技巧、武术、支撑跳跃、单杠、双杠、球类"等简单易学的内容;"选用教材"是在保证完成"基本教材"的前提下,根据各地区以及各级、各类学校的实际情况灵活选用的②。《体育教学大纲》增大了地方选择使用教材的比重,高中提高到50%、初中提高到40%、小学提高到30%;而且在各项教学内容所占比重的调配与控制上,都规定了上下浮动的范围;教师可以根据选用教材的基本原则更换某些教材,也可以选用本地教材代替大纲中规定的某些教材;体育考核标准修改权下放到省、自治区、直辖市一级。1987年《全日制小学体育教学大纲》见表3-14。

表3-13　1978年《小学体育教学大纲》中的体育教学内容③

内容分类	基本内容
基本教材	1.体育基本知识;2.走和跑、跳跃(立定跳、短距离助跑跳远)、投掷(小沙包或轻物体)3.队列和体操队形、基本体操、技巧、支撑跳跃、低单杠;4.游戏(队列、奔跑、跳跃、投掷、对抗与负重、球类等游戏);5.武术:武术操及基本动作和组合动作
选用教材	小足球、小篮球、小排球、乒乓球、游泳、民间体育(角力、踢毽子、跳橡皮筋)、室内游戏

---

① 课程与教材研究所.20世纪中国中小学课程标准·教学大纲汇编:体育卷[M].北京:人民教育出版社,2001.
② 课程与教材研究所.20世纪中国中小学课程标准·教学大纲汇编:体育卷[M].北京:人民教育出版社,2001:503-518.
③ 课程与教材研究所.20世纪中国中小学课程标准·教学大纲汇编:体育卷[M].北京:人民教育出版社,2001:91-114.

表 3-14 1987 年《全日制小学体育教学大纲》中的体育教学内容①

内容分类	教学内容
基本教材	体育常识 实践部分:唱游(一年级)(放鞭炮、丢手绢、老鹰捉小鸡、拍苍蝇等)、田径(走和跑、跳跃、投掷)、基本体操(队列和体操队形、徒手操、沙袋操、跳绳、攀登和爬越)、技巧与器械体操(技巧、支撑跳跃、低单杠)、游戏(队列游戏、奔跑游戏、跳跃游戏、投掷游戏、对抗与负重游戏、球类游戏)、韵律活动(律动、表情歌舞、集体舞、韵律体操)、武术(武术操、基本动作)、小球类(小篮球、小排球、小足球等)
选用教材	根据各地区实际情况确定

1992 年《九年义务教育全日制小学体育教学大纲》中的体育教学内容及 1996 年《全日制普通高级中学体育教学大纲》中的体育教学内容见表 3-15、表 3-16。

表 3-15 1992 年《九年义务教育全日制小学体育教学大纲》中的体育教学内容②

内容分类	教学内容
基本部分	体育、卫生保健基础常识 身体锻炼教材 各项运动基本教材 基本运动(小学一年级):走和跑、跳跃、投掷、队列和体操队形、徒手体操、跳绳、攀登、爬越、平衡、技巧;游戏:队列游戏、奔跑游戏、跳跃游戏、投掷游戏、攀登和平衡游戏、对抗和负重游戏、即兴游戏、球类游戏、集中注意力和放松游戏、室内游戏;韵律体操和舞蹈:基本动作、表情歌舞、集体舞蹈、创作舞蹈;田径(跑、跳跃、投掷)、体操(基本体操、技巧、支撑跳跃、低单杠)、小球类(小足球、小篮球、小排球)、民族传统体育(健身术、武术、五禽戏等) 身体锻炼教材 发展身体素质的练习
选用部分	游泳、滑冰、各项基本内容的补充和延伸、地区性、民族、民间教学内容、其他

注:田径、体操、小球类、民族传统体育等四项教学内容在小学四到六年级使用。

表 3-16 1996 年《全日制普通高级中学体育教学大纲》中的体育教学内容③

体育课程分类		教学内容
学科类课程	必选内容	体育、保健基本理论部分 田径:跑(跨栏跑、耐久跑、快速跑)、跳(单脚跳、分腿跳、全蹲跳、背越式跳高、三级跳远)、投(滑步推铅球、实心球掷远);体操(基本体操、单杠、双杠、技巧、支撑跳跃);民族传统体育[形神拳、刀术(男)、剑术(女)、太极十二式];发展身体素质练习
	限选内容	理论与实践:韵律体操和舞蹈、足球、排球、篮球、游泳
	任选内容	其他(包括实践教学内容的拓宽和加深的内容)
活动类课程		每周一学时

---

① 课程与教材研究所.20 世纪中国中小学课程标准·教学大纲汇编:体育卷[M].北京:人民教育出版社,2001:115-157.
② 课程与教材研究所.20 世纪中国中小学课程标准·教学大纲汇编:体育卷[M].北京:人民教育出版社,2001:221-224.
③ 课程与教材研究所.20 世纪中国中小学课程标准·教学大纲汇编:体育卷[M].北京:人民教育出版社,2001:741-745.

教育部于 2000 年颁布了《九年义务教育全日制体育与健康教学大纲》。不过,学校体育课程名称的变化(由"体育课程"改为"体育与健康课程")并没有带来体育教学内容的较大变化。另外,《九年义务教育全日制体育与健康教学大纲》将"体育教材"的表述方式改为了"体育教学内容",将体育教学内容分为"必修和选修"两大类,"必修类体育教学内容"分为"体育基础知识"和"体育实践性教学内容","选修类体育教学内容"又分为"限选性体育教学内容"和"任选性体育教学内容"两种。以此分类为基础,大纲对"体育实践性教学内容"做出了调整,将田径、体操、武术三项内容列为必修的实践内容,去掉了"发展身体素质练习"这一"必选内容"。由于一部分人认为,将"体育课程"称为"体育与健康教育"课程,显得有些牵强,容易造成学校体育课程逻辑的混乱,因此,将 1996 年《全日制普通高级中学体育教学大纲》中的"学科类课程"和"活动类课程"的体育课程内容分类方式删除,以"体育与健康基础知识"代替了"体育保健基本理论"的表述方式,并将 1996 年《全日制普通高级中学体育教学大纲》中对"体育、保健基本理论"的内容进行了彻底修改。例如,"体育与健康基础知识",在 2000 年颁布的《九年义务教育全日制初级中学体育与健康教育教学大纲》中,就提出要"进一步认识体育锻炼对促进学生生长发育和学生心理健康的作用,提高学生对体育促进健康的认识",在"了解营养、卫生常识、帮助学生建立良好的运动习惯,促进身心健康发展;提高中小学体育教师学生自我保护能力和意识"等具体目标指导下,设置有"青春期卫生知识与体育锻炼""体育锻炼与健康成长""安全锻炼,提高自我保护能力"和"在集体生活中与同学友好相处"等具体内容。

为了提升大纲的普适性,在小学、初中、高中三个学段,逐渐提高必修教学内容与选修教学内容的百分比。例如,在小学一到二年级的"必修类体育教学内容"占 70%,"选修类体育教学内容"占 30%;三到六年级的"必修类体育教学内容"占 60%,"选修类体育教学内容"占 40%。但是,必修、选修(含限制性选修和任意选修)内容在初级中学体育与健康教学大纲中各占一半,即各占 50%。2000 年,21 世纪的基础教育体育课程改革中,颁布的《九年义务教育体育与健康课程标准》则彻底取消了体育教学内容的"必修"和"选修"限制,提倡体育教学内容"开放与放开",将体育教学内容的选择权彻底留给地方、学校和教师与学生。

(二)体育教学内容促进学生体质增强和全面发展的目的得以彰显

这一时期的体育教学大纲明确提出了"中小学体育教学要为增强学生的体质服务"的主要任务和促进学生全面发展的终极目标,要求在选编体育教学内容时,要打破以"运动竞赛为中心"的教材体系,要求各项体育教材都必须围绕有效地"增强学生的体质"为准则展开。规定"对便于教学、锻炼身体效果好的重点教材,不仅要逐步提高要求,更要在教学过程中反复出现"。同时,还提出,体育教材要依照由易到难、循序渐进的逻辑进行排列,更需要与《国家体育锻炼标准》相结合,"符合青少年学生的认识规律和生长发育规律"是衡量体育教材合格的标准之一。体育教学要吸收和反映青少年体育教学和训练的先进经验。同时,对基本教材的学习,提出了明确的要求:"基本教材是对学生的统一要求,各地应积极地创造条件努力完成。"另一方面,充分考虑到由于我国幅员辽阔,各地区的情况不同,因此,在教学内容的选择上,要坚持从实际出发,因地制宜,充分利用本地的自然条件,例如,在水域丰富的地区,可以适时开展游泳;在多山地区,则可以适当地围绕爬山等活动开展项目。各地学校可依据大纲中的选用教材,结合自身实际条件、情况选用。

而实现学校体育教育全面性教育价值,是对体育基础教育改革提出的基本要求,即能够保证学生通过体育课程的学习,认识到体育对"强身健体、增进健康"的重要性,从而实现学生对体育的自觉。通过体育课程的学习,能使学生在"友爱、和谐、平等、互助、团结"的运动环境中,提高自身的心理素质,让学生愉悦情感,感受温暖;在遭遇挫折、面对困难时,努力进取、不断进步以提升抗挫折能力和情绪调节能力,进一步形成坚强的意志品质,良好的自尊心、自信心以及创新精神和创新能力,生活态度积极乐观。通过体育课程的学习,能使学生增强社会责任感,将个人健康与社会群体、协作集体的健康密切联系起来,注重培养学生人与人、人与团队、团队与团队之间的合作与竞争意识,养成尊重他人与团队的意识,培养良好的思想道德品质和爱国主义思想与集体主义精神。通过体育课程的学习,能够使学生获得体育的基本知识、基本技术和基本技能。最终使学生掌握终身体育学习与从事体育锻炼的基本方式与方法,形成终身体育的习惯。同时,能够促使学生根据自己的兴趣与爱好,选择个人喜爱的方式参与体育活动,挖掘学生的体育运动潜能,提升学生对体育竞赛及活动的解读与欣赏能力,形成学生健康积极的休闲体育生活方式。

(三)体育教学内容基本实现了稳定性和同一性与灵活性的统一

从小学体育教学内容的选择来看,基本内容主要包括游戏、韵律体操与舞蹈、田径、体操、球类和民族传统体育项目六种基本类型的内容,各个学校必须教授这些内容,保证体育教学在基本体育知识、体育基本技术等方面的一致性,以及对学校体育的基本教学内容、技能等掌握和传授整体上的统一;在初中、高中阶段,体育教学内容也稳定在田径、体操、韵律操与舞蹈、民族传统武术等四项基本内容之上,并且在"学科课程大纲文本"给出的相关具体内容中,保持了各项内容之间良好的衔接逻辑,使得学生在各个级段、学段学习时,有了体育教学内容所涵盖的运动知识、技术、技能,具有严谨的递进关系,有利于学生系统地掌握某一项体育教学内容完整的技术知识。例如,体操的"技巧和单杠"教学内容,在小学阶段大纲要求有技巧,前后滚翻及肩肘倒立、纵叉、靠墙倒立、横叉、鱼跃前滚翻(男)、后软翻、(初中)远撑前滚翻(女)、头手倒立、肩肘倒立、后滚翻经单肩成单膝跪撑以及成套动作的完成,如单杠成套动作就有,单脚蹬地翻上—单挂膝后回环、低单杠的挂膝摆动—支撑后摆下、双足蹬地翻上—骑撑前回环—支撑后回环以及成套动作完成等;这种选择与排列的方式较为科学、合理和严谨,有利于学生系统地掌握体育教学内容并形成终身体育锻炼和终身从事体育学习所需要的体育能力。

教育部制定体育教学大纲的原则之一,就是要面向全体学生,确保每一位学生受益,从而,为学校体育教学提供具有较强可操作性的纲领性依据,保证学校体育教学对体育教学内容的教授具有统一性,以提升各学校体育教学质量,确保学校体育教育目标的顺利实现。然而,教育部同时还注意到,在各地区具体的体育教学实践中,由于我国地域辽阔,政治、经济、文化等诸多影响教育的因素发展不平衡,致使各地区、各学校教育教学的发展水平参差不齐,因此,对体育教学内容的选编又必须从实际出发,充分考虑差异性,保持选编的内容具有一定的灵活性。为适应这种情况,20世纪末的体育教学大纲,在确定基本教学内容,满足学校体育"对接受九年义务教育的学生,能够享有最基本的、大多数学校都应努力达到的体育学习权利"这一要求之外，又设定了一部分供各学校选用的体育教学内容，这一部分内容灵活多样，可选择性强，为各地区充分结合民族、学校的特点，自编、自选教材留下了回旋余地和腾挪空间。

　　20世纪末的体育教学大纲，将基本体育教学内容稳定地保持在70%～80%的学时比例上，而留给各地区、各学校腾挪的空间，使他们能够根据自身具体情况，可自由选择的体育教学内容，占20%～30%的课时比例。例如，1992年的《初级中学体育教学大纲》所规定的体育教学内容，其"基本部分"占整个教学课时的70%，包括"体育卫生保健基础知识、发展身体素质的基本练习、田径、韵律体操和舞蹈、体操、民族传统体育、球类"。"选用部分"所占课时比重为30%，包括各项体育基本教学内容的补充和延伸，以及"游泳、地区性民族、民间教学内容、滑冰"以及其他内容。《初级中学体育教学大纲》要求学校能因地制宜，灵活选用。①1996年颁布的《全日制普通高级中学体育教学大纲》中，将内容分为"必选类体育教学内容"（体育保健基本理论部分、发展身体素质练习、体操、田径、民族传统体育）、"限选类体育教学内容"（足球、排球、篮球、游泳、体操、舞蹈和韵律）和"任选类体育教学内容"三部分。"必选类体育教学内容"占55%，是全体学生必须全部修习的内容；限选内容占25%，是从大纲规定的限选项目中学校根据本校需要和可能为学生选定修习的内容；任选内容占20%，是学校可以自行选定的内容。② 这不仅充分体现了体育教学内容的完整性和统一性，也保证了各地区、各学校可以根据学校的基本条件、学生的基本情况、地区环境的差异性以及校本传统体育教学内容的独特性等。

　　2003年，教育部颁布了《全日制普通高中体育与健康教育课程标准》，该标准将"体育教学内容"改为"体育学习内容"，并分为7个系列，即"健康教育系列、田径类系列、体操类系列、球类系列、民族民间体育类系列、水上或冰雪类系列、新兴运动类系列"。每系列均包含若干模块，每模块均由相对完整的某一运动项目的若干内容组成。一个模块一般为18学时，在完成一个模块的学习的同时，并取得合格的成绩即可获得1个学分。要求在高中3年期间，要达到体育与健康课程的毕业要求，学生需修满11个学分方可。这11个学分是由健康教育专题必修1学分、田径类项目必修1学分和其他选修学分构成，通过学习自选内容（包括田径在内的体育运动项目）均可获得其他学分。③

（四）逐渐完善了确定体育教学内容选编的原则

　　由于这一时期的《大纲》增加了体育教学内容的灵活性和地方选用体育教学内容的自主权，在《大纲》的实际实施过程中，为了保证各地、各学校体育教学内容选择的科学性、合理性、可操作性，1987年《全日制小学体育教学大纲》明确提出了体育教学内容的选编原则："思想性原则"，即体育教学内容要体现时代精神，培养顽强的意志、坚强的性格，要在对学生进行爱国主义教育中发挥积极作用，陶冶美的情操、培养文明行为，培养良好的组织纪律性和创造精神；"增强体质原则"，即体育教学内容应选择具有实用意义的、锻炼身体效果好的

① 课程与教材研究所.20世纪中国中小学课程标准·教学大纲汇编:体育卷[M].北京:人民教育出版社,2001:542-553.
② 课程与教材研究所.20世纪中国中小学课程标准·教学大纲汇编:体育卷[M].北京:人民教育出版社,2001:555-556.
③ 蔺新茂.体育教学内容论[M].北京:北京体育大学出版社,2014.

内容,如可以发展灵敏、速度、柔韧、耐力和力量等身体素质的教材,以及跑、跳、平衡、支撑、投掷、悬垂、攀爬等身体活动的基本动作,并要求体育教学内容要采取螺旋式排列方法,在各年级反复出现,逐年提高难易程度,全面锻炼学生的身体;"科学性原则",即体育教学内容要有系统、有层次,应与儿童少年发育迅速、活泼好动等生理和心理发展的特点,要求与身体素质和运动能力的现状及发展的需求相适应。同时,也要力争能够全面反映教育和体育科学发展的新成果;"理论联系实际的原则",即体育教学内容应教会学生科学锻炼身体的基本知识与方法以及基本的运动技能,卫生保健常识和简单的运动规则,使学生能够养成积极主动锻炼身体的习惯;"全面性和兴趣性原则",即教学内容不宜过于单调和专项化,不利于身体的全面锻炼,也不利于引起学生的兴趣和发挥他们的主动性、积极性;"灵活性和统一性相结合原则",即对选择教学内容的基本要求,也要求具有比较全面、精练的基本教材内容,各地区可从本地区实际情况出发选用一些其他教材,少数民族地区可教授具有本民族特点的体育教材内容;"体育教学内容与《国家体育锻炼标准》相结合的原则",即《国家体育锻炼标准》是国家鼓励青少年全面锻炼身体的一项体育制度,体育教学内容中包括锻炼标准的内容,要注意保持体育课的成绩考核项目与《国家体育锻炼标准》一致性。但是,不能仅用《国家体育锻炼标准》中的测验项目替代体育教学内容,如《国家体育锻炼标准》中未包含体操项目,学校体育教学内容应根据体育教学大纲的要求加强体操内容的教学。

上述原则在历次《大纲》的修订过程中,逐渐被深化发展,如1992年《九年义务教育全日制小学体育教学大纲》,要求体育教学内容的选编,必须能够反映我国社会主义建设的需要与基本要求的"教育性原则"规定,体育教学内容的选择应从育人出发,面向全体学生,体现社会主义的方向性,朝着有利于学生的学习,有利于促进学生德、智、体全面发展,实现体育教学的目的任务;有利于培养开拓精神和创造性,提高学生的文化素养。"符合生理特征的原则"要求教学内容选择必须有利于促进学生身体的全面发展,有效地锻炼身体,增强体质;在教学内容的排列方面,教学内容的排列顺序、出现时间时时刻刻都应符合不同年龄阶段学生的生理特征的学习规律,需要体现逐步提高、循序渐进这一过程。"适应学生心理特征的原则"要求体育教学内容应适应富有兴趣性、挑战性的学生心理要求以及可量化性、灵活性、多样性的要求;教学内容的安排应依据学生的认识规律划分难易度,使其提高学习的主动性、积极性,有利于发展学生的智能。"理论与实践相结合的原则"要求在加强身体锻炼的同时,要反映体育教学内容大纲新体系的特点,要重视体育基础理论和卫生保健知识等体育教育内容的学习,使体育教学既教授指导身体锻炼的基础理论和科学方法,又教授身体锻炼的手段,把体育与卫生保健教育紧密有机地结合起来。"继承和发扬民族传统体育的原则"要求民族传统体育教学内容要在充分吸取世界现代科学知识技术在体育领域内形成的科学成果,体现体育教学民族性特点的同时,还要继承和发扬我国历史悠久的民族传统体育,在武术的基础上,增加我国传统的保健养生知识和行之有效的健身术。① "与《国家体育锻炼标准》相结合的原则"要求体育教学内容和体育课成绩考核的项目、标准要与《国家体育锻炼标准》相一致的都应密切结合。

而2000年的《九年义务教育全日制初级中学体育与健康教育教学大纲(试用修订版)》

① 蔺新茂.体育教学内容论[M].北京:北京体育大学出版社,2014:267-274.

与《课程标准》都充分体现"以人为本""尊重学生个体发展、尊重学生个体选择"等理念,因此,在体育教学内容选择原则上出现了较大的变化。例如,《大纲》对体育教学内容选择原则的表述中就有,"体育与健康教学内容"要以"健康第一"为指导思想,是由"增进健康和增强体质原则"决定的,这就要求在进行体育教学内容的选编时,须从增强学生体质,有利于学生身心健康发展出发,有针对性地面向学生身体生长发育的实际情况和学生身体素质发展存在的实际问题,选择体育教学的内容就要优先考虑那些"简便易行的发展身体素质、运动能力和接近生活的实用练习"作为教学内容。"科学性和发展性原则"要求体育与健康教学内容应有利于全面发展学生身体素质,特别是有利于提高学生力量素质和耐力素质。"健身性和文化性原则"则强调,"球类、体操、田径"等运动项目,既是竞技运动项目又是学校"体育与健康课"的主要教学内容,在学校选编和运用这些教学内容时既体现简单易行,还可以达到体育与健康教学的目的,这不仅有利于学生掌握体育运动文化,还可以有效地促进学生身心发展。"统一性和选择性原则"就要求在面向全体学生的同时,体育与健康教学内容的选择与编排应在统一性的基础上,针对学生的差异"因材选教",使教学内容具有弹性和选择性。同时,为了给学校选择和置换某些体育教学内容留有余地①,这也是《大纲》给选修教学内容增加比重的主要原因。

(五)重视对民族传统体育教学内容的选编

随着党的知识分子政策和干部政策在武术工作领域的逐步落实,广大武术工作者积极性被调动起来,解除了思想上的禁锢,整个社会对武术遗产加以保护、继承并向前发展的呼声日渐高涨。1979 年 1 月,国家体委下发《关于发掘、整理武术遗产的通知》,明确要求各级体委努力做好武术遗产的保护与继承方面的工作。除国家体委外,许多地区的体委和武术协会也组织人力,调查研究本地区的武术状况。随着武术挖掘工作的不断普及和深入,在很大程度上,促进了武术的学术研究工作,专门成立了隶属于中国武术协会的"武术科学委员会"。此外,随着武术电影和电视的宣传,在国家体委的牵头与带动下,《武术健身》《武林》《中华武术》等武术专业刊物得以创办,大量的武术研究著作也得以出版。全国上下形成了一股前所未有的"中华武术热"。

"中华武术热"也有力地促进了学校体育教学中武术内容的发展。《大纲》明确规定,具有我国民族形式的传统体育项目、健身项目、养生项目等,都是我国优秀的民族文化遗产之一,教学大纲在教学内容选用时,对这部分内容进行了批判性的选择和继承,将"武术"列为各年级的基本教材。筛选这部分教材,在保留武术本身的风格和特点的同时,也要注意科学性和增强体质功能的实现,要重视提升学生对我国民族传统体育的认识。同时规定,学校可结合本区域民族体育的传统和风俗习惯,在少数民族地区的学校,也可以调整、选择、补充本民族体育作为学校体育教学内容。②

---

① 中华人民共和国教育部.普通高中体育与健康课程标准(实验)[S].北京:人民教育出版社,2003.
② 蔺新茂.体育教学内容论[M].北京:北京体育大学出版社,2014.

第四节 中国近代学校体育教学内容发展审思

一、体育、体育教学内容要保证为人民大众服务

　　1927 年,中国共产党建立了苏维埃政权和自己的军队,开辟了中央苏区;抗日战争中,又开辟了根据地;解放战争中,又不断拓展了解放区,经历了两次国内革命战争和 20 多年与日本侵略者、敌伪武装力量、形形色色的反动地主、恶霸、盗匪等武装集团,以及拥有 800 万重兵的国民政府军和种种仇视共产党、企图扼杀共产主义的反动势力等严峻残酷的斗争,在政治上日趋成熟、军事上日益强大、经济上日益繁荣、文化教育上日益进步,终于建立了中华人民共和国人民民主专政的政权。在体育运动这一关系到政治、军事、经济、文化教育发展的事业上,同样取得了辉煌的成就。在总结这一巨大成就时,体育史学家客观地概括了这一时期苏区和解放区的体育运动是"真正掌握在人民群众手中的体育",因此,才能鲜明地体现出"民族的形式、科学的内容、大众的方向","民族的特色、巨大的绩效"这是中华民族体育发展史上最光辉的篇章。在残酷的斗争环境中、在极其艰苦的条件下,苏区和解放区能够保证亿万民众能够开展如此丰富多彩和生机勃勃的体育运动,并形成有广泛性的体育活动、良好的体育风尚与习惯,而又能使之长盛不衰,委实难能可贵,当为世人所敬佩。这不仅是体育文化的魅力,更是体育文化为人民大众服务的政治路线抉择的正确与伟大。

　　因此,苏区、根据地、解放区体育成功的经验,中国革命和建设胜利的经验告诉我们,体育教学内容无须过分地追求豪华大气、标新立异,无须过度地追求千变万化,无须装扮得时髦亮丽,而是要与社会、与大众紧密结合,与社会公众的参与度和体育意识相结合,使之真正回到大众之中,受到大众的欢迎甚至是追捧。也只有这样,体育文化的传承与创新才能真正实现,体育文化也才能获得长足的发展。同时,学校体育教学内容和社会体育、群众体育运动项目的开展息息相关,相互依存,受社会体育、群众体育的影响异常强烈。①

二、学校体育内容要与学校体育竞赛、学校课余文化活动紧密结合

　　体育教学内容的文化育人价值,使人类在对其进行选择时,无法脱离诸多与之相关因素的影响而独善其身。必须尊重国家政治、社会现实、时代发展、个体自我价值实现等多种要素的需求;教育对象发展所要求的合理教学内容的选择;文化传承过程中,民族文化的安全性;多种文化并存时的融合与冲突;强势文化对弱势文化的冲击或摧毁;一种文化对社会发展阶段性及要求的适应程度;最广大人民群众的兴趣度、认知水平、参与度;人类发展过程

---

① 盛琦.中外体育民俗文化[M].北京.北京体育大学出版社,2011:180-181.

中,对新事物的好奇、兴趣与探究等,这些要素需求形形色色、多种多样,失去对任何因素需求的考察都会造成文化在传承与发展过程中的损失。

对我国体育教学内容线性发展的历史进行梳理不难发现,不同历史时期不同的社会形态及社会发展进程,我国对学校体育也提出了不同的要求。学校体育教学目标在各个不同的历史时期也会出现较大的变化,受此影响,体育教学内容的变化也远远大于其他学科。如,在反对帝国主义入侵以及国内革命战争时,体育目标指向与培养战斗力有关的体力训练和战斗技能的培养(兵式体操、军国民主义体育内容、军事体育教学内容),其间,虽然也伴随着中西体育文化融合式的冲突而出现了一些体育教学内容(如"选手制"竞技体育内容、"国粹主义"武术教学内容),但都难以脱离为战争服务的主要目标;1949年,中华人民共和国成立之后,国家不仅面临人民体质状况不佳、生活水平低下,又面临着随时可能被帝国资本主义国家颠覆的严峻形势,"增强体质""保家卫国""健康第一"的目标就指向新民主主义"新体育"教学内容,以及以"劳卫制"训练内容为主的体育教学内容;而随着我国国际地位的提升、社会需求变化,为发展竞技体育、提高运动水平服务,以"竞技运动"项目为主的体育教学内容逐渐被重视和实施;改革开放以后,我国从传统的农业大国向现代工业社会发展过程中,体育又有了提高劳动者的劳动能力、提高生活质量以及体育生活化(终身体育)的目标,在此目标引领下,不仅体育教学内容在发生着深刻的变化,体育教学内容的选择方式与方法都在进行着深刻的变革。

就学校体育教学内容来说,其实施过程就是体育文化的传播过程。因此,为了保证体育文化传播过程的顺利进行,传播过程应该有意识地采取多种方式与手段进行引导、激励,有时,甚至要保证具有一定的强迫性,即文化育人的过程既应该是一个的激励过程,也应该有一种强迫制度。因为,学校体育教育必须保证受教育者能够接受体育文化的影响,并通过这种教育和影响使自己成为对个人、对社会、对国家有益、有贡献的人,所以,体育教育既是受教育者应享受的一种权利,也是受教育者应承担的一种责任。就学校体育教学内容来说,要使多种多样的体育教学内容被学生接受,并转化为学生自身的一种技术和能力,使之可以用来为自己和社会的发展服务,只有以多种形式的激励和引导,使其对学生具有强大的吸引力,才能把学生的注意力从其他不良的社会诱惑中牵拉过来,而这些方式除了课堂教学方法的创新与灵活应用之外,还必须与多样性的、大众化的体育竞赛及校园体育文化活动结合起来,与社会的要求结合起来,才能实现其真正的价值和作用。

三、体育教学内容应及时补充既新鲜又富含营养价值的体育文化

当人们谈论文化底蕴的时候,这种"文化底蕴"往往是指,一件事物所具有的文化内涵,而这种文化内涵对人影响作用的大小与其本身的文化底蕴密切相关。这种文化底蕴不是某种文化产生之后,就马上会具有的,而是在经历一段时期的发展以后,经受挫折砥砺和成功的体验,吸取经验与教训,改正自身的诸多缺陷,借鉴与之相关事物的丰富内涵,使自身逐渐脱离低级趣味、脱离单纯平庸、脱离盲目差池。一种体育文化要成为体育教学内容文化必须经过长期的发展,必须经过不断的完善与补充,完善与补充不仅指的是在体育项目的技术、

战术、规则以及与之相关的场地器械方面，还指人们对这一内容所涵盖的物质、精神、制度等多方面文化价值认识程度的深化，对其进行文化内涵丰富化、成熟化、全面化提升。因此，如无必需，对新兴体育项目的引入，或者将其改造为学校体育教学内容时，切忌引入盲目化、过程的简单化，如地板球、电子竞技、定向越野、拓展训练等。

随着科学技术的发展，发达的科学技术给体育内容的发展创造了良好的环境，也为代表各种文化形态的体育内容的创新提供了肥沃的土壤，而现代文化传播方式的便捷化、传播手段的多样化、传播方法的高效化等优势，又使新兴体育得以迅速传播和流行。例如，20世纪80年代诞生于法国的"跑酷"运动；电子竞技诞生于哪个国家无法考究，但其最初在比赛时，韩国的总统以及政府阁员纷纷上阵，大力推广这一项目，我国体育总局2004年把它纳入体育的行列；"轮滑"诞生于荷兰；软式排球于20世纪50年代诞生于日本；"万智牌"于20世纪末起源于美国，国家体育总局社会体育指导中心将之列为试验推广的健智体育比赛项目；"攀岩运动"于20世纪50年代起源于苏联；"蹦极运动"于20世纪50年代起源于美国，真正被推广和普及是在新西兰。"滑板运动"诞生于美国；"飞镖运动"诞生于英国；"蹦床运动"的首创者是法国人；"独轮车"据说起源于中国，1996年被我国教育部列为校园体育项目；"地掷球"起源于5000年前的古埃及；"藤球运动"源于马来西亚；等等。

通过对上述新兴体育内容起源的动因考察发现，有些新兴体育项目确实很"新"，是现代社会的产物，有些内容却是比西方近代体育还古老。但是，为什么新旧体育内容都能够成为现代新兴体育内容，被大众接受、受大众欢迎，并能够得以迅速传播和发展呢？究其原因，除了与现代人的兴趣与爱好多样化、追求新生事物、满足好奇之心、体验不同感受的生活习惯关系密切之外，与现代经济社会的经济活动不无关系，与经济利益攸关方的强力推动不无关系。但是，在选用体育教学内容时，我们必须考虑诸多因素，如选用这些新兴体育项目是否具有特殊的价值和意义？选用这些新兴体育运动项目对学校、对学生会有什么样的良好影响？这种影响在其他更为简洁、更为经济的项目中是不是也有？选用新兴体育项目作为体育教学内容时对学校、地区传统体育有什么有益的影响或促进？选择这些新兴体育项目对体育文化安全会产生什么样的影响？等等一些问题都是必须思考的。①

因为，学校体育是继承和传播体育文化最有力、最有保障的阵地，体育文化的形成与发展，一般都是在民间自在状态下萌发，经过漫长岁月的熏陶和传播，缓慢地由"潜"到"显"、由少到多地得到发展，在这一过程中，传播者可以根据自己的目的对其优劣进行价值判断和改造，使其朝有利于自己需求的文化方向发展，从而达到文化育人的自觉和自为状态。学校体育教学环境则不然，一种体育文化一旦被列为体育教学内容，青少年学生就要通过日常教学活动接受此种文化的培养，通过多年的学习和体育实践，在此方面达到一定的水平并通过学期和学年的考试（体育教学内容的可评价性），所以说，体育文化能通过学校体育课堂在短时间内顺利地得到学生的继承和传播，而且，在此过程中，文化中的优、劣文化同时对学生起着教育作用，甚至，学生通过学习，还可能将这种文化进行深化或创新，如果学生接触的是一种劣质文化，其文化育人的效果就很难得到保证。

---

① 蔺新茂.体育教学内容论［M］.北京：北京体育大学出版社，2014.

四、重视对民族传统体育教学内容的挖掘与加工

西方近代体育教学内容基本上都经过了一些教育家、思想家、政治家进行精心设计与加工：卢梭、洛克、古茨穆斯等都是体育教学内容的设计者、创造者，而且这种设计与创造不是漫无目的的，是依据社会文化、宗教信仰、教育思想、学校状况、学生需求等精心选编、认真改造过的。例如，由英国"绅士体育"改造过来的体育教学内容；由德国兵式体操、器械体操改造过来的体操教学内容；由具有鲜明个性和明确规则限定的美国竞技运动（如篮球、棒球、橄榄球等）改造过来的学校体育教学内容等，这些学校体育教学内容无不具有改造者所处社会的政治、经济、文化烙印。

以现代体育文化起源为依据来对现代体育进行分类时，可以将体育分为三大类：由古茨穆斯体操发展而来的学校体操体系（八大体操教学内容）；由欧洲特别是英国绅士运动、户外运动发展而来的竞技体育、娱乐体育、赌博式体育内容等现代竞技体育内容与体育游戏；以民族传统体育——国术为代表的健身、养生体育体系。这三大体育体系分别起源于不同的国度，具有不同的文化母体，隐含着不同的文化价值观念。虽然这些体育体系在各自的发展过程中，进行了适应性的文化改造和融合，但其所具有的独特民族文化特征清晰可见。例如，德国民族向上、理性的气质[1]；东方民族的含蓄、内敛、勇敢、不屈的民族精神气质；英国民族的狂放、绅士、好狠、争胜的气质特征等。对这些文化的继承和发展要在对体育教学内容的学习与实践中体现出来。竞技性、趣味性的内容要选择，锻炼性、教养性的内容要出现，民族性、传承性的内容要重视。而这三类体育教学内容中哪一项体育教学内容不需要技术支撑？哪一项教学内容不需要强制性的学习？哪一项教学内容在学习过程中不需要经过枯燥的重复？反观我国民族传统体育教学内容，以武术为例，至今还没有开发出能够激励学生学习的、具有强烈趣味性的技术、规则、评价等因素，如"八段锦"缓慢、绵柔，更适合老年人锻炼和学习，而与年轻人的朝气、敏锐、灵动等特征格格不入，再加上青少年学生在其年龄阶段大部分不存在或不明显存在健康问题，甚至学生还没有疾病的经历与体验，以这种项目激发学生锻炼的积极性和热情显然是不可能的。

在我国体育发展历史长河中，许多体育内容消失了，原因之一就是统治阶级为了自身利益对体育人为地加以限制，如秦朝统治者的"禁武令"造成一些军事体育发展受到很大影响，受宋朝的程朱理学思想的影响，女子体育遭受了重大打击，蹴鞠的竞赛方式由直接对抗转为间接对抗；由于在绝大多数朝代的骑兵都较为落后，以及受重文轻武之风和儒臣的反对，马球运动也因此衰落，习者渐少；另一种原因就是一些体育内容不能适应社会文化的发展，无法满足人的需求，如马球、百戏、击鞠、捶丸等内容。还有一种原因是应该引起我们相关部门强烈关注和高度重视的，即民族体育内容的继承、传承和发展问题——我国丰富的民族传统体育没有进行"教材化"加工。现代社会的发展，给大众带来的诸多便利都可能会成为影响我国民族体育内容传承的不利因素，如现代化的高楼大厦改变了城市居民的居住环境和条

---

① 蔺新茂.体育教学内容论［M］.北京：北京体育大学出版社,2014.

件，然而狭窄、拥挤的社区环境及居住高层、少有交往的人们却失去了从事民族体育锻炼的机会；学生大量的体育课不仅被应试教育课程挤占，这种挤占也已延伸到了课外及学生的课余时间——为了培养未来的精英和栋梁，为了不输在起跑线上，青少年儿童课余时间也被"奥数班""艺术班""英语班"等各种各样的培训班占用；现代经济的发展对现代娱乐活动产品的开发异常先进(电子游戏、MP 机、电视机、录像机等)，使之具有强大的吸引力，吸引着青少年儿童趋之若鹜，使他们已无暇顾及体育及体育锻炼；再加上现代我国民族传统体育文化发展受到西方强势娱乐文化、体育文化的冲击和挤压等，这一切都已经造成青少年儿童不知道"推铁环""打陀螺""扔沙包""蝎子粘墙""跳房子"为何物，然而我们却还在极力推广着"电子竞技""多米诺骨牌"等所谓的体育，以及"滚球""地板球"等在个别西方国家比较时髦的体育项目。

五、注重学校体育教学内容文化自尊与自觉

我国目前的学校体育教学内容明显存在盲目引进、生硬移植、简单借鉴的问题，对引入的体育教学内容进行的文化化、科学化研究不足，也缺乏本土适应性(国家、地区、学生、文化、经济、政治)改造，这一问题使我国体育教学内容明显缺乏形与神的统一，多而浅，难以被民族文化同化和吸收。这都与我国没有形成和建立关于体育教学内容筛选的合理机制，学界缺乏民族文化的自信、自尊、自觉相关。纵观我国近现代学校体育教学内容的发展，不难发现随着体育教学指导思想的变化，每一个大纲中均有新旧体育教学内容的更替。然而，在"军国民主义思想"影响下，从日本引入"兵式体操"内容，到受美国实用主义思想影响，从美国引入的"新体育"内容体系；从受西方自然主义教育思想影响而实施的"竞技运动、游戏"等体育教学内容，到中华人民共和国成立后引入的苏联"竞技体育运动"内容，再到目前热衷于对西方体育内容的介绍与引入，这种现状表现得异常突出。我国体育文化的发展虽然深邃而广博，体育教学内容虽然丰富多彩，但是，我国体育教学的文化价值追求却单一而浅薄，其间，虽然有许多专家学者对这一现象进行过分析与研究，但仍然没能引起课程设计者的重视。

我们从体育教学内容的变迁 100 年来的几个历史阶段出发，不难看出体育教学内容的变化趋势：伴随着现代西方竞技体育运动的兴起与普及、发展与丰富，现代竞技体育运动素材正在逐渐代替具有民族传统血脉的、乡土性的体育素材，这也使民族传统体育失去了传承与发展创新的平台；体育教学内容的数量异常丰富，新兴体育教学内容不断叩击着学校体育的大门，但体育教学内容的文化价值一直处于价值洼地。由于正规的竞技性体育不断地被教材化，因此，学校体育所需要的运动场地、器材、设施越来越豪华、气魄、正规化，学校体育也正在向贵族化发展。

所以，目前必须首先明确学校体育教学内容的价值取向，学校体育教学内容的现实实用性，实现体育教学、体育教学内容等价值的充分发挥，这就要求学校教育必须保持学校体育教学内容所涵盖的体育知识的完整性、系统性，必须做到规定性与选择性同在，实现同一性与灵活性的统一；同时，还要解决体育教学内容与学生社会体育活动之间，与学生参与体育

竞赛及竞技体育之间的相互关系存在的差异化问题,还要努力解决民族性、民俗性体育教学内容开发不足以及对已有的体育教学内容民族化、文化化加工的问题。

再者,要尽量避免由于体育教学目标的泛化,而导致由目标引领的体育教学内容被泛化。由于体育学科的多功能性,体育学科的目标也较其他学科更具多样性,但就体育教学目标引领体育教学内容,内容反映目标的需求这一辩证关系来说,无论是对于"体质论者",还是对于"技术论者"都具有较强的现实启示作用和指导意义。即庞杂的体育教学目标对体育教学内容的选择很难提出具体、明确的要求,从某种程度上来说,"目标过多"会导致目标散乱性的"无目标"或者目标的泛化。因此,我们必须根据我国现阶段对学校体育及体育教学的某些功能需求,突出一个能反映时代特征和要求的重点目标或将目标聚焦,并据此选择符合时代特征的体育教学理念与教学内容。

第四章

影响学校体育教学内容选编的思想分析

第一节　军国民主义体育教育思想

一、军国民主义教育思想兴起的时代背景

由于德国体操本身就担负着军事体操的内容和军事训练的任务,此内容与任务亦有为应对战争,为实现民族统一而进行军事斗争,塑造强有力的国民与军队的目的,在应用实践中,也取得了良好的国民体操教育效果。当拿破仑在欧洲战场上失败,以普鲁士为主体建立的德意志联邦迅速崛起,跃居欧洲强国之列,这一转变,首先引起了正在改革图强的日本国民及改革者的注意,其完善的体操体系,特别是体操体系中的"兵式体操"教育内容,很快被引入日本。而日本在19世纪的崛起,特别是在日俄战争是在中国的土地上发生的,日本取得的胜利,自然就吸引了中国改革者的注意力。其时,由于近代中国的对抵御"外侵内乱""强国强种"的迫切需求,当时的清政府自然会将学习的目光聚焦于当时世界的军事强国——德国和日本。清政府期望引入德国、日本学校体育的培养模式,通过对"人"的改造,实现对社会的改造。因此,在学校体育方面,"军国民主义教育思想"以及德国体操特别是德国"兵式体操"得以从日本引入中国。

(一)德、日学校的"军国民主义"教育

19世纪初,整个欧洲都笼罩在拿破仑强势军事入侵的阴影中,而当时的德国由300个独立的"君主国"组成。"普鲁士王国"就是最大的君主国之一,1806年,"普鲁士王国"的军队败于风头正劲的法国拿破仑的"公民军",不得不与拿破仑签订了屈辱的《提耳西特和约》,此时,整个日耳曼民族联邦国家都面临被拿破仑的"公民军"各个击破而被瓦解和覆灭的危

险,正因为如此,整个日耳曼民族都在寻求如何增强自身军事实力,以有效抗击拿破仑的军事入侵。例如,德国哲学家费赫特(Fichte)就积极游说当时德国的"当权者",应该把体育作为应对危机和鼓舞日耳曼民族战斗意志的主要手段,他认为,"体育"对于恢复建立和保持与保证德国成为独立自主的国家具有重要的意义和价值。在这一大环境的影响下,德国"国民体育教育之父"弗雷德里克·路德维希·杨(F.L.Jahn,1778—1852)在总结古茨穆斯体操体系的基础上,创立了具有强烈军事色彩的"杨氏体操"体系。"杨氏体操"体系的目的,就是培养德国青年的民族意识,训练和促进德国青年,使他们具有为民族解放与统一而进行各种斗争的体魄和能力。"杨氏体操"的内容主要包括为强化学生的纪律观念,提升战斗力的而设置军事队列队形及器械体操练习;为提高青年学生的身体素质而设置的跑、跳跃、攀爬、跳马、障碍、举重、搬运等练习。为将体操练习落到实处,杨氏又专门开辟体育场,体育场内设有为赛跑、跳跃、投掷、角力等运动准备的场地,还有单杠、双杠、木马、鞍马、浪桥、爬绳、爬竿、攀登架等的体操运动器械,除了教学外也吸引了社会大批青年前来参加体育活动。其后,德国体操的另一位继任者施皮斯(A.Spiels,1810—1858),完善了杨氏体操体系,并结合当时备受欢迎和推崇的瑞典林氏(P.H.Ling,1776—1839)体操体系共同成为德国学校体育教育的主要内容。① 这也说明,作为自然主义教育主要内容之一的德国体操教育,处处渗透着军事体育的目的。

　　1868年,日本"全盘西化式明治维新"的改革运动,开启了现代教育制度的历程,成功使日本获得了快速的发展,也建立起了一套全新的社会制度。1872年,日本文部省颁布《新学制》建立西式学校,以德国的普通体操与兵式体操作为学校体育教育的主要体育教学内容,并且聘请许多欧美国家的体育教师赴日讲学,这就给日本的学校注入了关于学校体育教育的、先进的、科学的理论与方法。同时,为适应学校体育教学的需要,日本文部省在东京设立了师范学校"体操科",在重视培养体育教师的同时,还重视收集体育教学资料,积极编纂学校体育教科书。1878年,日本文部省又专门设立了"体操传习所",改变了一味借鉴和模仿国外学校体育的学习方式,积极研究和开发徒手体操、器械体操和兵式体操,因此,日本的强盛有很大一部分的贡献应该归于日本的学校体育教育。而一个区区蕞尔小国能称霸一方,在日俄战争中竟然能够战而胜之,这对中国产生了巨大的影响,部分中国政治家,如清朝末年改良派代表人物康有为、梁启超,以及辛亥革命的领袖、革命先驱孙中山、黄兴等人,在对日本改革及日本学校体育培养体系进行了考察后,认为日本小国崛起为军事强国的原因,主要是由于学校推行"军国民主义教育"的结果,是实施"兵式体操"教育,宣扬"武士道"精神的结果。于是,从日本引入德国的"兵式体操",学习日本学校体育,推行"军国民主义体育教育"。

　　从军国民主义体育发展的历史来看,应该说在冷兵器时代的古代社会,统治阶级为了维护自己的统治,被压迫阶级为了推翻统治阶级的统治,军事体育教育显得尤为重要,无论是在古代西方学校教育还是在古代东方学校教育中,都体现了这一特征。因为,这一特征还与一个国家或民族的侵略与反侵略,自卫与反自卫军事活动紧密联系。例如,我国古代提出的"寓兵于农""全民皆兵"思想以及实施的"兵甲制"制度;如古希腊、古罗马人实行的军事性

① 　王淑英.学校体育课程体系研究[D].石家庄:河北师范大学,2012.

体育训练活动和"优胜劣汰"式的人种选择等都反映了这一特征。但是,作为一种"军国民主义思想"体系和学校教育制度,首先出现在欧洲的德国和亚洲的日本。从这两个国家在世界近现代战争史上所起的作用和所处的地位来看,"军国民主义体育教育"是源于对外侵略扩张和对内实行法西斯"愚民统治"的产物,将"军国民主义教育"作为教育和训养其国内民众的一种手段,显然是有效的。例如,1889 年,德国威廉二世公布了"军国民主义教育"的法令,明确地把"德意志的军国民主义教育"列为学校教育的基本宗旨和主导思想,要求学校应当成为培养"忠君""爱国""效忠""服从"军人的场所。而日本从明治维新的 19 世纪 80 年代开始,效仿德国教育方式,确立了国家军国民主义的教育体系,这一体系要求施行学校、家庭、社会三位一体的教育,各个教育环节都要向受教育者灌输"忠君、尊皇、武国、尽忠"的思想。例如,在日本文部省 1880 年颁布的《教育法令》中规定,"学校教育从小学起就要贯彻和实施尊皇、爱国和武勇精神的教育主旨"。1886 年,自中等学校起,增加了"兵式体操"一科,将军国民主义教育思想和"武士道精神"推到了极致,以此来锻造日本大和民族的所谓"国魂"。

(二)中国近代"军国民主义教育"分析

中国近代学校体育教育史上的"军国民主义教育"思想,最早是由一批留日学生从日本引进的,他们推崇日本的"尚武"教育思想,积极宣传和倡导"军国民主义教育思想",对清末民初中国学校教育实施德、日的"军国民主义教育"起到了巨大的推进作用,并使"军国民主义教育思想"在清末民初形成了高潮。例如,晚清政府的"改良派"们从日俄战争,特别是在中日甲午海战中,看到了民族危机不断加深的国内政治形势与现状,在主张"改良政治"和实行"君主立宪"的同时,力主学习德日,实行"军国民主义教育",以此达到"人才培育""尚武强国"以及"富国强兵"的目标,这些人的主张代表了当时的一种社会渴望的、较普遍的认识。[①] 而且这种认识之所以能够被当时的社会各阶级所接受,为清政府以及北洋军政府后来实行的军国民教育奠定了思想基础,是由于其基本符合政府和改革者的意愿。1895 年,康有为上书晚清政府,主张国家要兴盛"强兵尚武"之道。他在《上清帝第二书》中,提出"以民为兵"的主张,建议在各级各类学堂中,都应开设军事训练课程,使学生都能接受"排兵布阵、骑击、测绘"等军事教育,以使国家形成"强天下之势"。而康有为在著名的《大同书》中,进一步阐释了在清朝政府开办的中学堂及大学院等各级各类学校的不同教学阶段中,增设"兵式体操"教学内容的设想。梁启超更是在《中国之武士道》一文中明确指出,"(学生)必习体操(兵式体操),以强其筋骨,进而使人人可为兵。"梁启超在《新民说·论尚武》一文中,极力宣传古希腊时期斯巴达人的奋勇精神和培养奋勇精神的方式——"惟其以'尚武'为精神也,故使其专务操练躯体之事,促其强壮。"并借用德国威廉二世对柏林小学的训示:"凡我德国臣民,皆当留意体育,苟体育不讲,则男子不能担负兵役。"强烈呼吁"吾有四万万同胞,而不能得一具完备体格者。呜呼! 吾人皆为'病夫',人皆为'病夫',其国安有不为'病国'也?"[②]借此,梁启超对"军国民主义教育"作了强有力的论证、分析和解释与说明,"……19世纪中叶,德国日耳曼民族,分崩离析、分国散立,备受拿破仑的侵略与蹂躏。(德国)既不能

[①②] 梁启超.新民说·论尚武[N].新民丛报,1903:7-14.

忍受法人之屈辱,即刻改革国之兵制,首创了'举国皆兵'之方法……因此,(德国)举国民众,无不受军人气质之训练与教育,皆具有军人之体质与资格。……至今虽只有三十年时间,就能够摧毁奥地利、法国军队之入侵与统治,巍然屹立而雄视欧洲!而今吾人独不见德意志乎?因此,可以说,这就是德国推行'尚武'教育之缘故。"而反观我东邻之日本,"其国家人口仅是我国人口之十分之一,然而,取其'武士道'之精神成就'大和魂'之民族气质,并能够将其发挥而光大。使国家民众皆具备军人之体质与本领,皆蓄养起了军人之气质与精神。因此,反观日本以其区区蕞尔小岛,兴盛仅仅三十年的时间,就能够在甲午海战中一战胜我,取得了海上的优势和霸权,'屹然雄立于东洋之上'何也?亦因倡导'尚武'精神之故。"以此主张国家学堂中应开设"兵式体操"课程,使青少年儿童都能够习练"兵式体操"的内容。

1902年,留日学生蒋百里、铁生、飞生等人先后在《新民丛报》《江苏》和《浙江潮》等刊物上发表介绍"军国民主义教育"的文章,宣传日本军国民主义的基本情况。其中,蔡锷以"奋潮生"的笔名在《军国民篇》中论述说:"国民之体力,为国力之基础;强国民之体力,为强国民之基础……军人之知识、军人之精神、军人之本质,不独跟之从者,凡全国国民,皆亦具有之。"民国时期,我国著名的军事理论家与教育家蒋百里撰写《军国民之教育》一文,主张要将"军国民主义教育"的军人教育实践向学校和社会延伸与推广。飞生撰写的《真军人》甚至提出,只有大力倡导军国民主义,才能有效激发社会大众的民族意识和爱国与奋斗精神。

1.清朝政府培养"忠勇"之士的需要

清朝末年,随着帝国主义入侵以及国内此起彼伏的群众运动所造成的民族矛盾、民族危机不断加深,要求"救国图强"的呼声日益高涨。全国范围内的三股势力博弈日益激烈,一股势力主张推翻清王朝的统治,一股势力主张维护清王朝统治,但要在国体政体上进行改良,第三股势力则是以维护清王朝所有国体政体为目标,在这种情势下,清朝政府为了挽回国家在国际交往中的颓势,求得暂时喘息的机会,宣布实施包括"废科举、兴新学,派遣留学生"等多项改革措施的"新政"。而这一改革使一些有识之士有机会接触到西方民主与科学的思想,以及西式学校教育的优势,德日的"军国民主义教育"就是在这一环境下被传入中国的。而清朝政府的"改良派"们则积极迎合和利用这股思潮,在中国培养维护清朝政府统治的"忠勇"之士。1902年,清朝颁布了《钦定学堂章程》,规定学校教育中全面实施"兵式体操"教育。1903年,又颁布了《奏定学堂章程》,规定在政府主办的所有大、中、小学堂中,都要开设"体操"科,学生从小学到大学,都要接受"兵式体操"的训练,以使他们不间断地接受"军事训练",从而学习军事知识,自此,"军国民主义"教育的思想与实践在我国学校体育教育中占据了主导地位。

至于实施"军国民主义教育"的目的,清朝政府在1903年的《学务纲要》中讲得很清楚:"各学堂应兼习'兵式体操',……除京师要专门设立'海陆军大学堂'以及各省应专门设立普通高等专门的'武学堂'之外,其余由政府主办的各级、各类学堂一律开设'兵式体操'课程,以保证教授军事体操教学内容,同时还要求在高等学堂中,都应该讲授'军制、战史、战术'等要义。"①在清朝政府 1906 年颁布的《学部奏请宣示教育宗旨折》的奏折中,提出要把"尚武"教育列为学校体育教育的主要宗旨之一,要求学校必须将"军国民主义教育"作为基本手段来挽回社会"尚武"和进取之风气,"……所有中小学体育教科书中,都必须加入军国民主义体育教育内容,使少年儿童都能够熟见而习闻之。""……'体操'一科,儿童少年可以用体操游戏促使其身体发育,而年龄稍大的学生,则可以教授'兵式体操',严格整顿学生的纪律观念,尤其应该时时刻刻地以遵纪律、守秩序等基本观念教育学生,以养其威重。"总体来说,军国民主义教育,就是通过"习练兵式体操,将教育作为"挽回风气之具",达到"发育其身体""严禁其纪律""以肄武事"之目的,使学校成为培养护卫清王朝"忠勇"之士的摇篮。② 在清朝末年实施"军国民主义教育"期间,各级学校召开运动会及在各个单项比赛之前,学生都要"三呼万岁"以示对朝廷效忠。例如,1905 年,京师大学堂举办的校级运动会就特别强调举办运动会的目的就是要"培养青年学生'临事不辞难,事君不惜死'的精神",所以,运动会的主办者要求参赛的运动员都应集体高呼"皇太后圣寿无疆,皇上圣寿无疆"等口号。③

2.辛亥革命后继续推行"军国民主义教育"

辛亥革命成功后,依然实施"军国民主义教育",究其原因,一是,国际上,1914 年,爆发了第一次世界大战,世界各地战云密布,各国都有随时备战之任务;在国内,日本于 1915 年,向北洋军阀政府提出了灭亡中国的"二十一条",为了反对这一不平等条约的签订,北洋军政府全国上下掀起了声势浩大的爱国运动,大众纷纷要求取消不平等条约,实行全民皆兵以挽救国家危亡,加强军国民主义教育,加大军事训练和体育训练的力度。二是,因为孙中山先生本人就是"尚武"精神及"军国民主义教育"的倡导者,他从资产阶级立场出发,对"军国民主义教育"培养"忠孝"目标,赋予了新的解释和内涵:"民国没有君主,'忠'字便于工作可以不用,这是一种误解,因为,在国家之内,君主可以不要,'忠'字是不能不要的。如果说可以不要,试问我们有没有'国'呢? ……在民国之内,按道理说,还是要尽忠。不忠于君要忠于国、要忠于民、要为四万万人民去效忠。这比为一人效忠高尚得多,故'忠'字的好道德要保存。……讲到'孝'字,我们中国尤为特长,尤其比各国进步得多。所以,'孝'字更不能不要。国民能不能像忠于国家、忠于人民、忠于事业那样讲究孝,关系到国家的强盛与衰亡。国民在民国之内,要能把忠孝二字讲到极点,国家便于工作,自然可以强盛。"基于上述两个原因,军国民主义教育在我国学校教育中,达到了历史最高点。1911 年,辛亥革命胜利后,在北洋军军政府举行的"各省教育联合会"上作出了《(在全国范围内)实施军民主义教育》的决议,该决议呈请北洋军政府的教育部,要求"全国高等小学和与之同等及以上的公私立学校一律开设"兵式体操"课程。1912 年,北洋军政府教育部召开会议,会议讨论并确立了"中华民国的教育宗旨":"重视和推行国民道德教育,并且,以实利主义教育(实用主义教育)、军国民主义教育辅之,更要以美感教育完成其道德。"

所以,在军国民主义教育思想的影响下,甚至,在国民政府主政初期,担任民国政府第一

① 罗时铭.中国体育通史(第三卷)[M].北京:人民体育出版社,2008:188.
② 罗时铭.中国体育通史(第三卷)[M].北京:人民体育出版社,2008:205.
③ 傅砚农,吴丽华."军国民思潮"主导学校体育的社会背景研究[J].体育文化导刊,2005(6):70-72.

任教育总长的蔡元培先生也主张"军国民主义教育",并正式提出了国民政府继续实行"军国民主义教育"的基本策略。蔡元培先生在阐释和号召民国政府继续推行和实施"军国民主义教育"的原因时,认为,军国民主义教育虽然在世界上其他国家日渐式微,也有日渐消失的征兆,但是,我国面临的情势异常危迫,东有强邻、恶邻日本的威胁,需要我们时时刻刻提高警惕,以图自卫;同时,我国还有在鸦片战争以后历年,与西方诸国列强签订的丧权辱国的各种"条约",如果不凭借自身的强大或以武力为手段,国家主权就很难被收回……军国民教育、实利主义教育是强兵富国之教育,中国人羸弱,令人担忧,依靠一些弱不禁风的人上阵,保卫国土,岂能保证杀敌制胜? 那么,国家面临这样的困危怎么办? 国家既强,临时授以军事知识,亦可执戈以保卫国家。军国民主义教育就个人而言,在补自卫力之不足;在国家而言,在求国家之强盛。① 而在当时国民政府的整个社会舆论中,一些忧国忧民的教育家以及一些民主爱国人士也都希望和呼吁以"军国民主义教育"的方式和手段,实现"全国皆兵"以及"外抗强敌、内抑军阀"的目的。

在这一形势下,1915 年,在国民政府教育部颁布的《教育要旨》中,对将要在学校中实施的"尚武"教育进行了详尽的解释,"国何以强,强于民;民何以强,强于民之身;民之身何以强,强于'尚武'……'尚武'之道分之为二,曰卫身、曰卫国。合之为一,卫身即卫国,卫国即卫身也"。因此,国民政府之所以倡导"国民主义教育",在对学生进行德育、智育教育之外,将体育与"德育""智育"并重。使青少年儿童从事体操游戏,以便促进他们精神活泼、愉快;对年龄较大的学生进行"兵式体操"教育,锻炼他们的体格;具体形式是,各级各类学校实行军事编制,开设以"兵式体操"为主要内容的学校体育教学。因此,当时学校体育教学内容的主体是兵式体操和军事性训练的部分科目②,而在"全国教育联合会"1915 年制定的《军国民教育实施方案》中,特别规定:"学校体育教育要重视对小学生进行'军事作战游戏'教育,全国各级各类学校应该增加中国民族传统之'武技';于高等师范学校和中等学校之'体操学科'教授的时间规划中,应于最后一学年加授'军事学大要'的内容;中等以上学校教授'兵式体操'的最后一学年应该进行军事'射击'训练;各学校应重视宣传和表彰历代武士之遗风、遗像,随时讲述其功绩以鼓舞和教育后人。"

1918 年,在第一次世界大战中,德国沦为战败国,这使许多国人认为,"公理必将战胜强权",所以,"军国民主义教育"没有前途。其时,我国正处于"五四"新文化运动的前夕,西方民主与科学思想对我国社会的影响也日渐加深,思想解放运动的浪潮对"军国民主义教育"产生了巨大的冲击。再加上美国"实用主义教育"在中国的传播,学校相继宣告废止"兵式体操",北洋军政府教育部向德日学习的目光逐渐由德日转向西方。1923 年,北洋军政府教育部在其模仿美国学校教育范式所制定的《中小学课程草案》中,正式将"体操科"更名为"体育课",规定将"兵式体操"及其相关内容一律剔除出中小学学校体育教学之外,学校体育的教学内容也随之改为以"田径、球类和游戏"为主的近代西方实用主义教学内容。至此,我国近代学校体育彻底摆脱了"军国民主义教育"。

所以,在我国近代"军国民主义教育"思想、军国民主义体育教育之所以能够长时间影响

---

① 孙中山.孙中山全集[M].北京:中华书局,1981:223-224.
② 罗时铭.中国体育通史(第三卷)[M].北京:人民体育出版社,2008:200.

和主导学校体育教育,是与清末民初的社会环境、社会所处的时代政治背景以及其时的社会现实需要分不开的。①

二、军国民主义教育思想对近代我国学校体育教学内容的影响

(一)童子军中的体育教学内容

受军国民主义教育思想影响,学校全面实施军国民主义体育,在此背景下,北洋军政府的"童子军"建设及训练活动受到了北洋军政府的高度重视。1919年,北洋军政府促请教育部向各省区教育委员会发出了《推广童子军案》的公函,"公函"对建立和推广"童子军"教育提出了要求:"自童子军倡办以来,各省闻风而动,童子军日益兴起,其辅助教育及有益青年的价值与作用尽人皆知,惟有组织和主持童子军教育者,多半是之前未曾躬受过'童子军'教育之人,不过仅凭学理上之研究成果加以实施,而各国成书多未翻印,书肆印行者缺而不全,于童子军之真精神、真作用,未能窥其蕴奥。其他诸如誓词、制度、规则、纪律、服制等,更未能一致。此由于各省、区尚缺乏研究之专门机构,故未能收到推行之成效。因此,谨拟推广办法如下:各省、区之师范学校应从速一律添授童子军课程;各省、区教育委员会应设童子军研究会;所有童子军组织法以及誓词、制度、规则、纪律、服制等均由各省区教育工作者会研究完善,发布一律仿行;由各省区教育委员会翻译欧美各童子军用书,以灌输童子军之智识;各省、区已办童子军者,应组织协会,每年定期择适宜地点举行会操一次。"

国民党统治时期,童子军的各种教育和训练活动继续得到政府的高度重视。南京政府教育部亦曾向各省区教育厅、教育委员会发布了《推广童子军教育案》的函件。其中规定:"童子军训练,为实施新教育之良好工具,在教育占有重要地位。"并归纳童子军教育与训练活动四个方面的优点:能够发挥天赋本能,养成善良之品格;适应童子之心理,利用童子之余暇,俾随时有学习常识、常技之机会;练习人群报务,以建立青年高尚之人格;锻炼体格,养成健全之国民。1926年,"童子军"改由国民党中央政府训练部直接领导,改称为"党童子军",后又改称为"中国童子军""中国童子军总会"等。

(二)中国民族传统体育的发展

辛亥革命以后,在军国民主义思想的影响下,特别是在"兵式体操"从日本引入中国之后,以"兵式体操"为主要体育课堂教学内容的学校体育课教学普遍被人们重视,与此同时,一批喜爱中华武术、对民族传统武术文化持有深厚感情的人士,强烈主张政府应重视对民族传统体育的挖掘和整理,并进行体育教学内容化改造,使之成为军国民主义体育教育的主要内容。一些人认为,"体育一词,本我固有,体育历史间见错出。远寻,源于儒家之游艺舞蹈,释、道之修养与锻炼。期间力士、侠客技击等事,史不绝书。"总之,"一切体操之术概为释、道二家所发明。"一些人认为:"拳艺者,体育之最上乘也。应从民族传统体育中找出在时间上、

---

① 成都体育学院体育史研究所.中国近代体育史资料[M].成都:四川教育出版社,1988:76.

能力上、经济上都合算的适宜运动来充实学校体育教学的内容。"最有影响力的是我国近代武术活动家马良在《中华北方武术体育五十余年纪略》中的一席话：辛亥革命成功以后，中华民国终于成立，民国大众日益重视体育运动。社会的各界人士，竞相崇尚与倡导各种西方兵式体操活动。然而，也有越来越多的人开始趋向于对我国民族传统武术的重视和习练。这也促进了为强国强民的军国民主义体育得以在我国畅行无阻地开展。主要表现为，各武术门派名流或武术组织，纷纷编写武术教材，介绍自身的武术知识；也有相关部门的知名人士汇集武术，各门派大家研究武术；其时，有人积极地著述武术专著，有人积极地编辑武术杂志期刊，有人专门设计武术习练场地，以传授学生或徒弟武术，也有人专门聘请武术教师，教授其子女武术。各个学校不论是男校，还是女校，都把武术列为正课的教学内容，还有一些学校把武术列入课外活动的内容；各部队及警察的官员，更多倾向于训练一支专门习练武术的军队，在军队、警察等很多的军事训练中，将武术作为正式训练的内容。也有很多的乡、村、城镇人们，设立武术练习场地，聚集同门，共同练习武术。只有这样，我国民族传统体育武术教育才能得到恢复和振兴。1911年，《教育杂志》也刊登文章指出："中华民族传统体育中的'射箭、击剑、枪术、刀法、剑术、骑术'等民族传统体育内容是我国大众最佳运动方式"，因此，呼吁用这些民族传统体育内容来替代西式体操作为学校体育教学内容。①

　　自此，越来越多的人为中国民族传统体育，特别是武术运动不辍努力，积极主动地进行武术的习练推广和宣传工作，期望以民族传统体育替代西方体育。例如，1912年"北京体育研究社"成立，研究社将自己的建社宗旨确定为："以倡导'尚武'精神为主线，促进大众，培养身心全面发展的健康意识；专门从事研究中国民族传统武术的工作，促使中国民族传统武术系统的形成。"提出的建设主要任务是："组织体育学校讲习会，调查各地体育状况，编译各种体育图书，研究中国民族传统武术、东洋柔道、欧美体育等。"再如，1912年，"天津中华武士会"成立，"武士会"确立了"传习中华民族传统武术，加强国民体质锻炼，塑造国人强健体魄"的宗旨，"武士会"把主要传习内容确定为"以剑术、形意拳为主，而其他民族传统运动形式与技术及体育运动内容随时逐渐加入"。在各种武术组织、研究会等纷纷成立的同时，各"武术研究会"也举办了一些武术比赛，如1919年8月31日，上海的中华武术研究会举行了武术大会操，以践行孙中山先生"富国强种"的军国民主义教育主张；1923年4月22日，也是在上海，在马良、唐豪、许禹生等人的大力宣传和倡导下，中国历史上的第一次"全国武术运动会"得以举行。

　　第一次世界大战结束以后，由于德国战败，国内要求结束军国民主义教育的呼声越来越多，许多学生对德国、日本的军国民主义教育单调的内容、枯燥的方式、呆板的教学与训练方法都非常反感，加之西方民主与科学思想的影响，以及追求自由、个性发展的教育理念不断传入，特别是一批留欧、美学生，强烈要求修改教育宗旨。1919年4月，在以范源濂、蔡元培为正、副会长的教育部调查会上，得出了"军国民教育一节，于世界潮流不合"的结论，要求全国各种各类教育机关和学校等，都应执行和具体实施以"养成健全人格、发展共和精神"为核心的"新教育宗旨"。② 从此，军国民主义体育教育逐渐退出了中国学校体育的历史舞台。

①　马良.中华北方武术体育五十余年纪略[J].体育与卫生,1924,3(3).

②　罗时铭.中国体育通史(第三卷)[M].北京:人民体育出版社,2008:209-210.

第二节 自然主义体育思想

一、自然主义体育思想的缘起

"自然主义体育思想"源于近代西方的"自然主义教育思想"。远古时期,人类生产力水平发展低下,科学与生产技术相对落后或者还处于蒙昧状态,人类对许多自然现象无法深入认识和理解,更无法给出较为客观的、合理的解释,很多情况下,只能借助"上帝力量""神祇观念"等主观意识去判断或预测祸福,思想意识普遍受唯心主义的蒙昧思想所左右。美国哈佛大学神学院的大卫·查普曼教授,在一场讲座中,就有如下陈述:在西方神话中,火是由上帝赏赐给人类的;而在古希腊神话描述中,火是普罗米修斯从太阳神阿波罗那里盗来的;在西方神话中,人类可以躲进诺亚方舟里,以躲避末日洪水的来临——每个古代文明的初期,都有关于"神"的传说。17世纪,欧洲经历了"文艺复兴""宗教改革"和"启蒙运动"三大思想解放运动,打破了"神权"对西方人思想的禁锢,推动了现代资本主义发展,"世界科学技术中心"也由意大利转移到了英国,随着近代西方资本主义社会制度的确立,资本主义生产关系获得了持续性的发展,无论是源于古希腊的人文主义思想意识,还是西方民主主义精神、科学技术等都获得了长足发展与进步。在此基础上,人类对自然界及人类社会存在状态的认识更为深刻和清晰,一些"神秘"现象也逐渐被人类智慧剥去了神秘的外衣,有了较为科学的、合乎发展规律的认识和理解,这些科学认识以及人类积累的所有科学技术成果在传承和发展过程中,逐渐产生了自然主义的哲学与教育思想。

所谓"自然主义"可以从多种视角和多个学科对其进行分析与释义。例如,文艺范畴内的"自然主义"主张"以纯粹科学、客观的思想和态度,去深入研究和准确描述自然界、人类社会以及人类生命现象";哲学范畴内的"自然主义"主张"以自然界变化的基本规律、自然科学以及人文科学的研究法,来研究和阐释纷繁复杂的客观世界和宇宙本体";而教育范畴内的"自然主义"主张"人类的教育应遵循人类生活与生存所固有的自然本能,不事矫揉与修饰,保证受教育者获得自然发展",因此,这一教育思想被称为"自然主义教育思想"。自然主义教育的代表人物是法国启蒙思想家、教育学家、文学家让-雅克·卢梭(Jean-Jacques Rousseau,1712—1778)和瑞士教育家约翰·亨利赫·裴斯泰洛齐(Johann Heinrich Pestalozzi,1746—1827)。自然主义教育注重教育对受教育者生物层面的意义,如重视对青少年儿童进行卫生保健知识的教导,重视青少年儿童在自然遗传基础上,依赖自然环境来实现对个体的教育,主张适当发展个体潜在能力等,自然主义教育重视将自然的知识、自然的规律融入教育内容体系之中,为西方近代自然主义体育思想的历史发展与演进奠定了坚实的基础。

西方"体育(Physical Education)"这一概念,最早出现于18世纪,自然主义教育家卢梭撰写的《爱弥儿》(Emile)(又名《论教育》)一书之中,此书出版于1762年。卢梭在此书中用

"体育（Education Physique）"一词来描述对爱弥儿身体的自然教育过程,他将人类需要以及将要接受的教育依据对象的不同分为三种:第一种是"自然的教育",第二种是"人的教育",第三种是"事物的教育"①。卢梭在《爱弥儿》一书中,批评一些学校教育束缚儿童少年个性的发展,主张教育必须顺应儿童少年自然发展的规律和基本需求,顺应儿童少年自身的"内部"能力和身体器官成长与发展的自然顺序,不加外力的干涉或影响,以客观环境的自然影响,来引导和促进儿童的自由发展,并以这种教育方式来影响和培养未来社会的新人,培养与发展儿童少年先天遗传的、固有的观察、思维和感悟的能力。卢梭依据少年儿童的年龄特征,把青少年儿童划分为 4 个时期,在不同的时期以不同的教育方式对其进行影响。例如,对 2 岁以前的婴儿,施以自然的运动促进儿童的身体发展。在儿童 2—12 岁时,要通过自然的体育运动、体育游戏来对他们施以教育影响,重点在于锻炼儿童少年的四肢、躯体运动灵活、动作准确,以及身体器官与神经的协调发育。卢梭强调体育就是要充分利用大自然所赋予的各种客观自然环境条件来锻炼儿童身心,培养他们的意志品质,使他们掌握各种生活知识与技能,并能够适应自然环境的各种剧烈变化。在体育运动技能方面,卢梭主张儿童应掌握和具备攀爬、跳远、跳高、翻越、平衡等基本能力;尤其要学会游泳和赛跑。在卢梭丰富的自然主义教育思想中,贯穿着按客观自然的基本规律对儿童及青少年学生实施体育教育,使青少年儿童身体得到自由、自然发展的这一具有科学、积极、符合人的生长发育的客观规律的元素。② 在自然主义教育思想的影响下,学校体育教育的方式是一种符合自然规律的自然主义体育。其基本特点是,依据儿童对某一事物的兴趣和爱好,去设计对他们实施教育活动的内容,这种体育教育方式只讲究体育对少年儿童的思维、情感、认知等能力的影响与培育,而把体育对增强少年儿童体质、发展少年儿童的身心健康等健身、健心的价值,完全交托给自然的力量来施以影响或抚育,即将体育当作"通过自然的、被动的手段、方式和内容对青少年进行教育"。从这种意义上来说,最早的体育概念就产生于对自然主义教育的描述和基本主张之中,因此,"自然主义体育"是在少年儿童在接受"自然的适应性教育"的主张中萌生和发展起来的。

二、自然主义体育思想的完善与自然主义体育的发展

18 世纪中后期,卢梭的"自然主义教育思想"和"自然主义体育思想"出现以后,其所主张的"体育的手段、方式与内容要服从自然规律、自然环境与自然法则"的思想,在欧洲大陆迅速传播开来,"利用自然环境条件和气候的变化来自然地涵养、影响、培育和锻炼学生的身体,依据自然环境变化的规律与顺序,来发展学生个性、提升学生认知能力、增进学生健康水平等"的主张也得到了人们普遍的认可,从而得以迅速传播至世界各国、各地区,也得以迅速融入欧洲、北美等国家的教育体系之中,"自然主义教育"还催生和促进了"大教育思想观"的出现。随着历史的发展和人类认识能力的提升与进步,自然主义教育思想在各个国家教

---

① 吴式颖,等.外国教育史简编[M].北京:教育科学出版社,1988:137.
② 辞海编写组.辞海（教育、心理分册）[M].上海:辞海书出版社,1983:67.

育演变过程中,经过改造和完善,其基本思想观念、思想主张和基本形态、要求也发生了一些变化与发展。而自然主义体育思想也在此过程中,依据人类教育的需求变化被不断改造和补充,发生着变化而得以发展。当这一教育思想与具有强烈民族意识、严谨的生活态度以及积极的进取精神,但是饱受着战乱之苦、急需培养为军事战争服务兵士的普鲁士王国(后建立德意志联邦)相遇时,被创新与发展的力度之大,使德国成为受自然主义教育思想影响最深,也是践行自然主义体育思想最为彻底、最为深刻的国家,对"自然主义教育"的发展贡献最大的国家。

德国教育家巴泽多(Johann Bernhard Basedow,1724—1790)是在德国最早推崇和践行自然主义教育的代表人物之一。1774年,巴泽多在德绍(Dessau)创立了"博爱学校",对卢梭的"回归自然"自然主义教育理论展开了积极实验。巴泽多的自然主义教育实验坚持"以赋予学生允分的身体练习、游戏活动、充裕的体育锻炼时间,来促进少年儿童的自然成长、发育与发展"。巴泽多认为,通过自然的方式促进少年儿童身体自然的、正常的生长发育,比生硬地、机械地对少年儿童施加心智影响和训练更为重要,少年儿童通过自然的游戏活动,就可以自然地实现对自身的智育与德育训练和培育的作用与价值。巴泽多的"博爱学校"还非常重视对学生进行劳动教育和体育,积极开展户外的各种自然活动和游戏等,以此保证了自然主义教育思想与自然主义体育在"博爱学校"中得以顺利实施。巴泽多"博爱学校"的建校计划显示,该学校的学生每天读书3小时、体育学习与运动、音乐等3小时、进行手工劳动2小时,另外,每年夏季规定必须有2个月的野营生活,在野营期间,有计划地开展爬山、攀树、赛跑、跳跃、狩猎、游泳、钓鱼等野外体育活动。"博爱学校"是最早试行近代体育教育的学校之一,其体育教学内容主要取材于古希腊体操、欧洲的骑士运动和德国日耳曼民族的游戏运动,"骑士运动"包括击剑、骑术和舞蹈;"日耳曼民族游戏"主要包括手球戏、撞柱戏、大球戏、滚翻、跳背活动等。巴泽多的继任者,J.D.托伊特还首创了"斜梯"这一体操器械,对近代体操的产生与发展做出了重要的贡献。而"博爱学校"的第一位具体贯彻和实施自然主义体育思想的体育教师是西蒙(Johann Simon),他依据学生的年龄对学生进行分组,实行体育分组教学,在体育教学和体育活动过程中,他还加入了跑、跳、投、击剑、摔跤、球戏等一些竞技性游戏和娱乐活动,这些内容被系统化之后,发展成为著名的"德绍五项"运动,包括赛跑、跳跃、攀爬、平衡和负重等。①

在德国实施自然主义体育教育最负盛名的,也是对德国体育乃至世界学校体育教育产生重大影响的,是被称为"德国近代学校体育之父"的约翰·克里斯蒂安·弗里德里希·古茨穆斯(Johann Christoph Friedrich Guts Muths,1759—1839)。他在司尼芬撒尔(Schnepefenthal)博爱学校任教长达50年之久,一直担任该校的体育教师,在此期间,他根据自己教学实践及理论研究的成果,编写了一系列体育著作,其中以《青年体操》(*Gymnastics for Young*)和《游戏》(*Games*)两部著作影响最大。他将自然科学与人文科学的基本理论引入学校体育教学过程之中,极力推崇和倡导,并躬身积极探索学校体育的基本教学理论和实践,与生理学、医学等自然科学知识,与社会的安全与发展、社会个体发展、社会个体发展与社会发展的关系等人文科学的知识,以及与学生身心健康、日常学习等实际需求的真正结

---

① 吴文忠.体育史[M].中国台北:正中书局,1995:64.

合。古茨穆斯认为,学校体育教育重点应强调,通过学校体育教育多种形式的实践活动,去影响和教育学生(亦即"体育是对身体的教育"的论断),而这种身体教育活动必须与和它相关的科学理论紧密结合,以获取营养,同时,这种身体教育的基本理论,也必须以对身体教育具体实践的研究为基础,进而为学校体育教育实践服务。在《青年体操》第 2 版(1804 年)中,古茨穆斯将体育教学内容分为步行、跳跃、跑、举物、角力、游泳、攀登、平衡和投掷等 9 大类。所以,由此可以认为,古茨穆斯的德国体操体系(包括巴泽多体育)为世界学校体育构建了一个较为完整、科学、成熟的自然主义体育教育体系。后来,德国体育家施皮斯(Adolph Spiess,1810—1858)在继承和发扬古茨穆斯自然主义体育教育思想的基础上,在学校体育教学中,创新了教学方法,以"分段教学""综合教学"等体育教学方法,将体育动作进行了"要素化"和"铸型化"改造,这种改造类似今天学校体育教学中,所重视的体育动作技术掌握的规范化和系统化要求。这一要求不仅为学校休操动作教育的竞技化发展奠定了基础,也把学校体育教育的基本理念、立论和实践发展到了极致。德国自然主义体育教育思想与实践被迅速传播,曾经风靡欧洲,后又被传至美国。奥地利教育家高尔霍费尔(Rarl Caulhofer,1885—1941)是当时欧洲自然主义体育的代表人物,他将德国古茨穆斯、施皮斯自然主义体育的体操体系进行了批判性的继承和改造,要求青少年儿童体育运动的形式不应受规则、章法的束缚,而是要尊重自然法则,体育运动场地、设施、器材等的设计与制作要合乎体育运动的敏捷性和柔软性等要求。这一方面,高尔霍费尔改变了古茨穆斯、施皮斯"以运动为中心"的德国规范化、系统化的体操教育体系,建立了以儿童身体发展为中心、为目的的体育锻炼体系,坚持用顺应儿童的、以儿童为中心的自然主义体育教育思想来指导学校体育教学实践。在 19 世纪末和 20 世纪 20、30 年代,德国自然主义体育教育思想和实践对欧洲大陆以及美国的学校体育教育产生了重大影响。①

在德国、瑞典、丹麦体操蓬勃发展,风靡欧洲及美国的同时,英国的"绅士体育"和"户外运动"等自然主义体育教学内容也逐渐发展起来,而且,逐渐从学校向社会延伸,最后逐渐形成了近代竞技体育项目。英国的"绅士体育"就是为培养适应未来社会发展的绅士而产生和设计的,"绅士体育"源于英国哲学家、教育家约翰·洛克(John Locke,1632—1704)倡导的"绅士教育"。洛克"绅士教育"的思想主要集中体现在他的代表作《教育漫话》一书中。洛克在书中谈及对儿童的自然教育时,有如下论述:"我们想使儿童变得聪明、善良、智慧、率真,用鞭挞、强制、批评或其他奴隶体罚般去管教他们是不合适的……教育的目的就是要培养未来社会需要的'绅士','绅士'要适应社会的需求,应具备完善的品德、智慧、责任、礼仪、正直和学问等几种品质,'绅士'是有德行、有能力、有胆识、有建树的社会需要的人才。"洛克是近代西方教育思想史上第一个提出体育与学生健康教育相结合的教育家,他在《教育漫话》中,明确指出:"努力工作,生活幸福的前提是必须先有健康,我们要想有能力应付繁重的劳作,要想做出出类拔萃的成就,也必须先有强健的身体……人们的痛苦或幸福,大部分都是自己造成或造就的,不善思考的人,做人、做事决不会遵照正确的途径,身体羸弱的人,即便是有了正确的做事途径,也绝不可能取得成就,有所建树。"洛克指出,绅士教育要培养自己成为绅士,就应该在击剑、骑马等体育项目勤于修炼,获得进步。因为,骑马能使人在马

---

① 张晓军.近代国人对西方体育认识的嬗变(1840—1937)[D].长春:吉林大学,2010.

上习得镇静与优雅,击剑既可以增强习者的力量和勇气,又可以改变人的气质,因此,击剑和骑马是绅士所必备的技能,两者都是对人的健康十分有益的体育活动;而由于英国伦敦的水域特征,"游泳运动"又被认为是能够塑造良好的身体形态的一个项目,对具有良好外在形象要求的绅士来说,就很有吸引力了;"舞蹈"可以使人养成和终生保持一种绅士风度和气概,能够塑造人的自信力。当时,这些英国为塑造绅士而设计和进行的体育运动项目,不仅具有那一时代应景性的重大价值和影响力,在当代也同样具有很高的价值和意义,这些绅士体育的运动项目后来不仅成为近现代竞技体育的主要内容,而且也具有深厚的群众基础,深受各社会大众体育的青睐。

英国素有"户外运动之乡"的美称。18世纪末期,当欧洲大陆许多国家热衷于德国体操和瑞典体操等"人工设计的"体育运动的时候,在英国,则流行着传统的体育方式——户外运动,户外运动的内容主要包括狩猎、钓鱼、射箭、爬山、划船、皮划艇、帆船、游泳、水球、滑冰、跳远、跳高、跳跃障碍、撑竿跳高、标枪、掷铁饼、羽毛球、壁球、板球、地滚球、高尔夫球、曲棍球、橄榄球和足球等。这些体育运动内容有的是源于英国,为英国传统体育项目,也有的是早期从欧洲大陆其他国家的传统体育中,移植和传播过去的。其中,大多体育运动内容发展为现代竞技性的球类运动、田径运动和水上运动项目等,在这个基础上,现代竞技体育运动项目得以产生和发展起来。因此,英国的"绅士体育"与"户外运动"被称为欧洲体育的三大基石之一。

而作为世界近代另一个体育强国的美国,是第二次世界大战之后,继英国崛起的又一个"世界科学文化中心"。美国"独立战争"之前,作为英殖民主义者在北美洲的移民国,其本身就承继了英国的一些体育方式,也盛行一些竞技性体育运动项目,如竞走、赛跑、跳跃、拳击、摔跤、赛马、马术、狩猎、游泳、滑冰、橄榄球、足球、板球等户外体育运动和游戏。19世纪中期,当德国、瑞典等欧洲体操在美国传播和盛行的时候,美国学校教育并不发达,对学校教育及学校体育关注不够,其主流社会对竞技性、娱乐性更强的近代竞技性体育运动项目倍加推崇。例如,棒球运动是在美国社会体育中,首先得到较大发展的球类运动项目之一,从1840年开始,美国就已经出现了业余棒球联盟和俱乐部组织,这些民间棒球组织也不断地举办一些棒球赛事,至1870—1890年,棒球运动已经成为美国最受欢迎和最为流行的体育运动项目了。而现代网球运动于1870年传入美国后,很快就在美国女性社会中流行开来,自1880年起,美国就已经开始举办全国性网球比赛了。19世纪80年代末期,高尔夫球也被传入美国,传入不久,在美国就陆续出现了诸多的高尔夫球俱乐部并定期举办高尔夫球比赛。此外,1860年以后,现代田径运动以及一些球类活动,如板球、地滚球、曲棍球、滑冰、游泳等体育运动项目相继被引入美国,在美国得到广泛的传播和发展。

值得说明的是,在美国近代体育史上,基督教青年会的体育活动,在整个社会体育中,占有重要的地位。1840年,"基督教青年会"始见于英国,1850年,在美国传教活动中,得以迅速发展。"基督教青年会"很重视通过青年的兴趣、爱好以及青年人身心发展的特点对他们进行基督的教育。1869年,美国的基督教青年会已经开始在美国一些较大的城市或社区,如旧金山、纽约、华盛顿等地,建造当时功能齐全、设施完备的体操馆。1880年,在波士顿的基督教青年会为培训体育指导员,开始举办了体操班。1885年,又在马萨诸塞州的斯普林菲尔德创建基督教教会学校,后改名为"斯普林菲尔德学院(旧译春田学院)",学院设有体育部。

1891年,斯普林菲尔德学院的教师J.奈·史密斯,发明了近代篮球运动。1895年,斯普林菲尔德学院的毕业生、霍利奥克城基督教青年会的体育干事W.G.摩根发明了排球运动。这两项运动出现以后,很快就风靡美国和加拿大,后又通过北美基督教青年会的传教活动,传播至世界各地。由此看来,美国整个社会体育活动受近代西方竞技体育方式与方法的影响非常深刻。

三、自然主义体育思想对中国近代体育的影响

经过文艺复兴、宗教改革和启蒙运动,首先在欧洲的近代学校体育教育中,自然主义教育的基本思想、基本理念日趋成型并逐渐清晰和成熟。伴随着学校体育内容、手段与方法的逐渐丰富,西方近代学校体育首先在英国、法国、德国、瑞典、丹麦等国,逐渐形成了具有现代意义的自然主义体育教育体系,这一体系伴随着西方近代学校教育的成熟,而发展成熟起来,逐渐扩展到国家的整个社会层面,而后又被引入军队。这一时期出现了许多著名的体育活动家、教育家,他们对近代自然主义体育教学内容的创编、实验、实施等发展做出了具有里程碑意义的贡献。自然主义体育的主要教学内容是能够直接发展青少年儿童身体各种能力,能够加强纪律观念、团队协作意识培育,如德国体操、瑞典体操、丹麦体操和英国的"户外运动"。其中,德国体操、瑞典体操、英国户外运动被称为西方近代自然主义体育教学内容的三大基石。

德国体操与瑞典体操内容都非常丰富,主要包括基本体操,即各种形式,如跑、跳、投、滚翻等基本内容;教育性体操,即角力、悬垂、举重、拔河等基本内容;兵式体操,如兵操、剑术、射击、队列、行进等基本内容;医疗保健体操,如跳绳、爬绳、爬竿、平衡等基本内容;后又加入了双杠、单杠、吊环、木马、浪桥等器械体操内容。英国是西方近代史上第二个"科学文化中心",也是西方近代竞技体育的发源地之一,在英国资本主义工业发展过程中,随着社会生产力的提升,人们休闲时间的增多,娱乐与休闲性活动逐渐兴盛,英国"绅士体育"和"户外运动"中的大部分内容,深受大众喜爱并积极参与,如水上运动项目中的赛艇、划船、水球、游泳等体育教学内容,现代田径运动中的障碍跑、竞走、急行跳远、跨栏、三级跳远、跳高等体育活动内容,以及球类运动项目中的网球、乒乓球、羽毛球、橄榄球、高尔夫球、足球等体育游戏、竞赛和娱乐性的内容,都属于近代西方自然主义体育教学内容的范畴,而且在向社会扩展的过程中,形成了近现代的竞技性体育项目。

鸦片战争以前的中国,从军事战争、生产生活、庆祝祭祀、娱乐健身等人类社会发展过程中发展而来的我国传统体育,经过几千年的发展与积淀,逐渐形成了以儒家"天人合一"和"身心一元论"为哲学基础,以娱乐性、健身性、表演性、弱对抗性为基本运动目的,以推崇和展示礼让、和谐、圆融、智慧、进取、俭朴等价值观念和人文精神为主要表现形态的中国传统体育文化。这一体育文化体系,通过古丝绸之路,在与西亚和欧洲的交流中,也曾让中世纪的欧洲乃至世界体育文化为之倾倒;所以,中国传统体育的许多方式、方法、规则等,曾经于中世纪以前,通过"东学西渐"由阿拉伯人、西方商人、探险家等带回到西方,被西方体育所接受、改造,并实现融合。然而,在近代,当西方资本主义殖民者的铁蹄踏向中国的清朝政府

时,自然体育教育思想及其自然主义体育的教学内容,于 19 世纪末和 20 世纪初,通过英美商人及侨属在中国开展的体育活动和美国的传教活动传入中国,20 世纪初,又通过留美的学生以及中美间的交流活动,出版发行国外体育书刊、报纸等途径最终实现了彻底的传入。

由于当时的中国社会是经历了几千年封建统治的、较为封闭的农业社会性质,在此基础上,推行资本主义生产生活方式与过程中所形成的体育教学内容形态(方式、方法、场地、设施、规则等)本身就较为困难,再加上国贫民弱状态下"救国富民"的急切热情,以及中国贵族长期形成的"天朝上国"意识,给他们长期形成的、强烈的民族文化优越感,致使西方体育在传入我国时,经历了一次又一次的矛盾与冲突,解释与争论。首先,从形式上走过了西方竞技性、游戏娱乐性的体育,在中国的存在和影响不断扩大,学校体育中,西方"兵式体操"从被引入体操科,到与中国传统体育并存,再到西方竞技性体育与游戏内容不断引入,而获得较大发展并实现完全转变的历史过程,国人对体育和体育教学内容的认识由狭隘到全面,从低层次到高层次,从偏差到准确,再到逐渐趋于成熟。"兵式体操"虽然也是西方自然主义体育教学内容的一部分,但是,因为它是为提高士兵的战斗力和军事技能而设计的,符合我国当时的国家现实需求,所以,也成为我国官方引入的第一项自然主义体育的教学内容。1898年,清朝政府"兵部"的公文特别强调要"改组和精练陆军,一律附以兵式体操的基本形式",反映了当时清朝政府的遗老遗少们急于"强兵救国""抵御外辱"的迫切心情和对西方自然主义体育教育及教学内容体育认识上的偏颇。从日本引入"兵式体操"进入部队训练和学校体育教学,就是西方自然主义体育教学内容对中国学校体育的第一次冲击。1904 年的《奏定学堂章程》改部队及军事学堂中的"兵式体操训练"为学校体育教育的"体操科",就反映了体育教育、塑造学生身心教育、教养功能,逐渐被近代中国学界所关注和推崇。但囿于当时"内忧外患""战乱不断"的历史背景,未能脱离单纯的军事教育目的,而"体操使学生身体各部均衡发育、强健体质、活泼精神,兼养成遵守纪律与崇尚集体主义协同精神的习惯"的目标无法得到客观、全面的实现,其功能也未获得充分发挥。但是,经过五四运动,随着西方民主与科学思想逐渐在中国传播开来,自然主义体育思想在中国学校教育中才逐渐占据支配地位,从形式到内容上逐渐被学校教育所接受。

从第一次鸦片战争以后,即 19 世纪中后期,西方基督教青年会就通过教会学校的方式,在中国传播西方近代自然主义体育的部分内容。在中国工作长达 13 年之久的美国"基督教青年会"干事美国人麦克乐(Charlessarold Mocloy,1886—1959)在华期间,通过自己办杂志、著书、写文章、深入各高等学校讲演以及其亲身的体育实践活动等方式,大力宣传西方近代的自然体育思想,传播自然主义体育教学内容;1920 年,麦克乐赴南京主持"南京高等师范体育科"的各项工作,他首先回顾和总结了自己在长沙"雅礼学校"进行的体育教育改革,正式宣布废除"兵式体操"。另外,西方自然主义体育思想在中国的传播途径,是中国向西方社会选派的留学生回国后从事的体育传播活动,如留美学生袁敦礼、吴蕴瑞、方万邦等人,他们留美学习期间,恰逢美国各学校推行实施杜威"实用主义教育思想"和脱胎于实用主义教育的"新体育"在美国兴盛之时。他们学成回国后,就大力倡导和宣传西方的自然主义教育和美国的实用主义体育教育思想,通过演讲、撰写有关自然主义体育思想方面的文章、著作,或亲自参与体育教学实践活动等直接传播。① 这些传播活动对中国近代体育迅速与世界体育融合起到了巨大的作用,也为中国近代体育带来了深刻的变革。这一变革首先表现为,在我国近代学校体育教育中,西方近代自然体育教育思想顺利取代了军国民主义体育教育思想。在近代西方"民主与科学"精神的旗帜下,开始重视以科学的思想、方法去研究和践行体育,而自然主义体育教育思想也迅速成为当时我国学校体育教育的思想主流,这也为西方近代自然体育教育思想在我国学校体育中顺利传播起到了关键性的作用。其次,通过这些宣传活动,使中国体育理论界深刻地认识到,当时实施的"军国民主义体育教育"的历史局限性以及西方自然体育思想的时代性和进步性,使自然体育教育的思想逐渐深入人心。从此以后,中国体育界也开始重视运用科学理论与方法,去研究体育理论问题和从事体育实践活动,对推进中国近代学校体育理论体系的建设与完善,推进体育科学研究的进步与发展起到了积极的作用。②

第三节　国粹主义体育教育思想

所谓"国粹",从字面上可理解为一个国家或民族固有的长处与优点。而实际上在特指"国粹文化"的思潮中,人们对"国粹"的理解可归纳为三种:第一种是广义上的"国粹",其泛指中国的历史和文化;第二种"国粹"的含义是指中国文化精华;第三种"国粹"的含义是指中国文化的民族精神与特性。

一、国粹主义体育思想的背景

中国近代史上的国粹文化思想,亦有人称之为"国粹主义文化思潮",然而,本研究认为,以客观的态度去研究和审视历史,就不能带有个人的感情色彩,因此,国粹主义体育是我国近代体育史上,当中国传统体育遭遇西方近代强势体育文化的侵扰时,关于我国传统体育理论与实践的一次规模较大的思想运动,是在理论层面上的深刻反思与探索,实践性层面上的自信与自觉行为。因此,对其进行研究时,一定要首先保持一种科学、客观的态度。所以,称之为"思潮"含有一种贬义的成分,以"思想"来取代"思潮",在研究中,不断以此来自省,更能彰显客观、公正的态度。"国粹主义体育思想"是从 20 世纪初西方近代自然主义、实用主义体育教学内容被陆续引入我国后,开始逐渐形成的,其另一方面的原因主要是,中日甲午战争以后,尤其是 20 世纪初,堂堂中华大地已彻底沦为半殖民地、半封建社会,民族危机日益加深严重,"亡国之危机、亡种之情势"日趋明显,各种救国救亡运动与思想风起云涌,从现代发展的眼光来看,处于文化毁灭之中,掀起一场文化救亡运动也迫在眉睫。与中国古代历史上其他时期的朝代更替,以及由于朝代更替所引发的民族危机不同,此时,世界科学文化

---

① 马卫平,等.民国时期体育家群体研究[J].中国体育科技,2015(2):114-125.
② 胡小明.21 世纪中国体育人文价值观念的确立[J].体育文化导刊,2010(1):134-137.

中心已经转移到了西方(从意大利到英国,并逐渐向美国转移),此时,西方列强在经济、军事、文化等各个方面都具有强大的优势,"西方中心论"逐渐形成,西方列强使用文化手段进行侵略,企图以此毁灭中华文化的政治目的性更强,这就是一种对民族精神摧毁性的、对民族文化灭绝性的、具有较强潜隐性的、不易被广大人民所识破的侵略行为。① 此时,涌现出了一批对中华文化有深刻了解和认识,对中华文明有深厚感情和追求的、头脑清醒的爱国知识分子,他们意识到中华民族所面临文化危机,指出了当时文化发展过程中存在的这一问题的严重性,这也是中华文化发展中,中华文明对优秀人才滋养与培育的结果,也是中华文化的幸事与幸甚。

"其亡人国也,必先灭其语言,灭其文学,渐次灭其种性,务使其种如堕九渊,永远沉沦。"这就是这批刚直不屈、求真务实的知识分子、仁人志士的文化自尊、文化自觉与警惕,他们尖锐地指出:文化就是保持一个民族精神品质的"元气",延续民族精神气质的根本,"学亡则国亡"。他们强烈要求国人要重视"文化图存与救亡",从而在中国近代文化史上,掀起了一场以"保种、爱国、存学"为目的的"国粹主义思想"文化运动,力求通过"复兴古学"的教育回归运动,以弘扬和再塑中华文化。特别是,当面对中国近代出现的一种"全盘欧化""全盘西化"的民族文化自卑感不断升级,民族虚无主义思潮不断泛滥时,他们认为,国人应该在冷静思考中国如何学习西方以获得发展的同时,还要认真分析,避免重蹈西方文化发展的覆辙。正是在这种对文化不同态度的激烈交锋与反思中,他们开始重新审视和评估传统文化对中国社会发展的价值,主张以复归与弘扬传统文化,正视西方文化发展,科学对待学习与自立的关系。对待民族文化的态度,在当时是有一定代表性的,如我国清末民初思想家、史学家章太炎就警告说:"近来有一种持奴化主义思想与态度的人,总说中国人比西洋人差距甚大、距离甚远,所以,盲目自暴与自弃,认为,中国必定灭亡,东方黄种必定灭绝。这是他们不了解中国文化之长,见得皆是别无可爱,是以爱国、爱种之心一日衰薄一日。如果他意识到,我做如是之想就是全无心肝的人,那么,其爱国爱种之心一定会风发泉涌,不可遏制。"②因此,从西方强势文化随着西方列强野蛮的军事入侵,而开始强势进入我国时,就有一批仁人志士、文化精英意识到了其危害的严重性,掀起了抗御西方强势文化侵略,端正对东西方文化态度的国粹文化思想运动,而非"思潮"。

这并不是抒发"思古之幽情"的矫揉造作之举,而是具有强烈爱国热情、炽热民族文化意识的精神体现,国粹主义文化的这种主张一经出现,便引起社会广泛的关注和共鸣,形成了一股强大的中国近代思想文化运动热潮,而"国粹主义体育"就是在这种背景下出现的。国粹主义文化思想运动在近代中国的国内和国外同时掀起和发展。其在国外的发展与革命派有着密切的关系,具有较为明显的反清色彩;在国内的发展则有"抑西扬中"的明确文化取向与目的,一部分人主张,以科学的态度对待中西体育文化,一部分人表现为文化的守旧与自我封闭。国粹文化思想运动的代表人物有章太炎、刘师培等人,而在体育界的代表人物主要是马良和蒋维乔等人。

---

① 章太炎.章太炎政论选集[M].北京:中华书局,1977:220-222.
② 章太炎.章太炎政论选集[M].北京:中华书局,1977:132-152.

二、国粹主义体育的主要表现

马良（1878—1947）是中国近代知名的武术家，他自幼继承家庭武学传统而习练武术，后来，又师从平敬一学习少林拳术和中国摔跤术。清朝末年入伍，在军队中升任军职至旅长兼济南卫戍司令官及济南镇守使。马良认为："考察世界各国军事体育之运用，还没有超过我中华新武术者。"所以，他认为中华新武术是"我国之国粹，我国之科学"，因此，他建议，在全国军队中，推行一种标志各级官阶身份的、共分为三等九级的"佩剑制度"，以充分彰显和弘扬我国传统武术的"武德"和"武风"。马良还积极投入到对武术的改造、革新与使用上，他将自己习练的武术拳艺和摔跤术，依据士兵操练的方式与方法加以改造，编成了新式军事训练的武术法，在其任职的武备学堂和军旅中传授和推广。1911 年，马良就任陆军第九军，在"协统"驻扎山东潍县之时，盛情邀约了一些武术名家，发起并编辑了面向军队军事训练和学校体育教学武术教材，定名《中华新武术》。1914 年，马良在担任济南卫戍司令官兼陆军第47 旅旅长时，再次邀请多个门派的武术专家，通过认真调研和总结《中华新武术》在部队和学校的使用情况，重新修订《中华新武术》一书。作为一名武术家，对中国传统武术进行研究、推广起到了极大的作用。

1914 年，中国近代气功养生家，辛亥革命后曾任南京临时政府教育部秘书长、北京政府教育部参事等职的蒋维乔（1873—1958）在北京大学任教时，依据自己锻炼的体悟和感受，编写《因是子静坐法》一书，首先在北京大学提倡民族传统体育"静以养生"中的"静坐法"，后来风靡全国。《因是子静坐法》一书出版后，在不到 4 年的时间里，再版次数多达 14 次。在当时的学校（特别是在大学中），教师、学生都积极习练和效法，有些学校还把静坐的基本方式与方法编入学校体育课程，大学生们也自觉地组织起他们的"静坐会"。在社会大众中，推崇和自觉践行这一健身方式的人也非常之多，除了高校学生团体之外，湖南"同善社"就积极倡导和践行静坐法。

五四运动之后，蒋维乔借助他创编的《因是子静坐法》，大力推广国粹主义体育文化的同时，结合西方民主与科学思想的影响，其对近代体育也进行了一定的研究，其对中华体育文化的认识也有了非常大的变化和进步。1920 年，他在《我的体育观》中，就真诚地说，近十几年来，国人都非常清晰地意识到国家衰弱，是与整个国家国民体魄不强有很大关系的，所以，在国内提倡体育、推崇体育锻炼的呼声几乎已经传遍全国。然而，我想问一下我国的体育家们，我们在实施体育、进行体育锻炼的时候，在这个"育"字上面，究竟如何理解？我们有十分深刻和清晰的了解和认识吗？所以，他认为，要理解和认识体育，首先，要知道"我们作为个体的'人'是由在'物'的方面和在'心'的方面两方面结合而成的。所谓'物'的方面，就是指人的肉体，所谓'心'的方面，就是指人的精神。因此，所谓体育在这两个方面都是不可偏废的。体操运动以及其他运动方式，虽然可以强健筋肉，活动血脉，但是，这种体育方式关注的是其在肉体方面的健康，至于精神层面上的健康就顾及不到了，所以，其在'育'字方面的价值或功能就无法完全实现。因此，人在进行体操运动的同时，必须兼用修养的功夫，才能完全实现此'育'字的功能与意义"。因而，他特别指出，"我主张动、静的修养并用。'动'的修养就是体操及其他运动,通过此'动'的锻炼一定要使学生了解这些体操与运动的真正价值和意义之所在,于生理上的种种益处。自己要自觉地进行锻炼,而不要只把它们看作是照例的功课。而'静'的修养,就是促进精神的安静与心理的调适"。他说:"《因是子静坐法》说得十分详细,能够照这方法去做会收到较好的效果;但如果不能依照这种要求去做,也要每天规定出一定的时间闭目静虑,求得精神的休息才是。"所以,从蒋维乔的观点中可以看出,蒋维乔作为"国粹体育文化"的倡导者,对东西方两种体育文化的互补性有一种清醒的认识和价值判断。

三、国粹主义体育对近代体育教学内容发展的影响

(一)武术的学校体育教学内容化

"国粹主义体育"对促进近代中国学校体育、群众体育的发展影响巨大。这种影响首先体现在"国粹主义体育"促进了中华民族传统武术学校体育教学内容化,而使之走进了学校体育教学课堂,在学校体育教育中,占有了一席之地。这为国人充分认识和发挥中国传统武术的功能与价值具有重要作用,对中国传统体育文化的传播与发展都具有深远的意义。这也使国粹主义体育者为加快对民族传统体育文化的挖掘、整理与改造,从而使民族传统体育文化更能适应现代社会人们需求。

1914 年,徐一冰通过《整顿全国学校体育上教育部文》一文,呼吁北洋军政府教育部将包括民族传统武术、民俗性体育游戏等在内的一部分民族传统体育内容,列为各式、各类学校(如高等小学中学以及师范学校)体育的主要教学内容。1915 年 4 月,在北洋军政府第一次"全国教育联合会"会议上,当时"北平教育协会"受"北平体育研究社"的委托,向会议提交了《拟请提倡中国旧有武术列为学校必修课》的议案,该议案首先批评了当时"皆袭他人之形式,未克振己国之精神"的学校体育教育,在体育教学内容方面存在的这一现状,接着又汇报了北京、天津的体育社团以及北京各学校教授中国民族传统武术以及基督教青年会亦曾经开设"拳术"练习班,并在"南中运动会"上进行拳术表演等一些"武术"推广的实际情形。该议案认为,中国民族传统武术进学校,成为学校体育教学内容的条件已经成熟,所以,"议案"中特向"全国教育联合会"提出了三条中国武术进学校的建议:一是,将"武术"列为学校体育的必修内容,在学校"体操科"内兼授中国民族传统武术,以提振国人"尚武"精神;二是,聘请教授武术者依据学校体操科教学的实际要求和中国传统武术的基本特点编定武术讲义,具体说明武术基本原理,用科学的态度、爱护民族传统文化的精神唤起学生们的注意和重视;三是,大力培养能够教授武术的教师,在专门培养体育师资的体育学校、师范学校内,将中国特有的民族传统武术等内容列为主干课程,以保障师资培养能够满足教授中国民族传统体育的要求。"北京体育研究社"的这一提案得到了"全国教育联合会"与会代表的普遍赞同,会后"全国教育联合会"又将这一提案呈报给北洋政府的教育部,北洋政府教育部亦采纳了上述提案中的三条建议,发出通知,明令各级、各类学校均应将中国民族传统武

列为学校体育的教学内容,而教授武术的教师则由各师范学校负责培养。①

　　1916 年,北洋军政府教育部又委派许禹生、孔廉白等人,到济南考察马良推广"中华新武术"的实际情形,许禹生(1878—1945)是北京人,毕业于北京大学法学科,其自幼体弱多病,因而先后师从刘德宽、杨继侯,发奋学习中国武术,精通太极拳、八卦掌以及其他多种门派的拳掌技艺,除精于武术技击外,也重视研究武术基本理论。1912 年,他在北京创办"体育研究社",曾任"私立北京体育学校"校长多年。20 世纪 30 年代起,先后任行政院咨议、教育部体育委员、北平市国术馆馆长、北平市体育委员、北平市立体育专科学校校长、北平市社会局体育督学等职,还担任《体育季刊》和《体育月刊》等武术杂志的主编,撰写了《太极拳图解》《罗汉功法》《国术要义》《少林拳十二式》等武术专著。因此,北洋军政府选派他作为考察和推广中国传统武术的代表正当其时。许禹生、孔廉白等人,在认真审查了《中华新武术》系列,以及《摔角》《拳脚》两本教材和观摩了"中华新武术"的具体实施情况之后,向教育部提出了将《中华新武术》作为学校武术教学参考用书的建议。1918 年,全国中学学校校长会议也决定把"中华新武术"列为全国各中学校正式的教学内容。同年,"全国教育联合会"第四次会议在上海召开,会议讨论通过了山东与会代表提出的《将"中华新武术"列为全国高等以上学校和各类专门学校正式教学内容》的提案。1919 年 4 月 17 日,北洋军政府教育部专门下发了《关于提倡中学校练习武术咨》的通知,强调:"查吾国固有之武术,于锻炼身体裨益甚多,自应提倡,以存国粹。"同时考虑到"惟现在师资、课本均较为缺乏,此项练习尚难一律实施。嗣后各中学校如能聘请相当教员,自可列为体操课程之一项,以使学生见习练习。其学习或见习成绩,应并入体操及各种运动分数内计算,借以唤起学生之注意"②。1919年 4 月 16 日,教育部在《关于采录体育咨询案办法咨》文件中,明确提出,各级各类学校要"重视国术的添授";同年秋,经北洋军政府国会讨论通过,将"中华新武术"确定为全国学校正式"体操科"内容,并通令全国开始实施。从此,以中国民族传统武术为代表的中国民族传统体育之中的部分内容,不断被学校教育挖掘和改造,成为我国学校体育教学内容之一。③

　　此后,在 1924 年 6 月,"北京体育研究社"对北京、上海等省市的 40 所中学及以上的学校进行了大规模调查,将武术确定为"必选课"(含"选修课")的学校占 52.5%;将武术活动确定为学校课外开展内容的占 22.5%;未列入体育课,而且在课外活动时间也没有开展的占 25%。在调查中,很多学校反映,将武术确定为正课以后,学生对武术的兴趣很高。因此,中国传统民族体育武术进入学校,不仅改变了长期在我国社会意识中存在的"重文轻武"思想和这种思想对民族传统体育的偏见,而且也对中国民族传统体育武术的挖掘、创新、丰富与发展也起到了极大的促进作用。

　　由于学校武术教学的需要,我国民间各种门派都对各自的传统拳路、掌法、器械练习方法等内容进行积极的整理,一时间,国内武术界对武术理论的研究、阐述及以此为基础对武术教材的编写等都掀起了热潮,而自西方近代竞技性体育的传入,民主与科学思想的兴起,人们开始从对"身体本身、身体锻炼和身体健康"等意义的扩展去研究和重新审视中华传统

①　奋翮生.军国民篇[N].新民丛报,1902-02-08.
②　体育文史资料编审委员会.体育史料.第七辑[M].北京:人民体育出版社,1982:14.
③　体育文史资料编审委员会.体育史料.第七辑[M].北京:人民体育出版社,1982:27.

武术。而这一时期,我国民族传统体育的发展也达到了前所未有的新高度。具体表现为:

1.开始运用近代西方体育科学理论,研究和揭示民族传统体育的价值和作用

国人对包括武术在内的体育功能与价值的认识,经历了从"致用之志"到"卫生之方"观念的转变,又经历了从"身心完备发展"到"体育真义追求"的视野广度与高度的提升,有此基础,求解我国民族传统体育对国人的锻炼价值和意义的研究,无论从广度还是从深度上都获得了巨大的空间。1919 年 4 月 16 日,北洋政府教育部在《关于采录体育咨询案办法咨》中,明确指出:"夫一国之体操,必须具一国之精神。我国民族传统武术,实乃我中华民族精神所寄,且种类颇丰。其与生理原理相合者,务须选择加入,以为体操之基本。"①所以,同样是行气、聚力、修形、练技的武术习练过程,以往人们更多的是通过此过程,求得掌握某一门派专门的技击技术,提高技击水平目的的实现,而经过一段时期对中国传统武术的宣传,人们更加重视武术强身、自卫、应敌等多方面价值与功能的实现,即对武术的认识更为深刻,"夫武术技击之学,重自卫以备非常之需,其小效可强身卫人,大效可强种卫国",这就是学校增设民族传统武术教学内容的基本目的;1919 年,"北京体育研究社"呈教育部的《请定武术教材文》中,就有"我国拳术以美术、技能之兴趣,引人入胜之方式,能使身心二者平均发育,因而,应以'最良好之运动法'加以提倡"。由此,一些武术家和体育理论研究者就开始探索武术的功能、价值与意义,其中,有一种研究颇有深度,其按生理学、运动学的基本原理,依据武术的健身价值将拳术分为三种类型:第一种属"强健筋肉、发展体力"类。如形意拳、八卦掌等动作节奏与演练速度都较为缓慢,又有助于培养练习者的注意力。第二种属"活泼肢体、敏捷思想"类。如各种长拳、查拳、谭腿、咏春拳等,有助于培养练习者敏捷的行动能力、强大的动作爆发力和良好的跳跃能力等。第三种是"流通气血、强健精神"类。如少林十二式、太极拳以及各种养生气功等拳种。

此外,一些研究者还尝试"根据不同年龄阶段人的性格与生理特点"来对拳术进行分类,从而更为科学客观地将武术动作的基本特点与人体运动规律和生理特征联系在一起,为中国传统体育构建自己科学、合理的理论体系奠定了坚实的基础,也为后续更深入的研究提供了新的视角。②

2.开始重视对民族传统体育教学方法的研究与改造

我国民族传统武术在教授与习练方面,传统上大多都采用"口传身授"式的"单人辅导与练习"的方法,这种传授方法很显然不适合学校体育教学活动使用,因其不具有"统一教授、集体学习"的学校体育教学这一特点的要求,因此,为了使武术教学适应近代学校体育教学的基本特征和要求,一些武术家就不断尝试对武术教学方法进行研究、改进与完善。这些研究重视对传统拳术套路练习方法的改造,以及对拳术基本动作的重新科学化整理与条理化编排。对传统拳术套路练习方法的改造主要包括变"单人指导"为"集体教授",即将每一

① 林小美,等.清末民初中国武术文化发展研究[M].杭州:浙江大学出版社,2012:10.
② 国家体委体育文史工作委员会,全国体总文史资料编审委员会.体育史料 第 16 辑 中国近代体育议决案选编[M]. 北京:人民体育出版社,1991:5.

组武术套路动作分解成不同的单个或单式动作,再按武术习练的方式将这些被拆解的动作依据一定的演练顺序衔接起来,形成不同的短段套路动作,以便在口令指挥下进行分段练习。① 《体育丛刊》就有这样的记述:"北京体育研究社"曾在这方面进行了大胆革新与试验,"自民国初年,吾社(北京体育研究社)成立之后,京师各学校均渐向吾社聘请教员,教授武术。教员查照体操教练规程,订立团体教授之法"。这种试验一直坚持数年。"依学拳术当然之顺序,按习他种科学方法排列之"的指导思想,对拳术基本动作的重新整理与编排,这种革新的具体做法是,从攻防演练风格不同、攻防演练动作特征各异的中国民族传统武术(包括拳术、掌法、器械等)套路身体练习的动作中,选择、抽取带有武术普遍性或基础性、代表性的基本动作,然后,按照武术攻防习练的基本顺序和基本原理进行排列组合,从而,编定成具有各个新招势进行传承的动作练习,在这一方面最具有代表性的研究成果就是马良组织创编的"中华新武术"教材及基本动作套路。②

(二)加快了民族传统体育的挖掘、整理与改造

从挖掘与整理的民族传统武术内容方面来看,这一时期诸多的民间武术被发现、挖掘和得以整理。主要成果有"尊我斋主人"所著《少年拳术秘诀》,陆师通、陆同一共同编著的《北拳汇编》以及《易筋经》《八段锦》《十二段锦》《少年拳术》《精义拳经》《拳术见闻录》等出版物。在民族传统武术的完善和改造方面,主要表现为大量地融入了近代科学思想与理论的新武术思想、学说和方法出现。这一特征从出版物方面来看,除了马良编著的《中华新武术》之外,还有唐范生编著的《武术的研究》、许宠厚编著的《太极拳学》、孙福全编著的《形意(拳)学》和《八卦掌学》、徐愚忻编著的《拳术学教科书》,以及朱鸿寺的《拳艺学初步》和《拳艺学进阶》、向遼的《拳学》。

除民族传统武术内容之外,大部分民族传统体育的倡导者、支持者和研究者都认为,传统的民俗体育活动也值得提倡,如旧历正月民俗表演活动中的狮灯、舞龙、舞狮、旱船、高跷;端午节举行的赛龙舟、竞渡、游泳、跳水等;其他的如骑马、试剑、摔跤、射箭、斗鸡、蟋蟀、走狗、钓鱼、田猎、射击、角艺、围棋、象棋、空竹、弹球、跳绳、踢毽子等诸如此类的民族、民俗体育活动。而民族民俗体育的倡导者、支持者和研究者仿照现代西方体育召开运动会的方式与方法,对民族、民俗传统体育也进行了研究与改造,如 1923 年长沙举办了"风筝运动会"。以 1934 年 2 月 28 日"河南省第一届民俗运动会"为例,此次运动会在河南开封举行,运动会设置了包括旱船、龙灯、舞狮、舞龙、戏蝉、刺虎、斗牛、打梭、捕蝶、打鬼、放风筝、踢毽子、石锁、石杠、推小车、玩小驴、掷沙袋、弄流星、济公、摔跤等 20 余个具有民族与民俗特征的比赛项目和表演活动。运动会还专门设立了"大会评议会",对所有参赛和参与表演的民间体育项目进行了评议,经过"大会评议会"评议认定,旱船、狮子、龙灯、刺虎、戏蝉、打鬼、掷沙袋、放风筝、踢毽子等传统体育项目均具有较高的体育锻炼及艺术价值,建议加以提倡或经改进后进行推广。因此,可以看出,由政府机构主导组织的具有现代奥运会竞赛方式的

---

① 国家体委体育文史工作委员会,全国体总文史资料编审委员会.中国近代体育文选 体育史料(第 17 辑)[M].北京:人民体育出版社,1992.

② 奋翮生.军国民篇[N].新民丛报,1902-02-08.

此类民俗运动会,在一定程度上对我国民族传统体育项目的普及和推广也起到了很大的推动作用。①

(三)促进了中国传统体育逐步融入新兴奥运会模式

19世纪末,西方近代体育开始逐渐传入中国,以竞技体育为特点的西方近代体育,通过其极具社会文化影响力的奥运会竞赛模式,开始影响我国传统体育的运行和发展,我国在对传统体育进行改造和发展的过程中,充分吸收了西方近代"奥林匹克运动会"组织、竞赛、宣传等形式和要求,不断地进行着探索和创新,以求我国民族传统体育的自我完善和发展。

1.西方近代奥林匹克运动会对中国传统体育发展的影响

在新兴奥运会竞赛模式的直接影响下,1910年,中国近代体育发展史上的"中国第一届全国运动会"在南京举行,此次全运会的组织和举办,无论是在运动项目的设置上,还是在比赛形式安排上,基本上都参照和借鉴了西方奥林匹克运动会的运行方式和基本模式。首先,从第一届全运会的比赛组织形式上来说,在项目设置、比赛分组、比赛成绩录取方式与方法上,完全参照近代世界奥林匹克运动会的组织形式,设定了比较规范的比赛要求;其次,此次全运会举办的地点与时间的选择与确定,也参照了第二届至第四届世界近代奥运会地点和时间的确定方式。其地点被选定在南京"南洋劝业会"的会场(即今南京的玄武门附近),这是我国近代由晚清政府建造的、当时中国规模最大的商业博览会会场,时间也与"商业博览会"的举办时间一致。这一会场选择与时间设置,也是在和世界博览会一起进行,与扩大奥运会的世界影响力具有异曲同工之妙。而第一届中国全国运动会选择在这样一个大型的商展期间召开,无疑会对当时的中国社会体育以及大众对体育的关注度,产生相当大的影响力。正因为如此,我国"第一届全国运动会"的成功举办,对促进国人对世界近代奥林匹克运动文化的了解与接受,对奥林匹克文化在中国近代社会的传播产生了积极而又深远的影响。

从此以后,我国民族传统体育在近代西方的奥林匹克运动会影响下,在中国第一届全国运动会尝试的导向指引下,近代西方竞技体育的竞赛模式与运行方式,在我国得以顺利实施和推行,其被主动吸收进了中国民族传统体育的比赛竞赛活动组织系统之中,以中国民族传统武术为先导的中国传统体育管理组织的建立、武术比赛方式的改革与创新、依据武术比赛方式而进行的训练方式的改变等都说明了,中国体育正在虚心地接受着西方近代体育文化的"盛情邀约",积极践行着与西方体育文化的融合。

第一次世界大战结束后,由于推行"军国民主义教育"的德国成了此次世界大战的"战败国",使国人能够冷静地思考"军国民主义教育"的价值与意义。在这种思考和选择中,军国民主义教育在我国学校体育中日渐式微,伴随着美国"实用主义体育"和西方"自然主义体育"的传入,给中国刚刚燃起的民族传统体育的热潮带来了很大的冲击。在这种环境中,极力推崇和倡导民族传统体育的"国粹主义者"逐渐从推崇"尚武"精神,向更多地强调民族传统武术的"强健体魄"价值来阐释我国武术的重要价值和特殊效用,极力说明中国传统武术与西方近代竞技性体育之间的价值对等性,甚至还有过之而无不及,以促请国人对民族传

---

① 崔乐泉.从冲突走向融合——近代中国传统体育与奥林匹克运动发展的历史审视[J].体育文化导刊,2007(7):23-30.

统体育文化的重新重视。在此过程中,除了经改造过的部分武术内容被列为学校体育教学内容而完全合法化之外,官方和民间的各种武术组织也得到了进一步的发展。例如,1910 年成立的"上海精武体育会",为适应近代中国新的社会体育形势的发展,于 1915 年,又选定新的会址建立场馆,并依据当时民族传统武术发展现实要求改订了协会的章程,扩大其服务于社会大众的基本范围,逐渐增加了部分西方近代体育项目,规定要定期组织和举办武术比赛及相应的运动会比赛等。类似"上海精武体育会"这样的武术组织,其大部分都是依据西方近代竞技体育俱乐部的形式组织成立的。①

在举办形式和运行模式上,参照西方近代奥运会模式的同时,由于受到西方近代科学技术、思想方式以及体育理论与方法的指导与影响,敏感于中国近代体育改革与发展的我国传统体育武术,为了推广的需要,也为了适应学校体育教学的需要,在教学方法方面,也进行了一些必要的革新。武术家们积极主动地寻求着自我更新与发展,也较为重视用近代体育运动原理的最新研究成果,对传统武术进行分类,并能够依据分类说明不同类型武术的锻炼价值、作用及意义,这些变革都在迎合和反映着西方现代体育对传统武术的影响,在此影响下,我国传统体育武术发生了从观念到实质的转变。

随着我国民族传统武术的不断发展和它在民众之中的影响力不断地扩大,为了进一步促进我国民族传统体育的广泛开展和运动水平的不断提升,也为了加强对民族传统武术习练者的控制和利用,民国政府也制定和实施了许多创新性措施。例如,建立从中央到地方上下衔接、协调一致的"国术馆"管理系统就是最主要管理性改革措施之一。

首先是中央国术馆的引领。1927 年 3 月,原西北军将领、我国近代著名的武术家张之江就在国民政府的大力支持下,在原来"国术研究所"的基础之上,在国民政府的首府南京组织筹建了"中央国术馆"。在"中央国术馆"建馆的初始阶段,主要开设"武当""少林"两个门派武术的传授与推广,称为"两门制"。1929 年,又增添了其他武术门派的武术内容以及西方一些体育项目后,将"两门制"的管理改为专设教务、编审、总务三大处以及一个参事室的管理方式,后被称为"'三处一室'管理体制"。"中央国术馆"这一国家官方体育组织的成立,对全国各地方政府和武术各门派起到了引领示范作用,为后来国民政府统一组织、有效控制、积极发展全国各地的武术运动起到了极大的促进作用。②

"中央国术馆"成立不久,国民政府就立即通令各省、市,要求各省、市、县乃至区和乡(村)都要以"中央国术馆"为龙头,参照其成立的基本模式,分别设立相应的地方性"国术馆"作为"中央国术馆"分层管理的下属机构。就这样,不到一年时间,全国各省、市,甚至县、区都分别建立了层次分明、衔接紧密的"国术馆"管理系统。至 1933 年底,全国就有 24 个省、市相继筹建了"中央国术馆"的下属省级"国术馆",这一时期,各省、市筹建的县级国术馆就达到 300 多所。另外,许多区、乡也纷纷建立了分支国术馆,这样,全国就形成了一个自上而下、环环相扣、层层衔接的研究、传播与学习中国民族传统武术的管理系统。在生源的吸收和录用方面,各级"国术馆"都采用统一考试和比赛的方式招收学生。国术馆的招生考试和比赛,主要包括"县考、省(市)考和国考"三个层次。例如,1928 年 10 月初,"中央国

① 成都体育学院.中国近代体育史资料[M].成都:四川教育出版社,1988.

② 汤铭新.我国参加奥运沧桑史(上篇)[M].台北:中华台北奥林匹克委员会印行,1999:66-72.

术馆"在国民政府的首都南京,举行了"中华民国第一届国术"第一层次的考试——国考,参加考试的有来自各省市及中央国术馆的学生共 400 余人,经过三个轮次的"淘汰赛"后,"中央国术馆"最终选拔出了 15 名最优等考生和 30 名优等考生。1933 年 10 月下旬,"中央国术馆"又在南京举行了"中华民国第二届国术"第一层次的国家考试,来自 19 个省、市及中央国术馆的 429 名考生参加此次考试。而此时,中央国术馆也制定出了《国术考试条例》及其具体细则,此次比赛就严格按照这一规程进行。参加考试的考生依据自身体重被分为 5 组,为保证安全,比赛规定点到为止,同时还使用了护胸和护腿等保护器具。而在国家统一组织第一层次的国术考试前后,一些省、市也依据"国考"的方式与方法,举行次数不等的国术第二与第三层次的省(市)考与县考。在各级考试性比赛的基础上,"中央国术馆"还经常性地组织一些规模较大的国术比赛与国术展演活动,这些活动都在一定程度上促进了我国民族传统武术的普及、进步与发展。①

另一方面,在"中央国术馆"的大力倡导、积极推动下,针对民族传统武术的深层次学术探索和研究,在我国开展得异常活跃,这也为进一步普及武术起到了良好的作用,为我国民族传统武术的发展创造了有利条件。例如,"中央国术馆"就首先建立起了自己独有的关于"武术思想文化"的研究课题和体系,提出了武术研究活动的宗旨、目标与任务。张之江在1931 年"中央国术馆成立三周年纪念会"上明确指出:创办中央及各地方国术馆作为民族传统体育传习所的根本宗旨是"沟通中、西方体育学术的相互影响与交流的渠道,促进西方近代体育与我国本土的民族传统体育彼此融合,互补所长促进发展。……与西洋体育,如游泳、棒球、竞走、赛马、拳击等相比,这些项目都可以与我国民族传统的国术融合兼采,以达到'融会贯通,汇通中西'的目的"。1933 年,"中央国术馆"又创办了"中央国术体育专科学校","中央国术体育专科学校"提出的办学宗旨为"培养和打造既掌握民族传统国术之精髓,又通晓西方近代体育的优质体育师资,大力推行民族传统国术,广泛普及西洋体育,以适应社会及时代的需求,努力实现达到强身健体、强种立国的目的,开创中国体育发展与进步的新纪元。"

在这一良好的发展环境中,在诸多武术家和社会活动人士的积极推进和共同努力下,全国各级国术馆都积极组织和有序地推进着各项武术的建设工作。例如,积极组织各级各类相互衔接的武术比赛,并在武术比赛与交流的基础上,不断创新武术教学、训练、表演的方式与方法,积极推进武术的科学研究与学术交流活动,并在武术的挖掘、整理、革新、改良等方面不断进行着有益的尝试,为近代武术运动在中国的进一步发展和长足进步做出了应有的贡献。例如,中央国术馆在长期的发展过程中,逐渐摸索出了具有自身独特性的训练、比赛及活动系统,其内容体系就包括搏击、摔跤、劈剑、刺枪、其他拳术或器械等 5 个大门类。在保持其内容系统基本稳定的基础上,又研究制定和构建了武术比赛裁判规则与比赛方法系统,其依据西方拳击运动的基本分组方式与方法,将参加武术比赛的运动员,按照各自的体重分成轻量级、轻中量级、中量级、轻重量级、重量级 5 个重量级别,并以此为基础建立了武术比赛名次录取办法和淘汰方式等。②

———————————————

① 张之江.张之江先生国术言论集[C].中央国术馆,1931:14-33.
② 张之江.国术与体育[N].国术周刊,1932:82.

从上述分析中,不难看出,国粹主义体育对中国民族传统武术的重视与推崇,以及"国粹主义者"对中国传统武术的迅速发展起到了积极的作用,同时,也不难看出,当时建立的国术馆组织系统及其竞赛组织系统所包含的武术竞赛规则、方式、方法等,对西方近代奥林匹克运动生硬模仿的痕迹十分明显,借用西方近代奥林匹克运动会运行模式,对我国传统武术进行的改造,使之适应近代国际体育发展新要求的特征非常突出。今天我国民族传统武术的发展所遭遇的尴尬也再一次验证了对我国民族传统体育的这种改造是有缺陷和值得进一步探索的。

2.奥运会模式影响下的其他传统体育活动的发展

在西方竞技体育的奥运会竞赛模式传入我国后,由于引入时造成的不适,以及起步阶段我国竞技体育暂时落后,使其在实施过程中受到了部分国人的抵制,后经过反复地讨论以及体育界有识之士的不断努力,西方近代奥林匹克运动的竞赛性体育内容终于得以顺利引入。引入之后,除了对我国民族传统武术的发展产生了较大的影响之外,其对我国民族传统体育其他项目的发展也起到了一定的促进作用,促使了西方竞技体育的基本理念及方式、方法对我国民族传统体育的融入,许多在我国普及较广的传统体育活动也逐渐被其同化或改造,使之能够进一步延伸到对我国学校体育教学内容的影响。①

20世纪20年代以后,在近代西方竞技性体育内容和基本理念的影响下,在我国开展较为广泛、发展较好的其他民族传统性体育活动,也与我国民族传统武术的改造与发展方式一样,参照奥运会的运动竞赛模式进行改造和发展,以各种近代体育运动会的组织方式运行或开展。这些运动会的组织方式与竞赛办法大多仿照近代西方竞技体育比赛的方式与方法运行,都制定有确定、明晰的比赛规则,在比赛活动中,也能够依据比赛规则选择裁判和按省或市、县等行政区域来确定和划分单位进行比赛。这些民族传统体育运动会从内容上来讲,主要有两类,一类是为某一单个项目比赛举办的运动会,一类是吸收了多个民族传统体育项目共同参与的综合性运动会。据不完全统计,仅1933年3至5月间,全国范围内举办的单项目运动会,就不胜枚举,如山东济南市、上海市以及南京市举行的民间传统"踢毽子"比赛,湖南长沙市、上海宝山县举办的民间传统"风筝"比赛,上海市举行的"儿童跳绳"比赛等。这些民族传统体育的单项比赛活动一般都是由本地区主办方"体育场"联合当地的"民教馆"或"国术馆"等单位共同来组织举办的。而从对1923年长沙"风筝运动会"竞赛规程的解读中,我们可以看到我国近代"民族传统体育单项运动会"具有鲜明和浓厚的、模仿与移植西方近代奥林匹克运动会体育竞赛模式的痕迹,即对我国民族传统体育的"近代西方竞技体育比赛方法"模仿化改造的痕迹十分明显。例如,长沙"风筝运动会"提出的比赛宗旨是:以提倡与推广我国民间传统体育中之固有游戏内容为目的,达到促进和提高民众身心健康、增强体质之效果。长沙"风筝运动会"所规定的参赛运动员的参赛资格为:凡本市民众,无论男女,品行端正者,均可以报名参加比赛。长沙"风筝运动会"的竞赛分组方法是:依据参赛者的性别和年龄特征,将所有参赛者分为男子、女子、儿童三个组别。长沙"风筝运动会"还依据"风筝款式"对比赛的类型进行了类别区分:如"平面类型的风筝"比赛要求"飞如一片瓦或

①　张之江."全国体育会议"大会宣言[N].申报,1932-08-22.

者如蝴蝶扑金瓜等";"立体类型的风筝"比赛要求"如灯笼、像飞艇或似响七星等";"线状类型的风筝"比赛要求"如贴鱼似娱蛤等"。长沙"风筝运动会"还制定了其独特的比赛评分标准和与此标准相对应的分数:如"风筝比赛"主要包括含构造分、意义分等两类分数在内的艺术分;含时间分、高度分、奇技分等三类分数在内的技能分等。①

而所谓"民族传统体育综合性项目运动会",实际上,就是汇集多项民族传统体育活动比赛于一次比赛大会的"综合性运动会"形式。其基本组织形式更接近现代的综合运动会。河南省立体育场(开封市华北体育场)分别于 1932 年举办的"第十六届华北运动会"以及于两年之后的 1934 年,在同一场地上举办的"第一届河南省民俗体育运动会"就属于"综合项目运动会"的范畴。由此可以认为,中国近代由民国政府作为举办主体而主导组织的中国本土化民俗运动会,具有西方近代奥林匹克运动会竞赛组织的特征和特点,这在一定程度上也对我国民族传统体育项目的普及和推广起到了很大的推动作用。

总之,随着中西方体育从内容、方式与方法上的冲突,到西方近代体育在竞赛形式及组织方式、竞赛方法等方面逐步被借鉴、被接受。这一现象充分证明,近代西方竞技体育项目以及这些项目独特的竞赛方式与方法在我国的传播与发展,对西方近代奥林匹克运动文化在全国范围内的传播与普及起到了积极的促进作用,也为我国民族传统体育的国际化交流与发展奠定了良好的基础;同时,这种传播与发展对我国本土化的民族传统体育的改进与创新来说,也提供了一种新的思路。特别是一直饱受西方近代竞技体育冲击与挤压的我国民族传统体育,在这一不利的发展环境中,在不断认识与改造自我和求得自我发展的同时,也在不断地接受着西方体育文化的点验,而从认识到发展再到某些局部上的统一,直接反映出了我国本土的民族传统体育文化与西方近代体育文化的冲突与融合。西方近代奥林匹克运动会的基本运行模式,在这一冲突与融合的过程中,起到了极大的促进作用,反映出了西方近代体育文化的强大魅力。诚然,体育认知的解放与拓展,体育思想的进步与革新这两者的实现过程,绝不会在一朝一夕之间完成和快速实现,这应该是一个渐进式、缓慢变化与长期发展的过程,在西方近代体育,特别是在西方近代奥林匹克运动影响下,中国传统体育对其自身的改造与修复,完善与丰富,创新与发展的过程,也同样体现出了这一基本特征。②

3.中国传统体育走向世界奥林匹克的盛大聚会

在中国近代学校体育发展过程中,西方近代竞技性体育内容的传入,中国民族、民俗传统体育的不断进步与发展,以及两者在近代中国遭遇时,虽然经历了一番直接或间接的冲突与抵牾,但终于还是实现了初步的融合。在这一艰难的发展历程中,我国近代一些民族、民俗传统体育项目,除了自觉地把西方近代竞技性体育运动与竞赛模式融入自身体系中,不断改造和发展自己之外,还在 20 世纪 30 年代首次走向世界,在奥运赛场中,充分展示了中华武术的风采。对中国人而言,1936 年的柏林奥运会是一个历史性的时刻而应该被永久记忆,因为,具有典型东方文化色彩的中华武术表演,在以西方竞技体育文化为主体的现代奥林匹克运动会上首次亮相,在这次奥运会上大放异彩,来自东方文明古国具有别具一格的运动方

①　崔乐泉.从冲突走向融合——近代中国传统体育与奥林匹克运动发展的历史审视[J].体育文化导刊,2007(7):23-30.
②　罗时铭.奥运来到中国[M].北京:清华大学出版社,2005:184.

式与身体语言表达方式让世界人民耳目一新,这是一种具有五千年文明的东方运动文化的沉淀和东方人类智慧精华的充分展示,是一种从人类远古时期缓缓走来的人类生存、生活与斗争历史的高度聚集和凝练——中华武术终于在世界面前,充分显现了古老的中国体育文化的博大精深。

1935 年,也就是在德国柏林举行的第 11 届夏季奥林匹克运动会前夕,在"中华民国第 6 届全国运动会"上,我国各种民族、民俗传统武术的多项比赛和表演项目,以及其他一些民间传统体育运动项目的比赛与表演活动都精彩万分,吸引了众多西方人的兴趣和惊喜的目光,这些比赛和表演活动得到了西方人的普遍性认可、推崇和赞赏。① 在此前提下,为了使西方观众更深入、更为全面地了解和认识中国传统体育文化的精神和价值追求,以充分展示中华传统武术的魅力,也为了使中国传统体育获得更多国人的支持,以取得更大的发展空间,能够促使有更多、更好、具有更强东方体育文化代表性的民族传统体育项目走向世界,民国政府决定选派中国民族传统武术优秀传人代表中国参加德国柏林第 11 届奥林匹克运动会的表演活动,以充分展示和传播中国民族传统武术文化。

决定既出,代表中华民国政府的体育管理部门——"中华全国体育协进会"马上组织进行了参加"第 11 届世界夏季奥林匹克运动会"武术表演活动的"中国武术代表队"的运动员选拔赛。此次选拔赛于 1936 年 3 月在上海举行②。从本次"选拔赛"庞大的裁判阵容来看,就足以证明民国政府对此次在世界舞台上进行武术表演活动,展示民族传统文化的重视——张之江、褚民谊、郝铭、王子平、冬忠义等部分来自国民党中央政府的官员和近代中国武术界的部分知名武术家组成了此次"选拔赛"的裁判委员会。而来自南京市、上海市和河南省的 3 个武术队的 15 名武术队员参加了本次"选拔赛"。因为此次"选拔赛"有明确的参赛规定,即 3 支队伍报名时不限男女,但每支队伍仅允许 5 人报名参赛;本次选拔赛对于比赛项目也有明确规定,仅挑选中国民族传统武术中的部分项目,即仅进行"器械、拳术和对练"三个项目的比赛。选拔赛最终评选出 11 名武术运动员组成了"中国武术队"。

"中国武术队"的成立,标志着近代中国体育在主动走向世界的过程中,迈出了坚实的第一步。"中国武术队"由天津南开大学武术教员郝铭担任队长,顾舜华担任管理员,男队的队员由 6 人组成,他们分别是张文广(来自南京"中央武术馆")、温敬铭(来自南京"中央武术馆")、郑怀贤(来自上海,多所高校的武术教师)、金石生(来自河南"国术馆")、寇运兴(来自河南"国术馆")、张尔鼎(来自河南"国术馆");女队队员由 3 人组成,她们分别是翟涟源(来自上海"国术馆")、傅淑云(来自南京"中央武术馆")、刘玉华(来自河南"国术馆")。"中国武术队"于 1936 年 7 月 23 日到达柏林,从中国武术队在德国表演的行程安排来看,就足以证明中国武术的本次世界之旅是成功的:他(她)们先是同奥运会其他国家的表演活动一样,首先被安排在德国汉堡大街上,以游行方式进行表演活动,然后,在汉堡国家动物园进行集中表演,后又被特邀至德国"汉堡大戏院"进行专场表演;在柏林奥运会期间,被专门安排在柏林的一个可容纳 2 万名观众的露天剧场进行表演,后又应邀到法兰克福和慕尼黑进

---

① 崔乐泉.中国近代体育史话[M].北京:中华书局,1998:106.
② 国家体委体育文史工作委员会,全国体总文史资料审编委员会.中国近代体育文选 体育史料(第 17 辑)[M].北京:人民体育出版社,1992.

行专场表演。从这种表演的行程安排来看,就明显显示出在西方人对中华民族传统武术认知过程的发展变化,即从不屑到怀疑,从欣赏到喜欢,从推崇到追捧。资料显示,本次中国民族传统武术的德国之行也是非常成功的,也充分实现了中华民国政府派出"中国武术表演队"的预期目标。"中国武术表演队"所到之处进行的表演活动都能吸引西方人关注、追随的目光,受到了西方观众热烈的欢迎,因此也取得了巨大的成功。①

因此,我们有理由相信,1936 年,德国柏林举办的第 11 届世界夏季奥林匹克运动会对中国民族传统武术来说,其具有里程碑式的意义。虽然在此次世界性体育大会上,中华民国政府所派出的由 110 多人组成的中国奥运代表团(其中包括 69 名运动员和 34 名政府选派的"欧洲考察团"成员)在此次奥运会比赛中,仅有撑竿跳运动员符保卢一人闯入了决赛,这样的成绩也让西方人鄙夷和齿冷,但在另一块中国武术表演的场地上,来自东方的一种使人耳目一新的运动方式又让整个西方世界为之驻足,又让整个世界的目光发生了颠覆性的改变。我们有理由相信,中国民族传统体育文化应该是人类运动文化宝库中最为先进的文化文明之一。虽然奥林匹克大家庭难以接受我们,但世界离不开我们,世界体育文化的舞台上也不能没有以中华武术为代表的中国民族传统体育的位置。②

四、关于国粹体育优劣的辩论

20 世纪前 30 年,中国的思想文化处于一个十分活跃的时期,在外来体育逐渐居于主导地位的情况下,人们开始关心民族传统体育的命运,希望对它进行研究、改造和重新利用,围绕"静坐"和"中华新武术"的讨论一度十分热烈。

(一)对"因是子静坐法"的争论

1. "因是子静坐法"的背景

北洋军政府期间的民国初年,西方近代自然主义教育思想和美国实用主义教育思想就已经传入我国。我国学校教育也逐渐开始向以自然主义和实用主义为思想基础的欧美体育教育体制的过渡。各种新的学校教育以及学校体育思想虽然为中国近代体育的发展注入了活力,但初期也造成了体育界思想的混乱——各种体育主张纷纷出台,"新旧体育"之争、"兵操废存"之争等风靡体育界。终于,随着自然主义体育思想和实用主义体育思想在我国体育界影响的加深和逐渐盛行,促使我国体育界人士以及敏感的有识之士对体育功能进行再认识,随着认识的不断更新和深化,学界的认识也突破了"体操即体育"的藩篱,在国人对"体育之真义"的热切探究和讨论中,人们的认识也逐渐向体育具体实践延伸,他们对体育手段和方法的视野也得以不断扩展;在对学校兵操与"选手制"体育的批判中,不少人开始转向

① 汤铭新.我国参加奥运沧桑史(上篇)[M].台北:中华台北奥林匹克委员会印行,1999:66-72.
② 成都体育学院.中国近代体育史资料[M].成都:四川教育出版社,1988.

对我国传统的健身、保健方法及本土的民族传统体育形式的重新审视,企图在本土化的我国传统民族体育的基本形式中寻求"尽善尽美"的体育手段、方式与方法,以实现人们对体育的追求、完成所谓的"自然人"的体育愿望和理想……当时的体育环境与体育思想之混乱无序,恰如徐一冰所描绘的:"窃以为我体育界思想之混乱、学说之杂陈,无过于今日矣。或则习岛国之风,或则守新大陆之制,入主出奴此排彼斥,或者又欲保存国粹,恢复旧章……"在此背景下,蒋维乔的"因是子静坐法"以对"国粹"文化的继承和追求为理想诞生了。"静坐"是中国"儒、释、道"文化中都有的一种样式,也是我国古代"养生导引术"的一种方法。在我国漫长的封建社会里,"静坐"往往同道家的"修身养性"和佛家的"参禅打坐"联系在一起,其理论与方法中含有中国古代体育健身文化中"天人合一、内外兼修""身心和谐""阴阳调和"等思想。因此,对于"静坐"的看法,有人就认为,"用之适切、行之得当"就有一定的健身、静心、防病与治病作用和价值。①

"因是子静坐法"的代表人物是江苏省常州人蒋维乔,其出身于书香世家,与吕思勉并称"常州二先生"。幼年的蒋维乔体弱多病,经常出现"头昏、腰酸、目眩、耳鸣、夜间盗汗等症状,使其幼年百病环生。曾百般以求治疗之法,皆无效验"。蒋维乔在 20 岁之前就不得不开始钻研和习练我国古代的"静坐"功法,在坚持了 18 年之后,他自己都没有意料到自己的身体竟然取得了"病疾竟疗,精神日益康健"的良好效果。后来他接触到了日本人藤田灵斋著述的《藤田式息心调和法》以及冈田虎二郎著述的《冈田氏静坐法》等书,又听说藤田氏和冈田氏的这些书"皆日本风靡一时,数度重版重印达数十次之多"以及这两位在日本号称气功师的"藤田氏"与"冈田氏"门下所收徒众皆达千千万万之巨,自然心生波澜,感慨道:"这是我国固有之术也!"——他根据自己近二十年静坐的体会,所以,蒋维乔认为冈田和藤田在日本民众中所倡导的"静坐法"不过是依据中国古代传统医学、养生、武术等理论而创编的,其自身并没有什么奇特的地方。但是,他们却结合了近代科学发展的最新成果,以近代自然科学的基本原理来解说"静坐法"的基本原理,剥去了其神秘色彩,是值得中国武术界人学习的。同时,蒋维乔还对中国传统武术传播中的弊端提出了批评,"察我国民间习尚,凡得一切百工、武艺、技术等技艺,苟有超绝恒理者,往往视为自己之秘法,不肯示人",以至于我国许多民间的武艺、功夫、绝技等都渐渐因失传而消失了。但是,作为我国东邻的日本则与我们武术传授的方式不一样,他们"凡得一术,一定会共同尽力深入研究之,这样的结果是其一些民间'习尚'虽然出自我国却又远胜于我国"。蒋维乔还举例说,明朝末年,中国武师陈元赟流亡日本,为生活计,向一些日本人传授了中国民族传统武术的一些技艺,日本人据此进行习练并不断地进行补充和完善,使其日渐丰富,终于成就了日本国技——"柔道""相扑"等,而中国民族传统的摔角、相扑技艺却始终停滞不前,没有得到发展。所以,蒋维乔慨叹道:"我国拳术如故也!内功粗者可以祛病,内功精者可以成道。然以自秘之故,不肯共同研究。彼国自大学讲师、学生等无论老幼男女起而学静坐法,且列为学校课程,大学生亦有'联合组织静坐会'者。② 其何盛矣!而我国人因自秘之故,濒于失传,亦可叹矣。"

---

① 《因是子日记》,1903 年 12 月 7 日.

② 李桂林,等.中国近代教育史资料汇编[M].上海:上海教育出版社,1995:473.

2."因是子静坐法"的争论

1914 年 10 月,《因是子静坐法》发行面世,这本书"以心理、生理之原理学解说静坐之法,凡书中纪录皆自实验中获得"。全书分原理、方法、经验 3 篇及附录约 1.2 万字,该书用近代科学成果阐述"静坐"的原理和方法,剔除了传统养生术中杂糅进去的、神秘怪异的玄虚与附会。据作者所言说:"余之为是书,一扫向者怪异之谈,而以心理的、生理的说明之,凡书中之言,皆实验所得。"蒋维乔的《因是子静坐法》一书问世后,受到我国社会各界人士的极大欢迎和支持,"购者络绎不绝,书籍行销数十万册,内则各省,外至南洋,无处不有习练之人"。蒋维乔也被聘至"北京高等师范学校"和我国南方的一些学校进行演讲,解释其"静坐法"的基本原理、功法以及价值与作用,影响很大。1920 年《体育周报》就有以下的描述,推广"因是子静坐法"的"同善社",其分社遍布全国 18 个省市,就连一些地方较为偏僻的小县,也都建立了"同善社"的分社。当时,还有一些学校也把"因是子静坐法"编入学校教学课程,一些大学的学生还专门组织成立了"因是子静坐会"。耒阳县还成立了"中外卫生会","中外卫生会"以县教育会长为首,同时,联合多名教育界知名人士主要研究因是子的"静坐"养生之方法,以外国人操练此养生法的基本方法。

从 1917 年起,就先后有人在《新青年》等杂志上撰文,对"静坐"提出异议,这些异议又结合社会上掀起的对"复古潮流"的批判,对"静坐"进行了抨击。毛泽东以"二十八画生"的署名,在《新青年》4 月 1 日第三卷第二号上,发表了一篇《体育之研究》的文章,对"静坐法"进行了批评:"近有谓'因是子'其人者,所言自诩其'静坐'之法之神,而误以彼人运动者乃自损其体之道,然予未敢信也亦未敢效法之矣。依愚之拙见,盖天地之间人身之事惟有动其自身而已。"鲁迅本人就较为反感和反对"国粹主义体育"的一些主张和做法,也特别反对将武术提升到近似玄虚化的地位:"即便是无法把西方人之'板油扯下',也只须得来一阵'乌龙扫地'将西人一齐扫到,而从此也便不能站起。无如现在总用枪炮打仗,而枪炮这些战争之用,虽然我国古时就已经存在或使用过,但是,目前却没有了。而又不练习藤牌操法,怎能抵御西方洋人之所用枪炮?"后来,鲁迅对中国民族传统武术的态度也发生了一些转变,"所以为生存起见,也得会打拳,无论你做的事是文化还是武化"。鲁迅坦诚,其在五六年之前,对我国民众中出现的武术(国术)热,确实有一些不同意见,并且反对过,但那是因为害怕国人忘记了洋人的枪炮,害怕国人以为依靠拳脚功夫就可以救国,这种想法在后来几次战争中证明是不对的,也终于吃了不小和不少的亏。但后来他的意见也有了鲜明的变化,他认为将武术、拳术、武艺等用之于在战争中打外国人,大家就不用有过高的期望。但是,在强调武术的强身健体、防身自卫价值时,倒也是可以学练与倡导的。

蒋维乔的《因是子静坐法》一书出版之后,又先后出版了《因是子静坐卫生实验谈》以及《因是子静坐法续篇》。而《因是子静坐法》一书主要包括序(生命与呼吸、疾病之来源、疾病之预防、静坐之方法),原理篇(人类之根本、全身之重心、静坐于生理之关系、静坐与生理之关系),方法篇(甲姿势、乙呼吸),经验篇(幼年时代、青年时代、静坐之发端、静坐之继续、静坐之课程、二十余年之研究、静坐宜知忘字诀、静坐不可求速效)等几部分。《原理篇》"人之根本"中,蒋维乔引用了一些中国民族传统医学的术语,如"人类自胎而生,其胎生必始于'脐',因而'脐'即为人之根本",人的一生最根本的命源在人的"腹脐",古人在此方面已经积累了诸多的经验,所以,已经积累了诸多的"修养丹田"的方法,而所谓的"丹田"也被中医与"养生者"称为是"气海";另外,蒋维乔在对"病之原因"的论证和阐释中,关于西医为预防一些传染性疾病而"吞食细菌以防病"的论断,来证实"人类日常的精神状态对人类的生理功能具有很大的影响作用",从现代医学来看这就是常识性"疫苗培育"问题,而不是"吞噬病菌来进行精神与心理的暗示",因此,从这一方面说,蒋维乔的举例是不够准确的,但他是为了说明"'静坐'可以养护和调理人'经脉',进而影响人的心理与精神状态,并最终达到健体祛病目的"这一基本原理①。而这种说法出自蒋维乔自己翻译的由日本人铃木梅杉所著的《卫生哲学》一书。

鲁迅对蒋维乔在上述两个方面的论述,持强烈反对和质疑的态度,其不相信中医,更不相信"静坐养生"的基本理论。于是,1918 年 10 月 15 日,鲁迅在《新青年》第五卷第四号上发表对蒋维乔《因是子静坐法》基本理论的批判:现在有一班人好讲"鬼话",这班人最恨科学,因为,科学能使人明理,能使人思路清晰,所以,自然而然地科学就成为这些"讲鬼话"的人的"对头",所以,这些"讲鬼话"的人一定会想方设法排除"科学"。他们所想的、最巧妙的排除"科学"的办法之一,就是"捣乱"。这种"捣乱"的方式就是先胡言乱语地在"科学"之中掺入"鬼话"(伪科学的论断或陈述),今儿就是混淆是非地将"科学"变为一种"玄学",在其中添加上了诸多的虚伪论断,例如,一位大官(指蒋维乔本人)所著的《病之根源》里面就敢胡说"吾人初生之时源自脐始,故人之根本在脐。……脐下腹部最为重要,称之曰丹田。"在这篇批判性的杂文中,鲁迅特别批判了一个自称有"天眼通"特异功能的神童,明确指出,那是一种伪科学。还有一些批评的言辞更为激烈:"静坐之最大弊处,就是让人消极,让人一天天的静习清心,这样就可以一天天消磨人的意志和进取之心。"这样看来,对蒋维乔的《因是子静坐法》在中国近代的价值与作用,毛泽东、鲁迅等一批人是极力反对的。

然而,还有一大批民众却仍然推崇、倡导和极力践行"静坐法",坚持以"静坐法"来进行身体的养护和锻炼。由于蒋维乔当时在北洋军政府的教育部任职,因此,其思想对高校的影响十分强烈,一些学校的教师和学生自发组织了"因是子静坐会",积极践行和推广"因是子静坐法"。而当时的文化名士,新文化运动的倡导者和推崇着之一郭沫若也对此秉持非常积极的态度,也利用"因是子静坐法"来祛病强身。郭沫若因终日劳累,"脑神经衰弱"病症较为严重,外表消瘦,睡眠质量不好或者说严重"失眠",痛苦万分几近自杀,"百般医治而无效"的情况下,郭沫若尝试用蒋维乔的"静坐法"来进行矫治,效果居然出乎意料,脑神经衰弱的病症几乎消失了。② 所以,他多次惊叹"静坐法"的神奇效果:"静坐在吾个人的修养中确真有功效,以静坐为手段,不以静坐为目的,这是与进取主义不相违背的,因此,我很赞成朋友们静坐"。"(就我来说)从前(指静坐以前)眼前的世界只是死的平面图,到这时候(神经衰弱经静坐康复之后)才活起来,成了立体的世界。"这种有切身体验的见解比偏激地批判

---

① 李桂林,等.中国近代教育史资料汇编[M].上海:上海教育出版社,1995:331.

② 《因是子文集》(稿本),上海图书馆藏.

显得更为有依据,也更为公允得多。"国粹主义体育"的另一位代表人物黄醒也以《我的静坐观》一文对"静坐法"表示支持,其中就论述了"静坐亦是一种体格修炼运动"的四点理由:理由一,"静坐术最重姿势":人体姿势是靠各部分肌肉的紧张与松弛来进行调整和维持的,静坐术利用对肌肉紧张与松弛状态的调整,具有增进肌肉细胞新陈代谢的作用,因此,"静坐对于内是动不是静"。理由二,"静坐术最重呼吸——深长的呼吸方式:这与'催促血液循环的旺盛为锻炼效果的运动'功效是一致的"。理由三,"静坐术忌闭眼,忌睡着:其目的集中于使'筋肉紧张,血液盛行',具有提高新陈代谢速度的作用"。理由四,依据治病的生理与心理因素,"静坐"具有防病、治病的功效:"一切病不是心理上来的,就是生理上来的,'静坐'不仅能保持筋肉的紧张,促进血液循环,同时,亦可调和'心力体力的劳动',而达到'血肉多动,身体必健;杂念排除,精神必增'的效果,从而预防疾病的发生或有利于病体的恢复"。

批判者则依据"天地概唯有动而已"的进化论思想,来反对"主静的体育"。他们认为,体育的功效在于"强筋骨、增知识、调感情、强意志",以求"身心皆适",而"运动为体育之最重要者,是欲文明其精神,必先自野蛮其体魄;苟野蛮其体魄矣,则文明之精神随之",并指出:"肢体纤小者举止轻浮,肤理缓弛者心意柔钝",其含义就是,没有强健的身体就不会有振奋的精神。《辟静坐》的作者根据当时的神经生理学原理,对"静坐法"的基本原理与效果都进行了反驳:人的"神经"可被分为"自主"与"非自主"两大类,人类的体育运动、身体练习方式也可以分为"自觉练习"与"不自觉练习"两大类。而人体内部血液、内分泌、体液等的循环和基本呼吸方式等这两大系统都是"不自觉"运动的范畴,大脑在正常情况下不支配"这一不自觉的运动方式",而"因是子静坐法"所认为的,以人之"心(精神)"之能力,影响作用于人的肌体,进而促进人体内部各种循环方式,使其畅通而不受任何阻滞的说法,缺乏一种科学的、现代生理学和医学基础。因此,"静坐法不合生理原理"。另外,从人生实践与追求的方面来讲,"'静坐'最大的弊端就是使人趋向于消极和颓废"。《辟静坐》的作者还举出例证说,"静坐是佛教最强调之法,而佛教发端于印度,印度这个国家已经被英国所侵占;我国古代'南北朝时期''梁国'的梁武帝是中国最信佛教的'帝王'之一,但他也无法避免失败而在'台城'被杀之灾。现在许多人却想做现代的'梁武帝',但尽管去做也就罢了,却何必一定要把我中华民族折腾成印度呢?"①因此,《辟静坐》的作者认为,在军阀混战、封建势力猖獗的社会条件下,提倡"静坐术",既不合时宜又会带来巨大的消极影响。

(二)关于《中华新武术》的争论

1.《中华新武术》的形成背景

民国初年与北洋政府时期,倡导将武术作为"国粹"的人,大多将武术看作一种实用技术,重在健身、自卫和应敌,这是当时最为常见,也最为流行的看法。孙中山先生曾在《精武本纪》的序言中有这样的描述:"惟西方洋人之火器输入吾国之后,吾诸多国人就遗弃中华民族传统之技击之术而不顾、不讲,造成我国整个社会民众积弱愈来愈甚、积重难返,而从来没

---

① 何宗旺.蒋维乔思想研究[D].长沙:湖南师范大学,2003.

有想到过战场之上决胜之时,常常就在最后关键的五分钟,常常就在短兵相接之时面对面的五平尺之地。所以,即便是当今在欧洲战场上,技击格斗之术也是屡见不鲜的,这些都与洋人所用的枪炮、飞机等军事武器具有同等作用和同等的价值,而我国人之往昔,仅习得西人物质文明之粗末,而遂自弃本体固有之技能,以为无用,岂非大失计耶。……我同胞处竞争激烈之时代,不知求得自卫之道,则不适于生存矣。"这个序言中的描述,既抒发了当时提倡"军国民主义教育"和"国粹主义体育"的许多人对武术的共同认识,又对当时单纯追求西方体育之娱乐,弃民族传统体育武术于不顾的"盲目崇外主义"的不良趋势和倾向,提出了非常尖锐和有针对性的贬斥。中国近代民国时期,列强对我国的威胁并没有解除,"强种保国"的社会历史重任依然存在,西方列强军事入侵的同时文化侵略与文化麻醉的危险处处存在,军国民主义体育教育与自然主义体育、实用主义体育教育之间的思想交锋,"西方近代竞技体育"与"我国民族传统体育"之间的文化碰撞,"五四"新文化运动对西方民主与科学思想的宣传和追求,一些激进主义者对本民族传统文化采取虚无主义的漠视态度,清末民初的各类改革人群对西方"兵式体操"的积极引进,以及为激发民族的"尚武"精神与意志,将中国民族传统武术技击的实用性价值与"兵式体操"的训练与培养价值相互促进和结合的设想与实践。① ——近代的中国体育就是在这种复杂的环境中逐渐走出来的,而"中华新武术"的理论与实践探索,也就是在这种历史背景下逐渐形成的。

2.《中华新武术》简述

"中华新武术"既是一种对于学校体育教学内容的理论研究,又是一种关于学校体育教学的实践探索,其基本理念和愿景就是借鉴西方"兵式体操"的军事教育思想与教育方式,把我国民族传统武术的精华进行加工、整理与改造后使之成为有利于教学和训练的演练方式,应用于学校体育教学和部队的军事训练之中。② 它最早是由马良(1878—1947)于1914年开始推行的。当时,在军队任职的马良积极投入对武术的改造、革新与使用之中,他将自己习练的武术拳艺和摔跤术依据士兵操练的方式与方法加以改造,编成了新式军事训练的武术法,在其任职的武备学堂和军旅中传授和推广。

马良是中国近代武术家,其1911年在山东潍县驻防之时,任职北洋军政府陆军第九旅"协统"并统率部队,为提高部队军事训练的质量,马良四方奔波,多次亲自出面,真诚地邀请了我国民间一些知名武术门派的武术家,研究并着手编写面向军队军事训练和学校体育教学的武术教材,定名《中华新武术》,主要适用于团体的教学和操练,因此首先在军队中广泛传播。马良1914年升任北洋军政府"山东济南市卫戍司令官",并统率国民革命军陆军第47旅,此时,其仍不忘中华新武术的研究和推广工作,他在第一阶段理论研究和实践尝试的基础上,充分调研了"中华新武术"在部队和学校的使用情况之后,再次邀请多个民间武术门派的武术家,对《中华新武术》的教材和动作练习方式进行了重新修订。后来马良又通过在全国范围内普遍建立"武术传习所"的方式来扩大"中华新武术"在全国的传播速度与范围,

① 邱丕相,等."追美揖欧"式"中华新武术"的是与非[J].上海体育学院学报,2011(5):61-63.
② 马廉祯.论中国武术的现代转型与竞技武术的得失[J].体育学刊,2012(3):114-120.

并最终实现促进中国民族传统武术在我国民众中的普及与发展的目标。马良的"武术传习所"不仅在内容上改变了传统武术的基本内容,采用新编的"中华新武术内容",在教学方式与方法上,也改变了我国传统武术的师徒"言传身授"的一对一传授方式,为中国民族传统武术能够在近代中国后期顺利进入学校,成为学校体育的主要教学内容提供了良好的借鉴。马良作为一代武术家,对我国传统武术的研究、推广与发展创新做出了极大的贡献。

"中华新武术"在武术教学内容上的创新,在教学方式方法上的改革,不仅为学校和部队进行武术教学和训练大开了方便之门,也为我国武术各门派对武术自家门派进行武术改造的积极性起到了激发和示范效应,当时,已经有很多学校以《中华新武术》作为武术教材教授改造后的"中华新武术"内容。而由于"中华新武术"的全国影响力,北洋军政府教育部也于1916 年委派著名的武术家许禹生、孔廉白两人,专门赴济南考察"中华新武术"的实验与实施情况。① 许禹生、孔廉白等人认真审查了由马良主持创编的《中华新武术》系列,并重点审核了《摔角》与《拳脚》两本教材,认为其作为部队军事训练内容和学校体育教学的主要内容是恰当的。因此,向北洋军政府教育部提出建议,在学校体育的武术教学中,将《中华新武术》一书作为教学参考用书。最终,在1918 年的"中华民国中学校长会议"和"中华民国第四次教育联合会"上,"中华新武术"先后被确定为全国各中学、全国高等学校和各专门学校正式"体操科"(体育课程)。1919 年4 月17 日,北洋军政府教育部专门下发《教育部关于提倡中学校练习武术咨》的通知,强调:"查吾国固有之武术,于锻炼身体裨益甚多,自应提倡,以存国粹。"同时考虑到"惟现在师资、课本均较为缺乏,此项练习尚难一律实施。此后各中学校如能聘请教员者,自可列为体操课程之一项,以使学生见习练习之。学生学习或见习成绩,应并入体操及各种运动分数内计算,借以唤起学生之注意"。1919 年秋,由北洋军政府的教育部提请经北洋军政府的国会进行讨论并通令全国,在全国学校中正式实行"中华新武术"教学——自此,"中华新武术"正式成为全国各级各类学校体操科的主体内容之一。② 把以武术为代表的中国民族传统体育的部分内容作为我国学校体育课程中法定体育教学内容成为各个历史时期学校体育教学内容的一项选择原则。

因此,中国传统民族体育武术教学内容进入学校,不仅改变了社会上"重文轻武"思想对民族传统体育的偏见,而且也对民族传统体育武术的革新、丰富与发展也起到了重要的促进作用。当时就有人评论说,"中华新武术"并不是为单纯追求对中国民族传统武术的一种守旧性"复古",也并非是盲目地借鉴和模仿西方近代竞技体育的基本手段、方式与方法,它是一种创新,因为,"中华新武术"比较顺利和成功地将西方近代竞技性体育的基本理念、运动或练习方式以及西方近代体育教学的方法融入了中国民族传统武术的演练与教学过程之中,其具有创造性的价值,在武术发展史上具有不可磨灭的示范性积极意义。这种创新在一定程度上弥补了我国传统武术在传播、传承与发展方面的一些不足和缺陷,开创了对我国民族传统体育进行改造和完善的一个新思路、新途径。③

① 马廉祯.马良与近代中国武术改良运动[J].回族研究,2012(1):37-44.
② 丁守伟.中国传统武术转型研究(1911—1949)[D].西安:陕西师范大学,2012.
③ 马廉祯.论现实视角下的近代"土洋体育之争"[J].体育科学,2011(2):76-84.

3.围绕"中华新武术"的讨论

"中华新武术"在形成之时,北洋军政府的一些政府官员、军队指挥官以及我国近代教育史上的一些教育家(如蔡元培、胡适、章士钊等)对此都一致交口称赞,持充分肯定的态度。作为其主创人员的马良也不无自豪地称其为"我国之国粹,我国之科学"。北洋军政府之后的"中华民国政府国会"还曾在"国粹主义体育"在我国"大行其道"之时,通过决议,把"中华新武术"确立为中华民国学界"必学之'中国式兵式体操'",为便于"中华新武术"的进一步推广与普及,在全国各级各类学校,特别是高等学校还专门成立了"讲武所""习武所"等多种形式的武术组织,如在我国近代著名的教育家、北京大学校长蔡元培的大力倡导和积极运作之下,北京大学首先成立了"北京大学学生技击会",学校的师生参加"技击会"的人很多。

然而,当时正值中华大地上"五四"新文化运动风起云涌之际,"中华新武术"与"静坐术"等"国粹主义体育"的出现,也被一些封建官僚和"国粹派"教育家所利用,因为,其呼应了为袁世凯称帝而在中国近代主流文化中掀起的一场被称为"复古逆流"的"复古潮",一些沉渣泛起的封建主义买办势力及其代言人,在"国粹主义"幌子的遮挡下,大肆鼓噪与提倡"恢复儒学(学儒)、尊重儒学思想(尊孔)、宣传儒家文化(诵经)",试图通过这种方式来维护和强化封建礼教、封建主义文化和封建主义思想,对大众思想意识、实践行动的支配与控制。一些守旧势力及其代言人还假借"支持与倡导'新武术'和'静坐术'"之名,诱导和欺骗一些传统意识和传统思想较为浓厚的民众公开反对和抵制"五四"新文化运动中的一些积极主张,在体育方面,表现为,假发扬民族传统"国粹"之名,行反对近代西方体育引入之实,阻止近西方代体育文化在我国近代社会的发展。与新文化运动所倡导和推崇的科学与民主思想唱反调。在这场"尊古复古"与"革新发展"思想与主张的激烈交锋中,连同真正倡导"新武术"与"静坐术"的人士,也无端受到进步人士的强烈反对和激烈批判。例如,有批判者就认为马良与蒋维乔推广"中华新武术"和"因是子静坐法"的真正目的和用心,是想借推广"国粹体育"之名,来抵制西方竞技性体育项目、西方近代的奥林匹克运动,抵制倡导和推崇"民主与科学"思想的新文化运动,而"中华新武术"改革的基本事实以及历史发展的事实证明,这种看法是带有偏见的。①

鲁迅就曾经多次批判那些"竭力推行和提倡打拳"者的观点,极力反对"中华新武术"成为学校体育和军事训练的主要内容,也强烈反对国人推崇的推广与普及中国民族传统武术这一"国粹"的主张。他在《新青年》中就撰文《随感三十七》称,近几年来,国人中有许多人在竭力提倡推行民族传统"武术"和"打拳"活动。在此之前也曾有过类似的事情,但那个时候提倡"武术"的,是满清政府的王公贵族与官员们,而现在却是发生了很大的变化,提倡的都是中华民国的一些教育家。……至于他们的宗旨和内心的真实想法,局外人是不可能知道的。而现在,这些教育家又把"九天玄女传与轩辕黄帝,轩辕黄帝传与尼姑"的古老方式与方法,改而称之为"新武术""中国式兵式体操",号召学校青年与军队去练习和掌握。鲁迅还在《随感三十七》中批评道:"北方人怜见南方人太弱,便教诸拳脚功夫给他们,如,'八卦掌''太极拳''洪家拳'等,还妄称什么'新武术'实为什么'尽善尽美之体操',而还称所谓

---

① 马爱民.传统武术文化新探[M].北京:人民体育出版社,2003:68.

'强民、强种、保国尽在于此种武术'……北平、上海、山东、河南之'侠客''武师'及勇士们啊！诸公若具有许多精神体力，应尽可能地做一些高尚、神圣、有价值、有意义之事，多在改善自己的思想意识、提升自己的高尚情操，以求得扶危解困、帮助别人；现在却以理想之互助之法，而收到互害之效果！""……武术无论新旧，还要各自起哄：北平、山东竟有一些议员提出要推行'中华新武术'，并坚称可借之以'强种保国'。"①《随感三十七》见于《新青年》杂志之后，立即就受到名为陈铁生的武术家的反对——《驳〈新青年〉五卷五号（随感录第三十七条）》，此文同样发表在《新青年》杂志上："鲁迅君为何许人也？吾知其也许是一位青年。然其头脑混乱竟如此不够清晰，以至于将'拳匪'混同为'技击术'。鲁迅君若系见过'义和拳匪'之行事，断然不会就是这等糊涂。……若言技击，则有不可缺一之五法：身、手、眼、步、法，鲁先生乃是一武术外人，难怪是然。……现一些教育家力主用中国拳术者之中，有一位蔡子民（即蔡元培）先生曾演说：'西方之柔软体操可废，而中国传统之拳术决不可废。'其时吾不以为然。其后因身体劳碌过度而不胜其疲，因是年过三十之后，四肢之手足几乎半废。一医学博士医我至两三年后说，'药食之力已尽，非去学柔软体操不可！'未料练习两年之后，脚刚刚出现好转，手就又出了问题；手刚刚出现好转，而脚却又出现了问题，如此反复多次之后痛苦异常。最后，还是一位被鲁迅先生反对和最为抵制与憎恶的武术家对我说，我是偏练之故，如用拳术，手与足、力与气一齐动作，自然无此偏废之毛病。为解身体之苦痛，只可一试。不料三月，居然痊愈；今日，我诚做所谓'拳匪'，居然行得、走得、饮得、食得；'拳匪'之赐不少也，可见一位真正医学博士，竟输于'拳匪'，岂不怪哉？……西方洋人的枪炮在战争中固然有大用，但若仗至冲锋之时，就必须使用鲁先生所反对的'拳匪'的技击之术了。至今西方陆军战争还存有枪剑技击之术，这是难道是真正外国之'拳匪'？"②

鲁迅先生后来反对武术的态度稍有改变，其在《答复陈铁生函》中指出，其承认中国有不借鬼神之高手于武林，然而，由于这些武术家并没有站出来阐释自己的观点，因此，他们的一些正确观点就必然被社会上暂时的不良倾向所掩盖。所以，为期待能够提醒几个中国人而写的这条随感录，纵然被武术家们骂为"刚毅之不如"也是无关紧要之事。然而，至"中央国术馆"于1928年成立，并制定了"中央国术馆"对中国民族传统武术进行宣传、推广、师资培养等计划和为此计划，在南京举办第一届"国术国考"，大兴武术之风之后，鲁迅对武术的态度有了一些转变。1928年，鲁迅在回复一位批判武术国粹的《这回是第三次》作者而作的《"这回是第三次"按语》中坦承，于五六年前，我对国人之"武术热""拳脚热"，确实曾经表示过强烈的反对，但那是因为恐怕在这种风潮的冲击下忘记了西方洋人枪炮之威力，错误地认为只用"拳脚"功夫就能救国救民于水火。现在认识有些两样了。用拳来打外国人，大家已是不想了，倒不妨习练之。……据我推想，倘若批判、中伤都无效，则说不定就会派人来打你几拳，此时，如果你不懂几手打拳则败于他人，因此，无论你所做的是"文化还是武化"，为生存起见，也得学会打拳！所以，鲁迅后来也承认"武术"仅是一种自卫、强身的手段罢了。

① 国家体委武术研究院.中国武术史[M].北京:人民体育出版社,1997:142.
② 蔡仲林,周之华.武术[M].北京:高等体育出版社,2005:31.

第四节　实用主义体育思想

一、实用主义思想在我国兴起的历史背景

（一）美国实用主义教育的产生

　　实用主义哲学、实用主义教育学首先发轫于美国，其产生是由于西方资本主义发展的现实要求，因此，实用主义产生不久就迅速风靡整个西方社会，备受欧美国家的推崇，被称为西方资产阶级"行动和实践的哲学"，在我国的一些文献资料中，有时实用主义也被翻译成"实利主义"以及"实验主义"等。19 世纪 70 年代，随着美国社会政治、经济的发展，在完成了由农业社会向工业社会的转变，又实现了自由资本主义向垄断资本主义的过渡后，美国社会出现了资产阶级追逐个人利益最大化的利己原则，追求"自由""民主""平等"的法制精神，这些历史性的变化进一步促进了美国社会结构、思想文化等方面的重大变化。在这一社会历史和文化背景下，深入认识和解释资产阶级的精神特质和行为方式，科学论证资产阶级利己主义的合理性，就成为美国资产阶级哲学的主要任务，实用主义哲学也就是在这一环境中应运而生的。

　　实用主义哲学坚持认为人类自身的主观世界与人类外部的客观世界相互作用与相互统一，才是世界真实的存在以及这一真实存在的意义之所在，也就是说，世界真实的存在是人类在认识世界、改造世界时所产生和积累的所有经验。詹姆斯・皮尔士（Peirce, Charles Sanders）作为美国实用主义哲学的创始人之一，坚定地认为，实用主义哲学的根本特征就是其将人类的认识准确地定位在"明确地了解人类实践或行动的结果或成效，以便为今后的进一步行动提供基本信息和信念支撑"。实用主义哲学不仅对唯物主义哲学持否定态度，而且也不承认唯心主义哲学的所有主张，也反对将客观世界的物质、意识两分法，反对主张物质与意识的二元论思想，试图走出一条既不同于唯物主义又异于唯心主义的哲学道路。其充分肯定人的思维活动的价值与意义——思维活动的价值或职能仅仅指向人类实践活动的经验总结或确立，即确立人类行动与实践活动的信念，而不是为了认识和反映客观世界的本质和规律。所以，实用主义哲学主张人类的实践经验高于物质的世界和人类的意识，将物质与意识有机地统一于人类的认识之中，并将两者和谐地联系在一起。因此，实用主义哲学非常重视人类实践经验的总结，重视人类实践经验对人类实践的重要价值，强调人类的实际行动比教条的理论具有强大的优势，而人类的经验也比一些"僵化规律或真理"更具优势；所以，实用主义哲学最终重视现实的存在对追求个人利益的意义和价值，强调人的信仰与观念的实际价值与效果。① 冯友兰先生曾经对这一哲学观点进行过简要分析和阐释，"实用主义的

---

① 蔺新茂.实用主义体育与体育教学内容的实用性研究[J].北京体育大学学报,2016,39(11):82-87.

最根本特点就是其主张的'真理论',实用主义的真理论认为,'所谓真理,其实就是对于人类实践经验的一种较为清晰的解释,如果这种解释行得通,其就是真理,对我们来说就是有用的,而这些有用经验就是真理。因此,所谓的客观真理实际上是不存在的'。因此,实用主义哲学的所谓'经验论'实际上就是一种不可知论"①。

在实用主义哲学"经验论"的影响下,实用主义者对人类的行为以及实践活动的解释,自始至终都贯彻着资产阶级的世界观——极端的利己主义精神,这种"利己主义"具体表现在,实用主义哲学重视人类的生活实践,重视某些个人的行动能否为其个人或所属集团带来实际利益和应有报酬。因此,实用主义者追求人类行动对行动者个人或所属集体的直接效益,而很少顾及或思考某一行动对他人的影响,或者说就是不明是非曲直以及行动是否符合客观实际情形和原则。

20世纪40年代,在美国伴随着西方资本主义社会的发展,为解释资产阶级存在的合理性、为促进资产阶级发展铺路搭桥的实用主义哲学逐渐成为一种"思想运动",在美国社会主流哲学文化中占据了主流位置,而且迅速地进行传播并蔓延至整个欧洲大陆。所以,有学者就非常清楚地认识到,美国实用主义哲学一经形成就成为生活方式的指南性哲学和"美国民族精神"象征,它对整个美国民众的思想意识、思维方式、人生观念、价值观念等产生了重要的、积极的影响,促使整个美国社会形成了一种追求务实作风的求实精神和社会进取心,时至今日,许多美国人依然把它作为自己行动的哲学。从某种意义上说,实用主义哲学对美国社会的政治、教育、法律、宗教、艺术等都产生了重大影响,杜威等人的实用主义教育学就发轫于此。②

在认识论方面,实用主义强调"一切都在多样性地发展、变化着",人们应该深入实际生活,在生活实践中,不断地进取、探索和创新,强调人在实践活动中的主动性和创造性,否定永恒的真理和永远的权威,反对僵化、保守、教条和抽象思辨。实用主义哲学的这些主张都极大地推动了人们认识上的创新和实践发展,反映了当时社会的现实需求。在这种环境中,发轫于德国,后又流行于整个欧洲的学校教育,再后来被传入美国,对美国学校教育作出过巨大贡献并奠定了坚实基础的赫尔巴特教育学难以适应实用主义哲学的某些要求,其无论是在教学内容、形式上,还是在教学方式与方法上,都被实用主义哲学的拥护者们视为是造成美国学校教育缺乏活力、缺少朝气,既呆板又单调的落后教育。因此,他们都在致力于探索创新一种新的教育教学模式,以适应实用主义哲学的基本理念和思想。美国20世纪最伟大的哲学家和教育学家约翰·杜威是这一理论的积极践行者之一。其在19世纪末就开始了对赫尔巴特教育学的改造,经过努力实践其终于提出了实用主义教育学,建立起了实用主义教育的理论与实践体系。③

杜威实用主义教育学的基本理念以及在此理念下的主张可概括为两层含义:一是,教育即"生活"(即"成长"或"经验的改造");其基本含义就是,教育的基本目标就在于不断发现、积累、传递和丰富人类行动与实践的经验,并以此增强指导人们生活、增添人们对社会的适应能力;教育与生活过程同属于一个过程,均是为现在的生活而不是为做准备,是把人类

① 冯友兰.三松堂自序[M].北京:生活·读书·新知三联书店出版社,2009:81.
②③ 蔺新茂.实用主义体育与体育教学内容的实用性研究[J].北京体育大学学报,2016,39(11):82-87.

的社会生活维系并发展起来,人类通过社会生活与他人相互影响,养成道德品质,习得知识技能,逐渐改进和丰富生活经验,并以此促使个人的成长。因此,实用主义教育认为,学校就是初始或初级的社会,学校的教学过程,应该是一个不断营造社会环境并据此环境促进学生成长的过程。二是,学校的课程和教学内容不应该是僵死的知识,而应该是学生日常学习生活的经验,学校应该改传统教育中"以学科为中心"的课程体系为"以学生为中心"的教育教学课程体系,教师应成为学生经验积累和成长的助手,这种"助手"的作用就是在教学活动和教学过程中,协助学生充分发挥其潜在的创造性能力,促使学生通过学校的学习过程去独立探讨和发现。[①]

"实用主义教育学"主张经验的积累与学习,亦即强调学生"从做中学""在社会实践中学习",学校教育的具体形式应以学生"自由活动"的方式取代限制学生的"外部纪律",其从根本上来讲,实用主义教育学就是在对传统教育学基本形式的反对与改造的基础上发展而来的。因此,实用主义教育学主张的师生平等、民主、合作,重视表现和培养学生个性,反对灌输,反对固定不变的教学目标和教学内容的选择与设计,反对生硬、死板教材知识的传授,反对学生向教师本身知识的学习;主张学校教育应该和学生与社会的现实需要相结合,以便能够适应社会的需要;学校教育要能促使学生对各种生产与生活技能和技巧的探索,满足学生直接的现实性需要,反对以呆板训练的方式与方法使学生获取孤立的生活技能和技巧,反对为虚无遥远的未来做准备。实用主义教育学依据"以学生为中心"的思想,对学校教育系统各个环节都做了具体改变与革新,如在学校教育各学科教学内容的选择上,强调"学生自身的社会活动应该是学校教育的各个学科相互联系的真正中心,而不应该是所谓的科学、文学、历史、地理等各门具体学科课程"。具体地讲,就是要把与人类基本生活相关的活动引入学校作为教学内容,作为学校教育各个学科课程。[②] 在教学方法的选择上,杜威认为,学生依靠课堂听课和读书所获得的知识是"虚缈"的,应该从实践活动中直接学习。在教学环境创设方面,提倡教师应注意选择和充分利用学校周围环境中现有的材料和工具,创设与儿童或青少年社会活动相类似的情境,引导学生逐渐完成将学习活动,从简单的活动冲动,发展成为能预见行动结局的自主活动,并认为,这种自主活动能够促使学生细心观察、周密思考,并能够成为有计划的行动。

美国的实用主义教育学兴盛时期,对学校教育的各个学科都进行了大规模改革,作为学校教育课程内容之一的体育学科也谋时、谋事而动,开始依据实用主义教育学的基本理念进行自身的改革,美国的实用主义体育(也称"新体育")的滥觞也就在实用主义教育思想的影响下,依据实用主义教育改革的具体要求,在对欧洲自然主义体育教育思想、内容、形式等的改造和发展中产生的。

(二)实用主义体育的产生

在美国实用主义哲学、实用主义教育学思想的感召和影响下,一些美国学校体育界的学

---

① 周育国.对实用主义者哲学的肯定与否定[J].辽宁师范大学学报:社会科学版,2004,27(1):12-14.

② 杨光富.杜威与实用主义教育思想研究的里程碑——《现代教育的探索——杜威与实用主义教育思想》评介[J].外国教育研究,2003,30(5):63-64.

者对来自欧洲的"自然主义体育",特别是在欧美学校体育中影响甚广的"德国学校体操教育体系"进行了深刻的反思和全面的革新,并最终形成一个较为完整的关于美国学校体育教育实践的基本理论与方法系统——美国"实用主义体育"(又被称为"美国新体育",我国近代的"新旧体育"之争就源于美国"新体育"的传入和对"军国民主义体育"所产生的冲击)。实用主义体育的奠基和开创者是美国人托马斯·D.伍德(Thomas D. Wood)和克拉克·威尔逊·赫瑟林顿(Clark Wilson Hetherington)、耶西·F.威廉姆斯(J.F.Williams,伍德在哥伦比亚大学的硕士研究生)等人。实用主义体育强调"身体活动对学生的教育功能",其基本理念和倡导的基本教学方式就是"在做中学"[①]。

克拉克·威尔逊·赫瑟林顿强调,体育的目标和愿望不应该只为学生自身身体的发展,而应该强调"体育应该是通过身体活动的教育"的长远目标,以此,促使体育达到教育人的目的,而"增强体质"仅仅是这种"通过身体活动的教育"的自然结果。在这一过程中,一些高尚的美德——勇气、忍耐、力量、克制,一些有助于更好生活的智力——记忆力、观察力、思维能力、注意力、想象力等,以及那些有益于个性发展的精神——诚实、富足、能力、愉悦、骄傲等品质都能够通过体育得到培养和提高。因此,体育应该敢于承担起全面实现学校教育目标的基本任务。依据此种基本理念建立的逻辑,赫瑟林顿将体育的教育价值清晰地分为4个:肌体健康教育、神经肌肉活动能力教育、品德教育、智力教育。从而进一步形成了20世纪初美国学校体育的宏伟教育目标:肌体教育,可以使学生精力旺盛、生机勃勃;神经肌肉活动能力教育,可以使学生的神经与肌肉活动协调一致,灵敏发达;品德教育,可以使学生品德高尚、精神振奋;智力教育可以使学生的自由娱乐活动和社会思考能力得以提升。

在对体育教学内容的改造方面,赫瑟林顿虽然始终坚信体操具有"身体调节器"的价值,但他也深感传统的、重在培养和训练学生身心的"欧洲体操",内容单调、形式枯燥,无法很好地完成教育任务。所以,实用主义体育把体操从美国学校的体育教学内容规划中删除了,代之以田径、球类、各种形式的舞蹈、娱乐与游戏活动,以及生活、生产操作技术等,这也导致许多体操教师流失,体操器械也被清除出学校体育馆。美国学校实施实用主义体育教育近30年后的20世纪40年代,其社会出现了令人难以置信的严重后果:1943年,美国兵役体检部门发现全国有300多万青年人因为健康原因不能服兵役;1952年,在18—26岁的青年人中身体特别弱的达150多万人;1953年,对美国中学生身体关键部位的肌力状况检测结果显示:在受试的4264名学生中,不及格者占57.9%,不及格的发生率美国可高达80%;而受试的2870名欧洲学生中,不及格者只占8.7%,不及格的发生率只达9.0%。[②]

美国体育家们对此进行了深刻的反思,"体育教学单纯追求'成功、快乐、趣味'的生活体验具有很大的偏差,其失去了体育本身的特点及价值追求,忽视体操教育的基本目标,剔除其体操教育的内容是实用主义体育的不当之处",提出,"我们中学里的体育课程是个惨重的失败,以玩耍为内容的体育必须抛弃,代之以一种更加粗犷些的体育课"。"要尽量把一切哪怕具有最小价值的东西加入体育,而不要把最基本的东西从体育中剔除——那就是全面的'肌肉运动'"。[③]

---

①② 蔺新茂.实用主义体育与体育教学内容的实用性研究[J].北京体育大学学报,2016,39(11):82-87.

③ 李佐惠.赫瑟林顿——美国新体育学说奠基人[J].体育文化导刊,2008(1):114-116.

二、实用主义体育在我国的传播与发展

20 世纪初,随着我国"西学东渐"政策的深入发展,美国的实用主义教育对我国学校社会的政治、经济、军事、文化教育等各个方面均产生了深远的影响。1912 年,辛亥革命成功后,时任北洋军政府第一任教育总长的蔡元培析了西方的实用主义教育,并撰写《对新教育之意见》一文大力倡导"实用主义教育",为实现中华民国"保国强种"的教育目标服务,当时北洋军政府的学校教育依据"实用主义教育"的基本理念开始实施"五项教育"的方针,即军国民主义教育、实利主义教育、公民道德教育、世界观教育、美育教育。① 其中,把军国民主义教育纳入了学校体育之中。1913 年,时任江苏省教育司司长的黄炎培在《教育杂志》第五卷 7 号上发表《学校采用实用主义之商榷》一文,详细阐述了教育与生活相衔接、学校与社会相联系的重要性,号召全国教育界推行"实用主义教育"("今观吾国教育界之现象?谓此主义为唯一之对病良药。"),引起了我国教育界、哲学界、文化界、体育界对实用主义的关注和讨论。由于实用主义教育思想比较适合当时我国教育界所希望和追求的社会改良运动,与教育救国、教育改革的主张不谋而合,也有利于克服传统教育脱离现实社会和儿童生活与发展需要的弊端,缓解传统教育较为刻板的形式主义问题,我国教育界迅速形成了推广和普及实用主义教育的风潮,此时,学校体育也自然成为实施实用主义教育的一条途径。

同时,我们还应该看到,"实用主义教育学"是在反对欧洲大陆的传统教育学,促使美国教育适应美国时代发展和当时的社会需要,抵制马克思主义哲学的传播,保证美国教育能够顺应资本主义发展方向的时代背景下产生的,虽然,它的一些进步理念和正确主张至今还影响着世界各国的教育,为世界教育的发展作出了重要贡献。但是,其在理论与实践方面存在的一些缺陷也同时对教育起着异化作用。如,否定知识的科学性和系统化,否定间接的知识和系统知识的价值与功能,将"探究式学习"("从做中学")绝对化(杜威还设想在学校中建立许多工场,儿童在工场内学习木工、金工、纺织、缝纫等各种生活和生产技艺),其结果必然导致知识存在的地位与价值被低估,进一步导致忽视系统掌握间接知识的必要性,这也容易造成教师的教学主导作用被弱化或被否定。这些异化作用的突显和共振之后,也造成了美国基础教育的大面积滑坡,因此,20 世纪 40 年代之后,美国基础教育不得不掀起"恢复基础教育运动",借此对实用主义教育进行修补和改革。这对我国今天的学校教育及学校体育改革依然具有警示作用。

正值美国实用主义体育盛行之时,我国的学校教育也开始了向美国学校教育的学习与借鉴,体育教学内容也从"兵式体操"向引入美国体育教学内容体系转变。20 世纪初,美国体育家麦克乐旅居中国从事体育传播工作长达 10 余年,在此期间,他不仅从事体育教学工作,还兼有体育行政职务,其学术研究和学术思想对中国学校体育产生了重大的影响;另外,早期留学美国哥伦比亚大学教育学院体育系(系主任就是实用主义体育的代表人物威廉姆斯)的袁敦礼、吴蕴瑞、方万邦等人,极力倡导和践行美国实用主义体育,从而促成了我国学

---

① 蔺新茂.实用主义体育与体育教学内容的实用性研究[J].北京体育大学学报,2016,39(11):82-87.

校体育从"军国民主义体育教育"向美国"实用主义体育(新体育)"的过渡。自此,美国实用主义体育和西方自然主义体育居于我国学校体育的主导地位,对我国传统体育教学思想、形式、内容等产生了巨大的影响。①

我国实用主义体育的倡导者在对学校体育进行改革时,首先仿照美国学校教育制定和颁布了"新学制",将"体操科"改名为"体育课",废除"兵式体操"以及养生、武术等一些体育教学内容和形式。其次,在学校广泛开展户外运动和竞技体育,把田径、球类、游戏列为体育教学内容。此后,随着体育界一些专家学者的相关论著的出版发行,实用主义体育思想在中国得到广泛的发展,并形成了高潮。然而随着实用主义体育在我国的全面铺开和深入发展,其教育思想的偏激之处和对传统教育学矫枉过正,以及一些其他的负面影响因素也日益凸显:在体育教学目标的确立方面,由于麦克乐认为,体育的主要目的在于发展人的身体,所以过分强调运动技术的掌握和运动技能的提高,造成我国学校体育的发展也一直在身心"一元论"与"二元论"之间摇摆,并最终导致了体育作为学校教育一门重要学科的全面教育价值逐渐被忽视而发生了变异。②

一方面,实用主义体育提倡"在做中学",强调学生体验,这一理念虽然对修正我国几千年来"师道尊严"的传统观念具有一定的价值和意义,对消解我国传统教育中存在的一些不合理的师生关系,建立民主、平等的新型师生关系发挥了较大的作用。但是,由于实用主义教育过分重视学生在实践或行动中进行"学"的体验,忽视对已有知识的传授即"教";过于注重学生在学校教学过程中自主的行动或活动,忽视规范性的课堂教学;过于注重学生的实践经验的总结,忽视对学生基本理论与原理的传授;过于强调"学生的中心地位",忽视对教师在教育中的主导性地位与作用等诸多方面存在的问题,造成学校体育过分强调竞技性运动内容的选择和学习,使学校体育疏远或脱离了大多数学生人群,形成了一些"专门从事运动的学生'体育精英'或'贵族'",这就是后来所批判的学校体育"锦标主义"以及由此而生的运动"选手制体育"。

另一方面,由于实用主义体育过分强调自然性身体活动,强调儿童的兴趣和"课堂以儿童为中心",盲目选择迎合学生的兴趣,忽视学生体育认知水平对体育教学内容选择的影响,以及对体操教学中存在的一些问题反应过激,否定体操教学内容等问题,造成了一些价值较低的、生活技能体验性的非体育教学内容(如自然性游戏、娱乐、生产、生活技能等内容)出现在课堂教学中,而一些对学生未来的生存、生活与发展都极为重要的教育内容和民族传统体育教学内容却逐渐淡出了体育课堂,体育课也就变成了生活实践课或者是"放羊式"的自由活动课,使学校体育失去了培养学生勇敢、协作、耐苦、坚韧精神和对学生进行民族传统文化教育,促进民族传统体育文化传承等的价值。当时,这一系列问题不但受到国外教育界的广泛关注和批评,我国许多专家、学者也对此提出了质疑。

最后一方面,实用主义体育思想通过对学校体育及学校体育理论研究的导向性影响,又辐射到我国近代国家体育发展的政策、法规等的拟定,以及社会体育制度的改革,对中国近代体育的走向起到了关键性的作用。1922年,当时北洋军政府的教育部门专门召开了"学

---

① 蔺新茂.实用主义体育与体育教学内容的实用性研究[J].北京体育大学学报,2016,39(11):82-87.
② 蔺新茂.实用主义体育与体育教学内容的实用性研究[J].北京体育大学学报,2016,39(11):82-88.

制改革会议",并决定于同年的 11 月 1 日正式公布了改革后的学校教学管理文件——《学校系统改革令》在此期间制定的试验性"课程标准",以及试验后颁布的正式"课程标准"及"课程纲要"等被统称为"壬戌学制"。例如,北洋军政府教育部于 1923 年召开的"全国学校联合会"公布的"中小学课程纲要",是完全依照美国学校教育的基本思想和基本范式而制定的。在学校体育课程与教学改革方面,改"体操科"为"体育课",体育课程的内容也以田径、球类、游戏等主要内容代替了"兵式体操"内容,并扩大了体育教学的实施范围,小学体育课占总课时的 21%;初中体育课程总学分为 16 学分,高中体育课程总学分为 10 学分。最终,在中国实行了 20 年之久的兵式体操教育,在学校体育教育内容中被彻底废除,改用实用主义体育教学内容,即近代西方竞技体育及一些体育娱乐与游戏性内容,自此中国学校体育教育进入了一个新的历史时期。

　　由此可见,实用主义体育思想对中国近、现代学校体育及体育教学内容的选择影响范围很广,程度很深。这种影响大至国家体育事业的体育政策制度、法规,以及体育的概念、思想等宏观层面,小至体育教学内容选择、体育课程设置、体育教材教法的改革等微观领域,因此,从很大程度上可以说,实用主义教育、实用主义体育改变了中国近代教育界、体育界乃至整个社会的体育观念,时至今日,还有很多实用主义体育及其思想被继承和发展下来,被体育界的专家和学者自觉地或不自觉地予以运用。所以说,西方近代自然主义体育教育思想和美国的实用主义体育思想对中国近代社会的社会体育、学校体育都产生过深远的影响,为加速我国体育事业的现代化建设进程起到了积极而有益的历史作用。①

---

①　蔺新茂.实用主义体育与体育教学内容的实用性研究[J].北京体育大学学报,2016,39(11):82-88.

第五章

中国学校体育教学内容存在的问题及归因分析

第一节　学校体育教学内容概念使用混乱的问题

　　2016 年 9 月,受教育部基础教育二司委托,由北京师范大学牵头,华南师范大学、河南大学、山东师范大学、辽宁师范大学共同承担的"我国基础教育和高等教育阶段学生核心素养总体框架研究"项目研究成果公布,以科学性、时代性和民族性为基本原则,以培养"全面发展的人"为核心的中国学生发展核心素养基本内容浮出水面。"中国学生发展核心素养"分为三个方面,又分别包括六大素养在内的 18 个基本要点。① 这是一套经过系统设计的育人目标框架,其落实需要从教育各环节的整体改革入手,通过课程设计、教育实践与评价等诸多方面进行落实。而课程内容的再设计与创新发展必将成为课程设计及教育实践与评价改革的着眼点。因此,对课程内容相关因素的研究,将成为新一轮改革的热点问题。

　　然而,目前,无论是在教育界还是在体育界,普遍存在体育教学内容、体育课程内容及体育教材等概念使用模糊与混乱的现象。这些现象在一定程度上影响了体育教学内容研究的深度和对教学内容的认识。诸如,《体育教学》杂志 2017 年第 3 期刊载的贾洪洲老师的《"体育课程内容、体育教材内容、体育教学内容"内涵解析》(以下简称《内涵解析》)一文中,在界定体育课程内容、体育教学内容及体育教材内容时,就出现了一些认识上的偏差。本研究对其中的一些观点有一些不同的认识和看法,在此申述管见,以求同仁商榷或批评指正。《内涵解析》一文,从内容的"研制(选编、设计)缘由""研制(选编、设计)主体""呈现方式"三个维度来分析"课程内容""教材内容"与"教学内容"的内涵,②看似逻辑准确、分析合理,但结合学校教育的实践再认真分析,就会发现其中存在诸多问题和矛盾之处。

---

① 　人民网 9 月 13 日(赵婀娜、赵婷玉).《中国学生发展核心素养》发布.
② 　贾洪洲."体育课程内容、体育教材内容、体育教学内容"内涵解析[J].体育教学,2017(3):22-24.

一、内容研制（选编、设计）的缘由论述中存在的问题

（一）"课程内容研制缘由"存在的问题分析

《内涵解析》认为课程内容研制依据教育目标，但接下来就将"教育目标"的概念偷换为"课程目标"——"课程目标的实现依赖于课程内容，课程内容是实现课程目标的载体"这是没错的，但是，"教育目标"与"课程目标"却有很大的差异。例如，依据教育目标，我国小学开设了语文、数学、英语、体育、音乐、美术等课程，这些课程就被称为依据教育目标研制的"课程内容"。随着"中国学生发展核心素养"的提出，在今后的教育改革过程中，课程内容的研制与选编必然会有一定的创新，这种创新也一定会依据我国的"教育目标"来进行。而依据课程目标，只能研制各具体学科的课程内容，如依据体育课程的目标，选择田径、体操、球类、民族传统体育等作为体育学科课程内容；依据语文课程的目标选择了记叙文、议论文、说明文、文言文、诗词等作为语文学科课程内容，只有这部分课程内容才是为体育和语文"课程目标"服务的。因此，将"教育目标"偷换成"课程目标"，其课程内容必然随之发生变化，对课程内容的解析也必然漏掉许多信息。

（二）"教材内容选编缘由"存在的问题分析

《内涵解析》在论证"教材内容选编缘由"时，没有对"教材内容"进行界定，但从对"教材内容呈现方式"的论述来看，贾老师理解的"教材"就是教科书等，这一点也是较为合理的，但是，"不能直接作用于学生，教师也无法将课程内容这些'现成'的知识'生硬'地传递给学生，否则就是灌输式、填鸭式教育"，作为教材内容选编的缘由显得过于牵强，因为教材中选用的任何"知识"都是已经被"教材化"的"既绝对又相对的真理"。教材内容选编的任务之一是保证这些知识能够具有课程内容的真实性和代表性，符合学生的学段、级段特征，对人文社会学科的课程内容来说，还牵涉到保证文化育人方向的正确性、安全性等；任务之二是将所选编的课程内容系统化、模块化地呈现，以便给教师的教学实践提供素材和依据。这两大任务均与"灌输式与填鸭式"的教学方法无关。

（三）"教学内容设计缘由"存在的问题

《内涵解析》基于上述错误论证对"教学内容设计缘由"的分析显得更矛盾和玄虚。所谓矛盾，如果"体育教材内容来自体育素材"，那么"体育课程内容"又来自何方呢？如果说"体育课程内容"是教材化的"体育素材"，那么，"体育素材教材化"之后再被"教学化"不就使"体育课程内容"成为多余的内容了吗？何不将"体育素材"直接"教学化"而省略中间环节呢？所谓"玄虚"，就是"同一教材内容在不同课堂中，经历不同教师'教学化'过程所生成的教学内容"该有多少个呢？依据"世界上没有完全相同的两片树叶"的矛盾特殊性规律，那么全国有近50万名体育教师会生成近50万个"体育教学内容"吗？这些教学内容又分别

是什么呢？同时,无论是体育素材还是体育课程内容和被收录进教材之中的所谓"体育教材内容"均具有"一项多能"和"多项一能"的特点,如果就此说,这些内容是"静态的、单一的、生硬不真实的",而经教师价值取向"被教学化"后形成的"体育教学内容"是"动态的、多样的、灵活丰富、生动真实的",那么这种说法显然是站不住脚的。例如,我们在中小学体育课程中常见的"队列队形练习",其不仅能够传承队列动作及队形练习的基本技术与知识,培养学生站、立、走、跑等正确的姿势,还能够培养学生团队协作精神、纪律观念以及良好的节奏感等,当它被选入教材成为"教材内容"时,难道是"静态的、单一的、生硬不真实的"？而当体育教师用"队列队形练习"来培养学生的纪律观念时,就变成了"动态的、多样的、灵活丰富的、生动真实的"体育教学内容了？

二、内容研制(选编、设计)缘由理解偏差造成的其他问题

(一)概念界定模糊不准确

《内涵解析》对课程内容、教材、教学内容认识的模糊或偏差,造成了一些概念的界定与论证自相矛盾或模糊不清,在此仅举两例。《内涵解析》中说:"教材内容就是教材中所包含的信息或组成教材诸要素的总和,而教材是一个指称,它是一个个具体的、鲜活的材料的共同代名词。"这里在表述"教材内容"时,用的是"一个个具体的、鲜活的",怎么后面对教材内容的表述又变成了"静态的、单一的、生硬而不真实的"？更重要的是,究竟教材是"总和"还是"教材内容"是"总和"？按照《内涵解析》中的论述,"教材内容"应该是教材中所包含的信息或组成教材诸要素的"总称",而"教材"是一个个教材内容的"载体"。这里用"总和"就说明作者对教材内容的认识不够全面、深入,因为教材内容可以很多,被选编的仅仅是"部分"而不应该是"总和"。再如,"体育教学内容顾名思义是教学过程中产生的内容",如果对教学内容这样定义的话,就会出现这样的逻辑笑话:"问:请问老师,您本次课教什么内容？答:我还不确定呢！我预设的是'前滚翻',但学生情况不一样,还不知道会在教学过程中生成什么内容呢？"

(二)部分结论存在认识上的自相矛盾

也许《内涵解析》想充分解释在基础教育课程改革中的三级课程管理体制,因此,用"体育课程内容的研制主体""体育教材内容的选编主体""体育教学内容的设计主体"来分辨三者之间的不同之处,并认为,"体育素材只有经过了两次教材化才能进入课堂,成为体育教材内容"。"第一次教材化的主体是体育学科专家;第二次转化是各个学校的体育教师依据学生基础、学校条件等情况对教科书中规定的教材内容进行加工、改造,使之符合具体教育情境。这就实现了第二次的教材化。"这一认识的错误在于:其一,否定了《内涵解析》自身对体育教材内容的定义。"教材内容"既然已是教材中"一个个具体的、鲜活的材料",就说明

教材内容在被选出以后,就是已经明确的、稳定的、客观存在的,又何来第二次被教师教材化改造呢? 其二,与文中表述的"体育教学内容"设计方式重叠和混淆。"第二次转化是各个学校的体育教师依据学生基础、学校条件等情况对教科书中规定的教材内容进行加工、改造,使之符合具体教育情境。"这不正是文中表述的"体育教学内容"生成的过程吗?

三、"体育课程内容"内涵再认识

目前,在我国的一些课程论研究中,都倾向于将"课程"分为宏观、中观、微观三个层次,依据这三个层次对课程内容的界定也应分为这三个层次。

(一)宏观层面的课程内容——学校课程内容

从宏观层面上来说,课程内容为实现教育目标服务,是学校教育中各个学科系统的统称。而教育目标的实现需要有多门学科课程知识来支撑。例如,培根认为不同的学科知识具有不同的教育价值:如,历史使人明智,诗词使人智慧,演算使人精密,哲学使人深刻,逻辑修辞使人善辩,伦理学使人有修养等。传统教育学奠基人赫尔巴特就依据学生的兴趣对学科课程进行了分类——根据经验的兴趣,选择设立自然、物理、化学、地理等学科;根据思辨的兴趣,选择设立数学、逻辑学、文法等学科;根据审美的兴趣,选择设立文学、唱歌、国画等学科;根据同情的兴趣,选择设立古典语、现代汉语、本国语等学科;根据社会的兴趣,选择设立历史、政治、法律等学科;根据宗教的兴趣,选择设立神学等学科。所有的学科课程都是为教育目标服务的,都属于第一层次的课程内容。我国目前中小学学校教育的课程内容包括语文、数学、外语、体育、音乐、美术、政治、地理、历史、物理、化学、生物等,这些课程内容的设计是由国家教育行政主管部门组织专门的教育专家,依据国家教育目标、教育规律以及学校教育各级段、学段的基本范式、特征等制定的,具有权威性、同一性、科学性等特点。

(二)中观层面的各学科课程内容——体育学科课程内容

从中观层面上来说,课程内容为实现某一具体学科领域教育目标服务,是某一学科专业教育中各门科目系统的统称。就像为实现历史学科课程让学生"明智"的目标一样,历史学科开设有中国史、世界史等课程;赫尔巴特也选择数学、逻辑学、文学等学科内容来培养学生的思辨兴趣与能力。体育学科课程则是为实现学校体育的教育目标服务的,我国中小学体育课程就选择了田径、体操、足球、篮球、排球等内容作为体育学科课程内容。中观层面课程内容的制定是由教育行政主管部门组织本学科领域专家完成的,在新课程改革过程中,为了增加课程内容选择的灵活性,实施课程三级管理体制,又增加了地方和学校对课程内容选择的机动性。在此基础上,各教育部门可以依据自身的基本情况、区域特征等对体育课程内容进行修正、删减或补充,因此,学科课程内容更具有权威性、灵活性、科学性、合理性等特点。

(三)微观层面的各学科具体内容——体育教学内容

微观层面的课程内容为教学目标服务,是某一具体科目内容体系的统称,微观层面的课程内容就是教学内容。这一观点,在裴娣娜的《教学论》一书中也得到了印证。例如,田径课程中的短跑、跳高、跳远等教学内容,体操课程中的技巧前滚翻、手倒立,单杠翻上、骑撑后倒挂膝上,双杠支撑行进、支撑摆动后摆下、支撑摆动前摆下,山羊分腿腾越等就是体育教学内容。将这些教学内容编纂成书以利于学生的学习和查阅,这样,承载体育教学内容的体育教科书就被编纂成了教材。同时,教材还有另外一种含义就是体育教学内容。如,基础教育改革的一个最基本的认识就是,"教育并不是一件'告诉'和被告诉的事情,而是一个主动和建设性的过程",为真正践行"授人以鱼不如授人以渔"的基本教育思想,在21世纪的基础教育课程改革过程中,有人就曾经提出了教师要转变教育方式,"变教教材"为"用教材教",以此来激发学生的创新能力,增强学生学习的积极主动性等。这里的"教材"就是指体育教学内容,这种说法或概念仅仅是语言习惯的问题,对学术研究和教育教学实践的影响不大。体育教学与科研的实践也证明了这一点,我国诸多体育专家的研究及教学实践在多数情况下都将体育教学内容、教材等概念放在一起使用,如《论体育教材的选编》《体育教材排列理论与方法研究》《体育教科书的功能与用途》《体育教学目标与教学内容的关系》等文献中,就均将体育教学内容与教材并列使用或互换使用。

长期以来,我国学校课程理论、教育与教学理论均是来自对西方成熟理论的本土化改造和移植,大部分理论甚至移植多于改造,在此过程中,翻译者的水平、专家对某些问题的认识,一些专用术语运用的环境和习惯,语言间的应用差异等都会影响理论的准确性,从而导致这些理论发生偏离。而学校体育学科作为教育学学科的一门分支学科,其大部分理论又来自对教育学理论与原理的移植,因此,这种概念运用混乱的情况在体育理论研究之中出现也就不足为奇了。在进行学校体育理论研究时,一定要紧密结合体育的特征,紧密结合体育教学的特征,尽可能避免生硬、机械地从教育学或其他学科研究中照搬或移植他人研究成果。

另一方面,科学研究的目的之一就是将复杂问题简单化,而绝不是用晦涩难懂的语言逻辑或结论将简单问题复杂化或复杂问题玄虚化。课程、教育、教学等概念运用混乱的现象亦不是体育学科中独有,在学校教育的其他学科中也普遍存在,认识和厘清一些术语的内涵不仅有利于准确把握和应用体育教学内容的概念,而且也有利于解决体育课程与教学领域中一些基础性研究的基本问题。

第二节　体育教学内容的实用性问题

始于21世纪之初的我国体育基础教育课程改革正如火如荼进行之时,一节以"南瓜""箩筐""扁担"为教具,以"收南瓜""运南瓜"等实际劳动场景再现为教学内容的课例,引起了专家们的争议,一部分专家认为,"南瓜、扁担"作为教学内容能够体现体育教学"以学生发展为中心,重视学生的主体地位"的基本理念,完成"激发运动兴趣,培养终身体育意识"任务,其目的不是"培养学生劳动意识或观点",而是"促进学生健康成长",这有助于实现体育教学目标,因此,作为教学内容具有较强的实用性;另一部分专家认为,"南瓜、扁担"不是体育教学内容,也不可能为体育课程和教学的目标服务,其体现出的并不是"终身体育"而是"终身劳动或生活","以学生发展为中心"不能"否定运动技术","南瓜、扁担不是运动项目,更谈不上具有实用性……"这场争论也引起了广大中小学体育教师和一些体育理论研究者、专家的高度重视和不断反思,然而我们的教学内容具体应具备哪些特征,应具备怎样的实用性等问题也仍然存在,致使对教学内容的选择、开发、利用、改造等方面都围困着广大体育教师,徒增拘谨和茫然。①

一、实用主义体育产生的基本理论基础

(一)实用主义体育产生的哲学基础——实用主义哲学

实用主义产生于美国,后风靡西方社会,被称为"行动哲学"或"实践哲学",也被翻译成实利主义、实验主义、试验主义等。② 19世纪70年代,随着美国社会政治、经济的发展,在完成了由农业社会向工业社会的转变,又实现了自由资本主义向垄断资本主义的过渡后,美国社会出现了资产阶级追逐个人利益最大化的利己原则,追求"自由""民主""平等"的法制精神,这些历史性的变化,进一步促进了美国社会结构、思想文化等方面的重大变化。在这一社会历史和文化背景下,深入认识和解释资产阶级的精神特质和行为方式,科学论证资产阶级利己主义的合理性,就成为美国资产阶级哲学的主要任务,实用主义哲学也就是在这一环境中应运而生的。

实用主义哲学对唯物主义哲学和唯心主义哲学均持批判的态度,也反对世界物质与意识的二元论主张,认为世界真正或有意义的存在是人类主体与外界相互作用的统一,即人类认识与改造世界所产生的经验。实用主义的创始人、美国哲学家詹姆斯·皮尔士认为实用主义的本质在于将认识定位于"思维活动的唯一职能在于确立活动的经验(行动的信念)"。实用主义哲学认为经验是高于物质和意识的,它能够将物质与意识和谐地联系在一起。③ 冯友兰先生曾对实用主义哲学观点进行简要总结,"实用主义的特点就是其真理论,真理论认为,'所谓真理,无非就是对于经验的一种解释,如果解释得通,就是真理,对我们就有用,有用就是真理。因此,所谓客观的真理是没有的'。这实际上是一种不可知论。"④

---

① 蔺新茂.实用主义体育与体育教学内容的实用性分析[J].北京体育大学学报,2016(11):82-88.
② 李玉华,陈敦山.实用主义与高校德育[J].思想教育研究,2004(7):9-12.
③ 江怡.美国实用主义哲学的现状及其分析[J].哲学动态,2004(1):27-31.
④ 冯友兰.三松堂自序[M].北京:生活·读书·新知三联书店出版社,2009:81.

20世纪40年代,实用主义在美国发展成一种运动,在美国哲学中一直占主导地位,并且迅速蔓延到欧洲大陆。实用主义一经形成就被视为美国民族精神和生活方式的象征,它对人们的哲学观念、价值观念、思维方式有重要的积极影响的一面,培育了美国人的求实精神和进取心。其对美国的法律、政治、教育、社会、宗教和艺术等方面都具有重大的影响,美国实用主义教育学就发轫于此。①

(二)实用主义体育的教育学基础——实用主义教育学

实用主义在认识论方面强调,"一切都在多样性地发展、变化着",人们应该深入实际生活,在生活实践中,不断地进取、探索和创新,强调人在实践活动中的主动性和创造性,否定永恒的真理和永远的权威,反对僵化、保守、教条和抽象思辨。实用主义的这些主张都极大地推动了认识创新和实践发展,反映了当时社会的现实需求。在这种氛围中,从德国传入美国的赫尔巴特教育学(后被称为"传统教育学"),无论是在教学形式、内容,还是在教学方法上,都逐渐被视为是造成学校教育缺乏活力和朝气的、呆板单调的传统教育。在这一背景下,约翰·杜威开始了对这种传统教育的改造,并成为20世纪美国实用主义教育学理论的创立者和实用主义教育的践行者。

杜威实用主义教育学的基本思想可概括为:①教育,即"生活",即"成长",即"经验改造"。教育过程和生活过程本身又是一致的,其不是为将来生活做准备,而是把人类的社会生活维系并发展起来,人类通过社会生活与他人相互影响,养成道德品质、习得知识技能,逐渐改进和丰富生活经验,从而促使个人成长。②学生的经验是学校课程的中心,应打破原来以学科为中心的课程体系。②

"实用主义教育学"强烈反对赫尔巴特教育学的"课堂教学"形式,主张从经验中学习;主张师生平等、民主、合作,重视表现和培养学生个性,反对灌输,反对固定不变的教学目标和教学内容的选择与设计。提倡学校教学应从学生的经验和活动出发,通过让学生直接参与校外社会实践活动的形式。③ 在教学方法的选择上,杜威认为,学生依靠课堂听课和读书所获得的知识是"虚缈"的,应该从活动实践中直接学习。在教学环境创设方面,提倡教师应注意选择和充分利用学校周围环境中现有的材料和工具,创设与儿童或青少年社会活动类似的情境,引导学生逐渐完成将学习活动从简单的活动冲动,发展成为能预见行动结局的自主活动,并认为,这种自主活动能够促使学生细心观察、周密思考,并能够成为有计划的行动。在对学校教育进行大规模改革的环境中,实用主义体育(也称"新体育")、实用主义体育教学内容的滥觞在对欧洲自然主义体育教育思想、内容、形式等的改造和发展中产生了。④

(三)实用主义体育的体育学基础——自然主义体育

欧洲文艺复兴时期,就有一些人文主义者从追求人的个性解放与自由出发,提出了"自

---

① 周育国.对实用主义者哲学的肯定与否定[J].辽宁师范大学学报:社会科学版,2004,27(1):12-14.
② 杨光富.杜威与实用主义教育思想研究的里程碑——《现代教育的探索——杜威与实用主义教育思想》评介[J].外国教育研究,2003,30(5):63-65.
③ 蔺新茂.实用主义体育与体育教学内容的实用性分析[J].北京体育大学学报,2016(11):82-88.
④ 郭法奇. 探究与创新:杜威教育思想的精髓[J].比较教育研究,2004(3):12-16.

然主义教育"的基本理论。自然主义教育理论的代表人物有捷克教育家夸美纽斯、德国教育家巴塞多、法国教育家卢梭、瑞士资产阶级民主主义教育家裴斯泰洛齐等。18 世纪法国启蒙思想家、自然主义教育的代表人物卢梭(1712—1778)认为,"教育,我们或是受之于自然,或是受之于人,或是受之于事物……我们的才能和器官的内在发展,是自然的教育……只有当这三种教育的方向一致,又能圆满配合时,儿童才能受到良好的教育。因此,事物的教育和人的教育必须与人无法控制的'自然教育'配合起来,也就是与儿童天性的自然发展一致,按照儿童自然发展的要求和顺序去进行教育。"卢梭的自然主义教育提倡儿童早期体育,认为身体的发展是感官和理性发展的前提,体育应充分尊重儿童的年龄特征,强调儿童自然的游戏活动,反对机械训练。

在自然主义教育发展过程中,自然主义体育也逐渐发展起来。意大利人文主义教育家维多里诺,率先将体育娱乐活动纳入其"快乐之家"的自然主义教育体系之中。而对自然主义体育进行科学化、系统化探索作出卓越贡献的,当属近代体育创始人、自然主义体育的代表古茨穆斯。他认为,体育运动对于人体发展方面的教育作用常常被忽视,以身体保养为目标的体育是不充分的,体育应该是以身体的持久性、力气、技能和美为目的的身体运动体系,并在此基础上,设计了跑、跳、投掷等八大门类的体育教学内容。在教学过程中,古茨穆斯还特别强调体育运动要遵循自然的原则,重视游戏的价值和作用,强调重视学生兴趣,鼓励体育教学应注重激发学生活动的自觉性。其后,古茨穆斯的自然主义体育体系经过德国杨氏、施皮斯等人的补充和完善,其系统性、完整性、教育性均得到强化和提升,风靡欧洲和美国,深受欢迎。[①]

在美国实用主义哲学、教育学及自然主义体育思想影响下,实用主义体育(也称为美国的"新体育")作为一个完整的理论与方法系统最终形成并发展起来。

实用主义体育提倡"在做中学",强调学生体验,对修正我国几千年来"师道尊严"的传统观念具有一定的价值和意义,对消解我国传统教育中存在的一些不合理的师生关系,建立民主、平等的新型师生关系发挥了较大的作用。但其过于重视教师主导性而忽视学生主体性的发挥,对教师在教育中的作用和地位估计过低等问题,造成学校体育过分强调竞技性运动内容的选择和学习,使学校体育疏远或脱离了大多数学生人群,形成了一些"专门从事运动的学生'体育精英'或'贵族'",这也就是后来所批判的学校体育"锦标主义"以及由此而生的运动"选手制体育"。[②]

另一方面,实用主义体育过分强调自然性身体活动,强调儿童的兴趣和"课堂以儿童为中心",盲目迎合学生的兴趣,忽视学生体育认知水平对体育教学内容选择的影响,对体操教学中存在的一些问题反应过激,否定体操教学内容等问题,造成了一些价值较低的、生活技能体验性的非体育教学内容(如自然性游戏、娱乐、生产、生活技能等内容)出现在体育课堂中,而一些对学生未来的生存、生活与发展都极为重要的教学内容和民族传统体育教学内容却逐渐淡出了体育课堂,体育课也就变成了生活实践课或者是"放羊式"的自由活动课,使

①　王天一.外国教育史[M].北京:北京师范大学出版社,1986:45.
②　杨光富.杜威与实用主义教育思想研究的里程碑——《现代教育的探索——杜威与实用主义教育思想》评介[J].外国教育研究,2003,30(5):63-65.

学校体育失去了培养学生勇敢、协作、耐苦、坚韧精神和对学生进行民族传统体育文化教育，促进民族传统体育文化传承等价值。当时，这一系列问题不但受到国外教育界的广泛关注和批评，我国许多专家、学者也对此提出了质疑。

1949年中华人民共和国成立后，由于"文化大革命"的影响，自20世纪50年代初到70年代后期，实用主义哲学和实用主义教育学并未受到国人的青睐，其价值观、教育观备受批判，其在我国的发展受到了一定程度的遏制。不过在我国学校体育改革过程中，即便是在对教育理论研究较为全面、科学和完备的今天，实用主义体育的影子依然隐现其间，如，片面强调学生的兴趣和学生主体性发挥，盲目追求学生的"探究"与"发现"，将体育教学内容"开放与放开"，忽视学生对体育教学内容选择的局限性，弱化运动技术的教授与习练等，在这些思想理念的影响下，错误理解体育教学内容的"实用性"，田径、体操、民族传统体育项目等体育教学内容逐渐被边缘化甚至被抛弃的现象频现，教学剧情化、庸俗化等，都在干扰和影响着我国学校体育的健康发展和进步。[①]

二、实用主义体育与体育教学内容的"实用性"分析

(一)实用主义体育教学内容的变异

20世纪初的中国，战乱不断，内忧外患，而实用主义体育提倡体育教学内容要与"社会"与"生活"紧密联系。所以，伴随实用主义体育在我国的深入发展，当时的一些学者就提出以"劳工"来代替体育，以军事活动来代替体育锻炼，将体育变成一门极具社会现实实用性的学科。实用主义体育开始向实利主义倾斜，体育教学内容开始发生错误的转向。

吴蕴瑞先生第一个发现了人们对实用主义体育的错误理解，片面强调体育教学内容"实用性"所造成的肤浅办体育(还没有意识到实用主义体育自身存在的问题)的危害。他尖锐地批评了将体育教学内容的社会实用性(功利性)追求，理解为体育教学内容对学生"实用"的错误，可以把这类人称为"偏激的实用主义者"。吴老明确指出了"偏激实用主义者"的悖谬和矛盾之处。例如，在谈及体育教学内容的实用性时，一针见血地反诘道，体育对于体力劳动者(劳力者)比较实用，而脑力劳动者(劳心者)可不习体育，就像练习跑步对拉黄包车大有用处和贡献，其余不以拉车为生者就可以不练习跑步？同时，针对以军事训练取代体育的做法，吴蕴瑞先生表明了自己的观点：近代体育除了具有强身健体、陶冶品格、教化人性等效能与作用之外，还能够塑造和强化人的协作、勇敢、坚韧、创新、求进、冒险以及自律、自控等精神和能力。同时，体育中的球类、田径、国术等教学内容，对人的作用是军事训练活动无法取代的，因此，体育锻炼是军事体育的基础，体育是基本，军事训练是应用，军事训练无法替代体育的所有功能，体育与军事应互相协调而不是互相冲突。这些论断至今仍值得我们去深思、学习和借鉴。[②]

---

① 蔺新茂.体育教学内容论[M].北京：北京体育大学出版社，2014.
② 吴蕴瑞，袁敦礼.体育原理[M].上海：勤奋书局，1935：140-152.

21 世纪体育课程改革中,面对丰富多彩的体育教学内容,一些学者忽视了 20 世纪 20、30 年代,实用主义体育教学内容发生的转向错误,盲目追求体育教学内容选择上的学生主体性,一味要求充分尊重学生个性发展,完全尊重学生的兴趣与爱好,再加上改革实施了三级课程管理体制,开放和放开了中小学体育教学内容,将对体育教学内容的部分选择权下放到学校和一线体育教师。一些体育工作者甚至是一些专家假"追求体育教学内容的实用性"之名,行实用主义体育、追逐"实用主义体育"教学内容之实,重拾"实用主义体育"追求学生回归社会的生活化、生产化的非体育教学内容,将体育教学内容生产技术化,将体育教学庸俗化,造成实用主义体育的一些糟粕沉渣泛起,活动性"放羊式"体育教学现象再度出现,从而导致体育教师主导地位被弱化,严重伤害我国的体育基础教育改革,影响学校体育的健康发展。

究其原因,一部分学者认为,这些教学内容对发展学生的身体素质、提高运动技能、传承体育文化、促进运动技能和身体素质的正向迁移具有重要的价值,所以,应该予以重视和保留;而另一些专家、学者对"何为教学内容的'实用性',体育教学实用性追求的目标是什么"等问题的认识依然不够清晰,也未达成共识。如一些学者就认为,现行的一些教学内容既不能用来健身,也不能用来娱乐,就不应该还把它当成教学内容。因此,如何正确认识、借鉴"实用主义体育"的科学内涵,澄清体育教学内容实用性指称对象,正确分析"体育教学内容实用性"的实质、价值取向、目标选择等,都是我们目前应该而且是必须做的一项工作。[①]

(二)体育教学内容的"实用性"分析

"实用性"是指客体(事物、方法、环境)为满足主体(事物、环境或人)需要所具有的一般属性、本质和功能的发挥程度。因此,"实用性"首先是一个关系范畴,所表达的是一种物与人、物与物之间的"被需要对需要"满足程度的对应关系,即,是事物的客观功能与价值对事物或环境或人所发生的效应、作用、贡献等的大小与多寡。据此分析,体育教学内容的"实用性"是指体育教学内容的功能与价值对完成体育教学的任务、实现体育教学目标所具有的实际效应。由于教学内容均具有预成性和生成性等基本属性,所以要保证体育教学内容具有"实用性",还需充分考虑操作者个体(教师和学生)对体育教学价值取向的差异性等诸多因素。

1.体育教学内容"实用性"的核心要素释义

体育教学内容的"实用性"指体育教学内容的基本功能、价值、任务能否充分发挥或延展,其核心是"体育教学内容"。体育教学内容源于人类生产、生活,是对人类生产、生活经验与规律加以总结和加工后,形成的体育内容,是一种科学化的身体练习方法或手段。因此,体育教学内容是具有较强系统性的体育学科知识,是一种追求"身体科学化运动方法或手段"的"身体练习方式"。其特点是这种"身体的科学化运动方法或手段"或"身体练习方式"适应学校体育教学,并通过"身体练习形式"的教学活动,来实现对学生进行全面素质教育的功能。从这一角度来讲,体育教学内容一定与其他学科教学内容一样,是一种构成和支撑学校教育的知识内容系统,不同的是,它是"追求身体运动科学化的技术",是一种操作性知识

---

① 赖天德.学校体育改革热点探究[M].北京:北京体育大学出版社,2003:156.

（亦称"动作知识"）。

体育教学只有以"追求身体运动科学化的技术"为基本内容，以"学生对运动技术反复的身体练习"为基本手段，才能使学校体育张扬体育的良好个性，展现体育的独特魅力，发挥体育的多重价值，传承体育的优秀文化。如果内容出现了偏差，就会颠覆体育学科的性质，以及体育教学的"核心要素"——教授体育技术，提升体育技能。因此，离开体育技术、技能教授的教学，就不能称其为体育教学，其教学内容也不能称其为体育教学内容，"实用性"也就无从谈起。

2.体育教学内容"实用性"的指称对象辨析

要明确体育教学内容的"实用性"，必须首先明确体育教学内容以及其实用性的指称对象。一些实用主义者也在深入挖掘实用性的体育教学内容，但似乎没有思考过"实用性"指称对象或服务的客体应该是谁。如果对这一问题认识不清，就很容易造成体育教学内容选择与设计的偏差。

"体育教学内容"的指称对象应该针对"体育教学"这一特殊的教育形式，而绝非体育活动、体育训练、体育游戏、体育竞赛等形式。这种教育形式本身，经历了从对原始的自然状态的认识与适应，演变到对认识与适应的总结与概括，再发展到将总结与概括进行教育适应性演绎，从而发展成为传授间接知识和技术的过程。将这一过程和形式退回到其原始状态，显然犯了逻辑错误。综上，"体育教学内容"单指经学校教育、学校体育课程、学校体育教学等选择、加工、改造或创编的，适应于学校的教育教学环境、学校体育的教学对象、学校体育的教学评价、利于学校体育教学功能、价值、目标实现的、符合学校教育课程特征和要求的部分体育内容。

"体育教学内容实用性"的指称对象则应该是"体育教学的对象"，即学生，应该是指对提升学生的学习效率"实用"，对促进学生的全面发展"实用"，只有这样才能充分体现出"以人为本""立德树人"等基本理念，而绝不应该指向教师的好教好用、社会化功利、现实生活价值、生产劳动实践或成果需要等，也就是说，体育教学内容的"实用性"应时刻关注学生的学习与发展，追求对学生掌握体育技术、提升体育技能、传承体育文化、弘扬体育精神、修炼体育道德有较高的价值取向。就"儿童中心说""自然发展说"，以及"以人为本"的基本理念来说，实用主义体育的"实用性"针对的对象也是学生（即对学生个体发展具有实用性），也就是说体育对学生全面发展的"教育实用性"，而不是对学生生产、生活、军事技术实际应用时的"实用性"。①

3.追求体育教学内容"实用性"要实现体育教学内容本体价值的理性回归

本体价值源于教育的"本体论"，是指教育侧重发挥为人自身的发展所具有的功能或作用，即教育为受教育者个体发展所选择的、所追求的价值取向。这也正是实用主义教育学、实用主义体育学所追求的基本理念，也是当前基础教育改革追求的基本理念，即教育（体育）

---

① 蔺新茂.实用主义体育与体育教学内容的实用性研究［A］//中国体育科学学会（China Sport Science Society）.2015第十届全国体育科学大会论文摘要汇编（一），2015:3.

为充分激发和挖掘人的潜能服务,为个体的充分发展服务。因此,追求体育教学内容的实用性,就必须重视体育教学本体价值的实现。但是,需要明确的是,"以人为本"重视学生的发展,追求体育教学内容对学生"实用",尊重学生的个性、学生的兴趣、学生的选择和情感倾向,不等于完全按照学生兴趣需求去选择体育教学内容。因为,就中小学生而言,其没有体育"原知识"的积累,不具备一些必要的体育能力,对体育就不会有成熟的认知,也就不可能会有对体育教学内容的选择与加工能力;同理,价值观、世界观还没有成熟的学生,对什么是"个性",要发展什么样的"个性"等问题,不可能有成熟的认识。那么,体育教学内容的选择应如何实现体育本体价值的回归呢?

首先,必须明确体育教学内容的体育学科知识的属性,即必须尊重和满足体育教学为学生学习体育技术,提升体育能力服务的学科要求,不能舍本求末。其次,必须重视和充分挖掘体育文化对促进学生全面发展的价值。① 李力研先生在论及古希腊体育时,认为西方体育是"有法体育",而中国体育为"非法体育",即古希腊体育"有明确立法,运动家们崇尚守法、守制与公平竞争",体育是促使人全面和谐发展的一种"生活哲学"和"先进的文化",是追求纪律观念、协作精神等的一种手段,更是一种权利。美国著名教育家、心理学家、哈佛大学的霍华德·加德纳教授提出的多元智力理论(Multiple Intelligences)对体育教学本体价值的回归也具有很大的启示作用,在他关于人的八大智力系统(语言智力、数理逻辑智力、音乐智力、空间智力、身体智力、人际交往智力和自我认知智力)几乎均与体育有直接或间接的关系,也就是说均可以借用体育的手段来促使受教育者的多元智力发展。

因此,体育教学内容的实用性追求,首先要实现体育教学本体价值的回归,实现体育教学本体价值的回归绝不是简单地迎合学生一些肤浅、非理性的兴趣与爱好,而是要充分认识学生个体发展的需求,并以此为基础来选择或加工体育教学内容。

4.追求体育教学内容"实用性"就要客观审视体育教学内容的工具价值

赫尔巴特自然主义教育学理论强调对教育的工具性价值的追求,这种追求的基本核心是主张教育为社会服务,为促进社会发展与进步服务,即强调教育为社会发展培养所需要的人才而选择或追求的价值取向,其着眼于文化育人的社会价值追求和对社会发展的促进作用。而体育教育不仅是实现教育目标的手段之一,其作为社会文化的一部分,也是实现文化育人、文化传承和发展(不仅是体育文化,还有如社会的制度文化等)的重要途径,因此,体育教学在重视个体价值的体现与回归的同时,绝不能回避其对工具价值的追求,体育教学内容正是实施这一追求的载体。②

任何文化在其发展过程中,都要经历顺应社会与时代现实需求的选择,都要有其特殊的社会与时代特征,这就是文化价值取向性的变异,教育、体育教育也是如此,它会随着人类社会的发展变化,进行一些价值取向方面的变化与调整。因此,要保证体育教育工具价值得以充分发挥,就必须客观审视和理性对待体育教学内容的工具性价值,充分认识和分析体育教

---

① 刘倩.浅析中国梦视阈下青年集体主义价值观的培育与塑造——基于马卡连柯青年教育思想的重要启示[J].未来与发展,2013(10):31-35.

② 蔺新茂.实用主义体育与体育教学内容的实用性分析[J].北京体育大学学报,2016(11):82-88.

学内容的各种价值取向,然后根据目前我国社会的现实需求进行必要的"扬弃",只有这样,才能准确把握体育教学内容选择、设计、加工的量度,使体育教学内容更具有社会"实用性"。

比如,西方体育在孕育阶段,就有"教化参与者守法、守规、守制"的价值,也正因为如此,西方体育风行欧洲大陆时,一些教育家把它引入学校,并按照社会的一些行为规范和道德准则来设计体育教学内容,借此来规制学生的行为。但是,我们一部分教育者对体育的理解只有胜负和金牌等,总是以一种功利的眼光和行为习惯面对体育,很少能够与社会、历史、人生等联系起来,更不会考虑体育教学内容的社会学价值。如前面所列举的一些实用主义体育教学内容,就是过分强调内容对学生个体的价值和意义,忽视了其社会性的工具价值,导致了学校教育无法满足社会的需求,从而不得不进行必要的修正。我国目前也存在这种情况,比如说,过分追求体育教学内容的趣味性、游戏性、安全性等,体操、田径等一些对学生成长有利,对培养社会建设者、国家保卫者价值较高的教学内容被排斥在学校体育之外;为尊重学生个体发展,还出现了一些不上体育课的"特权生"等。胡小明先生对此感受颇深,他认为,百余年来,虽然我们引入了一个完整的西方体育体系(内容、规则、场地、器材、方式、方法等),但是,学校体育教育对学生人文精神(如体育思想、体育权利、体育精神、体育宗旨、运动家风度等)的培养却不够重视,因此,体育长期脱离其应有的社会、人文、文化本位。①

我国学校体育在20世纪30—40年代出现的"锦标主义"体育教学内容,60—70年代出现的生产、生活、军事等体育教学内容等,又都过度强调了体育的社会工具性价值,对学生的个体发展产生了伤害。类似的对我国现实的社会公平、社会发展、社会稳定具有异化作用的价值取向在西方体育中还有很多,都是应该被我们慎选、慎取、慎用,甚至可以回避不用的。目前我国在体育教学内容的选择、改造与加工方面,所取得的一些成就值得提倡和推广,如为修正某些体育教学内容过度强调内容的竞技性,追求场地、器械的标准化以及胜负、输赢等问题,对中小学排球、篮球、实心球等进行的学生适应性改造,对田径场地、项目、规则所做的一些符合学校实际的加工,对体操器械、武术动作等进行的合理化改造与创新等,都是既兼顾体育教学内容的个体价值,又保持其社会性的工具价值的典型范例。

就实用主义体育基本思想、理念、内容等诸方面来说,对我国学校体育教学仍具有积极的意义,如其主张体育是"通过身体的教育"的基本思想,至今需要我们进行认真反思和深入研究;其"注重体育对人的心理培养,强调体育在学生社会适应方面的教育价值以及促进学生全面发展的价值"等基本理念仍然值得我们借鉴;其倡导重视学生主观能动性的发挥和体育教学气氛的活跃性、娱乐性等体育教学方式等仍然值得我们去践行;其注重体育教学内容的趣味性,倡导体育教学内容的选择要尊重学生的兴趣,反对强制、单调、枯燥、呆板的体育教学内容等对目前我国学校体育教学内容的选择与改造也具有一定的参考价值。

但是,在学习和借鉴过程中,我们必须分清过度追求个性的发挥,追求与"社会""生活"紧密联系的所谓生活化、生产性的实用性体育教学内容与体育教学内容所追求的"实用性"

---

① 胡小明.一种基于当代现实的体育理论眺望——关于"两条腿"和后现代意识[J].体育文化导刊,2003(12):18-20.

的根本区别。只有这样,才能保证体育教学内容的选择与加工,更加贴近学生的社会要求和个体需求,促使学校选择多种多样的体育教学内容并创造欢乐、和谐的体育教学气氛,引导学生积极参与、愉快参加体育运动,从而提高他们的学习效果,更好地培养他们的体育意识和体育习惯,为学生热爱体育并终身参加体育运动奠定良好的基础,为实现学生的全面发展和文化育人的目标服务,只有这样才能培养出社会需要的高素质建设者和接班人——这才是学校体育所应该追求的"体育教学内容的实用性"。①

第三节 学校体育教学内容研究的"观念预设"问题

"预设观念"是哲学领域中的一个概念,它是比较研究的重要思想基础和研究前提之一。然而,在具体研究中,人们对此的关注却暂付阙如。目前我国体育教育领域中的一些比较研究便存在这样的问题。

体育教育比较研究是通过比较寻找共同点和差异,探索不同体育教育体系之间所具有的共性和特殊性,从而帮助人们更好地解释体育教育的现象,研究体育教育发展的规律,解决体育教育所存在的问题的一种重要研究方法。它主要包括两种形式的比较:一是共时性比较,即国与国之间、国家内部不同地区之间或者体育教育系统内部的横向性比较;二是历时性比较,即体育教育系统历史发展过程的纵向性比较。我国体育教学内容的引入、移植与改造,均是在一定的"观念预设"引导下实现的。然而,本研究试图通过对我国现阶段体育教育的比较研究中,由"预设观念"的偏差所导致的体育教学内容在引入、移植与改造时出现的一些错误结果进行分析,强调"预设观念"在比较体育教育研究中的重要性,以期研究者在对体育教学内容进行研究时加以重视。

一、哲学中的"预设观念"

"预设观念"是一个哲学词汇,所谓"预设观念"就是当人们在关注、讨论或研究某一领域的一些现象或事物的时候,在他们的思想、意识中,事先总会有一些关于在此领域中,人们普遍认识、认可的"公理""定律"等在指导、支配着他们对此事物的判断、判别与决策,这些关于某一领域或某一现象的"公理""定律"的最大特征就是,有些是被科学研究论证过的,有些却是没有被论证或不需要被论证以及无法被论证的,无论是哪种情况,这些"公理"与"定律"都是被人们广泛信仰和认可的,这就是"预设观念"。"预设观念"是隐含在各具体研究领域、各学科领域之中,关于某事物或现象的核心概念内部或核心概念之间的相互关联性联系,是一种较为独立与清晰的意识、观念、思想。例如,当人们在研究教育、研究体育的时候,他们往往会有"教育(或体育)是有规律的""教育(或体育)的规律是能够被研究者全面

① 蔺新茂.实用主义体育与体育教学内容的实用性研究[A]//中国体育科学学会(China Sport Science Society).2015第十届全国体育科学大会论文摘要汇编(一),2015:3.

认识、了解或把握的"等诸如此类"一组或多组""预设观念"。在某一指导思想、意识理念体系中,人们基于多种类似的、具有一定规定性的"预设观念",对某些现象或事物进行认识、了解、概括、推理、分析、归纳与演绎时的逻辑思维习惯与方式,就是哲学研究中所谓的"思维逻辑(或思想逻辑)"。而人们思考、讨论与研究的习惯与方式,就是预设观念与思维逻辑(或思想逻辑)的外在表现形式。"预设观念与思维逻辑(思想逻辑)"不能作为一种显性、全面而又清晰的内容独立存在,它或它们是隐含在某一研究领域的核心概念或主要概念内部以及核心概念或主要概念之间的相互普遍性联系之中,人们进行研究时,必须对这些预设观念与思维逻辑(思想逻辑)进行深刻的分析。①

　　体育教育比较研究,体育教学内容的移植、借鉴与改造更应如此,由于体育教育比较研究的主要对象是现代体育,而现代体育的大部分内容又以西方近代体育项目为借鉴与移植的对象,而西方近代体育教学内容作为西方强势文化的一部分,其对我国近代学校体育以及人们的业余生活方式的影响之深、传播速度之快、传播方式之复杂、在与中国体育文化的冲突与融合中引起的冲突之剧烈与全面、融合之深刻与广泛都是空前的。它深刻而广泛地影响着我国近代体育的发展,影响着人们的思维方式、价值取向、意识理念、思想观念等,也影响和濡化着我国体育工作者、研究者以及学校体育工作者、研究者的"预设观念",使他们有意识无意识地、不自觉地产生某种带有偏见性甚至是错误的"预设观念",这些"预设观念"进一步影响研究者的研究视角与出发点,进而影响研究者研究成果的客观性与真实性。普通研究者有此类"预设观念",无论是研究方式还是研究结论的影响范围是微小的、有限的,但当体育界的专家、学者或某些决策者也有此错误或带有偏见性的"预设观念",且尚不能自我意识和自省时,由于他们的研究成果将会成为我国体育事业、体育教育事业的宏观决策、发展战略与道路、体制改革与发展、体育教学与科研提供权威性的理论依据,可想而知,我国的体育事业、学校体育将会被引入何等危险或尴尬的境地。因此,我们认为"预设观念"是体育教育借鉴和比较研究中的一把"双刃剑",其正确与否直接影响研究的起点与研究的结果,并最终影响我国体育事业以及学校体育教育改革的成败。

二、我国体育教学内容研究取得的成就

(一)选择性引入西方体育教学内容

　　近代中国,特别是鸦片战争以后,中华人民共和国成立以前,中国受尽西方列强的欺压和掠夺,内乱内战的损耗与伤害,泱泱华夏却国贫民弱。其时,清朝政府"闭关锁国"的政策已被打破,挽救民族危亡已成为当时之急需。在这种国内社会环境和国际政治背景下,从清末的"洋务运动"开始,"师夷长技以制夷"成为当时仁人志士的共识。伴随着"西学东渐"的不断深化,西方体育方式、方法、内容、思想、目标、理念等渐次被引入,与此同时,近代中国的仁人志士在接受西方教育、西方体育的同时,没有被盲目性所蒙蔽,所以,中国近代体育教育

---

① 彭加勒.科学与假设[M].李醒民,译.北京:商务印书馆,2006:113-159.

比较研究应运而生：体育教学内容的"新旧之辩"和"土洋之争"，"兵式体操"与"国粹体育"的交锋，体育教育思想的"军国民主义体育"与"民族传统体育"的激烈碰撞，"自然主义"体育教育思想与实用主义、实利主义"新体育"思想的引入与交替影响以及新民主主义体育的兴起等，都是体育比较和体育教育比较研究的新颖范例与经典之作。

在进行体育比较、体育教学内容比较、体育文化比较研究时，研究者包括一些政治家、哲学家、教育家、体育家，他们都在全面审视西方现代体育的优势与缺陷，深刻认识和总结我国民族传统体育项目、内容的精华与不足的基础上，结合当时我国的社会现实与需求，广大民众生活、锻炼、健身、养生的现实与需求等，逐渐形成了较为实际、朴素、准确的进行体育教育比较研究时的"预设观念"："体育可以强国强种，武术是国粹，崇尚武术可以救国；体育不但能够锻炼身体、增进健康、提升勇力，又能培养人的道德品质、勇敢精神、合作意识；西方体育对重新塑造我国国人新形象、振兴中华民族文化、激发国人爱国意识和情怀具有重要的价值与意义。"这一时期体育教育比较研究促使我国国民体育、军事体育、学校体育，理性地借鉴、移植和汲取了西方近代优秀体育文化、先进体育的思想，比较成功地引入了一些西方近代体育的内容与体育教育方式和方法。[①]

（二）系统引入苏联体育教育体制与学校体育教学内容

新中国成立之后，在学校体育教育领域既出现过"竞技运动教育""劳卫制"体育，又有"自然主义""实用主义"体育思想的灵动，还有"民族主义"体育思想的身影；这一时期，同属于新兴政治经济体，受到帝国主义大国的挤压和排斥的中国和苏联，都有迅速恢复国民经济，改善人民体质，展现国际实力，强化国际地位、维护国家安全的需求。由于苏联的教育改革成就给了我们许多启示，根据国际、国内形势，全面学习苏联经验就顺理成章成为当时唯一选择。

体育比较领域也和其他研究领域一样形成了如"苏联具有比较先进的体育教育思想、理论与经验；苏联成功的经验能够促使我们实现发展体育运动，展现社会主义优越性和提高国民素质的目的"等"预设观念"。于是，苏联十月革命之后在社会主义条件下形成的"集体主义教育思想"逐渐被引入我国，集体主义教育思想主张"以集体为教育对象，强调通过集体进行教育，重视教师在集体中的作用"，强调"集体是人们在共同目的和共同劳动中的联合组织，是苏维埃社会的一部分，是社会的有机体"。同时还强调"集体是社会主义社会所特有的概念，是由目的一致、行动一致而结合起来的，有管理、纪律和负责人的机关所组织起来的劳动者的自由集团"。根据"集体主义教育"的倡导者马卡连柯的主张，"教师向学生提出的要求必须是一贯的、坚定的、明确的、不予修正和毫不缓和的。要切合学生的实际、不向学生提出过高的、实际上做不到的要求；教师也要以身作则，对自己严格要求，在任何情况下首先保证自己的行为正确"。在具体的体育教学实践中，建立在凯洛夫体育教育理论和巴甫洛夫条件反射学说之上的"三基"（基本知识、技术和技能）体育教学思想得以确立、实施与推广；依据"集体主义教育思想"和"学校教育的目标与方针"对学校体育教学大纲进行了研究、编写与实施、贯彻；体育教学课堂四段论（开始部分、准备部分、基本部分、结束部分）以及运动技

---

① 任海."比较体育"与"体育比较"[J].天津体育学院学报,1991(1):44-47.

术训练"三段论"(准备部分、基本部分、结束部分)被普遍应用于体育教学与训练的实践过程中,等等。这些都使我国的体育教育受益匪浅,这也是当时比较体育教育研究所取得的辉煌成就。

(三)逐步确立学校体育与体育教学内容改革的方向

改革开放之后,经过几十年的努力,我国国内环境与所处的国际地位发生了翻天覆地的变化,国际局势趋于缓和、国内建设走入正轨,生产力得到极大的提升和解放,特别是20世纪末到21世纪初,由于世界经济一体化水平的提升,以及科技、通信的高度发达,世界向一个高度国际化、科技化、多元化的知识经济时代和信息化社会迈进,知识经济的发展和信息社会的到来又向人类展现出务实、繁荣、发展、创新、高效的景象,促使地球村落逐渐形成。人类的交流越来越频繁和快捷,随着与世界各国的交流日渐增多、日益频繁,各种体育思想、体育文化、体育制度异彩纷呈,互相吸引、互相碰撞,在这一过程中,我国的体育教育事业、学校体育思想也呈现出百花齐放的景象,显示出勃勃生机。

在学习与交流过程中,这一时期,体育比较研究者再一次将目光聚焦于西方先进的体育文化、体育制度、体育生活之上,逐步形成了"西方体育教育具有比较先进、成熟的理论为指导,具有较为高效、先进的体育教育、体育竞技实践系统,也具有良好的社会体育氛围和环境,这一切都是值得我们学习和借鉴的;学习国外先进体育管理、体育运营等经验以求得和能保证我国体育事业的快速发展"等"预设观念"。在此基础上,对"竞技体育""竞技教育""运动教育""增强体质""快乐体育""主动体育""终身体育"等体育教育思想的讨论,"身、心二维发展体育观""生理、心理、社会适应三维健康观"的出现,"学校教育树立健康第一指导思想"的日臻成熟与完善,诸多体育教育、体育管理政策的制定,体育教育内容的引入、改造与开发,学校体育教育理念、教育思想以及体育教学与评价方式、方法的改革与发展等,都使体育教育比较研究有了长足的进步。

从上述我国学校体育教育比较研究的历史演进、比较方法应用实践的发展和研究所取得的成就来看,尊重国际环境并结合社会背景以及时代特征所形成的"预设观念"都是比较准确和合理的。然而,由于我国现代学校体育受国外、特别是西方近代学校体育教育影响的痕迹过于明显,一些体育工作者养成了不良的比较研究习惯——重模仿、移植(生硬照搬),轻理解、分析与改造、发展。①

三、学校体育教学内容移植的错误倾向

(一)体育与其他学科横向比较时的盲目移植

经济全球化的大潮促进着世界文化的交流与发展,各种强势文化与弱势文化之间的碰撞越来越强烈,所以,在全球化的背后,仍然充满着竞争、充满着文化软实力的交锋与对立,

---

① 蔺新茂,毛振明."预设观念"——体育教育比较研究中的一把双刃剑[J].天津体育学院学报,2011(5):405-408.

但是,我们似乎没有意识到这种对立或只看到了文化之间的交流与融合。因此,在源于 20 世纪 70—80 年代全球性的教育改革中,一些专家、学者对学校体育教学的思想、理念、内容、方法、方式、手段等,都进行了尝试性的改造和革新,有些革新甚至是颠覆性的,是对传统教育的彻底否定。其间,虽然也出现了一批好的比较研究成果,但是,这些成果都有强烈的针对性,其针对某一种或某一类文化现象、体育事实、体育对象和体育领域,在这些领域内,这种探索无论是理论还是实践均具有一定的先进性和正确性,但如果被错误移植或错误运用就会造成"张冠李戴"式的局部不适或错误。

例如,一些体育教师对"发现学习"的借鉴和错误引用就是典型的错误。"发现学习"在教学论上又被称为"发现教学",它最初是于 20 世纪 50—60 年代,由瑞士"结构主义认知心理学派"的心理学家皮亚杰和美国教育心理学家布鲁纳在大力提倡"结构主义教育思想"的同时,提出的一种教学方法或模式。他认为,学生的学习不是环境刺激的被动反应,而是学生将自身纳入自己的构造之中,学习的过程也就变成了人类探究知识的过程,因此,学生真正理解某种知识意味着重新创造这种知识。布鲁纳在强调"发现学习"这一教学模式的重要性时曾经说,"现代的学校教育与课程改革,始终都有一件重要的事情需要我们解决:让学生通晓某一学术领域的基本概念和理论,不但包括要让学生掌握这一学术领域内的一般知识原理,而且还包括发展学生自身对待学习、对待调查与研究、对待了解、归纳、推测和预感、对待解决难题的信心和可能性的态度……一个重要的因素是关于'学生发现(Discovery)'的'敏感之处或兴奋感',也就能够促使学生发现以前未曾了解和认识的关于某一知识观念间的关系或某一知识与其他知识相似的规律性以及伴随的对本身能力的自信感"。在体育教学方法的探索和研究中,曾经有体育教师对"发现学习"在体操教学中的应用进行实验研究,实验采用"发现学习"方法进行体操课教学,要求学生通过自主练习去发现"手倒立"等体操动作的基本技术要领和动作要点,借此论证"发现学习"这一在学校教育的其他学科教学中看似时髦的方法对体育教学的普适性,而且又经过实验研究发现这种方法在体操教学中是切实可行和较为高效的。但是,在对长期从事体操教育教学的一些专家进行访谈时发现,这一方法只能造成学生伤害事故的发生和体操教学课堂的低效或失败,原因在于体操动作与体操教学具有不同于一般体育教学甚至是其他学科教学所独有的特殊性。以"手倒立"动作教学为例,对初学的学生来说,在手倒立动作练习过程中,学生处于非正常体位,此时,学生几乎失去了所有对动作结构的时空感觉,明显的表现是不知前后左右等身体所处的位置和基本方向,此时,学生对自己肢体,如脚的方向、腿的状态、身体的位置等的感觉都是模糊不清的,因此,在练习过程中教师必须采用"保护与帮助"的方法,帮助学生逐步建立准确的时空概念,了解保持身体平衡的基本要领,才能达到良好的教学效果。如果让学生都通过自己练习去"发现用手指和掌跟来控制身体平衡的要领"的话,他们就只有以频繁的摔倒或更为严重的伤害事故为代价来进行练习,经过几次失败后学生马上会产生恐惧心理而厌恶或避免再进行这一动作练习,更谈不上对动作的高效掌握;退一步说即便教师进行了保护与帮助,如果教师保护和帮助时用力过大,学生无法体会动作要领,如果教师力度过小,则不起作用——还需要教师用力适度、时机得当。因此,得出"这种方法在体操教学中比较高效"的结论是不可信的,也是荒谬的。① 归根结底就是"预设观念"的偏差和错误。中央教科所吴键教授研究发现"新课程改革中,所提出的探究、主体、情境教学等策略,在很大程度上是针对当前数学教学、语文教学越来越脱离社会和生活实际,一味追求死记硬背的弊端提出来的,在体育教学中过度使用情境教学、主体教学是不符合体育教学实际的"。

由于体育教育是学校教育学的分支学科,因此,体育教育研究者就有一种错觉(错误的"观念预设"),在进行学校教育的各学科间横向比较研究时,盲信与夸大教育学的思想、理论、原理以及具体教学方法等在所有学科中的"普适性",进而忽视了体育教学的特殊性,从而就会产生一些如"教育学的基本原理与理论对体育教育是有普适性的,处于上位的指导性地位,因此,教育学关于学科教学的相关研究成果可以为我所用,借鉴或移植至体育教学过程之中,其他学科的教学方式、方法必定适用于体育学科"等类型的错误的"预设观念"。②

(二)国内外横向比较时对体育教学内容错误的借鉴

自西方体育传入我国学校之中的一个多世纪以来,从体育素材到体育教学内容、从体育教学内容与体育素材场地到设施、从体育教学内容的规则到方法,从教学到训练,我们几乎接受了一个完整的西方近代体育教育系统。而且,目前,我们的学校体育仍然在不断地吸收西方体育世界最新的营养。因此,有相当一部分学者和研究者在面对我国学校体育、体育教育中存在的重大现实问题时,其首先想到的就是到西方或国外的学校体育或体育教育的相关领域中去寻找解决对策和答案,视野总是逡巡于国外的相关研究之间,甚至对于一些名不见经传、毫无影响力的国外体育教育研究者的一些感悟,他们也视之为圭臬、奉之若神明,争先恐后地对其进行介绍和评论,而对于自身的具体情况却不做具体分析,采取漠然置之或缺乏实事求是的态度,不去进行认真的总结、思考和分析。

例如,对于我国高校体育院系课程设置的研究,有些研究者(甚至是专家)充分论证了一些西方国家学科与术科教学内容选择的比例关系,得出"我国高校体育院系学科教学内容比例偏小,而术科教学内容比例偏大"的结论。然而,此结论却忽视了西方发达国家比较优质的"体育环境",就体育的社会环境而言,西方一些发达国家一般都有比较健全、发达的场馆与设施,体育俱乐部发展水平很高、社区体育竞赛活动较为频繁,再加上西方国家较小的人口基数,人均占有的体育场地、器械、设施等的比率远远高于我们国家的人均占有率;就体育的制度环境来说,一些西方发达国家的社会福利及体育保障制度远远优于我们国家,学生上学与就业压力也远远小于我国学生,没有类似我国由于教育资源或就业压力等所造成的"应试教育"所带来的诸多问题,学生有大量的闲暇时间进入各种各样的体育俱乐部从事各种体育学习与训练活动;就体育的人文环境来说,在西方国家学生及家长的主观意识之中,均以不能熟练掌握一项甚至是多项体育运动技术、不能够充分利用体育进行自我完善和发展为耻,而以自己能够展示出体育天赋和体育能力为荣;与此相比,我国大众的灵魂深处却依然深受"书中自有黄金屋、书中自有颜如玉""劳心者治人、劳力者治于人""万般皆下品,唯有

① 蔺新茂."发现学习"在体育教学中的运用[J].教育探索,2001,124(10):69-71.
② 吴键.体育课程与教学改革的反思与困惑[J].学校教育,2008(10):16-18.

读书高""学而优则仕"等"重文轻体"思想影响。再加上我国社区体育及体育俱乐部机制不够完善和健全,所以,我国普通大众一生接受体育教育、进行体育学习的机会基本上就是在学校期间。如果在此期间,由于他们的体育老师体育技术不过硬而造成体育教学能力低下,或由于其敬业精神匮乏,进行"放羊式""无指导式"教学,那么,这一部分普通民众就无法接触更多的体育教学内容,可想而知他们不会受到良好的体育教育,我们所追求的"教育公平"就无法实现。

在 21 世纪的体育基础教育改革过程中,诸如此类的问题还出现了很多,俯拾即是,如伴随"淡化运动技术"教学观点出现的否定体育教学内容所涵盖的运动技术教学规范性、完整性、层次性和系统性的倾向;再如,对体育教学内容选择的彻底"放开与开放"、对体育评价"采取多维评价方式",等等。这种盲目移植的最终结果只能是"方便了改革者,苦了教师,害了学生",应该引起有关部门的高度重视。

因此,由于西方体育具有比较悠久的发展历史和完善的教育、教学及训练的体制,我们许多研究者形成了"一切向西看"研究惯性,出现了"教育发达国家的体育教育制度是正确的、先进的,符合体育教育发展的规律;我国体育教育的发展是朝着西方国家的方向发展,亦即对我们来说是适应的;我已经掌握了西方国家体育教育发展的规律,我看到的就是西方国家体育教育发展的规律"等错误的"预设观念"。①

(三)纵向比较时的全盘否定

21 世纪的体育基础教育改革需要改革者认真审视我国体育教育发展的轨迹,厘清我国学校体育发展的基本脉络与规律,总结学校体育教育发展的历史经验和教训,找准影响我国学校体育教育发展的诸多因素以及与世界体育文化接轨时的基本要求,并能够结合我国社会政治、经济、制度、文化、教育等发展的实际情况(包括我国在未来相当长的时期内都无法改变的"应试教育"这一人才分层与选拔模式)和未来发展的需求,结合学校体育、体育教学的基本特点以及学生在校期间的学习状况和体育需求等,有针对性地循序进行。这一过程就是对我国学校基础教育、体育基础教育需要改革的问题进行有益的补充、完善,以求得我国学校教育、学校体育课程与教学能够满足社会与学生个体的需求,向着有益于改革目标的方向发展或求得平稳过渡,而不应该"全盘否认,忽视继承"。俄国"民族性教育思想"的代表乌申斯基在此方面就曾经有惊人之语,"一个没有民族性的民族就等于一个没有灵魂的肉体,它必然被消亡在另一些保存在民族独特性的肉体之中"。苏联教育家、"个性全面和谐发展思想"的倡导者和推动者苏霍姆林斯基也曾经说过,"如果对过去已经做过和已经达到的东西不进行深刻分析,对前人的理论遗产不进行经常思索,那么,一般地说,科学研究工作便是不可思议的"。

在新课程改革过程中,为了增强课程教学内容对地方、学校及学生的适应性,使各地方、学校都有自己独特的教学特色,从而改善此前我国基础体育课程过度单一的"集权型课程",管理体制由"统得过死"所造成的各地方与学校"灵活性不足"的弊端,2001 年,我国基础教育改革决定实行国家、地方、学校三级课程管理体制。这一改革举措原本是为了解决原来在

---

① 蔺新茂,毛振明."预设观念"——体育教育比较研究中的一把双刃剑[J].天津体育学院学报,2011(5):405-408.

单一体制下，我国体育基础教育缺乏"多层次、多途径、全方位"满足学校教育发展和学生自我发展需求的具有多种特色的体育课程内容体系，以及忽视体育教师的主导性、独立判断能力，忽视激发体育教师参与课程资源开发的积极性和创造性等问题。然而，我们的课程管理体制改革却全盘否定了具有统一性、集权型的课程管理体制，国家与地方对课程的管理作用形同虚设，对课程内容、教学内容彻底"放开和开放"，从以前的国家规定与制定、地方统一与灵活执行变成了目前国家仅提供参考，然后作壁上观，没有了统一性，过度强调灵活性，甚至对地方或学校的灵活性也没有监督和监管。如此一来，在日趋紧张激烈的应试教育、体育教师教学能力、体育教师敬业精神，体育教师对新课程管理体制无所适从等不利因素或环境的共同作用下，学校体育受到了诸多不利因素的冲击，"放羊式"教学、体育课被随意挤占、体育教师纷纷换岗或转岗等现象重新回到校园。从目前来看，这一体制对其他学科课程的伤害较小，因为其他学科课程都由"应试"这一指挥棒来统领教学内容，即便如此，也出现了"计生宣传图片上教材封面""鲁迅文章遭删除""古文遭删减"等让人匪夷所思的怪现象，如果有人不认为这是"怪现象"的话，那拿这些现象与日本文部省频频修改教科书中对"侵华战争""对南京大屠杀""对钓鱼岛归属"不利于自己的记载措辞，就会认为这是非同小可了！如果说这还是小的伤害的话，那么其对学校体育教学的伤害就显得异常之大了，"考什么练什么"，"不考试就放羊"，体育技术与技能教学还有身体素质练习等，没有了统一的规定性也就失去了国家行政的强制性，再加上学生在各个学段的学校间的流动性，体育技术学习没有了统一性与规定性，也就无法保证学生学到系统与完整的体育运动技术与技能，我国学校体育教学的体育知识、技术与技能学习，体育文化的传承与发展也就成为一座座无法实现的"空中楼阁"，体育教学效果欠佳并导致学校体育教学的失败也就会逐渐演变为一种趋势。此次基础教育课程与教学改革中，还提出要"为充分强调尊重学生的主体作用和个性发挥，建立民主、和谐的师生关系、形成良好的课堂氛围"，对过去存在着的体育教学"以教师为中心""以体育教学内容为中心"的问题进行批评、进行纠偏无疑都是切实可行的。但是，从一个极端走向另一个极端，出现"否定教师在整个教学过程中的主导地位和作用，片面强调学生的主体地位、混乱师生正常的关系，混淆教学活动中教与学两个不同过程的师生作用的差异性，否定教学过程的"三段论"、否定队列队形的教学意义"，等等。这种带有否定过去传统学校体育教学一切功过的"坚决、彻底"的改革，实在让人匪夷所思。仿佛中华人民共和国成立50多年来，诸多学校教育的实践、探索、实验都是失败的，都该彻底推翻。

唯物辩证法的"发展观"告诉我们，改革不是应对"以往存在"的全盘否定和彻底抛弃，而应该是在继承基础上的科学"扬弃"。所谓"科学的'扬弃'"体现在对待传统和历史应该表现出一种敬畏之心、一种尊重的态度、一种实事求是的精神。所谓"敬畏"，就体育教育改革来说，应该表现为对过往学校体育课程与教学模式、内容、方式、方法等的积极与正确态度，对上述要素所存在的环境以及在此环境下存在的合理性，有客观、准确的判断以及科学的认识与评价，要充分认识其存在的历史价值与意义以及不适当之处。所谓"尊重"，表现为要认真研究与权衡传统体育教育模式、方法、方式在现实环境中存在的利与弊，而后兴利除弊，对其进行有益的补充与完善，使其顺利发展更能满足目前学校教育的需要。但由于我们的学校体育课程与教学始终缺乏一种深刻的认知,缺乏一种属于我们自己的主体文化支撑,也没有一个较为理性、深刻的起点,所以对一些"缺乏历史唯物主义和辩证主义思想指导"的"改革"来说,我们的学校体育课程及教学仅仅就是从日、德到欧、美,从欧、美到苏、俄,从苏、俄再到欧、美的简单借鉴和移植与引入的问题,而不是以实事求是的科学态度,认真研究我国学校体育的特殊性与我国社会主义制度及初级阶段的国情对学校教育、学校体育的基本要求,他们对我们历史文化与文化传统的关注少之又少,形成了"历史总是在发展、进步的(甚至连曲折性进步也不认可);传统的就是过去了的和过时了的;现当代的一定有其存在的合理性是优于传统的;现代的要替代传统的"等错误的"预设观念",并在此"预设观念"统领下,做出了"轻易推翻,简单打倒,盲目甚至错误重建"的这一"大胆"举措。①

有人说,"经济全球化是一个没有硝烟的战场",在"游戏规则"的制定者和倾向性都有利于"中心国家"的情况下,如何在"与群狼共舞"的同时,确保自身民族传统文化的完整性与安全性,是许多专家、学者必须认真思考的问题。但无论如何都必须对民族传统文化有自信心,能够始终以优质的民族传统文化进行交流和沟通,并最终得到世界的认可和效仿,从而在世界大同的舞台上获得发言权,占有一席之地,这才是真正体现"文化软实力"的重中之重。相反,如果在面对中西方体育文化的融合与冲突时,不能以客观、科学、公正的态度去审视和认真对待西方体育文化对我们民族传统文化的异化作用,不能以准确、客观的视角去分析东方体育文化(包括我国)不同于他族文化的特殊价值,不能以长远的眼光来判断多种体育文化价值并存的可能性与合理性;同时,又对处于不同社会形态、政治体制、经济环境中的体育文化存在的复杂性缺乏了解与认知,对体育文化之间的传递方式、方法缺乏足够的辨析和审视,对学校体育课程与教学的历史积淀缺乏深入分析与探讨,对体育文化传播过程中体育功能的重构与体育价值取向的变化缺乏应有的思考和研究,对随着经济和文化全球化、一体化发展,世界各国在诸多领域日趋频繁交流中,强势文化对弱势文化的影响或扩张不能保持高度警觉,一味追求西方文化、西方体育文化的价值取向与人学观念,一味倾向于通过改造我们的民族传统体育文化以适应西方近现代体育文化的发展,求得实现文化的融合与发展,只能是异想天开或削足适履,这种想法不仅不会取得令人满意的效果,而且还会让我们的民族传统体育文化遭受严重破坏,无法实现世界化和全球化,更难以保证和实现推广与发展的目标。

因此,学校体育教学内容是在一个充满差异性的文化环境(或母体)中孕育、产生和存在与发展的,研究体育教学内容一定要与体育的实质、体育的基本属性、体育的价值取向、体育的目标定位、体育文化的发展要求等相结合,要保证研究健康、客观、科学、深入地进行,使之成为能够适应和促进我国学校体育健康发展,促进我国学校体育的受教育者不断受益的科学载体或手段。这就要求研究者必须做到在面对诸多纷繁复杂、真伪难辨的信息时,在面对各种利益、各种假象的诱惑和蒙蔽时,在面对不同国家、不同种族、不同地区的体育文化时,保持更多的冷静思考和理性反思,以科学、审慎的态度保证自己在研究过程中确立正确的"预设观念",具有科学的"思想逻辑",始终将国家利益、大众利益、学生利益放在第一位,以

① 蔺新茂,毛振明."预设观念"——体育教育比较研究中的一把双刃剑[J].天津体育学院学报,2011(5):405-408.

科学理性和忧患意识抵御和克服功利主义、实用主义等对学术研究的影响。因此,应"提醒那些利用现代科技手段,驾轻就熟地剪裁和排比中外体育理论与实践的研究者们,在开疆辟壤前先做一些清理思想地基的工作"。①

第四节　学校体育教学内容结构的"失衡"问题

我国学校体育教学内容发展至今,已形成了面向学校体育、社会体育、竞技体育、军事体育等的、能满足不同人群需求或为不同类型体育提供基础体育人口服务的学生体育学习的内容体系。目前,随着人类对体育功能认识程度的深化,学校体育教育的价值取向及目标体系已经远远超出了人们对学校体育的传统认识范畴,学校体育教学对学校体育教学内容的选编早已突破了对学生现阶段的生理、心理、社会适应等进行或施以短期的改造或影响,以及对学生体育运动技术学习与掌握、运动技能的提升与发展的应试教育般的评价了。人类已经将视角提升到了更高的层次,向着眼于提高国民整体体育素质,传播优秀体育文化,向着体育生活化,进而实现体育向教育教养、保健养生、竞技娱乐、个性发展等多维度价值取向拓展。从系统结构论的观点来看,系统的功能是由系统的结构决定的。我国学校体育教学内容的结构以及学校体育教育工作者、研究者、决策者对体育教学内容结构的现在与未来的把握程度,是实现学校体育整体功能的关键。对我国学校体育教学内容结构的研究,就是要全面审视、整体把握我国学校体育教育的趋势与脉络,完善人才培养的基本目标与任务,依据学校体育教育教学内容所具有的对学生的素质发展与健康促进,体育技术、技能及知识传授,智力情感培养与涵养,精神意志教育与发展等的多功能性特点,为使学校体育教学内容的功能能够与学校体育教育教学的目标、任务保持协调一致,防止学校体育中多种体育文化对学生实施影响的不均衡以及人们对学校体育、体育教学功能认识的片面性、单一化。

一、学校体育教学内容的内部结构与外部结构

"系统论"的核心思想强调,任何一个结构完整的系统都是一个执行着(或具有)一定功能的有机整体,其内部结构中的各个部分要素之间,不是简单、机械的组合或叠加,虽然整个系统中的各种要素都有自身的功能,但是,某个系统的整体功能却是其内部各要素独立存在或孤立状态下所不具备的,这就是"系统论的整体性"关于"整体大于部分之和"的基本原理和著名论断。这一论断还同时认为,系统中每个要素都处于一定的位置上,起着这一要素特定的作用。但是,这些要素在系统中都不是孤立地存在着,它们之间相互关联,构成了一个不可分割的要素聚合体——系统。另一方面,所谓要素也是属于系统整体中的特定要素,如果将某一特定要素从系统的整体结构中剥离出来,它也将丧失或部分丧失作为这一系统要

---

① 赛庆彬,侯秀萍,朱静.中外体育比较研究的几个问题[J].浙江体育科学,2009(1):16-18.

素的特有作用。

系统论的基本原理告诉我们,认识一个系统只对系统中部分元素或个别要素进行分析是不够的,还必须对系统整体进行结构分析;认识与改造一个系统只靠对系统局部的个别要素进行调整远远不够,必须正确认识和区分系统内部各要素的基本配比与作用,对系统总体功能所提供的个体贡献。然后,对影响系统总体功能发挥的不利要素或不合理要素配置、排列与配比进行整体结构上的调整或革新;所以,分析一个系统的功能和作用,只在微观层面上进行系统要素的功能与作用分析是不够的也是不可靠的。因此,对我国学校体育教学内容结构的研究和分析,不能只停留在某一项具体体育运动项目或某一个具体体育教材的功能和作用的分析上面,对我国学校体育教学内容的改革也不能具体到对某一个或几个进行单一项目的增添和删减上,而是必须对其整体结构进行研究与分析。

一般意义上的体育教学内容结构主要是由完整系统的各种要素以及这些要素的排列方式、相互作用与关系的形式。体育教学内容的结构包括显性结构和隐性结构,体育教学内容的显性结构是指包括在宏观层面上的西方近代体育教学内容、我国民族传统体育教学内容、其他一些体育教学内容,中观层面上的各个项目体育教学内容,如田径、体操、球类、武术、游戏等,以及微观层面上的中观层面中各项体育教学内容所包含的某单一内容或单一技术,如跑、跳、投、悬垂、倒立、支撑、平衡、举重、搬运和篮球、排球、足球等,三个层面上的内容按照一定比例构建而成的学校体育教学内容的结构。体育教学内容的隐性结构是指由三个层面上的显性体育教学内容所体现出的体育文化、体育知识、技术、技能;所涵盖的各种健身、养生、竞技、娱乐、情感、意志、精神、认识等基本属性所形成的结构体系。以往我们对学校体育教学内容的研究偏重于中观层面和微观层面各项教学项目的选择、排列等显性结构,偏重于对体育素材的体育教学内容化加工时,如何保持运动项目的固有特点、技术技能的系统性以及对学生的教育、教养价值与作用,如何保持大中小学教学内容系统的衔接,以保证体育教学内容知识、技术、技能的完整性等。而忽视了在宏观层面上体育教学内容结构的科学性、合理性、稳定性,以及对人才培养的安全性研究,换句话说,就是忽视了来自不同文化母体的体育教学内容所代表的不同文化对学生施以教育或影响的偏向性、导向性,从而造成我国体育教学内容的结构发生严重偏斜,对学生的教育与教养功能和价值取向也具有单一倾向性。

二、我国学校体育教学内容的结构科学性探微

在审视、梳理和探究我国学校体育教学内容时,从我国学校体育教学内容的起源出发,能够清晰地发现,我国学校体育教学内容随着从古至今的历史沿革与发展,至今已经演变为主要包括三大内容体系在内的对学生实施身心教育与文化涵养的稳定的三角结构体系。

(一)欧洲学校体操教育体系

学校体操教学内容系统是以自然主义体育为主线,包括:①跑,②跳,③投,④角力,⑤悬

垂,⑥平衡,⑦搬、举重物,手倒立、拔河、跳绳和滚翻,⑧舞蹈、步行和兵式运动,⑨射击和剑术九大体操教学内容在内的古茨穆斯德国体操体系。由瑞典人佩尔·亨里克·林始创的包括①以促进身体各部位协调、自然发展为目的"教育体操";②以促使、强化学生熟练使用武器的技能与技巧,进行军事战争为目的的"兵式体操";③以矫正某些学生的身体缺陷与不足,促使学生身体均衡发展为目的的"医疗体操";④以提升学生的思想情感、提升学生身体活动能力为目的的"健美体操"四大类内容在内的"林氏瑞典体操"体系。以及由丹麦体操之父纳赫提哈尔始创的由 211 个徒手体操动作,男子 30 节、女子 27 节的基本体操动作,以及男子 20 节优美姿势体操动作和包括爬竿、爬绳、肋木、单杠、高低杠、跳箱等器械体操动作在内的丹麦体操体系。1900—1903 年,这些欧洲的学校体操体系从美国传入日本,不久后由留日的中国留学生引入中国。

(二)欧美近代竞技体育体系

　　欧洲的"文艺复兴"和"宗教改革运动"促进了近代人文主义精神以及资产阶级求实精神的发展,而英国是近代西方国家中最早完成资产阶级产业革命的国家,随着生产力的发展以及社会的富足,新兴的资产阶级从功利主义出发,为实现贵族阶级及绅士们个人的幸福和国家利益提出了要对未来的绅士进行"德、智、体"多方位的教育,将"体育"放在所有教育的第一位。"绅士体育"倡导通过游泳、击剑、骑马、舞蹈、划船,以及一些娱乐性的体育内容,如板球、保龄球、网球、射箭等体育手段来培养贵族阶级勇敢、顽强、果敢的精神气质和良好的身体形态及优雅风度。但是,随着英国贵族习气和赌博传统在体育活动中的盛行,赛马、拳击、赛跑等现代竞技运动内容也随之产生,而且各种新的竞赛项目不断出现,各种运动规则也逐渐成熟和规范。

　　随着资本主义工业化程度的不断提高和"绅士体育"的深入发展,英国又掀起了户外运动的热潮。户外运动的内容丰富多彩,主要项目有足球、网球、羽毛球、高尔夫球、手球、台球、橄榄球、地滚球、板球、曲棍球、水球等球类项目;有跑、跳、投等一些田径竞赛项目;有钓鱼、登山、划船、游泳、滑冰、滑雪等一些娱乐、游戏性项目。这些项目先是作为社会性体育项目在大众中盛行,不同年龄的人群可选择不同的项目,后流行于欧美,又不断得到丰富和完善,基于各项目发展的需要,各种项目的协会不断成立,进一步推动这些运动项目的规范性不断提升。"绅士体育"项目在近代奥运会复兴之时,成了近代奥运会的主要比赛项目。后因其特殊的教育作用与价值,于 18 世纪末 19 世纪初逐渐被各级各类学校体育所吸收,并于19 世纪中后期,随着英国殖民主义的侵略与扩张,以一种强势文化的姿态被传入中国、印度、菲律宾等亚洲殖民地国家,成为这些国家学校体育的主要内容。①

(三)我国民族传统体育教学内容

　　近代西方"兵式体操"在中国学校的传播,也促使了一些研究者对民族传统体育文化进行深入研究和大力推崇,特别是近代中国对"国术"的挖掘整理以及学校体育教学内容化,不

---

① 谭华.体育史[M].北京:高等教育出版社,2005:162-167.

仅极大地促进了民族传统体育文化在学校体育中的传播,也不断巩固和深化了以各种形式的武术、民间体育活动为主体内容的民族传统体育教学内容在学校的地位。1917 年,"全国中学校长会议"通过了《将"国术"等一些具有民族特色的体育项目经过整理加工后,列为中小学体育课必学体育教学内容》的决议,从而确立了我国民族传统体育在学校体育中的地位。与此同时,为充分发挥民族传统体育文化的作用,一些留学海外的学者也积极倡导并亲身实践挖掘一些民族、民间性的游戏、养生、娱乐性体育活动,在进行进一步的学校教学内容化的加工、整理后,将其作为学校体育教学内容。

1919 年,北洋政府教育部颁发的《教育部关于采录体育咨询案办法咨》就明确指出,"一国之体育,必须具有一国之精神;武术实中华民族精神之所寄,种类颇丰。务须选择与生理原理相合者以为体育之基本",再一次明确强调了学校体育要"注重国术"等民族传统类体育教学内容的选编和加工。同时,随着"新文化运动"的持续发展,西方民主与科学思想在旧中国得以广泛传播,一些体育工作者也开始按照科学方式,从心理学、生理学等自然主义和人文主义学科的基本原理出发,从对身体锻炼的科学性、实效性的角度和价值取向等方面去审视、搜集、挖掘和整理我国传统武术的基本内涵和外在形式的统一,如将不同形式的武术按照其运动的基本特点和学生的年龄与学习特点进行科学分类,将形意拳、八卦掌等运动方式及速度较为缓慢、有利于学生"集中注意力"的拳术,定义为"强筋骨、促体力"的武术类型;将动作敏捷、内含腾空动作、节奏迅捷快速的一些基本拳术,定义为"敏捷肢体与思想"的武术类型;将太极拳、八段锦、五禽戏等拳术和养生功法,定义为"促进气血流通、强健精神"的武术类型。1927 年,国民政府又以政府出资公办的形式,建立"国术馆",并明令各级地方政府兴办地方国术馆,"国术馆"要把民族传统的"武术"以及与之相关的内容作为"国粹"推广,组织编写国术教材,在各级"国术馆"及学校推广应用。这一时期,与国术一起在学校体育中出现的体育教学内容还有民间游戏、娱乐性的体育教学内容,如放风筝、唱游、爬山、踢毽、抽陀螺、扭秧歌、叠罗汉以及各种游戏活动等内容。[①]

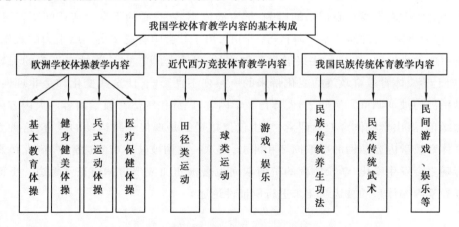

图 5-1　我国学校体育教学内容的基本结构

① 罗时铭.中国体育通史(第三卷)[M].北京:人民体育出版社,2008:235-237.

构成我国现代体育教学内容体系的这三大体育教学内容体系分别起源于多个国度,分别孕育和脱胎于不同的文化母体,代表着不同的时代气息和民族情感,所以具有各自不同的文化内涵。三大教学内容体系在各自的发展、沿革过程中,虽然通过相互的影响和作用,都有了一些适应性的文化融合和互补,但各自独特的民族文化特征、不同的价值追求依然清晰可见,比如,德国体操体系代表着普鲁士民族坚强、不屈、理性、严谨、自律、守纪、耐劳的民族气质;英国贵族的绅士们狂放、负责、忠诚、好勇、争胜、有礼的气质特征;东方民族含蓄、内敛、和谐、淳朴、忠勇、自然的民族精神气质等。这些民族气质特征造就了各自体育教学内容的文化内涵,而对这些体育教学内容的学习实质就是让不同的文化去塑造人、去教育和滋养人的发展,这对目前全球化时代人的意识、情感、精神等的良好沟通与互相理解,具有较强的意义。① 因此,学校体育教学内容不仅塑造着本民族文化,也创新着多种文化的综合体,这种体育教学内容文化的传播与继承,能够滋养一代代的人成为全面发展与进步的、"地球村落"的合格公民。

我国学校体育教学内容的这三大内容体系,是实现我国现代学校体育教学目标和任务稳固的支撑。无论是对学生良好精神气质的塑造,还是对学生坚韧不拔的意志的培养;无论是对学生上进心、进取精神与意志的激发,还是对学生团结、协作、集体主义情感和素养的涵养;无论是对学生健康的促进、体质水平的提升,还是对学生终身体育意识与能力的养成和提高;无论是对西方体育文化的学习与改造,还是对民族传统体育文化的传承与发展,这三大体系都在体育教学内容的结构中进行着文化的冲突与融合、进行着文化的交汇与互补,从而使我国学校体育教学内容表现出竞技性与和谐性的默契,强制性与自觉性的协调,锻炼性与教养性的切合,世界性与民族性、创新性与传承性的统一。②

然而目前,我国学校体育教学内容的这一稳定性平衡却正在逐渐被打破,随着学校体育的发展、体育教学目标的微调,体育教学内容也发生着变化,主要表现在,由于现代社会生产、生活方式的改变,学生生活水平普遍提高,生活习惯、饮食结构等均发生了较大的变化,再加上环境污染对人类身心带来的影响,学生身体不适、身心的不良反应或问题普遍显现,如肥胖、视力下降、心理素质水平降低等。同时,由于社会中有更多更具吸引力的娱乐项目,学生的兴趣发生偏斜,甚至一些兴趣是不健康的,社会、学校、家长等缺乏正确的引导与监督,再加上学校体育教育政策的变化带来的一系列不良影响,使这些变化却是非理性的、违背科学精神的被动调整。例如,学校体育教学内容、民族传统体育教学内容两大内容体系逐渐被边缘化,淡出学校体育教学课堂,学生仅仅接受的是现代竞技运动的教育,这种变化是对整个体育教学内容结构的严重损坏和冲击,当这一结构被破坏难以达到平衡时,体育教学的目标随之会发生变化,学校体育的价值取向也会被扭曲或严重偏离正常轨道。下面就学校体操教学内容体系的被边缘化来进行例证性论述。

---

① 谭华.体育史[M].北京:高等教育出版社,2005:181-183.

② 中国第二历史档案馆.中华民国史档案资料汇编(第三辑):教育[M].南京:江苏古籍出版社,1991:857.

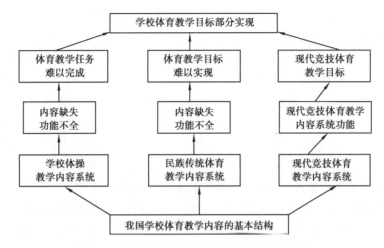

图 5-2　我国学校体育教学内容基本结构的偏斜

三、学校体育教学内容结构的优化分析——以体操为例

我国学校体操肇始于古茨穆斯德国体操体系,这一体系是学校体育教学内容中唯一一个专门为学校体育设计的,它以自然主义教育学、运动生理学、心理学等为学科基础,为促进学生身心全面发展,兼顾学校体育本体价值与工具价值的实现,统筹考虑学生个人与社会发展的相互关系,由思想家、教育家、体育家参与设计或参与补充完善。从这种意义上说,学校体操是较为科学的学校体育教育体系。这一体系曾经风靡欧美学校体育,其对促进青少年儿童身心健康、全面发展的重要意义和价值被各国专家和业内人士认为是任何其他运动项目都难以替代的,因此,被誉为是"所有体育项目的识字课本"。至今,许多学校体育比较发达的国家,如日本、美国、英国、新加坡等,在其学校体育教育各个级段的大纲或课程标准中,都被列为必修内容。

然而,自 20 世纪末以来,出于种种原因,体操在我国学校体育的发展过程中逐渐陷入困境——学校体操被学校体育边缘化甚至被抛弃,在"宝贵的"学校体育的教学场地中一些体操器械纷纷被拆除或被移出,学校体育教学内容中的体操内容也逐渐被剔除、被取代,体操在学校体育中自然成了无人问津的运动项目。与这一现象巧合的是我国青少年学生身心发展水平持续走低,这种巧合是必然还是偶然有待于进一步探究,但就体操对学校体育的基础性作用与价值来说,这种现象使许多专家深感痛心和忧虑。他们也都在想方设法、采取各种措施,以促使学校体操得以恢复和发展,有效遏制这种下滑的态势,改善我国学校体操现状。

(一)学校体操的源流与价值

1."学校体操"的源流

众所周知,我国学校体操源于德国体操体系,而德国体操体系首先承继了古希腊"Gymnastic"体操体系,其创始人古茨穆斯搜集了古代希腊、罗马的运动项目,创立了德国体操体系,后经 F.L.杨和施皮斯的丰富和完善发展而来。首先,源于海洋文明的古希腊体育运动以培养人的开拓、进取、英勇、无畏、敢于冒险、大胆探索的精神气质,以及塑造健硕、优美的身体形态为目的,这一特点在德国体操体系中痕迹明显。其次,由于 18、19 世纪的德国正在经历普鲁士王国的统一战争以及与拿破仑的普法战争,因此,德国体操体系中军事训练的目的性较强,在教学或训练中,特别强调军人的姿势与仪表,动作刚劲有力、线条简单清晰;教学课堂上经常采用比赛法,力求动作练习的多次重复;强调严格的组织纪律性,培养练习者具备坚决服从命令的军人素质。再次,德国体操体系又以在欧洲流行数百年的自然主义教育为思想基础,其对教育价值的追求较为客观、全面,倡导促进学生德、智、体的全面发展,重视青少年儿童身体发展的阶段性以及教育对青少年智慧的启迪与情感意志的培养,尊重和顺应青少年儿童的天性,并能依据青少年身心发展的规律设计教育目标、安排教育内容,既考虑教育对学生自我发展的价值,又兼顾了学生自身发展对社会的价值与意义,具有很强的人文主义思想性。

因此,学校体操动作在设计之初,从根本上就没有把它当成"阳春白雪",而是作为学校教育进行人才培养的一种方式,其目标就是培养和塑造胸怀家国,具有强烈社会责任心、绅士气质与风度的一剂"苦口良方",是作为一种砥砺意志与精神,塑造国家建设和安全保卫者的手段。所谓"苦口良方"是指体操动作逆人体常态性动作而设计,具有其他运动项目所没有的全面发展"人"的价值。

2."学校体操"的价值

学校体操除了具有学校体育其他项目对学生的身心健康促进和维护的一般价值之外,由于其特殊的动作设计和对身体练习的特殊要求,被赋予了对受教育者进行智慧启迪、智力开发、情感涵养、意志磨炼、体质提升、健康促进、形体塑造等全面的教育价值。

(1)对学生身体肌肉锻炼的全面性

体操是通过徒手、借助器械或在器械上完成各种类型动作的身体练习方式,这种身体练习活动以学生身体为运动对象,其最大的特点就是完成动作需要有良好的肌肉相对力量和肌肉控制能力,体操动作对学生身体肌肉的这种要求不是局部的,而是对大部分甚至整个躯体肌肉调动的要求,因此,这种要求也就对学生身体肌肉锻炼的全面性起到了良好的作用,这种作用是其他运动项目无法替代的。例如,一个相对简单的双杠支撑摆动动作,学生要想使身体在杠中摆动协调、自然,不仅要求上肢具备一定的支撑力量,还要求学生从脚尖到小腿、从膝关节到髋关节对身体进行良好控制,使身体处于"绷直"状态。对"相对支撑力量"要求上肢前臂、上臂的前后肌群,上体的胸部、背部肌群共同参与,而下肢与髋关节的控制则由脚踝、小腿、大腿、髋关节、腰部等位置的大小肌肉群共同参与,这种几乎调动全身肌肉参与运动的动作,在学校体操中比比皆是。

(2)能够促进学生身体素质的全面发展

体操动作中的支撑、悬垂、滚翻、腾跃等不仅对参与运动的肌肉力量、柔韧性是一种锻炼,而且还能够提升练习者各内脏器官系统的功能,培养时空感觉能力、平衡能力,身体各部位肢体肌肉的协调能力,提高练习者的动作灵敏度、节奏感以及大脑对身体肌肉的控制能力等。因此,体操动作练习即便是单个体操动作,也有促进学生身体素质全面发展的重要作用。例如,成功地完成体操的"鱼跃前滚翻动作",两腿蹬地"鱼跃"时,能够发展下肢蹬伸力量及脚踝的弹跳力;"鱼跃"腾空落地手臂支撑缓冲时,能够发展上臂与肩、颈的支撑力量;身体腾空时,通过有意识的身体姿态与动作节奏控制要求,能够培养和发展学生身体肌肉的敏感性、灵活性以及大脑对身体控制的节奏感和时空感;而在身体滚翻过程中,对颈、腰、胯的柔韧性无疑会有很好的锻炼效果;身体依次"滚翻"着地时,从直体到屈体到团身变化的过程中,对发展肌肉的协调性、灵活性又有很好的作用。

(3)促进学生多元智力的培养

美国教育家、心理学家霍华德·加德纳认为,人的智力是一个至少包括9种智力因素在内的系统。在认识和分析多元智力理论结构时,结合学校体操教学实践对学生智力发展的价值发现,在多元智力系统的九大智力因素中,体操动作特殊的时空设计、特殊的身体练习形式,以及在体操动作学习或练习过程中,教师对学生、学生对学生实施保护与帮助,学生之间相互进行动作诊断与纠错的特殊教学要求,使得体操练习或体操教学活动至少与学生的视觉—空间智力、身体—动觉智力、音乐(或动作)—节奏智力、自知—自省智力、交往—交流智力以及自然观察智力六种智力的培养和提升关系密切。例如,在体操动作学习过程中,在很多情况下,学生对自身动作的优劣难以体悟或发现,需要学生之间相互交流动作学习的体会,相互观察彼此动作的优缺点。因此,学生经常对所学动作技术进行交流,有助于提升学生对动作正误判断的观察力、纠错能力、认知能力,以及对动作正误表述的语言总结与表达能力等,培养学生独立思考的习惯。这些能力的提升和习惯的养成对学生自身智力的发展都有重要作用。

(4)磨炼学生的意志品质

"直立行走"是人类生活中的常态动作,但体操动作的设计,无论是技巧动作,还是单、双杠等器械体操动作,均经常出现倒立类、翻腾类、转体类的动作,这些动作对学生来说,改变了练习者常规动作习惯以及常规动作的结构,学生在练习这些类型的动作时,总会感觉有一定的危险性,因而会产生一种莫名的恐惧感。然而,学生也正是在恐惧与克服恐惧的动作练习过程中,以及克服困难、经受挫折取得成功的心理磨炼历程中,不断提升不畏困难、知难而上、不折不挠的抗挫能力,逐渐形成勇敢、顽强、果断、坚毅等良好的意志品质和精神气质。

(5)提升学生的情感与品格

体操动作时空要求的特殊性,使体操动作教学中"运用保护与帮助"成为必需,在教师保护与帮助学生的过程中,教师的热情、责任心对学生无疑是一种良性鞭策和影响,能够使学生感受到被关注、被关心和被爱护,提升他们的幸福感,以激励他们以这种方式对待他人;在学生与学生相互保护与帮助的过程中,学生之间的情感互动与交流,不仅能够提升学生关注、关心他人的责任心和责任感,在他们的相互交流中,还能提升彼此的交往能力,密切相互之间的关系,提升每一位学生的团队归属感与协作精神。

(6)增强学生的实用防护能力

体操的支撑、悬垂、攀爬、跳跃等动作与人类生活的日常动作又非常接近,经常练习,能够提升练习者的基本生存技能以及应对各类突发事件、自然灾害的能力。如单杠的"悬垂翻上"动作、双杠的"支撑摆动"等,虽然简单,但对学生双臂克服自身重力,发展自我保护时的悬垂、支撑能力和双手的握持能力均有很大的意义,而这种"悬垂""支撑""握持"能力在野外探险、爬山、涉水等活动中或遭遇极端情况时,就能够多提供一分安全保障。同时,一些体操动作本身也具有避免运动损伤的人体保护作用,能够保障学生在其他体育项目学习或体育活动中,具有一定的自我保护能力。例如足球场上常见的"前滚翻"与"鱼跃前滚翻"动作,排球场上经常见到的"鱼跃胸滚"与"鱼跃侧滚动"动作,篮球场上的"后滚翻"和"单肩后滚翻"动作等,都是利用体操动作进行自我保护的很好方式。

因此,无论是由动作违反人体常态而带来的动作难度设计、器械体操动作危险性设计,还是具有军事体育色彩、要求整齐划一的队列队形设计;无论是具有人体肌肉爆发力、灵敏性、柔韧性等要求的动作方式设计,还是体现或反映人类基本活动所必备能力的走、跑、钻、爬、跳、跃、平衡等动作方法设计,都具有较强的针对性,都是依据学生身心发展规律和社会及国家建设的基本需要而设计的,这些动作设计对学生的勇敢、顽强、果断、团结、协作等个性心理的发展,对学生塑造强健体魄、健美形体、提高运动能力等均具有较高的价值。

但是,此中设计的一些微妙之处却被一部分学校教师和学生在"兴趣"外衣的遮挡下,当成了在学校体育中不教、不学体操的"借口"。

(二)学校体操发展的困境及归因分析

1.我国学校体操面临的困境

(1)学校师生对体操教学态度冷漠

从一些学者所做的调查和本人的访谈来看,从20世纪末开始,我国学校体操在学校体育中的地位逐渐下降,中小学生从最初的只学习一些简单的技巧、支撑跳跃、单双杠动作,至今除了一些队列队形练习和广播体操之外,再也没有接触或接受过支撑跳跃、单双杠甚至技巧项目,甚至在有限的课外活动时间也无法触碰到这些器械。很多学校的领导和体育教师不重视体操课,他们对体育课的基本要求是"只要不出事故,随便玩玩就行"。因此,绝大多数学校不让、教师不愿、学生不选体操课,他们对体操特有的健身健心价值也就知之甚少。多重因素使得学校体操被学校体育边缘化甚至被排除在学校体育之外。

（2）学校体操场地、器材设施条件不完善

21 世纪初，为避免学生在活动中受伤，一些学校拆除了原有体操器械，荒废了以前的体操场地，将跳箱、山羊堆入器材室，任其布满灰尘或被锈蚀。长期以来，虽然我国区域化经济发展的不平衡造成了地区之间办学条件的极大差异，然而，在教育部下发的《中小学体育器材设施配备标准》中，明确规定有最低标准的体操器械和器材配备要求，但是，即便是一些发达地区的学校，甚至是一些发达地区的重点学校，也难以按照这一标准进行场地、设施、器材等的配备，也有的学校将这些设施当作一种摆设，没有真正地投入使用。而一些欠发达或落后地区就几乎不能达标，由于体育设施与器材无法保障，正常的体操教学更是无从谈起。

（3）学校体操教学师资质量不高

目前绝大多数中小学体育教师在进行体操专业技术和技能学习时，由于对体操基本动作技术的理解不够深刻，对体操技术的掌握不够熟练、扎实，再加上长期不进行体操教学，造成原有的一些体操动作技术也逐渐退化，体操教学能力低下，再加上学生班额较大，教师实施保护与帮助时比较困难。因此，许多中小学体育教师对体操教学失去了信心，产生了恐惧心理，从而使中小学对体操教学内容选择出现了"瓶颈"。

2.我国学校体操困境的归因分析

（1）学生身心健康水平降低影响学校体操教学的顺利开展

20 世纪末，学生体质监测显示，我国中小学生体质健康状况近 20 年持续下滑，人们将这种现状归咎于学校体育开展情况不理想，但许多专家对此不认可——20 世纪，大规模的计划生育政策，使得 20 世纪末至 21 世纪初，独生子女教育问题凸显，在此方面准备不足，造成一部分青少年儿童心理问题增多，心理健康出现问题；同时，随着人们物质生活条件的改善，各种不良的生活与饮食方式都在深刻地影响着青少年学生，给他们带来了健康隐患，这些现实情况也实实在在地影响着学校体操教学。

在心理健康方面，有研究对辽宁省 3 万多名中小学生进行测试，结果发现中小学生存在着诸多的障碍和疾病。辽宁省受测的学生中，有 35% 的学生存在不同程度的心理障碍，即经不起挫折，不愿意经历疲、累、苦的磨砺，意志薄弱，没勇气接受困难的挑战；心理健康合格率为 29%；心理健康优良率更是仅为 8%。不难发现这一情况严重影响了他们对体操科目学习的信心和兴趣。[1] 在学生的身体健康方面，学生的近视率、肥胖率持续上升，而耐力、力量等素质却持续下降，"软、硬、笨、晕、胖"等弱体质问题明显。在对北京市某中学体操课进行调查时，一个班竟有 1/5 的学生由于身体肥胖等根本无法上体操课。同时，学生身心健康方面存在的现实问题，也使得体操教学过程中，教师保护与帮助的任务加重，在一定程度上影响

---

① 赖天德.中国学校体育改革评述［M］.北京:高等教育出版社,2007:28.

体操教学的顺利开展。①

(2)人们认识上的偏差,使学生远离学校体操

随着我国竞技体操技术水平不断提高,人们越来越多地感受到体操技术动作在不断地向追求动作难度、追求动作新颖性、追求动作惊险性等方向发展,对动作完成的要求也越来越高,因此,体操越来越高不可攀,也就离普通人越来越远。再加上受偶尔传来的关于体操伤害事故、习练过程苛刻、艰难等一些负面新闻的影响,大多数家长认为,让孩子从事体操学习或训练既难且险,即便是了解体操价值或者孩子有体操兴趣和天赋的家长,也会被这种心理所左右而让孩子避而远之。

目前大部分人都有寓健身于轻松、愉快之中的思想,因此,"娱乐健身,轻松健身"观念在学生心中也根深蒂固。加之体操教学内容一直以"竞技体操"内容为基本素材,有些体操教学内容对动作技术规格要求较高、难度系数也较大,缺乏对体操健身手段、方式与方法的研究与开发,使学生形成了"体操难度大,有危险性,不宜练习"的片面认识,加之学生对体操特殊的健身健心方式、手段及健身价值认识不深,而其他体育健身手段与方法的多样化发展,其他文化娱乐方式的丰富多彩,使得学生对体育教学内容的心理选择和实际行动都疏远体操。

(3)多重因素叠加使中小学排斥学校体操

以人口众多而人可支配均资源少,优质教育资源配置不均衡为原点的我国"应试教育","学而优则仕"的传统用人制度等,都使得学生文化课学习成为学校教育的重中之重,被提到了无以复加的高度,这种现状短时间内很难得到缓解。客观地说,"应试"也确实是目前我国较为科学、客观、暂时还难以改变的人才分层方式。因此,在这种形势下,为片面追求升学率学校将教学重心放在了有升学考试要求的学科,体育课变得可有可无而饱受挤压,体育教师的劳动不被重视或不被尊重,与其他学科教师相比,体育教师同样的劳动付出却难以享受同样的劳动待遇,体育教师的岗位经常被其他教师随意占用等现象普遍存在。近几年,虽然中考增加了体育学科的考试,但考试方式方法不规范,考试内容与体育课堂学习内容关联性不大等问题还没有得到切实解决。所以,体育教师的工作被漠视、体育教师工作待遇和实际地位不高依然是现实问题。这些都直接影响体育教师的敬业精神。

同时,由于体操教学有自身的特殊性,如体操技术不像其他运动技术那样,教学不受年龄、场地、环境等的影响,或可以终身学习,而是会随着年龄的增长、运动能力的降低,体育教师的体操运动技术、技能以及教学能力会随之削弱和减退,即便是体操教学所要求的保护与帮助也会随着教师年龄的增长,或者由于学生人数的增多、学生运动能力的降低而显得力不从心。一方面,教师敬业精神的消磨、教师岗位被代课的非体育教师取代等问题与体操教学对体育教师的一些特殊或较高要求之间就存在一些矛盾。另一方面,我国21世纪之初的体育基础教育改革实行课程三级管理体制,新课程标准不再对学校体育教学内容作统一规定,

① 吕万刚,孙立海,姚望.大、中学校体操教学现状的调查及分析[J].武汉体育学院学报,2006(7):94-97.

将学校体育教学内容进一步放开,尊重学校和学生自主选择,等等。上述多种原因叠加,造成一些教师宁愿选择更容易教的体育教学内容,也并不愿意选择把体操作为教学内容,学校体操也因此被抛弃或被边缘化。

(4)教育行政部门对学校体育课堂监管不力影响体操教学安排

从2013年11月,党的十八届三中历史性地把"体育课和课外锻炼"写进了中央决定,全会提出并通过了《中共中央关于全面深化改革若干重大问题的决定》,其中明确了"强化体育课和课外锻炼,促进青少年身心健康、体魄强健"的新思路;以及在此之前教育部及各级教育行政管理部门针对学校体育下发的各种文件[如始于1989年教育部连续颁布的《中小学(或义务教育)体育器材设施配备标准》、历次颁布的《体育教学大纲》等];①一直到2016年4月,国务院办公厅下文要求各地要把学校体育工作列入政府政绩考核的指标;2016年7月教育部重新颁布的《中小学体育器材设施配备标准》等;都充分彰显了党和国家对学校体育的重视。特别是在《关于强化学校体育 促进学生身心健康的意见》中关于课程内容安排方面,明确指出,将田径、体操、游泳等作为基础项目积极推进,将足球、篮球、排球等作为集体项目大力推动,将武术等优势项目广泛开展。对学校体育从实施到管理、从目标到内容、从方法到过程都提出了明确要求。②

但一些地方教育主管部门,体育课堂的监管与监督不力,仍然难以保障这些政策法规的落实却也是不争的事实。特别是学校体操教学由于对器材、设施,对体育教师的教学技能,对体育课堂的班额人数等均有较高的要求。所以,虽然在学校体育中也规定了体操教学内容;《器材设施配备标准》中,也明确要求配备体操器材设施,但是,却都一直无法落实而使学校体操处于荒芜之地,这与一些教育主管部门对体操教学采取放任的态度,造成学校将体操课很大程度上"变味"成"放羊式"教学;甚至某些学校和教师急功近利,考什么练什么,测什么教什么。这种对学校体育采取宽放管理的态度,严重影响了正常的学校体操开展。

(5)学校体操改革滞后,创新不足造成缺乏前行动力

现代竞技体操运动从苏联引入我国后,"劳卫制"式的体操教学与训练安排,曾一度促进了我国学校体操的快速发展,也使我国体操运动水平在短时期内有了较大的进步。从20世纪60年代开始,随着我国联合国合法席位的恢复,我国体育协会在世界体育大家庭中的合法席位也逐渐得以恢复,为了尽快改变国家的国际地位和社会形象,提升国人的自信心和民族自豪感,在世界大赛中取得优异成绩,使竞技体育获得快速发展,成为当时我国体育事业的重中之重,竞技体操训练与比赛在这一背景下,逐渐从学校中脱离出来而高度竞技化,体操运动变成了一个训练周期长,专项技术复杂,追求动作的难、新、稳、美、力及素质要求全面的纯竞技项目,体操运动员也越来越专业化、年轻化。

而在学校体育中,体操也一直沿袭了竞技体操训练式的教学,长期注重运动技术水平的

---

① 新华网(北京11月15日电).中共中央关于全面深化改革若干重大问题的决定.

② 国务院办公厅.关于强化学校体育 促进学生身心健康的意见[EB/OL].教育部网站,2016-05-09.

提高,忽视了学校体操教育功能的发挥,在复杂动作技术的背后,所潜伏的技术训练危险性,使学生望而生畏,最终导致了该项运动偏离学校体育教学的初衷,脱离了广大青少年学生所需求的状况。时至今日,学校体操仍然是危险、痛苦、失败的代名词。深入分析这一现状,不难发现,主要问题是学校体操项目选择与教学改革和学校体育教育改革的步伐不一致所造成的。枯燥乏味的竞技体操动作训练式教学,已经无法适应学校体育对体操教学的要求,使其缺乏可持续发展的动力。因此,深入开展学校体操教育改革,构建独立的学校体操教育体系势在必行,中国百年学校体操教育所沉淀出的许多宝贵经验,需要体育教师与研究者不断挖掘和开发。

(6)高校体育院系对体操教学人才的培养不力

高校体育院系本应是培养未来体育教师的摇篮,然而,20世纪末,由于高校扩招以及体育院系在招生过程中的录取政策的一些变化,体育院系学生的初始运动技术水平普遍降低,运动学习能力也就大打折扣,这就严重影响了体育院系人才培养的质量。而21世纪初,全国体育教育专业的改革和发展围绕着"厚基础、宽口径"这一理念推出的《全国普通高等学校体育教育专业课程方案》实施之后,一些体育院系设置的学科课程与术科课程比例失衡,导致毕业生的体育技术、运动技能水平也明显降低,体育教育专业培养的毕业生质量受到广泛质疑。

高校体育院系体操教学是培养能够胜任未来学校体操教育人才的关键环节,在此方面也同样存在上述问题①——扩招带来的班额增大、学生体操学习能力不足(有的学生1个"引体向上""双臂屈伸"都难以完成)给保护与帮助带来的困难;体操教学时数减少使体操动作选择捉襟见肘、学生动作学习与掌握不扎实;出现这些困难的同时,许多院系安排体操教学时,又雪上加霜,把体操教学由传统的2位教师减为1位教师……这些矛盾都严重影响着体操教学质量,造成大部分学生体操技术水平和体操教学能力低下。② 再者,体操项目的特殊性要求体操教学人才的培养要具有项目特色,但是,目前,高校体育院系的体操教学仍然难以改变以某几个竞技体操动作学习、掌握为主的思路。一方面,缺乏对符合中小学生学习特点、年龄特征的体操动作的开发与创新;另一方面,体操教学评价系统不够科学、完善,评价方式、方法等方面存在粗放式考核所产生的多种误差,很难全面地反映出学生体操实际教学能力与水平,许多学生毕业后,无法满足中小学体操教学的最基本要求,更谈不上用学校体操对学生进行"教育"了。③

(三)美国学校体操改革的启示

1.美国学校体操改革的起因

饱受"实用主义教育"思潮的影响,美国"新体育"改革者在19世纪中后期认为,体育是

---

① 李小伟.技能大赛能否成为体育教师成长的新"引擎"?[N].中国教育报,2017-01-06:8.
② 李强.体育教育专业培养目标和课程设计的研究[D].北京:北京师范大学,2010.
③ 殷超,马莉.体育学院体操课程的边缘化及对策研究——以广州体育学院为例[J].广州体育学院学报,2014(6):113-116.

促进人体身心全面发展的一种教育手段,具有身体教育、神经肌肉活动、思想品德教育和发展智力等功能。① 因此,反对以德国"兵式体操""器械体操"为主要教学内容的军国民主义体育思想所代表的非理性、人为器械化的体操锻炼形式。当时,美国"新体育"的倡导者之一威廉姆斯就非常反对在学校体育中保留体操,认为体操是体育教育的畸形产物,主张以符合学生身心发展规律的自然体育活动取代强制性的被军事训练化的体操。于是,"新体育"体系与传统体操体系彻底决裂,学校体育规划中完全去除了学校体操教育,代之以"趣味性强,符合青少年儿童身心发展特征"的户外自然活动、田径、球类和各种形式的舞蹈、娱乐等活动和游戏内容。② 自此,美国各地学校体操俱乐部锐减,参加体操训练的人员也急剧减少。

但就美国学校体操改革所产生的成果并不乐观。1943 年美国在进行服兵役体检时发现,超 300 万青年人由于身体不适不宜服兵役;1953 年在首测 4264 名学生中的体检不合格率高达 57.9%,其中的肌肉力量不合格率竟高达 80%。较之于同一时期的欧洲受测者,在2870 名测试学生中,不合格率只有 8.7%,而肌肉力量不合格率也仅有 9.0%。在竞技体操方面同样遭受了重大的影响,后备人才匮乏,世界体操大赛中的成绩不断下滑,终于跌至历史谷底。作为世界体操强国,在历届夏季奥运会中均有尚且不错表现的美国,但自改革后,在1936—1976 年近 40 年几乎没有在所参加的夏季奥林匹克运动会的体操比赛中,获得过一块奖牌。③ 直至 20 世纪 50 年代,美国相关部门发现了这一重大问题,即刻组织专家、学者们对此问题进行了深入的研究和分析。反思了学校体育排斥学校体操的基本原因,即行政管理者们错误地理解和运用了杜威的实用主义哲学思想,"新体育"改革没有很好地处理学生自主、自由地活动与体操规范化的教学之间的关系;为了使学生能够获得"成功"的乐趣,学校体育教学选择了非紧张性的、危险性小的活动,这类活动即便是那些体弱的学生也容易做到;因为足球、篮球、棒球在美国非常流行,同时,借此教师方便教学,学生也更感兴趣。因此,相比之下,体育教师更愿意选择球类项目进行教学。基于上述原因,学校体操运动完全被忽视了。④

2.美国学校体操教育的复归

由于生活、工作方式的改变以及业余活动兴趣的转移,给体操运动带来了很强的冲击,只有少数人乐于从事体操的练习并从中获得成功的快乐,造成人们普遍性的力量、协调、柔韧等身体素质减弱。⑤ 学校体操教育对学生身心发展以及体育能力提升的特殊价值与意义在一些体操教材中均有详细表述,上述美国学校体操教育改革的例证以及目前我国学校体操教育的现实情况和青少年儿童不容乐观的体质状况也能从侧面说明学校体操在这些方面的特殊作用。因此,源于 20 世纪初的美国学校体育改革中,学校体操的兴衰史值得我们借鉴和思考,对于我们今天的学校体操发展能够起到一定警示作用。

① 谭华.体育史[M].北京:高等教育出版社,2005:213.
② 燕凌,李京诚,韩桂凤,等.进步主义教育运动对美国学校体育的影响[J].首都体育学院学报,2017(1):36-38.
③ James R Brown. Teaching and Coaching Gymnastics for Men and Women [M]. New York:John Wiley & Sons, 1980:14.
④ 李佐惠,黄宽柔,关文明.中美学校体操教育发展历程的比较[J].体育学刊,2006(4):98-101.
⑤ 李佐惠.美国体操教育史上的四次争论与启示[J].北京体育大学学报,2003(6):854-857.

（四）学校体操优化的策略分析

1.高校体育院系要不断提升体操教师培养的质量

要实现"强化体育课和课外锻炼,促进青少年身心健康,体魄强健"的基本目的,就必须狠抓体育教师的基本功的提升。而学校体操教学对其他体育教学内容的基础作用和价值,使得"体操教育技术的掌握与运用"成为广大体育教师的"基本功"之一。已经举办过三届的"全国中小学体育教师教学技能比赛"都将体操技能展示作为内容也说明了这一点。因此,学校体操教育的发展需要依赖体育教师体操教学能力的培养,而这一培养的关键就在于提升教师"基本功"。要完成这一任务,首先,高校体育院系要建立科学、高效的学校体操体系,促使学生将体操知识内化为自身的体操教学能力,努力克服或尽力延迟身体、年龄等原因造成的体操技术水平、教学能力减退,提升中小学体育教师的体操教学能力,就得使教师从体操教学的特殊性出发,对教学内容、教学方法等多方面做认真研究和详细的分析,以促进学校体操教学的科学化进程。其次,要通过经常性的教研活动、技术比武、技能大赛等,促进体育教师不断创新体操教学方式、方法,以弥补体操技能的自然消退给学校体操教育带来的影响,不断提升体育教师的体操教育技术和技能水平。

2.加大对学校体操教学内容的研究和改造力度

首先,要适当调整学校体操的动作难度,在不改变体操动作特征与目的的基础上,从动作结构、动作节奏、完成动作的条件、完成动作的方式和方法等多渠道入手,不断创新、挖掘、丰富处于同一体操教学内容"动作链"上的不同难度动作,以提升体操教学在任何学段、级段的普适性。①

其次,要充分尊重人们对体育的艺术性和美的追求,在对学校体操教学内容设计和选择时,应注意突出体操的美学特征,激发学生参与体操锻炼的兴趣,如在内容上可增加舞蹈、跳步、转体等动作的比例,并配以优美的音乐旋律,要选择观赏性、趣味性强的动作内容,同时,还要摒弃类似竞技体操中的规定动作,代之以符合学生能力、个性,有助于提升学生学习自主性的自选或自编动作,强调变化、创新与趣味,以成套编排为主,使学生通过"学校体操"能获得运动锻炼的愉悦感。②

再次,要重视挖掘具有较高人文教育附加价值的体操动作作为学校体操的教学内容。学校体操对学生纪律观念、协作互助精神、抗挫抗压能力、勇敢顽强品质等学校体操动作的挖掘,重视体操动作一项多能的功能和价值,保证体操教学在促进学生对运动的基本原理有深刻理解并能举一反三的基础上,让学生能够充分体验体操运动文化的情调和氛围,提高学生对体操运动文化的理解,并有利于学生进一步学习与掌握体操同一动作链上更为规范的、更高水平的类似动作。还要根据学生不同的身体锻炼需求,按照运动处方的科学性原

---

① 李佐惠,黄宽柔,关文明.中美学校体操教育发展历程的比较[J].体育学刊,2006(4):98-101.
② 朱子芳,杨光.中学体操教学的困境与出路[J].浙江体育科学,2016(5):85-88.

理,将学校体操的人文教育、身体锻炼、心理干预等价值相融合,保障学校体操既不失全面锻炼身心的价值,又能为学生进一步学习其他运动项目奠定基础,从而不断提升学校体操在增强学生终身体育能力、完善学生人文素养等方面的重要价值。

3.完善体操等级规定动作,实现学校体操比赛的常态化

美国学校体操的一些有益举措(如将体操等级细化;按难度分为8级),值得我们借鉴,也可以为我们所用。我国1956年制定的《运动员技术等级标准》,曾经对激励广大青少年学生参与体操练习、提高体操运动技术水平,起到过重要的作用。2006年,国家体育总局体操中心委托北京体育大学体操教研室的教师们重新对体操二、三级运动员规定动作进行了修订,并对等级规定动作比赛的规则进行了详细解释与说明,借此来提升学生对体操学习及训练的积极性和热情,从而推动学校体操教学的健康发展,我国部分省市(如河南省、湖南省、北京市等)也积极在学校推广新编体操二、三级规定动作。但是,目前出于种种原因,这一推广活动被暂时搁置,因此,期望相关部门及时对新体操规定动作进行修订和完善,促使学校体操比赛常态化,以求在全面提高我国学校体操的整体水平的基础上,促进学校体操与群众性体操锻炼、竞技体操形成良性互动,以实现互相促进的目标。

可依据"学校体操"的目的和任务以及内容的特点,在比赛项目设计上,对学校体操项目稍作调整,男子、女子项目均可包括技巧、中双杠、中单杠、支撑跳跃4个项目。男、女技巧在进行成套动作设计的同时,也可以在舞蹈、跳步、转体、平衡等动作之中配以音乐,可依据规定作出必要的调整完成其中的相应数量的动作,在促进学生身心健康的同时,保证具有较高的艺术价值,不断提升体操成套动作的表现力及观赏性。

4.教师要加强对学校体操价值的宣讲,不断提升学校体操教学的质量

学校体操教学具有较高的教育价值,但这些价值一些是显性的能被学生体验或感受到的,一些是隐性的学生无法感知的。要让学生接受体操,积极参与学校体操的学习,教师就必须善于激发学生对学校体操的兴趣,要激发学生的学习兴趣和积极性,除了通过教学方式方法的优化、体操教学内容的改进等渠道之外,教师还必须让学生了解和懂得体操,清晰地领悟到体操各个项目动作的价值,因此,教师在体操教学实践中,要加强对学生进行体操教学内容价值的分析与宣讲,提高学生对体操的认知度。例如,教师可以将体操双杠与单杠的支撑和悬垂动作对实际生活技能的提升,对塑身、形体美化,对增强肌肉力量及身体协调性、发展身体素质等的价值,结合动作练习对学生进行详细介绍;可以将"连续前、后滚翻""鱼跃前滚翻""前扑倒地缓冲支撑""胸滚""侧滚翻"和"侧手翻"等动作对提高前庭器官灵敏度,从而提升平衡能力,以及在其他运动中对身体的保护作用、对身体素质的全面提升的作用等对学生进行介绍和分析。借此提升学生对学校体操价值的认识,激发学生的学习兴趣和完成体操动作的决心与信心。

当然,体操动作要有一定难度的规定性和完成动作的规格要求,否则就失去了体操运动的本意。因此,教师在教授较高难度的体操动作时,一定要根据学生的不同情况,采取对学生的合理分层,对动作的科学分解等教学方式,遵循因材施教和循序渐进的原则,既要强调

身体对肌肉的控制力、动作规格或表现力,保留体操固有的特点,又要切实做好安全防护工作。只有保证学生学习和掌握更多的、更扎实的体操动作,才能保证学生保持体操运动能力和进行体操锻炼的持续性,加深学生对体操动作和动作价值的理解,最终保证学生终身受益和学校体操的健康发展。

第五节　学校体育教学内容的"西化"问题

一、比较研究中的"可比性"

随着现代通信与网络技术的发展,世界各国经济、文化、政治等的交流日趋频繁,这种交流活动也正以各种方式逐渐突破国家的界限,扩大着"进口"与"出口"的量度。在此背景和趋势之下,"开展明确的、可靠的比较已成为政治、经济、文化等现实发展不可分割的部分……开展国际比较的目的就是减少分歧与不和谐,确立共同模式,协调发展相互关系"。① 目前,体育作为世界文化交流活动中最为活跃、最为重要的内容之一,不同国家、不同地区的体育都在频繁的交流中,开展着广泛的国际比较,并借此各自不断地完善和发展自己。因此,"体育比较"研究被业界广泛使用,"比较体育学科"也应运而生。②

然而,由于学科发展较晚,至今还没有形成一套较为完整的关于"比较体育学科"的理论系统,体育比较研究的实践也就缺乏较为成熟的学科理论予以支撑,这在一定程度上影响了比较研究的质量和效果。例如,一些研究者对西方体育采取"拿来主义"的态度,盲目地借鉴和移植,造成一些体育理论与实践局部的"水土不服"或"营养不良",从而使我国体育在某些领域的发展受到影响。其中,对比较对象"可比性"考察的阙如,没有科学使用比较体育研究的基本方式、方法,忽视体育现象之间存在的普遍性与特殊性的辩证关系,简单、生硬地进行比对、比附式研究,就是影响比较研究质量和效果的主要原因之一。本研究以此为视角,重点分析和研究我国体育比较研究与体育教学内容选编过程中在"可比性"方面存在的问题。

(一)体育比较研究的基本范式

体育比较研究以不同国家、不同民族、不同文化的各种体育现象为研究对象,探究不同社会形态和不同文化氛围下,体育发展所面临的个性与共性问题,以及解决这些问题的策略,为我国体育事业的发展提供借鉴。体育比较研究的基本范式包括单纯国别体育发展现状的历时性(纵向)分析与总结(如对某一国家不同历史时期、不同社会阶段的体育思想、内

---

① 鲍·里·伍尔夫松.比较教育学——历史与现代问题[M].肖甦,姜晓燕,译.北京:教育科学出版社,2007:48-49,93.
② 蔺新茂.体育比较研究中的可比性问题分析——基于对"背景可比性"的拓展与认识[J].上海体育学院学报,2017(3):1-8.

容、方法等的研究），以及不同国家间体育相关领域发展的共时性（横向）比较（如近现代东西方体育教育思想、目标、模式等的比较）两种。

就两种范式的可比性而言，第一种范式虽然仅具有跨国家、跨民族、跨文化等比较研究的形式，也包含比较、借鉴的目的性，但就其研究过程来看，实际上不涉及"比较"，也不存在真正的比较思维过程，其价值和意义在于为进一步比较提供素材，为比较对象奠定可比性认知基础。例如，许多类似于以"某国体育（比较）研究"命名的书籍和论文等均属于这一类。因此，对于此种范式的比较研究不需要探究"可比性"问题。后一种范式则包含着实质性的对比、分析、借鉴等复杂的思维过程，其研究的结论在深度上较前一种研究范式又进了一步，具有更高的价值和意义。例如，从 20 世纪末，关于体育内容的"土洋之争""新旧之辩"，一直扩展到目前对体育领域内诸多问题的比较研究均属于这一类研究范式。由于此种范式的目的是借鉴，是想以他国体育之长解决我国体育领域内存在的问题。因此，就研究结论的价值和意义而言，此种范式的研究成果将为我国体育事业的宏观政策、战略发展、体制改革以及教学、科研等领域提供权威性的理论依据和实践支撑，如果研究缺乏对比较对象"可比性"的认真分析，即缺乏对某一体育现象或规律存在的历史与现实条件的认识，就会直接影响研究结论的客观性，这样的结论就有可能把我们的体育引入歧途。① 从这种意义上来说，此种范式的研究对比较对象"可比性"的考察与分析显得非常重要。

（二）比较研究中"可比性"的内涵

"可比性"（comparability）在比较的环境和视野中出现，最初是生活用语，指人或物在外观、特征、性质、状态等方面的相似性，是人们对客观对象进行初步、简单的比较时，形成的一种潜意识或自觉性规范，没有"比较"，"可比性"就无从谈起。随着人类科学研究的长足发展，特别是在 18 世纪中后期，无论在社会科学研究领域，还是在自然科学研究领域，比较研究作为一种主要研究方法，在各类学科（如比较文学、比较教育学等）中逐渐发展壮大，而"比较"被视为比较学科区别于其他学科的本质特征，"可比性"的重要性逐渐凸显，并随着比较学科的发展成为一个学术概念，因为事物或现象本身必须具有可比性，才能进行比较，有比较就有可比性问题存在。此时，"可比性"的内涵也随之发生了变化。

目前，人们普遍认为，"可比性"是比较对象之间特定关系的反映，这种关系是由客观存在着的、比较对象本身的属性和特点决定的，比较研究不仅要求比较对象应具有一定的相似性（同质性），同时也强调比较对象应具有一定的差异性（异质性）。强调从"不同"中寻求"相同"，从"相同"中寻求"不同"。例如，比较解剖学的"可比性"强调研究对象（解剖对象）之间要具有明确的"对应性"（如黑猩猩的脑与人的脑）；比较文学将研究对象之间的"相容性"（如诗歌与诗歌、人物形象与人物形象之间的比较）和"跨越性"（指比较对象具有跨语言、跨地区、跨族群的特点）视为考察可比性的关键；而比较统计学科的"可比性"要求统计方式、方法、标准的"统一性"或"一致性"等，这些要求都体现着比较研究中比较对象在同质性和异质性方面的统一。

---

① 蔺新茂."预设观念"——体育教育比较研究中的一把双刃剑［J］.天津体育学院学报,2011(5):105-108.

"可比性"的这种内涵和特性要求研究者必须了解和尊重比较对象之间或显性或隐性的,但都客观存在着的相关关系(即尊重研究对象的同质性和异质性),并在此基础上审慎、规范地选择比较对象,这是保证比较研究科学性、合理性的基本要求。因此,从"可比性"对比较研究的意义来说,其隐含着比较研究存在的基本规范,是比较研究存在的基础。

(三)比较研究中"可比性"的地位

美国著名学者乔纳森·卡勒(Jonathan Culler)在论及比较研究时,曾经提出两个问题警示研究者,"进行比较研究的先决条件是什么?""对来自不同文化母体的对象进行比较时,怎样保证比较的合理性?"①这两个问题的实质就是如何对待比较研究中的"可比性"问题。因为,比较研究不只是将任意两个(或多个)具有时间、地域跨越性的对象放在一起进行比对就可以了,而是为了保证比较的合理性和科学性,首先要求比较对象要具有"可比性",即比较对象之间除了具备差异性或异质性之外,还应具有相似性或同质性。② 因此,"可比性"是比较对象的基本内核和价值追求。

在体育比较研究过程中,研究者经常会遭遇令人难以从容应对、深感纠结的问题,例如如何通过对"可比性"的分析,将比较对象置于同一个比较平台之上或环境之中? 即如何从诸多的"个性"中提炼出共性的"规律"或"原理"为我所用? 所选择的研究对象之间是否具有"可比性"? 在面对这些问题时,许多研究者为避免麻烦(艰苦和复杂的分析过程)而刻意回避,将比较置于简单、机械的比对或比附式研究之中,对他人或他国学术成果进行生硬、盲目的借鉴或移植,造成自己的研究脱离研究对象的实际,如此比较,就形成了诸多幼稚、偏激的研究结果,甚至是悖论。值得注意的是,目前,在全球化的大背景下,在世界各国普遍比较重视"文化软实力"的今天,体育的含义与价值已经突破了仅仅被当作是一个个、一种种身体练习形式,或一场场对抗激烈的竞技活动的界限,而是将其作为一种交流频繁、影响广泛深远的文化现象,且备受世界各国重视,人们已经强烈地感受到体育对所有参与者(包括观众)所起的教养和教育作用——强大的文化育人价值。如果忽视了东西方体育文化在价值追求方面的差异性,视西方体育文化为圭臬,盲目地进行比较、借鉴或移植,不仅不会对我国体育事业起到促进作用,还会影响我国体育文化自身的独立性,还可能会产生一种畸形的、危险的文化,这种文化最终会对我国民族传统文化和体育事业造成不良影响,甚至是伤害。

(四)比较研究中"可比性"的内容

美国比较研究学的学者贝雷迪根据比较研究的功能和方法将比较研究的发展分为三个阶段:借鉴—模仿阶段(19世纪)、因素—分析阶段(20世纪初)、分析—探索阶段(20世纪中期至今)。其中第一个阶段以借鉴和移植为主,此阶段,比较研究的"可比性"问题还未受到人们的重视。例如,100多年前,我国体育在"中体西用"思潮下,从零星照搬到全盘照抄,大

---

① Culler Jonathan.Comparability[J]. World Literature Today, 1995, 69(2):268-270.

② 迟旭,周世厚.是什么使比较成为可能? ——论比较教育中的可比性[J].外国教育研究,2009(4):1-6.

量借鉴西方体育的内容、方式、方法,并以此奠定了我国近现代社会体育、军事体育和学校体育的基础;美国建国后也曾大量借鉴德、英、法等欧洲国家的体育经验,形成了美国体育的基本框架。但是,随着比较研究的发展,人类对社会科学认识的深入,比较研究所追求的价值目标和价值体系也逐渐得以深化,研究者也越来越重视挖掘隐匿于比较对象背后的一些潜在原因和力量,越来越重视对异国文化的本民族适应性分析与价值判断。在此基础上,比较研究逐渐显现出其作为一种科学研究方法的魅力和重要价值,在各学科研究中被广泛使用,其价值追求随之发展到第二和第三阶段,在这两个阶段中,比较的科学性和合理性越来越受到重视,对比较对象的分析和理解也越来越多地受到关注,此时,"可比性"问题就得以强调和重视。①

就对比较对象的基本要求而言,"可比性"的主要内容包括比较对象"同质可比性"和"异质可比性"。例如,我国比较教育学专家顾明远教授认为,事物发展变化的共同性和差异性是比较研究的客观基础。……比较对象诸因素之间的比较基础是共同点;但如若需要对比的事物完全相同,那么比较研究也就失去了意义。由于比较研究具有跨时空、跨文化的特征,比较对象的异质性是显而易见的,因此,诸多专家、学者都把对可比性的关注集中于"同质可比性"之上:真正可比较的对象应该具备哪些条件?"同质可比性"的内容究竟是什么?这些都是从事比较研究的专家、学者们所关注的问题。②

对"同质可比性"具体内容的认识,虽然由于学科不同,专家、学者都有各自关注的重点,但总体上来说,意见基本趋于一致。在"概念的一致性"方面,英国著名比较教育专家,哲学博士爱德蒙·金认为,处于不同地区和语言环境中的"概念"可能是不对等的(如"标准""优秀"等概念),为避免比较研究结论的偏颇,就必须首先考察比较对象概念的一致性和差异性。③ 澳大利亚著名比较教育学家特雷舍韦则认为,要保证比较研究的科学性和合理性必须保证两种一致性,即内涵一致性和处理一致性。比如,同一个词语,在不同的国家和地区所代表的含义可能完全不一样。

例如"public school"在美国是指公立中小学,在英国却是指私立的贵族学校。④

综上所述,比较研究中的"可比性"应具有两维指向性,即比较对象的同质可比性和异质可比性。其中,"同质可比性"要求比较对象应具有存在背景的相似性、内敛概念的一致性,以及资料与数据统计标准的统一性等基本特征,即要求比较对象首先必须具备背景的可比性、概念的可比性、标准的可比性。

为说明体育比较研究中对可比性考察的重要意义和价值,本研究选择以"背景可比性"问题为例阐述管见。

————————————

① 彭虹斌.比较教育功能的时代转换:从借鉴到理解[J].比较教育研究,2007(3):29-32.
② 顾明远,薛理银.比较教育导论——教育与国家发展[M].北京:人民教育出版社,2002:41.
③ 埃德蒙·金.别国的学校和我们的学校——今日比较教育[M].王承绪,等,译.北京:人民教育出版社,2001:561.
④ 赵中建,顾建民.比较教育的理论与方法——国外比较教育文选[M].北京:人民教育出版社,1994:179.

二、体育比较研究中的"背景可比性"

(一)体育比较研究中的"背景可比性"释义

行为心理学认为,人的行为方式是人的思维方式、方法和思维过程的直接反映,而人的思维方式、方法以及思维过程受所处环境的影响既深刻又长远。易中天教授在其《读城记》中印证了这一基本论断。易教授通过对城市居民的行为方式进行深入观察、了解和比较,分别分析了北京、上海、广州、成都、武汉、厦门、深圳等地的城市文化特征。如"北京的大气醇和""上海的开阔雅致""广州的生猛鲜活""厦门的美丽温馨""成都的悠闲洒脱""武汉的豪爽硬朗"等。[1] 这说明人类的行为方式不仅受自身所处的环境文化的影响和制约,而且也都直接反映和展示着这种环境文化的时空特征。

同样,体育作为现代人文化生活的一部分,其本质也是人类生存的一种行为方式。由于体育产生于不同的社会形态和地域环境之中,孕育其成长和发展的文化母体有显著的差异,体育的目标、过程、方式、方法等也就被镌刻上了不同的文化印迹,其价值追求也都反映着不同社会形态和地域环境的价值观个性。在进行比较时,如果这种被内敛在体育行为之中或隐含在体育行为背后的文化、环境等因素被研究者忽视;在频繁的世界性体育文化交流过程中,仅重视体育文化的融合而忽视体育文化的冲突等,都会造成研究结论与体育实践的脱节或"水土不服"等问题。中国社会科学研究院美国研究所原所长,我国资深学者资中筠先生在论及对美国的研究时,就曾经语重心长地告诫研究者,要以客观、全面为宗旨,切不可只做一些望文生义、牵强附会、十分主观的比较,要尊重事实。这也正是比较体育研究中应重视研究对象"背景可比性"的原因。[2]

由于体育比较研究中,比较对象就是体育现象或体育事实的客观存在,其背景可比性实际上就是这些现象或事实赖以生存和发展的条件、环境等,即这些现象或事实得以产生、成熟、存在、发展等合理的因果关系,如果忽视了对这些背景可比性的考察与分析,比较研究势必会陷入机械模仿或盲目借鉴的泥潭,从而影响比较研究成果的科学性和合理性,也会造成这些研究成果难以具备本土适应性和可操作性。因此,在进行比较体育研究时,不能不考虑与体育密切相关的诸多因素,如社会形态、政治制度、经济发展、文化氛围、自然环境、人文层次、风俗习惯等,虽然这些因素对体育现实的影响有主有次,对比较研究结果的影响有大有小,但都是进行体育比较研究时应该考虑的"背景可比性"的主要内容。

(二)体育比较研究中的"背景可比性"分类

分类是对事物的本质属性或显著特征进行深入认识、分析与归纳,其强调事物被划分

---

① 易中天.读城记[M].上海:上海文艺出版社,2003:2.
② 资中筠.坐观天下[M].桂林:广西师范大学出版社,2011:39.

后,各子类都具有相对于其他门类的确定地位。由于"背景可比性"所包含的内容繁多,许多内容之间有时还会出现叠加或交叉,更没有相关研究文献可供参考,因此,将"背景可比性"进行科学的、合乎逻辑的和符合比较体育研究方法要求的分类,本身就是一个相当复杂、值得后续研究的问题,但为全面把握和深刻理解"背景可比性"在比较体育研究中的重要意义与价值,本研究仍然依据对"背景可比性"的初步认识,将其进行简单的、尽可能合理的分类,以期能够清晰、准确地说明其在比较体育研究中的地位和作用。

体育作为一种文化现象,其产生于人类的生产、生活、军事、祭祀等活动过程中,又在此过程中,随着人类文化需求的不断提升被丰富和完善,使之获得了合乎人类生活习惯和要求的进步与发展,从这种意义上,可将体育产生、发展、丰富与完善所依托的环境,分为地理环境、经济环境、人文环境和制度环境四大类。受此四类环境因素的影响,不同地区、不同国家体育发展的过程与基本形态,就呈现出不同的文化特征和要求。在进行比较研究时,必须首先对比较对象进行区域适应性评判或存在的归因分析,亦即对比较对象进行"背景可比性"分析。因此,由于地理、经济、人文、制度等四类环境,对体育文化产生、发展、完善与丰富的影响既有个体作用又有综合效能,本研究将体育比较研究中的"背景可比性"归纳为地理环境背景可比性、经济环境可比性、人文环境可比性和制度环境可比性。

(三)体育比较研究及体育教学内容选编中的"背景可比性"分析

1.体育比较研究中的"地理环境背景可比性"

地理环境是人类文明赖以生存和发展的、天然的环境条件,受地理环境的影响,人类文明呈现出不同的区域性特征(如高山文明、大河文明、内陆文明、丛林文明、沙漠文明、海洋文明等,一些历史学研究者将这些文明归纳为大河文明与海洋文明两大类),而孕育于不同文明母体之中的体育文化也就以其不同的文化内涵以及文化价值与目标追求,呈现出不同的行为理念和行为与运作方式。因此,影响体育文化存在与发展的诸因素中,地理环境是基础性的决定因素,在进行体育比较与借鉴时,必须考虑地理环境因素的差异性即"地理环境背景可比性"。

我国三面环陆,虽然东临大洋,但发端于明朝初期、贯穿于清朝鼎盛时期的"禁海""限商"等"闭关锁国"政策,隔阻了东西方文化交流的渠道,使得我国受西方近代工业文明以及以掠夺、竞争、开拓、创新等为特征的西方资产阶级文化影响较晚,自给自足的封建小农经济以及与之相适应的封建宗亲文化也得以长期、稳定、充分地发展,"择地而居、群集生活,谋求家族人丁兴旺、繁荣昌盛,日出而作、日落而息"等社会意识与社会现实呈现出的是典型东方大河文明(古中国、古埃及、古巴比伦、古印度)的内陆文化特征,这就是封建主义生产关系与其时落后的生产力相适应的结果。在这种生产关系之中诞生的"儒、释、道"诸家学说均以"重仁义、讲道德、崇伦理"等核心思想为主体,崇尚"遵循自然道法,求得天人合一",要求全体社会成员以"温、良、恭、俭、让""仁、义、礼、智、信"克己待人。在此地理文化环境中产生的体育文化,虽然肇始的动因有相似之处(如产生于生产劳动、军事斗争、祭祀庆典、休闲活动等),但这种体育文化无论是在思想内涵方面,还是外在表现方面都独具特色,与以海洋文明为母体而产生的西方体育文化有很大的差异。例如,我国质朴的农耕文化非常重视"天人合一"以及人的身心和谐发展,强调礼仪、周正、勤俭为先,重视静心、依时、顺势而为,道法自然,克制对功利、胜负、奢华等的过度追求。以此文化为母体孕育出的我国民族、民俗体育文化具有明显的重"表里如一""内敛含蓄""情理兼顾""动静相合"以及人与人之间、人与环境之间的和谐共处,进而求得身心顺畅、自然发展,轻"竞争冒险""好勇斗狠""狂放张扬",各种项目对场地、器械等要求不高,都能因地制宜、因陋就简,环境适应能力较强。

由此可见,地理环境对体育文化的影响巨大,不同地域的体育文化都有其特殊的地理环境背景与之相适应,只有尊重这种地理环境背景中的各种特征,体育才能获得长足进步和健康发展。也正因为如此,在进行体育比较研究时,应充分尊重地理环境背景可比性,才能真正做到理论为实践服务,研究成果才能真实有效,具有现实可操作性。值得注意的是,自鸦片战争使国门顿开,西方体育文化强势进入我国之后,我国体育越来越多地跟随着西方体育的节奏或脉动行进,自觉与不自觉地接受西方体育文化的熏染,机械地吸收西方体育文化的各种最新营养。世界性盛会——奥林匹克运动会也以其超凡的社会价值和巨大的魅力,促使西方竞技体育文化在与我国民族传统体育文化的冲突与融合中,逐渐占据主流位置,成为我国近现代体育文化结构中的主干。而我国民族传统体育文化,却在渐渐迷失自我,在西方体育文化的影响之下踯躅不定、裹足不前,自身免疫力不断下降。在此过程中,一些人渐渐形成了一种习惯或是一种惰性,即对西方体育不问出处,不做分析与研究,信手拈来,机械移植、盲目照搬。

20世纪末,一些人(当然,其中许多人并非体育业内人士)不顾我国人均耕地面积少,地下水资源贫乏,以及环境污染严重等问题,盲目迎合西方上流社会的奢靡之风,大肆建造高尔夫场地,美其名曰要大力发展高尔夫运动。从而造成大片耕地、林地被占,地下水被盲目开采和大量浪费,环境遭受严重破坏,至今仍然有人以提升国民文明化程度为借口,乐此不疲。虽然,高尔夫运动业已成为2016年奥运会正式比赛项目,但为国家利益计,可以考虑在我国不发展或局部发展,还可以依据具体地理环境对其加以适应性改造,这样会给我国竞技体育造成很大伤害吗?

2.体育比较研究及体育教学内容选编中的"经济环境背景可比性"

虽然经济发展水平并非是一国体育发展的决定因素,但是,体育的生存和发展对经济强大的依赖性是有目共睹的。西方近代工业社会的产生与发展为近现代体育的复兴提供了良好的物质和人力保障。在物质方面,竞技性体育项目的兴起与传播,大型场馆设施的修建,高端体育器材、器械的研发与更新;在人力资源方面,人们闲暇时间的增多,健康意识的增强,生活方式与追求的转变等,这些都需要以经济作为强力支撑。而且,随着现代体育的发展,这一特征愈发明显:一些发达的西方国家经济实力雄厚,国家公共体育服务设施齐全,体育服务体系完整,群众体育、学校体育衔接紧密、发展均衡,人们对体育生活化的认知水平较高。而一些经济欠发达的国家或地区,因受到经济条件的掣肘,体育领域的各个方面都难以与发达国家比肩。因此,在这些国家或地区,无论是各系统体育发展规划,还是各领域体育政策的制定,都必须充分考虑"经济环境背景可比性"而不能盲目攀比。

目前的一些经济数据值得研究者重视,至 20 世纪 90 年代中期,富裕国家(占世界人口的 20%)国民生产总值占世界国民生产总值的 86%,中等国家(占世界人口的 60%)占 13%,贫困国家(占世界人口的 20%)仅占 1%。至 2013 年,世界人均国民生产总值美国为 48387 美元,法国为 44008 美元,日本为 45920 美元,澳大利亚为 65477 美元,德国为 43742 美元,英国为 38592 美元,中国仅为 5414 美元。在这种经济背景的巨大差异之下,体育肯定会呈现出不同的发展状态和水平。例如,在美国各州社区中,几乎都有较为发达的社区体育系统,体育场地、器械、设施齐全,体育指导员制度规范———一些社区体育场地数量与设施水平甚至超过我国奥体中心。日本学校体育要求各个学校必须建立起标准化游泳池,还可根据体育教学需要在场地上堆山、挖沟……这些都需要大量的经费投入,也是我国群众体育和学校体育都无法做到的。因此,"经济环境背景可比性"是研究者不能不考虑的外赋性的动力因素,如果研究者能够考虑到这一因素,一些比较研究可能会得到不同甚至是完全相反的结论。①

以我国体育项目的发展为例。我国拥有丰富多彩的、符合农业社会经济发展状况和特征的民族传统体育项目:房前屋后可随意拉起的秋千,庭院内外可随地摆放的石锁、石墩;随处可练、可教、可学的武术、技巧;就地取材制作的陀螺、铁环、毽子、跳绳;变化多样,集趣味性、健身性于一体的打梭、跳房子、掷沙包、抖空竹;模仿生产、生活场景,寓娱乐性、表演性、健身性于其内里的划旱船、踩高跷、舞龙、舞狮等,这些都是我国民族传统体育的瑰宝,但历经传承,却辉煌不再。然而,当香港少年令人眼花缭乱的"花样跳绳"出现在中央电视台《出彩中国人》舞台上的时候,当民间高手潇洒舞动"空竹"的时候,当武术爱好者抛动"石锁"创造吉尼斯纪录的时候,当大小陀螺一起被抽动和被操控的时候,我们不得不慨叹我国民族传统体育项目的精彩,同时,也不得不为缺乏古茨穆斯、施皮斯这样的体育家,洛克、卢梭这样的教育家而惋惜。因为,一些研究者热衷于攀比和移植西方那些经过深度加工,追功逐利,追求场地奢华、器械高端,强调个性发展,极具外放性、竞争性的内容,很难静下心来,做一下东西方体育项目的深层次比较,发现民族传统体育项目的优势与不足,并进一步改造和创新,使其再度辉煌。于是,在学校、在社区,为引导人们对西方体育的热情,有条件建设、没条件创造条件也要建设的网球场、高尔夫场、攀岩壁、游泳馆等耗资巨大的场馆经常被闲置,甚至一些在西方发展并不成熟的体育项目(如地板球)也被匆忙引入。而与此相对应的是符合我国基本国情、经济发展状况和发展特征的我国民族传统体育却在夹缝中求生存,呈现出畸形发展状态。②

3.体育比较研究及体育教学内容选编中的"人文环境背景可比性"

人文环境是一种动态的社会大环境,其动态变化是由于人类社会生活或活动而引发的。体育的人文环境应该包括人们的体育认知、体育意识、体育观念、体育态度、体育行为、体育价值取向等诸多变量。因为体育本身就是人类生产、生活的产物,它直接服务于人类生产,

① 鲍·里·伍尔夫松.比较教育学——历史与现代问题[M].肖甦,姜晓燕,译.北京:教育科学出版社,2007:48-49,93.
② 崔滨.我们为何勤劳却不快乐[J].健康,2012(2):67.

反映着生活的需求,并在此过程中不断得以丰富、完善和发展。因此,体育的发展受人文环境的影响巨大,它是体育存在状态、变化发展的内生性动力因素。由于体育比较研究对象所处的人文环境各不相同,甚至有巨大差异,在体育比较研究过程中,必须充分考虑到某种体育现象、体育制度、体育存在的方式与方法所处的人文环境差异性,即充分考察"人文环境背景可比性"才能获得我们需要的真相或真正有价值的结论。

毋庸置疑,西方较为发达的近现代体育背后,就有来自西方近代文艺复兴和宗教改革运动所带来的思想解放与观念更新,这些对激发人们体育意识的增强、体育观念的更新、体育态度的进步、体育行为的转化给予了强有力的支撑。在对应邀在北京师范大学从事文化交流活动的多位美国中小学校长进行调研时,他们均表示,美国的学生家长也都普遍注重从小培养孩子的"体商",有80%以上的青少年(10—17岁)每天参加学校组织的体育课或课外体育活动,体育好的孩子更让大家尊重。大部分家长也都以自己的学生或子女能够掌握1~2项体育运动技术为荣,以学生或子女具有较高的竞技体育能力,并在此方面能够取得优异体育成绩而自豪。体育在整个国家的社会文化体系中具有较强的人脉和较高的地位,体育生活化深入人心,而且已经成为大众的自觉行为:家庭体育、社区体育比较完善和发达,体育俱乐部比比皆是,再加上体育活动的场地、器材等资源丰富,较高的学校教育入学率和学校毕业后的就业率,以及发达的社会福利、服务等保障体系,营造了对体育发展较为有利的、较好的人文环境背景。

在此方面,我国目前的现实情况却不同:拥有近14亿人口所具有的优势和存在的现实问题,是世界上任何其他国家都没有面临过的——虽然我国目前已经成为世界第二大经济体,但是,人均可支配收入、人均体育资源、学校教育入学率、就业率等远远落后于西方发达国家,大众所关注的依然是物质生活条件的改善,而且由于区域经济发展的不平衡,一部分地区连基本的温饱问题都得不到解决,更不用说主动从事与体育相关的活动了。群众体育发展水平严重失衡,学校体育、群众体育、竞技体育无法形成良性衔接和循环,大众的体育意识、体育观念、体育态度、体育行为(即体育的人文环境背景的基本状况),远远落后于西方国家。

在此背景下,部分大众的体育经历较少或几乎是零,更有一大部分人一生之中较为系统学习体育、了解体育基本知识、掌握运动技能可能就是在学校期间(或仅仅是在九年义务教育期间)。此时,在进行体育比较研究时,不考虑"人文环境背景的可比性"都会陷入简单"附会"的泥潭,都会给我们体育事业的健康发展带来不利的影响。始于21世纪之初,又一直延续至今的体育基础教育改革,历经10余年时间,有针对性地对体育基础教育的基本理念、目标、过程、内容、评价等诸多方面存在的问题都进行了规范和革新性尝试,其中有一部分改革举措是准确、切中要害和符合实际的,但在另外一些问题上,却有盲目借鉴和移植的嫌疑,也因缺乏现实可操作性,使广大体育教育工作者深感迷茫。例如,改革中,体育教学评价、体育学习评价如何体现尊重学生个体发展,如何有利于体现以人为本的基本理念,一直都是体育教育工作者深感棘手的问题。改革者借鉴英国等一些西方国家学校体育教育的评价方式,要求除了教师评价之外,还要采取学生互评和家长评价等方式,以充分体现个体的进步与发展,展示体育教育评价的公平与公正。然而,在教学评价的实践中,却遭遇了一个又一个的瓶颈,使这种评价如"空中浮云"般难以把握而缺乏现实可操作性。且不说这种评价系统所带来的在时间和空间成本上的大幅提升,仅就其所要追求的公平与公正性,以及体育教学评价自身所要追求的甄别、发展、激励等价值来说都是难以实现的。究其原因,是在借鉴这种评价方式时,没有充分考虑其文化背景的相似性。同时,由于区域性经济发展不平衡,建立在这种区域经济基础之上的上层建筑意识领域也同样存在着区域性差距,不同地区的人们对文明的认识、感悟及表现具有很大的差异性,加之目前教育竞争机制不完备,望子成龙、盼女成凤等思想的影响,以及家长、学生对体育相关知识的欠缺……这些都在影响着国人的平等意识,冲击着家长评价、学生评价的公平性、公正性,影响着评价的合理性和科学性,并最终决定了这一评价系统缺乏可操作性。①

4.体育比较研究及体育教学内容选编中的"制度环境背景可比性"

制度环境是依据社会政治、经济和文化的要求,所制定的法律、法规,以及人们在长期交往中自发形成的、被人们普遍接受或尊重的行为规范。它是人类文化的一部分,为实现某一群体、某一区域、某一国家的整体利益,以促使其顺利发展而出现。同样道理,任何一个国家、地区的体育都有其特殊的制度环境,每一种、每一项制度都在或远或近、或直接或间接地影响着体育事业的发展,因此,制度环境背景是体育发展的外赋性保障因素,"制度环境背景可比性"是体育比较研究中必须着力考察和分析的重要内容。

以部分西方国家为例。在学校教育和体育制度方面,美国大学就有一项规定,"如果在中学时没有加入过什么社团,也没有什么特长,就无法被任何一所大学录取";中学生每天上六节课,从周一到周五,每天早上7:30上课,下午2:15放学,而体育是必修课,每天50分钟,有考试,只有积极参与才能通过考试;专设体育卫生与健康课讲解相关知识(人体健康与卫生,比如吸毒、抽烟、喝酒对人体的危害;营养对人体的重要性、人体需要什么样的营养;运动对人体的好处,以及简单的医疗救护常识等);小学每周2节体育课,每天都有课外运动队、特长班(付费)的活动。

在此方面,法国规定,小学有1/3的时间用于体育教学,每周有8~9小时的体育活动,中学生每周有5个小时的体育活动。瑞典政府规定,青少年只要5人一起参加一小时或以上的体育活动,每人补助17克朗,因此,在7~20岁的学生中,60%以上都是1~2个俱乐部的成员。新加坡中小学生学业负担很重,即便如此,仍然规定,学生每天下午2点后都要参与学校安排的课外活动。

类似的学校教育和学校体育制度就保证了这些国家的青少年学生有足够的课堂或课余时间进行体育运动技能的学习与训练,以提升自身的体育能力和健康水平。而中国高中生每天早上7:30上课,一直到下午4:30以后才能放学,从周一上到周五,平均每天要上7~8节课,不仅如此,大部分人周六和课余时间还要去学校参加所谓的"补习班",体育课和体育课外活动时间被挤占是常态。就制度环境背景而言,西方学校体育有一整套比较完整、规范、科学的制度给予保证。因此,西方国家学生群体的体育经历普遍比较丰富,体育素养(如

① 崔滨.我们为何勤劳却不快乐[J].健康,2012(2):67.

对体育价值、意义、项目选择等的认识)及体育能力(学习与进行体育运动的能力)也相对较高。所以,研究者在进行学校体育比较研究时,必须考虑制度环境因素,以及在此因素影响下各种体育现象及现状的差异性,而不能绕开这些重要的影响因素,对学校体育的诸多内容,如体育课程安排体育教学内容、教学方法、教学模式等机械地进行模仿或移植。①

从20世纪末到21世纪初,为了推进高校体育院系体育课程改革,出现了大量关于高校体育院系课程设置与体育课程体系建设的中外比较研究,其中,就牵涉到体育院系体育课程设置时,学科与术科的合理比例问题,许多研究通过比较得出了令人难以置信的结论:我国高校体育院系体育学科设置及课时安排比例偏低,而术科课程设置及课时安排比例偏高,因此,要增加学科选修课数量,提高学科课时比例。但通过上述对"制度环境背景可比性"的分析,就会发现部分西方国家学科、术科比例是与其独特的制度背景,以及在此背景影响下所形成的社会体育人文环境相适应的。我国在此方面的差距比较大。我国高校体育院系肩负着为中小学或社区体育培养体育教师、体育社会指导员的任务。如果这些专业性要求很强的体育教师和体育社会指导员在校学习期间,不能掌握牢固的运动技术,具备较强的运动技能,那就好比"教钢琴的不会弹奏,教声乐的不会唱歌,教美术的不会画画",仅仅会"纸上谈兵",就很难适应我国中小学学校体育以及社区体育的现实环境,满足广大中小学生、社区体育爱好者、参与者、学习者等群体的体育学习要求。而体育教师要具备较强的体育能力和较高的体育教学水平,必须首先具有牢固的体育技术,在校期间必须不断强化体育运动实践经验的积累,逐步实现体育运动技能的正向迁移,从而提高教学能力和水平,而这一切都需要有大量的术科课程学习给予支撑。另外,终身学习型社会使许多体育学科课程,在学生课后根据需要进行选择性的学习效率更高,而不必占用有限的大学时光,而许多体育运动技术和体育能力却是无法在后天进行学习和提高的。在20世纪70、80年代我国的体育大学毕业生的体育经历就佐证了这一论断,他们大学期间普遍具有较高的技术和较强的运动能力,而文化素质普遍较差,但只要工作需要,他们都能在后天的学习中不断完善自己,提高业务水平和能力。②

三、体育教学内容选编时的借鉴策略

(一)明确比较体育研究要以"可比性"为前提

美国著名的比较教育专家康德尔教授将比较教育研究的目的归纳为三个方面,一是"报道—描述"目的;二是"历史—功能"目的;三是"借鉴—改善"目的。其中"历史—功能"目的,不只局限于简单地对教育事实或者教育历史进行描述,而且还为了说明教育的功能与特征,只有这样才能最终实现比较研究"借鉴—改善"的目的。这就要求比较研究不应把教育

① 腾讯体育图刊."中国特色"体育课[EB/OL].2013-01-04.
② 蔺新茂,孙思哲.我国体育比较研究存在的问题分析[J].北京体育大学学报,2013(12):99-103.

当作孤立的问题来看待,应同整个国家的社会、经济、文化等背景结合起来研究,同比较对象存在相关因素联系起来,而不是仅仅将比较对象进行简单比对,只有这样,才能得到或形成真实、可信,符合研究目的、具有研究价值和意义的结论。

　　比较体育之"比较"的意义本身就是揭示体育的特征,了解不同社会制度、政治、经济环境对体育施以影响后,体育所具有的不同现象、特征与功能。因此,比较应以谋求适合自己国情的体育本土化、现代化发展之路提供理论依据与借鉴为目标,与影响比较对象生存与发展的多种因素相结合,明确不同条件和环境下体育的价值取向,或不同体育现象的因果关系。任海教授也认为,"每一种文化都有自己一整套包括体育在内的概念体系和表达方式,要使比较研究进行得比较深入,必须对所研究的体育现象进行全面的理解,在理解的基础上去展开深入分析,然后做出正确的解释或说明"。所以,"可比性"不仅是比较体育需要深入研究的一个基本学科理论问题,还是进行体育比较研究时,必须面对的一个重要前提。强调比较体育研究的可比性,并非在渲染比较对象的"绝对不可比性",而是强调比较体育研究要重视对比较对象可比性的考察与分析,真正实现比较体育研究的目标。[①]

(二)重视"可比性"基础性的作用

　　比较研究的终极目标是发现而不是浏览,是为了借鉴而不是盲从,是为了创新而不是移植。为了保证研究能够实现发现的真实性、借鉴的合理性、创新的科学性,对研究对象"可比性"的考察和分析不容忽视。"可比性"对研究具有基础性的重要价值与意义。特别是在目前这个比较复杂的国际大环境中,经济全球化促进了国与国之间更为频繁的合作与交流。在此过程中,由于政体与国体的不同,各个国家都面临着政治上的互信与猜忌、经济上的合作与竞争,以及由此带来的文化上的融合与冲突,一些强势文化裹挟着民族偏见、夹带着多种杂质,有些甚至还隐藏着伪善的面孔,在改造着、压抑着弱势文化的成长与发展,其负面的破坏力和正面的影响力一样都显得异常隐蔽,也异常强大。正因为如此,从20世纪90年代开始,描述这种文化影响力的"软实力""巧实力"等概念逐渐被人们重视而成为学界诸多学者研究的重大课题。这一切都在影响、改变甚至重塑着人们的世界观和价值观,进而又影响社会的稳定发展、国家的长治久安。

　　西方一些发达的资本主义国家经常性地发出"中国威胁论"的言论,使得中国面临复杂和严峻的国际大环境,研究者必须以严谨、踏实、科学的作风进行比较和借鉴,并在此基础上,进行研究创新。绝不能眉毛胡子一把抓,正确谬误一起拿。这不是危言耸听的玄虚之词,而是实实在在已经发生的事实:曾几何时,当媒体都在共同抱怨"80后""90后"缺乏责任心、事业心等一大堆问题的时候,说他们是垮掉的一代的时候,有多少人追问过背后的原因呢? 是中国传统文化使然,还是西方文化的影响? 当我们又在推崇东方文化的教养作用,大力倡导孔、孟等传统文化的合理与进步意义时,一些眼睛只盯着西方、视西方文化为圭臬的人们该作何感想呢?

———————————
① 顾明远,薛理银.比较教育导论——教育与国家发展[M].北京:人民教育出版社,2002:41.

（三）坚持实事求是的科学研究态度

随着人类社会的不断进步和发展，人们对自然知识、社会知识的认识也在不断拓展和深化，许多新知识、新技术不断涌现。在此过程中，一些新思想需要人们去接受，一些新理念需要人们去理解，一些新理论需要人们去认识，一些新名词需要人们去解释，与此相伴而生的是许多传统理论、过往认识等需要人们去遴选、去补苴。同样道理，随着全球化程度的不断提高，世界范围内的体育交流活动在持续加强，来自不同民族、不同地域，产生于不同文化背景的体育现象之间的相互影响与作用日益深刻，融合与冲突也越趋剧烈。因为，虽然体育本质是中性的，但当它作为影响人、培育人、塑造人的一种教育手段时，它不能不与所处的社会政治、经济、文化、道德等大环境相联系，不能不受这一大环境的影响和制约。①

东西方不同的体育文化在其形成与发展过程中，都在不断地吸取着本民族文化的精髓，体现着本民族文化的特质，显示着本民族文化的烙印，同时，通过显性或隐性的方式对本民族成员起到教化、教养、教育作用，为本民族政治、经济、文化的发展服务，如西方体育文化鼓励"狂放和张扬"个性，东方体育文化涵养"含蓄和内敛"的气质，也只有这样才能得以在自己民族的环境中发生、发展和强大。源自20世纪初的"中体西用"已经给国人以新的启迪——学习外国的东西，必须结合本国的实际。因此，体育比较研究必须考察其研究对象的可比性，只有这样，才能使我们的研究更具有目的性，也才能保障研究结果具有现实的科学性和可操作性。

（四）坚守民族利益至上的文化自尊

目前，人们已经深刻认识到体育作为一种文化的价值。它作为世界各国普遍存在、交流频繁、传播直接、影响深刻的一种文化现象，无时无刻不在影响着人类的生活、学习与生产实践，被公认为是现代社会不可或缺的一种教育手段和生活方式。从结构特征来看，体育文化一部分来自对本民族文化的总结与发展，一部分来自对外来先进文化的介绍和借鉴。但是，无论哪一种形式的体育文化，在传承与发展过程中，都需要人为地进行一些去粗取精、去伪存真的筛选工作，体育比较研究就是这一工作中的重要环节。因为，在人类文明从蛮荒时代的萌芽状态，逐步积累、完善、丰富和发展过程中，人类明确感受到了文化力量的强劲，特别是在当今世界全球化大背景下，来自不同国家和地区，内含着不同世界观、价值观的文化不断地进行着融合与冲突、渗透与排斥。

因此，我国体育教育在与国际接轨，实现体育教育一体化的比较和借鉴过程中，学界不但应重视对国内外体育教育现象、体育基本知识、原理的普遍性与普适性进行通盘分析，还应加强对国内外体育教育价值取向的独特性和方向性进行深入研究，以实现研究结果国际化与个体化、世界性与民族性的辩证统一，坚持民族利益至上，这也是比较教育研究必须遵守的原则之一。这一原则要求研究者在对中外体育教育现象进行比较研究时，不但要深刻领悟研究对象指称的针对性，以确保研究对象概念内涵与外延的一致性，而且还要认真分析

---

① 程志理.比较体育的目的和任务[J].哈尔滨体育学院学报,1989(4):20-22.

研究对象的适应人群与条件、实施范围与标准，以确保研究对象目标选择与价值取向的相似性。只有这样，才能使比较研究的成果更具科学性和实用性。

如果说，20 世纪 20、30 年代的"新旧体育之辩""土洋体育之争"，是由于历史原因，在体育比较研究与体育教学内容选编过程中，研究者无法关注到中西方不同体育文化背景差异，还能够使人理解或接受的话，目前，随着全球化程度不断加深，各种交流活动日趋频繁，在"文化软实力"已经被学界普遍认可，各种文化冲突不断出现，在强势文化对弱势文化加紧蚕食的今天，一些体育比较研究仍然存在类似的问题，对强势文化的异化作用缺乏清醒认识，就应该引起我们的疑虑和担忧了。例如，一些研究者没有对本民族体育文化给予全面审视和深入研究，也没有对西方体育文化进行认真考察和辩证分析，研究视角与行为仍然仅仅停留在对西方体育的盲目移植和借鉴，甚至是全盘照抄和模仿；还有一些专家、学者对民族传统体育文化缺乏信任和尊重，对西方体育文化盲目推崇、囫囵吞枣和过分谦恭。这些都造成我国体育事业的许多领域至今仍然在曲折与争论中犹豫前行，在彷徨和无奈中艰难发展。

因此，作为体育工作者或研究者，我们必须以高度的责任感和自觉性去对待我国体育事业，去研究我国体育存在的实际问题，充分认识和理解中西体育的差异性，以及造成这些差异性的真实环境背景。不能盲目借鉴、移植或简单附会西方体育，特别是在体育人文社会科学领域，不能在不知不觉间被洗脑还不自知。在进行体育比较研究时，不能单纯地、机械地比附或攀比，应该充分考虑体育现象或体育存在的因果关系，充分考察比较对象的可比性，这样才能得到真实、准确、可靠的研究成果。当每一位体育人、每一位体育研究者都拥有独立、深入思考的能力时，我国的体育就会变得智慧起来，我们的体育事业才能获得长足的进步。也唯有如此，一个独立、智慧的体育强国梦才能成为现实。

第六章

中国学校体育教学内容的文化化建设思考

第一节　学校体育教学内容的文化思考

一、21 世纪中国体育文化的世界化融入趋势

被称为"20 世纪最伟大的历史学家"的英国著名历史学家阿诺德·约瑟夫·汤因比,以其对历史独到的眼光,借助他的 12 册皇皇巨著《历史研究》,试图来揭示人类文明兴衰的谜题,讲述世界各个主要民族的兴起与衰落,启发人类对未来道路的探索。在考察了人类社会从古到今所形成的 26 个文明的兴衰之后,他直言不讳地预言:未来最有资格和最有可能为人类社会开创新文明的是中国,中国文明将一统世界。因为,他认为,中国文化的"文明先进性、文化开放性、吸收性和宽容性",以及中国文明特有的世界主义的"家国天下、世界大同"的"天下视角",使中国文明具有空前巨大的同化力量,这种力量使其在遭受任何一个外来游牧民族,即使其军事力量无比强大,征服者的目的也仅仅是可以在皇权方面取而代之,即取代中原皇帝成为中华的新统治者。

在世界历史发展过程中,文明的勃兴和衰亡乃至于毁灭本来就是一般规律,然而,唯独中华文明一直发展的历史打破了这个规律,这是由中国文化的优越性所塑造和传承的文明向心力形成的,在中国历史上,一旦其他游牧民族进入中华大地稳定下来,新统治集团的第一反应都是要恢复儒学,沿袭官制,成为中华文明新的继承与传播者。后金的皇太极就十分敏感地意识到了这一现象,皇太极在世期间,虽然占领了明朝一些土地,但是,他坚决阻止本族对中原王朝的完全占领,他非常明确地提出了一个很深刻的问题:"辽、金、夏,今日安在焉?"征服中原王朝的后果,往往是本民族的文化被淹没,成为中华文明海洋里的一滴水。南北朝时期,在"五胡乱华"以后,大批匈奴、鲜卑族人士涌入中原大地,但他们最终还是与汉人

通婚,起汉姓,融入了中原文明的浩荡洪流中。因此,历史上的军事征服或占领中华者,其后来的结局都是被中国文化所征服,"往往是少数民族征服了中原,最后反而成为中华的一分子,中国的疆域版图就不断扩大"。

中华文明因其宽容和先进,因其不采取暴力的方式输出自己的价值观,反而引得周边小国愿意臣服于中华。中华文明因为其对不同宗教的宽容,而没有产生任何对异教的迫害,反而容易使迁居中国的外来群体完全融合入中国文化。世界各国中最难同化的就是中国人和犹太人,因为中国人和犹太人无论到哪里,都有自己的社区,都坚守自己的文化、传统、语言文字、节庆和宗教信仰,因此,要同化中国人和犹太人是最困难的。有意思的是,虽然犹太人在世界的任何角落都会建立自己的犹太教堂,参与自己的宗教崇拜,保持唯一的认同感,但在中国文明之中,犹太人的宗教文化却出现了例外。北宋时期,由于在世界各地都遭到宗教迫害,有一批欧洲的犹太人就历尽艰辛,移民到中国大宋首府东京(今日的河南开封),他们初到中原的时候,还完全保留犹太教的信仰,建立了金碧辉煌的犹太会堂。然而,比较奇怪的是,在宋都东京,他们没有再遭受迫害,当地的伊斯兰教徒、犹太教徒和本地的中国人相处得非常好,在这样一个国度里,犹太人及犹太教第一次享受到了"免遭宗教迫害之苦"的待遇。由于犹太人严守教义里的"旧约圣条",他们在宰牲畜时,严格遵守"挑筋的圣训",因此,中国人称犹太教为"挑筋教"。但是,随着历史发展和朝代更迭,17世纪中叶后,开封犹太集团成员的犹太特征逐渐开始淡化,今天这批犹太人自身的宗教特征已经完全消失了,他们成为与周围中国人没有区别的"犹太中国人",在人类文明发展的历史上,这是犹太人和犹太教被其他文明同化的唯一一例。在这一事例上,充分说明了中华文明同化力量的强大,即"没有暴力使人归心"的文化同化力量,这是中华民族文化海水一般的包容力量所致。①

当21世纪来临之时,整个世界前进的脚步逐渐加快,中国经济的发展对世界经济发展的带动与促进作用,中国经济发展取得的成就对世界经济发展的贡献,在世界经济一体化、全球化的发展过程中,充分凸显出来。中国特色的社会主义市场经济也已经融入了世界经济发展的快速轨道之中,从中国加入世界贸易组织时的艰辛,到目前中国企业走向世界各地,从中国品牌在国际竞争中不断拔得头筹,到"一带一路"对世界经济的引领作用,中国正以自己优异的表现迎接"中国梦"的实现,中国也正以坚定的脚步迈向世界舞台的中心,"西方中心论"的思想与观念早就被打破,世界文化多元化共存、多向性发展已经形成共识。此时,需要我们重视和冷静思考的是,随着中国国际地位的不断提升,我们这个拥有五千年传统文明发展史的中国文化必将面临世界多极文化的考验,在面对西方强势文化、"西方中心论"的傲慢时,也必将接受严峻的考验和别有用心者的围堵——中国传统文化如何面对"全球现代化"文化发展所带来的文化全球化挑战?中国传统文化在世界多极文化发展过程中,如何占得先机和自己的一席之地?中国文化在与世界化交流时,如何保持充分发挥自身的优势,真正实现作为优秀文化的一种自尊、自信和自觉?中国文化在对自身的不断完善与发展过程中,如何践行和实现"四个自信",满足社会主义"核心价值观"的要求?这些问题都值得我们去认真思考和深入分析。

2017年1月,由中共中央办公厅、国务院办公厅下发的《关于实施中华优秀传统文化传

---

① 刘涛.汤因比学说与独一无二的中国文明[EB/OL].观察者,2013.

承发展工程的意见》要求,到 2025 年,基本形成"中华民族优秀传统文化传承与发展的体系","协同推进中华民族优秀传统文化的研究与阐发、保护与传承、教育与普及、创新与发展、传播与交流等,不断丰富具有中国风格、中国气派、中国特色的文化产品,中华民族文化的自觉与自信要有显著的增强,打稳扎好中国国家文化软实力的根基,保障明显扩大和提升中华民族优秀传统文化的国际影响力"。——这是继党的十八大以后,又一次刮起的"建设社会主义文化强国"的东风,体现了我国文化面向国际化时,需要快速发展的紧迫性和重要性。

在世界文化交流过程中,体育文化是最为频繁、最为便捷,也最为活跃的一类文化,在世界体育文化交流过程中,中国传统体育文化如何讲好自己的故事,为中华文化的传播与发展贡献自己的力量,是值得思考和研究的问题。讲好体育文化的故事,就要从优质体育文化挖掘、传承与发展起始,而这一过程,需要体育教育、体育教学等作为中坚力量或搭建牢固的平台。因为从某种程度上来说,体育文化的传承与发展,依赖目前正接受其教育和影响的学生,因为他们是未来世界的建设者。而体育教学内容是对学生施加传统文化教育最为直接的文化载体。从这种意义上讲,对学校体育教学内容进行文化审视与思考,则是我们实现我国优秀传统文化得以传承和发展必须要走的第一步。

(一)现代新儒学思想对当代体育文化的指导意义

20 世纪 20 年代,现代新儒学思想产生,其时,正值"西学东渐"之风在我国盛行,现代新儒学思想以继承、发展我国古代儒学"思想与道统"为己任,服膺于接续宋、明时期的程朱理学思想,致力于客观而又准确、合理而合情(国情)地理解与解释传统"儒学",并以此为基础和依据,吸取并融合西方近现代哲学、自然科学、人文科学的成果,以寻求、探索中国传统文化发展对中国社会现代化发展的积极意义。"现代新儒学思想"是中国现代思想史上的一个重要学术思想流派。牟宗三先生曾经将现代新儒学思想总结为三个发展时期,即先秦至东汉末年为第一时期;宋代程朱理学思想的出现和明代对其的完善为第二时期;中国近代儒学思想吸收、融合西方民主与科学思想促进自身发展为第三时期。现代新儒学思想的代表人物共分为四代,第一代为梁漱溟、张君劢、马一浮、熊十力等人;第二代为冯友兰(新的"理学思想"代表)、牟宗三、贺麟(新的"心学思想"代表)、钱穆、唐君毅、方东美、徐复观等人;第三代为余英时、刘述先等人。现代新儒学思想在与西方民主与科学思想的交流与融合过程中,形成了两个非常重要的思想。

1."现代化不等于完全西化"启示

现代新儒学思想认为,在西方民主与科学进程中,西方文明的成果——西方的哲学、社会学、科学技术等,虽然对我们具有一定的意义和价值,但是,西方文化绝不能像"西方中心论"者认为的那样,要成为代表"世界统一"文化的潮流,世界的现代化发展也绝不等于世界的全盘西化。五四新文化运动时期,伴随着欧美发达资本主义国家在经济、科学技术、军事力量等方面的强大优势,"西方中心主义"优质文化的文化观、历史观一度对中国文化界影响颇深,占有了"思想认识市场"的一席之地,当时中国文化界、知识界的诸多精英们都产生过"西方文化代表了世界文化的潮流,因此,世界现代化即是世界西方化"的认识误区。现代新儒家们敏感地捕捉到了这一认识上存在的问题,提出"文化无所谓优劣好坏,只是践行与发展路径不同,教化或育人目标不同"的判断。著名的哲学家、教育家和国学大师梁漱溟先生在面对汹涌而来的西化浪潮时,就充分肯定了中国民族文化的普世价值和普遍性意义。其在《东西文化及其哲学》一书中,谈及西方文化的特征及未来发展时,就明确指出,西方文化并不比中国文化更为先进、更具有现代化发展的优势,而是由于西方文化代表了人类文化目前行进的"路向"。但是,种种研究表明,中国文化表现出了一定的优质性,代表着人类文化发展的未来。而西方文化已经走到了它的尽头,必将被中国文化所取代。梁漱溟先生的这一论断从某种意义上说与汤因比的判断不谋而合。

当我们认同"现代化不等于完全西化"时,我们就必须认同世界体育的发展除了奥运会竞技体育之外,一定还有其他的路径、其他的方式,来展示体育的社会价值,来显示制度的优越,来实现民族的文明与富强,"建设体育强国"也充分说明了这一判断。所以,充分吸收中国优秀传统文化的丰富营养,建设有中国传统文化特色的体育文化是未来我国体育文化发展的方向之一,而充分挖掘、改造和创新中国体育文化,使其更好地为世界体育文化作出重大贡献,为人类体育文化的发展更好地服务,就应该是我国体育学界、文化界的奋斗目标。

2.现代化的中国传统文化可以与世界化接轨

现代新儒学思想在认同世界现代化与国际化潮流的基础上,同时认为,中国的现代化必须以自身文化为本,必须有中国自身文化的发展为依托,以本民族的传统文化为力量源泉,中国文化要在对自己传统文化的研究与探索中寻找其适合现代化的活水之源。在现代新儒学思想的代表者看来,中国传统文化中最宝贵、最优秀的文化就是儒家的道德学说,这是古代儒学和理学思想中具有普世性和永恒价值的文化精髓,由儒家传统的道德学说中可以挖掘、延伸并创新出符合或有利于现代化的民主政治和科学技术发展要求的世界性的现代文化。

因此,从现代新儒学思想对中国传统文化的理解和自信上,我们能够感受到西方现代文化与中国传统文化的结合点以及中国文化实现世界大同的可能性。

被学界称为"东亚模式"的日、韩等国家现代化发展的道路(亦即"儒家资本主义"),就实现了本族传统文化的现代化转换。虽然当代的日本人,已经明显不是"德川时代"那样的"孔教徒"了,但是,他们的灵魂深处依然渗透着"孔学儒教"的道德伦理思想。在日韩等"儒教文化圈"国家,儒教比任何其他宗教或哲学观念的影响都要大。日本人虽然彻底接受了现代科学及进步与发展的现代理念,民主思想、伦理道德以及社会准则等西方现代文化,但同时,强烈的儒教文化理念却依然具有强大的隐性教育价值或潜在影响作用,诸如,相信中央政府、维护核心领导的权威、凝聚核心力量、重视和谐的人与人之间的关系、强调忠诚、爱国、虚心接受教育、工作勤奋努力等。"当代,虽然几乎没有一个日本人承认自己是笃信儒学的'孔教徒'了,但从某一侧面或从某种意义上说,他们几乎都是'孔教徒'。"①

韩国釜山大学金日坤教授对此也有研究,他对同属于儒家文化圈中的日韩等国现代化进程进行了考察,并就儒家文化对经济发展的促进作用提出了自己独到的见解,韩国的现代

---

① 埃德温·赖肖尔.日本人[M].孟胜德,刘文涛,译.上海:上海译文出版社,1980:233.

化,也是将传统文化与现代化良好结合的有力说明。"韩国人如果热衷于某一项工作或事情,会迸发出惊人的激情",这是与韩国人顽强、勤奋、耐劳、守恒、不屈的韧性和强大的适应力等民族精神分不开的:这种精神不仅能够极大地促进经济发展,而且"集权化"的"儒教秩序思想"以及"忠孝一致"的"儒教家庭主义"将韩国大众"振兴民族"的强烈愿望与维系"家族共同体"的普遍意识黏合在一起的,这种"黏合"有利于保持社会组织基本结构的完整性和稳定性,也有利于社会各种组织(包括企业集团)消除劳资双方的对立和对各种组织的管理。同时,儒教传统中"健康的劳动观"和儒学"修身立世"的思想使劳动者勤于学习、乐于接受教育,这就有利于公民文化素质、专业技能的不断提高。①

因此,我们应当看到,受儒教思想影响的这些"儒学文化圈"内的国家和地区能将儒家文化中优良的传统与现代文化相适应与融合,也为我们弘扬和传播与继承中国传统文化提供了借鉴。

(二)中国传统文化在体育教学中的作用

中国传统文化于今天我国市场经济建设所显示出的强大作用和生命力,首先表现在其对受其影响的民众和其他种族文化的强大吸附力、熏染力和同化力,如中国历史上,有多个朝代(最近的就有元朝与清朝)都不是把传统的汉儒思想和中华文化作为熏染自己民族个性的文化思想,然而,当他们的民族思想、文化与中国汉儒思想文化接触时,虽然都有最初的冲突或人为(有意识或无意识的)的抗拒,但是最终都被汉儒思想文化同化,成为其中的一部分,这也许就是中国文化博大精深的原因吧。因此,从中国传统文化对中国经济和儒学文化圈经济的作用,以及在社会发展过程中,对其他民族文化的内化与同化作用来看,中国新儒学文化的论断对我们今天的社会文化发展是有一定借鉴意义和指导价值的。而对于既具有文化、教育、经济等综合功能,又对社会科学技术进步有较高要求的我国体育文化建设来说,中国传统文化对属于体育文化一部分的学校体育文化也极具价值和现实意义,这一认识,对于我们充分理解和尊重中国传统体育文化,保持我国学校体育教学内容结构的完整性,保证我国学校体育文化育人的科学性和全面性,促使我国广大学校体育工作者及所有学生树立文化自尊心、自信心,进而使他们能够在任何时候都能保持一份对传统文化的自觉意义重大,值得深入研究。

1.传统体育文化也是延续民族文化发展的血脉

任何民族的发展都首先表现为一种民族文化的发展,这种民族文化的发展都应该具有一定的历史传承性,否则,其民族就不能称为"本民族"。包括西方国家在内的世界任何国家、任何地区、任何民族要求发展、求得民族进步与独立或借全球化的东风实现现代化,都必须依靠本民族文化来滋养自身,其文化建设都必须建立在本民族传统文化基础之上。同样道理,肩负着中国传统文化继承、发展与创新使命的中国教育事业、体育教育事业的存在和发展也必须植根于中国民族传统文化沃土之中,而建立与建设健康的学校体育文化,保持学

① 金日坤.儒教文化圈的伦理秩序与经济——儒教文化与现代化[M].邢东田,黄汉卿,译.北京:中国人民大学出版社,1991:121-123.

校体育教学内容文化优秀的民族传统与优良的民族基因,是实现中国传统文化与世界文化交流与融合,促使中国传统文化自立于世界文化之林的重要一环。中国"建设有中国特色的民主与政治""建设有中国特色的民族文化"等,都是实现"中国梦"、实现中华民族伟大复兴的根本,这也是对中国民族传统文化自信与自尊的一种表现。所谓"具有中国特色",一定是基于对中华民族传统文化的充分信任,从中华民族传统文化中去发现、去挖掘、去追寻能够刺激和促进中华民族自身发展的合理文化因素,并在这些合理的文化因素中,去探寻活水源头、去创造新的具有时代感和充满旺盛生命力的民族文化。①目前,我国的一些民族、民间传统体育文化正在渐渐消失,学校体育教学内容中的民族传统体育教学内容也越来越单一或正逐渐被边缘化,这是值得我们警惕的问题,如果民族传统体育文化消失,我们的学校体育教学、我们的学生将会失去本民族优秀文化的滋养。

2.传统体育教学内容所内敛的体育文化对学生具有较强的涵养作用

"忠勇精神""静以养生""正气和谐""谦虚谨慎""天人合一""持中守正""礼、义、仁、智、信、温、良、恭、俭、让"等优秀的传统道德文化,是我国传统体育文化中所倡导的,更是建设我国优质体育文化的精髓和核心②,我国古代,即便是军事性的体育教学内容,也被赋予了传统礼仪以及防守持中的非竞争性特征。要建设有中国特色的社会主义特色体育文化,我们的体育教学内容就应该既要重视对西方体育文化的吸收和改造,又要重视对本民族体育文化的加工和完善;既要重视西方近代体育的竞技性所具有的社会经济、政治价值,又要重视其符合中国传统文化人文价值的文化性改造和创新,如在实用主义哲学的影响下,以实现个人价值为主体的、具有极端功利性的西方文化熏染出来的西方体育中,所谓的集体主义、团队协作是有限的、以充分实现"个体利益"为主体的集体主义;而中国传统文化中的集体主义是纯粹的以集体发展优先,个人利益服从组织利益、个人利益服从集体利益的集体主义。同时,建设中国特色的社会主义体育文化还要重视对民族传统体育文化所追求的人文价值观,如"和谐""团结""礼仪"等,对践行社会主义核心价值观,构建和谐社会,建设社会主义精神文明,提升物质文明水平的重要意义,对继承和弘扬优秀中华民族传统道德的重要价值,对振奋中华民族奋发向上的精神,增强中华民族伟大复兴的自信心,提升中华民族凝聚力的重要意义;对丰富社会主义礼仪道德的多重内涵,使大众对社会主义的认知逐渐深化,集体主义、爱国主义思想更加深入人心,成为践行民族、社会传统文化的主导思想,更好地协调人与人之间的关系,促进社会主义市场经济健康发展。

3.传统体育文化与西方体育文化具有互补性

极具功利主义、实用主义色彩的西方体育,从其诞生之日起,就具有诸如倡导竞争、追求创新,倡导规范与纪律,追求更快、更高、更强,尊重个人进步与发展的人文特征,但在具有这些特征的同时,也附带有诸如好勇斗狠、功利自我、巧取豪夺、赌博色情、利益至上、奢华繁杂等与中国传统文化相悖的不良文化因子,这些不良文化元素在其文化传播过程中,依然会对

---

① 李庆云.中国特色社会主义的"特色"与世界社会主义的发展[J].当代世界与社会主义,2015(3):126-129.
② 王柏利.武术教学中文化教育性的缺失与重塑[J].沈阳体育学院学报,2009(6):117-120.

服务的主体产生负面作用和影响,类似于兴奋剂在我国的出现,赌球、体育赌博市场在我国某些地区的沉渣泛起,追求奢靡体育、贵族运动等部分所谓精英分子制造出的所谓精英文化的喧嚣与聒噪,唯心叛逆、以自我为中心、空虚奢靡等现象在我国不断出现,虽然不能说这些都是西方体育文化影响的结果,但就西方体育文化的基本异化特征来看,也能反映出我们对西方体育文化的传播缺乏文化警惕、缺乏文化过滤。而我国传统文化中的部分优质体育文化诸如,"义利并举""义利双行""天人合一""道法自然""德法互补""友谊第一""俭朴向善""养生健康""勤奋耐劳"等,却在某种程度上,对西方体育文化中的一些不良文化起到了修补、过滤、排斥作用。

美国哈佛大学神学院教授大卫·查普曼对中国神话的解读,也能从另一方面反映出东西体育文化的互补性:"火"在古希腊文化中,是被普罗米修斯偷来的,而在中国文化里,是通过坚韧不拔中钻木摩擦出来的(钻木取火),当这两种面对"无"而想"获得"时的态度比较时,东西文化的区别是很明显的。在西方文化中,西方人在面对滔滔洪水时,选择躲进诺亚方舟,但在中国文化中,中国人的祖先却选择去战胜洪水(大禹治水)。西方的神话里要求遵从"神"的意志和听从"神"安排,但中国文化中却有"愚公移山""后羿射日""精卫填海"等顽强抗争的中华民族传统文化的精神内核。① 因此,东方文化在这些方面的育人价值与作用显然优于西方文化。

中华民族传统文化中有着兼容并蓄、勇于吸收融会外来文化、实现自身文化自我内化与发展的优良传统,如印度佛教的传入并被发展成为中国文化的主要内容之一。然而,从1840年第一次鸦片战争开始的中国近现代体育发展史,实际上是一部被迫吸收、消化西方体育文化的历史,是逐渐将西方近现代体育文化民族化、民俗化的过程。这种西方强势文化采取了挤压式的强行输入方式,严重影响了国人体育文化的民族自尊心和自信心,而且由于近现代在"以西方为中心"土壤里成长起来的各种文化均占据着世界文化发展的高地,如奥林匹克运动的社会价值、政治价值、经济价值让世界各国体育事业、体育文化都不得不围绕其展开建设,在最初西方体育文化大规模东来之时,我国体育文化还是保持着一份冷静和自尊,在寻求民族传统文化自身生存与发展的前提下,虚心学习、吸收和内化着西方体育文化精髓,致力于使两者实现融合,使西方体育文化成为我国民族体育文化的重要组成部分。

特别是中华人民共和国成立后,当体育文化真正实现了大众化之后,其科学性、本土适应性得到了迅速的发展和提升,在此基础上,我国体育事业也有了突飞猛进的进步,有了自己的优势体育项目,形成了自己的特色与传统。如乒乓球、羽毛球、健美操等都成为具有中国特色的民族性优势项目,而体操、跳水等也都成为具有明显优势的奥运会夺金项目。这种转变的显著特征就是,这些西方竞技性体育项目,在被传入我国后,虽然其基本运动形式、方法、规则等都没有任何变化,但是,当它们被中国传统体育文化内化后,它们从外在形式到内部气质都被赋予了东方智慧,都被融入了中华民族文化特有的精神气质与文化品质,体现出中华民族体育文化的特征和风格。也正是因为这种发展与改造的成功,又为世界体育文化注入了新鲜的血液,作出了中华民族文化对世界体育文化应有的贡献。如今,来自西方的"乒乓球"被称为我国的"国球",徐寅生《关于如何打乒乓球》仍然闪烁着体育哲学的熠熠光

---

① 大卫·查普曼.哈佛教授:中国人自己都不知道的一个民族特征,却让他们屹立至今[EB/OL].2017-06-10.

辉。中国羽毛球雄霸世界羽坛,女子排球实现"五连冠"之后一直居于世界排坛前列,2016年,中国女子排球队在里约奥运会上异军突起,再次勇夺冠军;2019年,在日本举行的"女排世界杯"赛上,以11连胜的佳绩再次获得冠军。"女排精神"也充分体现了中国女性吃苦耐劳、不计名利、勇于拼搏、大胆创新的优秀品质,成为鼓舞国人努力奋斗的精神支柱。跳水、体操"梦之队"的骄傲,水上、冰上运动成绩的不断突破和赶超,都为实现"体育强国""扬体育精神、筑伟大中国梦"作了最好的注解。同时,这一切的实现都与中华优秀文化的滋养分不开,也都与为挖掘、整理我国固有的民族传统体育,并对民族传统体育进行现代化的改造紧密相关,也充分说明了东西方体育文化的互补性。

因此,进一步研究和探索东西方体育文化的精髓,实现体育文化的良性互补,充分实现东西方体育文化的无缝衔接和融合,是中国文化界、体育学界的责任。目前,围棋、武术、养生以及一些传统民族体育健身方式也正在被世界其他民族认可,正在被纳入世界体育文化发展体系之中。事实证明,坚持"国际体育民族化"、努力推进和逐步实现"民族体育国际化"的我国体育文化发展方式,在我国一定能获得成功。①

4.中国体育文化应该走向世界

翻开近代世界历史,可以清晰地感受到,从近代至今,以"军事侵略、资本扩张、经济掠夺"为前提的西方经济发展模式一直在强有力地支撑着西方经济、政治、文化的发展,除了第一次、第二次世界大战,西方国家对东方国家的侵略和掠夺,对落后国家输出的战争与暴力,都包含着西方国家强势文化中的伪善性、欺骗性与两面性。由于建立在"西方中心论"之上的西方文化,其逻辑起点就是把西方文化等同于世界文化,在强大的军事支撑基础上其文化也显现出无比强势的特征——其文化代理者(部分发达国家)在全球范围内竭力推行自己的"中心主义"价值观、世界观,在面对其他文化干扰时又竭力否定他人文化价值存在。甚至,在由于长期饱受欺凌,文化处于生态弱势情状,远离"世界现代文明"之外已久的中国,终于靠长期坚韧不拔的努力、韬光养晦的儒学思想、勤奋努力的顽强意志又重新肩负起完成民族复兴的任务,踏上实现经济腾飞的现代化道路,中国文化也在世界文化家族中崭露头角,呈现出勃勃生机和顽强的生命力,打破"西方中心主义"神话之时,代表西方强势文化的利益集团感受到自身利益遭受了"威胁",于是,他们马上撕下伪善的面目,采用欺骗、打压甚至是暴力的方式,来威胁在他们眼中"来自中国的威胁"。诸如"中国威胁论""文明冲突论"式的强词夺理,经济与文化交流中用于文化打压与经济封锁中的"双重标准",国际间的挑拨与教唆、挟持与分化,乃至坚船利炮的直接威胁和逼迫等遏制中国发展的论述和行动层出不穷。"中国经济的发展和文化的复兴将会威胁到世界的和平与发展","让14亿中国人过上小康生活是他们不能接受的",西方国家以排斥和压制的方式对待西方之外的文化,特别是以中国儒学文化为代表的东方文化圈,企图将中国文化继续排斥在世界文化之外,以继续巩固其经济、政治上的优势地位。②

因此,中国文化要突破西方的文化封锁,打破西方文化的垄断地位,就必须坚定不移地

---

① 熊晓正.21世纪中国体育文化发展的哲学思考[J].体育文史,2000(6):9-10.
② 吴光远.传统文化与世界化的接轨[J].哲学动态,1997(5):27-29.

走向世界,在世界文化舞台上充分展示自己,显示自身文化的优势与未来发展的光明前途。特别是在与西方文化交流时,要有打破"西方文化优势论"的信心和勇气。因为,体育文化是中国文化的一部分,是中国传统文化的搭载平台之一;体育文化又是世界范围内交流最为频繁,交流方式最为便捷,交流过程最为公平的文化形式之一,因此必须以中国传统体育文化的复兴与发展,文化影响力的提升为发展目标,积极推动中国传统体育文化中的优质文化进行国际交流,以促进中国文化的繁荣和发展。由于学生是走向世界,进行世界性文化学习、文化推广、文化交流的主体,学生对中国传统文化的理解力、贯彻力、执行力最强,因此,学生是实现文化复兴、传播能动性最强的要素。所以,学校是文化传承与发展的主要阵地,而学校体育是进行体育文化传承与发展的主要手段,而学校体育教学内容则是进行体育文化传播与发展的主要媒介。

我们必须认识到,无论是西方竞技性体育文化内容,还是中国娱乐、游戏性体育文化内容,它们都应该是构成世界人类体育文化大家庭的一部分。而世界体育文化应当是由许多具有地区、民族体育追求和特色的体育文化所构成的多元文化,任何单一体育文化要以一己之力去统合世界异域体育文化都是危险的,也是不可能的。同时,历史上东西方文化交流中的"东学西渐"和"西学东渐"都雄辩地说明,东西方文化、东西方体育文化是可以相互借鉴和吸收的。① 目前,体育的科学化发展虽然暂时性地体现着西方体育文化的特征,践行着西方体育文化的世界观和价值观,但在这一过程中,消化、吸收、改造、再消化、再吸收、再改造这一"多周期迭代"却时时刻刻都在运行着,正是这一过程,西方体育文化之中才会融入中国文化的元素,中国体育才能兼收并蓄,在某些局部异军突起,将西方体育内化与发展,使之成为自身体文化的一部分,乒乓球、羽毛球、跳水、体操等西方体育就是这样发展而来,转化为中国优势体育文化的一部分的。

中国近代以来,充分借鉴和吸收了西方科学的体育文化中的优秀内核,也成功地将自己融入了世界体育大家庭之中,并扮演了重要的角色。同样,中国五千年文化发展的辉煌历史进程中,不乏先进的体育文化对世界体育文化发展具有重要的意义和价值。中国近代就有武术走进奥运会,且饱受世界的盛赞和推崇,对世界体育文化发展起到过积极的推进作用。然而,现当代以来,在频繁学习、盲目引入先进的西方体育文化的同时,一些人却失去了对中国体育文化的兴趣和对西方体育文化的警惕性,任由一些先进东西方体育文化(学校体操与学校民族传统体育)被冷落,或被当作落后的东西而被破坏和遗弃。这些都是不理智的,体育人必须清醒地认识到,以儒教为核心的中国传统体育文化,必须得到充分发展和继承,我国体育文化也必须从学校体育、从学校体育教学内容做起,坚决谋求自身发展,同时又要保持谦谦谦君子之风,兼容并蓄世界优秀体育文化,以完善和丰富自己,使自身跨入世界先进体育文化的行列,并在世界舞台上充分展示自己、挥洒自己。只有这样,中国才能真正走向世界,中国文化才能被世人所认识和接受,中国文化才能为中国的发展作出自己应有的贡献。

---

① 黄莉,孙义良.从中西文化的深层结构审视中国体育文化[J].体育科学,2008(2):3-15.

二、中国学校体育教学内容发展的文化需求

(一)国家文化的影响力——文化软实力分析

1894年9月17日,日本联合舰队攻击我中国清朝政府的北洋水师舰队,两国舰队在东部黄海海面进行了历经5个多小时的生死较量,最后以北洋舰队全军覆没而宣告海战结束。作为近代世界海战史上最为惨烈的战斗之一的"中日甲午海战",距今已经有120多年了,虽然中日海军交战双方的武器装备及舰船配置相差不大,甚至清政府北洋水师的舰船还略优于日本海军的舰船,但是,交战的过程中,双方官兵表现差异巨大,这也是胜负的关键之所在。至今让中国人深感耻辱和痛心,多少人都从不同的角度对此次战事进行了深度剖析和反思。然而,每一场战争的胜负都不完全取决于发生战斗的那一刻,而是比拼交战双方是否拥有一个完整的战争支撑系统,这一系统中,就有诸如指导战争的思想观念、外交运作、群众动员、民心向背、政策导向等文化运作系统是否有优势,"每一次重大的军事变革,首先都必须由思想观念的彻底解放开始"。

中日甲午海战中,中国清政府的北洋水师败于日本,不仅是没有炮弹、没有钱的问题,还是战争的主导力量——人的问题,而之所以会出现人的问题,首先就是育人的文化问题。有专家总结说北洋水师的惨败是官兵的"畏战"——方伯谦率领的"济远"号逃跑了,然后吴敬荣率领的"广甲"号逃跑了,丁汝昌严令出港决一死战的十几艘鱼雷快艇战队刚刚冲出港口就跑掉了,最后,还是难以逃脱被日舰击沉、被大海吞没或做俘虏的命运。直到刘公岛决战的最后时刻,清朝军队兵无斗志,士无战心,连几千名岛民也纷纷要求逃跑,毫无军民同仇敌忾、寸土必争、共守国土的勇气和精神,更不用说"犯我者,虽远必诛"的勇气和胆识了。宋代岳飞曾经说过:"文臣不贪财,武将不惜死,则天下太平矣!"这就是一种精神、一种观念、一种文化气息。然而,为何清末军队兵士都"畏战怯死"呢? 笔者认为是一种腐败透顶的官场文化使然——在日本的鱼雷快艇击沉了"定远""来远""威远"三艘北洋水师战舰时,当200多名水师官兵殉难殉职之时,"威远"舰管带林颖启竟嫖妓去了。如果军人热衷于过度的享受、奢靡的生活、浮华的追求,一定会消弭其崇高的家国情怀和作为军人应有的人生观与价值观,进而影响他们勇敢顽强的战斗意志与无惧无畏的斗争精神。这就是甲午海战中士兵畏战、军人怕死的深层次文化原因之一。甲午战争结束以后,西方列强甚至是普通公民就更看不起中国,看不起中国人了。他们看不起中国与中国人的逻辑就是:我们把先进的武器卖给了你们,你们都具备了攻击广岛、长崎、京都的能力了,但是,你们却畏战等死,甚至,在接到"先突围,突围不了就把军舰炸掉,不要给敌人"的军令之后,军官们都害怕如果炸了军舰,日本军队会对自己采取其他行动而于己不利,没有一人敢执行这一命令。这该是支什么样的军队呢? "东亚病夫"便由此而得名。所以许多专家在总结甲午战争时,都认为军事战争不是仅凭有没有钱,有没有军舰枪炮,而是军心、士气与民心,有没有拥有一股真正具有拼死抗战、斗争到底的精神力量。这种精神力量来自何处? 就来自一种民族文化所熏染出来的民族气质,20世纪50年代初的"抗美援朝"战争,当装备简陋、刚走出战争阴影的中国人民

解放军在面对装备精良的 16 国联军时,敢于战而胜之,就是对这一观点最好的注释。

从 20 世纪 90 年代开始至今,中国青少年学生体质健康水平持续下降,"熊孩子""弱孩子""病孩子""歪孩子"大批涌现。有人说,学生体质健康水平下降跟学校体育、学校体育教学不良现状有关,有人说学生体质健康水平下降跟愈演愈烈的我国应试教育有关,有人说我国学生体质健康水平下降与社会物质文明进步后学生的不良生活习惯相关,有人说我国学生体质健康水平下降与目前的环境污染、食品安全与卫生条件相关,当我们审视以上种种论断时,发现这些论断都是有一定道理的,但也都是不全面的,因为,"精致的利己主义者"是怎么产生的? 一场疫情汹涌而来,个别国家资助的留学生为何还要对自己的祖国、对自己祖国里的同胞大放厥词、出言不逊? 香港 2016 年的"占中"、2019 年"反修例"风波中,为何一些青少年学生能做出突破道德底线、人伦底线的行为? 2017 年,留美学生杨某平为何能在马里兰大学学生毕业典礼上发出抹黑祖国、毫无底线的无耻言论? 当我们综合思考上述论断时,我们能够逐渐发现,可能与我们忽视文化建设有极大关系,因为,上述所有因素都在国家的文化安全体系建设之中,而且,在文化安全体系中,一定还有诸多因素没有被研究者重视或注意到。

我们不禁想起了抗日战争时期的"延安文艺座谈会"之前,毛泽东主席在谈及此次会议的重要性时,对周恩来副主席说的一句话,"目前,我们有两位司令,一位是正在前线领导中国军民进行艰苦抗战的朱德总司令,一位是在文化战线上扛起反帝、反封建主义大旗的鲁司令(鲁迅)"。这一判断精辟深刻,充分揭示了文化建设对一场战争,对一个国家安全的重要意义。从两条战线上的战争来看,实际上,中国和美国、英国,甚至是和日本的战争已经打响,"文化战争"就是这一战争的最初形式。历史已经无数次地证明,没有一个崛起的大国不具有生动鲜明的文化气质和生动的民族个性。一个国家是否能够在世界竞争中获得话语权,就要看这个国家是否是一个文化大国,而文化大国的基本标志就是,它是否具有创新和引领人类世界文明发展方向的能力,是否具有创新和塑造先进价值观的精神财富,并能够始终保持强大的文化魅力和文化影响力。这就需要有强烈的文化自信心以及文化自省意识,能够不断从民族传统文化的发展中追寻到有利于促进时代文化发展的优质文化,并不断根据时代发展的要求去补充完善,使其成为对本民族所有成员都有强大影响力和教养作用的强有力的文化支撑。相反,一个国家、一个民族价值观扭曲、信仰缺失、浮躁涣散、奢靡享乐,缺乏吃苦精神、朴素作风,这个国家、这个民族就会丧失前进的动力和创新的思想。

而对我国学校体育教学内容的文化解读来说,我国学校体育教学内容就是熏染和涵养一代代中国特色社会主义的建设者和接班人的一种特色文化之一,在对学校体育教学内容进行系统化构建时,切不可失去自觉、失去警惕,更不能失去自信、失去自尊,造成我国学校体育教学内容的全盘西化或单一化;而是应该努力吸收先进体育文化的精神内核,并注意改造和抛弃西方体育文化中的一些与我国民族传统优质文化与思想相悖的精神内涵,同时,还要加强民族传统体育文化的挖掘与整理、创新,使之成为学校体育教学内容的中坚力量,自始至终都要保持民族传统体育文化对我国学生有一种文化呵护与涵养作用。

(二)我国体育教学内容选编的文化思考

1.体育教学内容选编要体现文化自信

世界古代体育文化主要沿着两条较为清晰的特色文化主线发展:一条是由处于古代世界文明中心的古代中国与古代印度所创造的、以大陆性体育文化为主体内容的东方体育文化发展线路;另一条则是以古希腊、古罗马所创造出的、以海洋文明为主体的西方体育文化发展线路。中国古代体育发展的脉络清晰、内容丰富,就发展史料的考古学分析来看,在中国古代农业文明中诞生,以古代中国体育文化为代表的东方体育文化,早在五千年前就已经先于古希腊、古罗马文明而产生,在各个历史时期,又被不断完善与发展,逐渐成为具有东方独立个性特征的东方文明的一部分。在东方体育文化稳步发展和兴盛过程中,古代西方的体育(古希腊、古罗马体育)才刚刚萌芽,大量历史文化资料和学者的研究成果显示,我国古代文化(包括体育文化)在成为世界科学文化中心的过程中,与欧洲诸国曾经有过规模宏大的"东学西渐"交流及文化传播过程。然而,"西方中心论者"却始终不肯承认,中国曾经作为世界科学文化的中心,影响着世界文化的发展。

然而,无论一些西方学者如何辩解,其都难以回避一个事实,"早在公元8世纪,古代中国文明中就有了印刷术,11世纪活版印刷出现,但直到15世纪,古代中国的这一技术发明才被传入欧洲。而早在公元2世纪的中国,就发明了造纸术,公元7世纪被传入日本,公元8世纪随着东方文化向西传播的脚步被传入中亚,公元10世纪传至北非,直到公元12世纪才被传入西班牙,公元13世纪才被传到北部欧洲的一些国家。发明于公元9世纪的古代中国另一项文明成果——火药,几百年以后才经阿拉伯国家,于14世纪被传到欧洲"[1]。中国的四大发明传入欧洲,对欧洲的文艺复兴乃至资产阶级的产生与发展、资本主义社会的改造都起到了极大的促进作用。正如马克思所说:"造纸、火药、指南针、印刷术的传入,预告着欧洲资本主义社会和资产阶级的到来。火药将骑士贵族阶层炸得粉碎;指南针打开了世界经济文化市场,使得西方资产阶级军事掠夺和经济扩张,建立自己的殖民地变得更为便捷;造纸术和印刷术则变成新教文化传播的有力工具。"以中国古代文化科技成果催生出的西方特别是欧洲近代科学,推动了意大利的政治、经济、文化的发展,使其工商业、航海业得到了迅速的发展,在公元15世纪成了世界科学技术和经济的中心。

自然辩证法的科学技术观认为:近代科学文化转移在地域上虽然存在发展不均衡问题,但都符合兴盛于衰落的转移规律。[2] 根据这一规律和特征,早在公元2世纪至公元8世纪,中国就已处于世界科学、文化、经济发展的鼎盛时期,并处于领先地位,因此,此时的古代中国就是第一个世界科学技术与文化活动中心。通过对"世界科学技术与文化活动中心"的研究与分析发现,社会生产方式的不断更替,以及不断改善和提升,造成了科学发展有规律的周期性涨落现象,随着社会生产力水平的不断提高,新的生产方式不断更新并取代旧的生产方式,在这一过程中,世界科学技术与文化活动呈现出"多中心"现象。随着欧洲,特别是意

---

① 塞缪尔·亨廷顿.文明的冲突与世界秩序的重建[M].周琪,等,译.北京:新华出版社,2010:36.
② 赵兴太.自然辩证法原理[M].郑州:河南人民出版社,1999:45-46.

大利文艺复兴运动的发展和资产阶级的兴盛,资本主义的生产方式不断得到发展,世界科学技术及文化活动中心于1540年至1610年转移至意大利,整个时间跨度达70年之久,此时的中国处于明朝的中后期,虽然国力依然强大,还出现了"郑和下西洋"的壮举,但是,欧洲资本主义经济的发展更快,科学技术与文化的创新能力和水平也更高;1660年至1730年,随着英国资本主义的扩张和快速发展,世界科学技术与文化活动中心转移到了英国;1770年至1830年,世界科学技术与文化活动中心又转移到了法国;1810年至1890年,世界科学技术与文化活动中心久居德国近百年;自1920年开始,世界科学技术与文化活动的中心一直停留在美国。至今,当中国迅速崛起的时候,汤因比终于在对中国文化的研究与分析之后,作出了21世纪是中国世纪的判断。

从上述分析当中,我们可以看出,世界科学技术与文化活动中心的转移具有一定的周期性,而且,这种周期性的变化随着近代自然科学和社会科学的发展,政治、经济、文化相互之间关系的日趋紧密,有逐渐延长的趋势。在中心转移的每一个周期间隙里,都有一个相对稳定的科学技术获得快速集聚和飞速发展,以及政治、经济、文化逐渐引领世界发展潮流的时期。在这一转换间隙中,哪一个国家能够敏锐地捕捉到发展机遇,就有可能使科学技术与文化活动的中心转移到自己的国家,而处于中心的国家在世界面前就有了文化引领作用,就能赢得更多、更有力的话语权。体育文化的发展变化规律和科学技术与文化活动中心转移规律的发展及变化过程惊人地相似,即在我国唐、宋时期,已经成为世界科学技术、经济与文化发展的中心,正是由于这一中心的作用,以中国为代表的东方体育文化才能够向西流动,通过蒙古人西征或随古代丝绸之路的文化流动传入了欧洲。蒙古人的西征以及古丝绸之路,甚至后来历经28年的"郑和下西洋"航行,都将以前闭塞的欧亚路途及"海禁"中封闭的海上通道完全打开,开启了一个东西文化大规模交流的时代,此时,东方文化对西方文化的影响巨大,在这种"东学西渐"大潮的冲击下,古代东方体育文化对西方体育文化,乃至世界体育文化的发展都作出了重大的贡献。①

在中国古代体育中,孕育和脱胎于中国传统内陆农业文明中,以生产实践和军事战斗技能为主的富于实用性的田径、体操、骑射、射箭、水上与冰雪运动、御术与马术等体育内容,以技击内含礼仪,以养生内含保健为特色的武术、气功、养生等体育活动内容,以及以游戏、娱乐、技巧性动作技能提升为主要活动目的和活动形式的蹴鞠、马球和捶丸等球类活动内容,都能够从近代西方体育中觅寻到它们的踪迹,偶尔闪现出它们的身影。以捶丸为例,近现代西方体育的各项体育活动中,比较流行的高尔夫球运动,吸引了世界上成千上万的运动爱好者,然而,追根溯源,这项风行世界的现代时尚运动与中国古代流传和盛行了千余年的"捶丸"运动有着一定的血缘或亲缘关系:按照我国元朝专门记述捶丸运动的《丸经》一书记述,捶丸运动的竞赛规则早在1282年的我国元代,甚至更早就已经出现,而起源于欧洲英国的高尔夫球运动,其由苏格兰的"圣·安德鲁斯高尔夫球友会"于公元1754年制定的规则,比中国的捶丸运动规则时间晚了472年。依据《丸经》的记载,捶丸和高尔夫球运动的打法技术基本相同(用球杆击球),如《说文解字》中就有记载:"捶以杖击也。""杖"者,"持也从木";"丸"者"圆倾侧而转者"。亦即我国古代的"捶丸"运动就是"手持木头制作的棍棒,用

---

① 蔺新茂,等.科学中心转移规律与我国竞技体操发展前瞻[J].沈阳体育学院学报,2004(2):256-257.

以敲打一种特制的圆形并容易滚动的东西"。从场地上讲,场地选择也相似,捶丸运动的场地也基本设在野外,场地中设置球窝、球基、标志旗、障碍物等。《丸经因地章》记载:"地形有平者、有凸者、有凹者、有峻者、有仰者、有阻者、有妨者、有迎者、有里者、有外者。"说明捶丸运动和现代高尔夫运动一样,都要求有平坦的地形、有粗糙不平的地域,有凹凸沙土高冈与洼地,也有水沟、山丘等障碍隔断。而捶丸运动与高尔夫运动的规则也极为相似,《丸经》记载的捶丸运动规则就有:"人打球儿,先掘一窝儿,后将球儿打入窝内。……初击者择基而安,其次随处而作,离窝远者先击,若头棒者,左边先击……一人上窝,余皆不用","倘五人为一班,于一班中多胜一人者是赢,相等曰平"。

2.体育教学内容的选编要体现科学性

目前,源远流长的中华武术、养生功法等作为中国民族传统体育文化中的优质文化代表,在其历经几千年却能够长盛不衰的发展演进过程中,始终被充填和增益着中华民族优秀儿女勤劳、善良、勇敢、进取、抗争、不屈等的智慧,从而形成了独具特色的民族传统、风格与特点,其中,也内涵着丰富而又深邃,古老、苍劲而又科学、现代的哲学思想、人文精神、道德观念,中华武术、养生功法等作为中国民族传统文化的文化瑰宝和精华,不仅深受我国大众的喜爱,也逐渐走出国门,受到国际友人的欢迎和眷顾。如今,随着我国对外文化交流的日趋频繁和交流区域的日益扩大,其也担当着交流、宣传、展示与传播的文化任务,对世界近现代体育运动的发展、体育理念的更新发挥着巨大的作用,也正在作出其卓越贡献。与中国武术在近代奥运会及奥运会主办国内的展示不同,在祖国日益强大的今天,文化自信心也在不断增强,近几十年来,国家不断向世界五大洲的诸多国家派出以武术与养生功法为主要代表的中国民族传统体育方面的精兵强将,进行世界性的展演、推广和交流活动,中国民族传统体育,特别是武术、养生功法、舞龙、舞狮等项目所具有的健身、技击、礼仪、养生、艺术、观赏等独特功能与价值越来越被国外中国民族传统体育文化爱好者所接受,也深深地吸引着国外这些爱好者积极参与其中,这不仅大大宣传了我国民族文化的内涵和精神,使世界更了解中国,增进了国际间的相互理解与支持,也借此促进了不同民族、国家与地区文化之间的融合与协调。

然而,我们不能不冷静地思考,中华武术、养生功法等,在其世界性交流与传播的过程中,应该怎样充分展示自身的民族文化个性和魅力,使之能够获得更长远的发展和更长足的进步。不得不承认,要实现这一目标,还需要做大量的工作,还需要进行艰苦的文化发现与挖掘加工工作,甚至还需要一些武术文化大家们作出巨大的牺牲。因为,如果把古代体育文化分成东西方两大流派的话,以中国体育为主体的东方古代体育文化和以古代希腊体育为根基的西方体育文化虽然有过交集,但是,由于人文、地理、经济、政治、社会等的不同,其在各自的发展过程中都被赋予了各自的文化个性,具有了各自的文化特征。这种个性和特征一定会造成两类文化或者说两种文明,在交流过程中的冲突或不适。20世纪60年代初,与亚洲大部分国家同属"儒学文化圈",又给近代亚洲各国带来深重灾难的、在第二次世界大战中战败的日本,自诩从属于西方国家阵营,拥有西方式的民主、政治制度体系,出于其明确的政治、经济、文化话语权的目的,1964年,在东京举办了奥林匹克运动会,试图重塑其国家形象,重返国际政治、经济、文化的大舞台,而在此次奥运会上,日本国术"柔道"也终于如愿以偿地成为奥运会正式比赛项目,融入了西方近现代竞技体育的滚滚洪流之中。1992年,"柔道"再次入围奥运会正式比赛项目,共计14块金牌。无独有偶,20世纪80年代末,韩国又以刺激其经济发展、展示其发达国家形象为出发点积极申请和筹办奥运会。1988年,在汉城成功举办了奥林匹克运动会,而在此次奥运会中,"跆拳道"被列为"奥运会示范项目",1992年又被列为巴塞罗那奥运会的"试验比赛项目",直到2000年的悉尼奥运会,"跆拳道"最终被列为"奥运会"的"正式比赛项目"。

这两届由东方体育文化所在国主办的展示西方体育文化魅力的奥运会,都在一定程度上充分彰显了东方文化以及东方体育文化的斑斓色彩,然而,被展示出来的毕竟不是广义的东方儒家文化的全部或主干。但在这两届奥运会的比赛项目上,先后增加了"柔道""跆拳道"两个项目,并把这两项内敛深刻的东方体育文化的运动项目推到了世界舞台的展演中心,这对宣传和扩大东方体育文化的价值和影响力无疑有重大的意义,同时,也给东方丰富的体育文化内容留有缺憾。当时间的车轮在碾过21世纪大门后的第8个年头时,2008年奥运会终于使东西方两大文明聚首于北京,其深远的文化意义不言自明。为准备这次盛大的世界体育盛会,中国做了积极的准备,渴望将中国的,也是真正能够代表东方体育文化的"国术"——武术,纳入奥运会的正式比赛项目之中,为传播和体现中华民族传统文化的巨大魅力添砖加瓦。然而,事与愿违,"武术"最终却被"国际奥委会"拒于2008年及此后的奥运会正式比赛项目的大门之外。按理说,已经得到世界体育首肯的"跆拳道""柔道"等东方体育运动项目已经在国际体育舞台上展现出了东方体育文化的巨大魅力而深受世人的关注和青睐,中国武术正可乘势而上,一举得到世界的认可和推崇,但为什么却适得其反呢?为什么与中国武术有直接渊源关系,又同属于"儒家文化圈"的"柔道""跆拳道"与"中华武术"在面对世界体育的"审视和点验"时,会有如此截然不同的境遇呢?

以日本"柔道"的基本发展作为背景资料,对这一问题进行审视和简要分析发现,日本的"柔道之父"嘉纳治五郎不仅是日本现代"柔道运动"的创造者、推广者,也是日本乃至世界知名的教育家,其无视众家"柔道"门派的门户之见,博采众长,对"柔术"进行了深入的整理与革新,使柔术技术的实践及理论都得到了完善和极大发展,其依据东方文化的要求和习俗,制订了一套较为科学、系统的"柔术"习练方式与方法,剔除了一些具有危险性追求的动作,剥离了一些不合日本社会时代要求的文化追求,确立了新的"柔术"习练技术与人文教育体系,从而使日本传统柔术活动焕然一新,成为既具有锻炼、竞赛价值,又具有培养高尚情操和顽强意志品质的教育价值的现代日本"柔道运动"。日本大众出于对自己民族文化的热爱,极力推崇和参与柔道运动,使这项运动在日本具有了深厚的群众基础——每年,日本相关部门都会围绕着"全国柔道比赛大会"举办各种类型的、名目繁多的、分别由各类人群参与的"柔道"比赛,特别是日本非常重视柔道运动在学校的推广,使之不仅成为具有娱乐性质的体育竞赛活动,更是成为学校体育教学的主要内容之一。而在其举办的各种比赛中,更多的也是学生比赛,例如,散布于日本各地区的"中学生柔道比赛",高等学校学生的全国比赛、全日大学生优胜赛,以及各种形式的学生柔道对抗赛等。这就使日本大众从青少年时代起就有机会可以系统地接受柔道运动训练,为提高和不断发展柔道技艺创造了良好的环境。因此,日本享有"柔道之国"之称,在历届奥运会和每次世界柔道大赛中,几乎都可以获得超过半数的金牌。

　　反观中国武术的发展,与日本"柔道"的发展过程及现状相比,中国武术似乎有很多缺失,这些缺失不仅仅在"武术"本身,也在"武术者"和"武术推广政策"方面。卢元镇教授就曾经对此有过深刻的反思和尖锐的批判,"虽然身体运动的'物理形式'是有限的,但中国武术却不同于'柔道''跆拳道''泰拳'这些单一运动形式的体育项目,而是一个具有门户品质各异、流派渊源区隔,门户和流派都有各自主张和相应的文化、哲学或宗教背景支撑的多元化的文化渊薮"。而且,各流派与门户之间关系复杂,经常性互相抵牾、互有嗔怪……①虽然中国近代武术大家霍元甲等人呼吁消除武术门派观念,但至今难见其效。同时,对中国武术的改造上,"企图奉行西方竞技体育的审美观、价值观,以西方体育文化的主旨为圭臬,削足适履、东施效颦,从而偏离了中国传统文化的主线,丧失了自己"。在武术文化的国内推广上,也由于诸多的问题,步履维艰,目前学校体育教学内容中的民族传统武术项目也难觅其踪、难见其盛。这些不正说明了我们对民族传统体育的文化挖掘、整理、改造与创新工作的缺失吗?

　　我国近现代"武术"发展过程中出现的问题、目前面临的困难,以及日本、韩国民族传统体育的发展能带给我们很多的启示,从某种意义上来说,东西方文化自中国近代以来,虽然实现了一定程度上内容与形式的"融合",但是,这种融合是局部的和肤浅的,或者说,这些局部的和肤浅的"融合"也是一种值得警惕的假象,仿佛是西方体育文化在东方体育文化中硬性钉入的"楔子"一般,对东方体育文化带来的"伤害"要大于"贡献"。这绝非是危言耸听,而是基于体育历史发展的历史事实和对西方体育文化的实质性分析得出的结论。由于东西方体育文化孕育和生成的社会政治、经济、教育、文化、地理环境等的差异,世界各国、各地区域政治、经济发展的不平衡等诸多因素的影响,各种文化都有自身的特点和教化大众的方向性。在西方体育文化滚滚而来时,面对这种强势文化的压顶之势,我国体育文化始终处于一种弱势状态,这种情形的表现形式就是没有任何文化免疫力,一味地被影响、受侵扰,虽然在某一定阶段和时期的存在看似合理,但从长期来说,一些不良的影响会逐渐显现出来,而且还不为受影响者所自知,这就是文化育人作用的明显特征,即长期性和潜在性。因此,要提高我国体育文化的免疫力,增强我国体育文化的世界影响力,对体育内容、体育教学内容的使用、传承和开发依然任重道远,一定要做到内容具有适应自身发展的科学性。

　　综上所述,中国古代体育、古代学校体育的兴衰史,西方近代体育的勃兴与发展、现代体育主导地位的确立,以及在信息时代、知识经济时代浪潮冲击下,西方新兴体育的不断创新与发展,都清楚地告诉我们,每一种、每一类体育项目或内容,作为体育文化丛林中的一抹绿色,其成长和发展都受到整个"丛林生态",即体育文化适应性发展的影响,而每一种体育文化的成长又受到其所属的、上位的整个社会环境文化系统发展的影响,但是,就像在一片丛林中,生长强势的植物总是在挤压弱势植物的生存空间一样,强势文化不断地挤压着、抑制着弱势文化的发展空间,影响着和遏制着弱势文化发展的方向和趋势。此时,弱势体育文化要获得长足的进步和发展,首先,需要创设一个良好的生存空间和氛围,这一空间和氛围包括普遍性的文化自尊、自信,高超的文化辨别能力和文化认知水平,优越、高效的文化发展运行系统(客观、良好的文化认知与态度,科学促进文化发展的政策,深厚的大众参与基础)。

---

① 卢元镇.中国武术竞技化的迷途与困境[J]. 搏击·武术科学,2010(3):1-2.

在此要特别强调的是,体育文化作为社会文化的一部分,在我国的地位是比较低的,也是一些专家学者不愿意谈及或不愿意关心的一种"低等文化",这种意识得不到根本解决,我们国家的文化视野就不可能提升或拓展,体育文化的发展也永远是滞后的。因为,体育文化要想获得显著的发展,必须首先保证拥有一大批能够大力倡导、认真研究、努力践行体育活动和拥有文化发展战略思想与眼光的政治家、思想家、教育家,以及专注于、致力于从事体育文化研究、开发、推广的脚踏实地的体育文化研究与实践的体育家。这正是目前在我们国家奇缺的体育文化氛围。

3.体育教学内容选编的文化自悟

有人说体育仅仅是一种运动形式,何谈文化呢?其实不然,体育由于出身不同,其文化内涵一定会有差异,这就是世界体育文化分为东西方体育文化的原因所在。

(1)不同的地理环境会产生相异的体育文化形态

地理环境是人类文明赖以生存和发展的、天然的环境条件,受地理环境的影响,人类文明呈现出不同的区域性特征(如高山文明、大河文明、内陆文明、丛林文明、沙漠文明、海洋文明等,一些历史学研究者将这些文明归纳为大河文明与海洋文明两大类),而孕育于不同文明母体之中的体育文化也就以其不同的文化内涵,以及文化价值与目标追求,呈现出不同的行为理念和行为与运作方式。① 因此,地理环境是形成一个民族的文化特色和气质的物理或物质性决定因素。古代希腊的地理环境只能诞生古希腊文明和与这种文明相匹配的特色体育文化:古希腊属于面积狭小的岛国,其海洋资源丰富,但土地贫瘠,人口稀少,可耕种的土地面积极为狭小。在这种地理环境中成长起来的古希腊民族,具有其独特的海洋文化性格。近海居民依靠海洋文化谋生,如捕鱼、制盐、航海经商;而生活在山地的居民则以游牧业为生;内陆居民以农耕为主,以农业为生。古希腊的商业贸易发达、人际交往频繁、自由民广泛存在、自由民之间契约式政治关系明确,大众具有自由信仰、自由行为,这些最终导致其科学、艺术与体育的繁荣。而中国的三面为高地或沙漠,一面大海,又有明清时期的"禁海"政策,造就了一个相对封闭的内陆性文化系统。适宜的环境气候条件、平坦而又肥沃的大片土地,为中国成为理想的农业文明国家提供了强有力的物质条件。在这里,大众对土地的依赖程度很高,特别是在中国古代,生产力发展水平低下,这种依赖程度就更为深刻和显著。由于形成农业生产过程的生产单位是"家族"或"宗亲",因此,中国社会发展到后期便形成了一种以血缘关系为单位来维系的族群聚集区——"氏族"。"血缘宗亲"社会中,各个族群的各种民俗律法被不断修改和完善,古代中国的"周礼",儒学、道家的"礼""义""仁""俭",乃至后来的"三纲五常"等都是这种宗亲社会封建礼法、律法被丰富、完善与发展的重要标志。这为封建社会宗法制度下,等级制度的产生与滋养提供了良好的环境条件。这种封建等级制的产生、固化、延续和发展,会导致一些不合礼法、不合封建等级特权制度的文化因子,可能会给"宗法社会"的稳定性造成破坏、会对专制统治阶层和等级制度造成冲击而无法存续

---

① 蔺新茂.体育比较研究中的可比性问题分析——基于对"背景可比性"的拓展与认识[J].上海体育学院学报,2017(3):1-8.

与发展。

　　所以，在人与人之间具有明确的君臣、父子、官民、长幼等等级制度森严的古代中国人际关系之下，在大众由于农耕文明对土地高度依赖和绝对依附，而必须进行群集生活和集体劳作的环境之中，不可避免地会形成和重视维护渗透、协调、和谐与中庸，而反对斗争、冲突与对抗的民族意识形态和民族文化，这就是中国作为内陆国家，农业文明所产生的文化特征。在这种地理环境和由这种地理环境造就的所有文化中，讲求公平、公正、合理、平等，追求更快、更高、更远的具有西方典型"竞技性"特色内涵的体育文化难以孕育。所以，中国体育的特色和基本内涵就是重和谐与谦让、轻对抗与冲突，重集体利益与集体发展、轻自我与个体独立，而缺乏的还有诸如"冒险、探索、创新"等意识与能力的培养，以及功利性较强的赤裸裸的你争我夺的比拼、你优我劣的展示。因此，在中国特殊的地理环境因素以及由此地理环境造就的复杂文化制度环境中，难以孕育出以明确的争斗、征服、制胜为特征的类似西方的竞技运动，而只能产生出"天人合一""重视养生""强调礼仪""克制功利""禁止奢华"等内涵的体育文化。

（2）不同政治背景下产生不同的体育文化逻辑

　　在被称为"自由民"的古希腊人中，普遍存在着追求信仰自由和行为自由的人生信念，极其重视"平等与公正""个人价值"等。在整个社会运行体系中，大众政治制度上的民主与平等，社会生活上的相对独立与自由，此种政治背景为古希腊能够孕育出古代奥运会奠定了坚实的基础。同时，此种政治背景的延续与发展，也为近代西方竞技体育的再度崛起与复兴创造了良好的历史条件。在古希腊原始氏族社会土崩瓦解和奴隶制社会逐渐形成之时，在这个仅有 13 万平方千米的蕞尔小岛上，却由于极强的民主政治环境和独特的地理环境，而建立起了 200 多个城邦国家，这些国家都是各自独立的自治体，都有各自独立的司法权，政权就掌握在封建主、奴隶主或贵族的手里。在此中间，有些"民不盈万"的城邦国家始终处于小国寡民状态，需要所有的男性公民都拥有健壮的身体和熟练的搏斗技能，成为克敌制胜的战士。于是，体育运动所固有的健身功能便受到希腊奴隶主统治者的重视。同时，古希腊人有他们独特的信念和理想：这一独特的信念就是"人之可贵绝不在于作为一个万能统治的工具，而在于人的本身潜力"；这一独特的理想就是"身体的健壮、健硕重于一切"，身体健美就是他们的一种生活追求，一种艺术性的追求。因此，古希腊人崇尚人体的健美，欣赏和追求发达的肌肉、匀称的体型，以及优异的身体素质和依靠优异的身体素质所迸发出来的巨大力量。在这种环境中，古希腊体育得以发展，古代奥运会也得以孕育和产生。因此，从古希腊体育诞生之时开始，其民主、自由的政治背景造就了古代希腊体育追求个性自由发展、重视身体的强健、追求身体潜在能力充分发展和发挥等的体育文化逻辑。

　　古代奥运会诞生与发展时期，正是古代中国从奴隶制社会开始解体、逐步向封建社会过渡的春秋时期。这一时期，由于当时中国社会正经历一系列剧烈震荡和变革，使整个社会教育，包括学校教育都非常重视体育。如，学校教育中的"六艺"——"礼、乐、射、御、书、数"中的前 4 项教育内容都是重要的体育活动内容或与体育活动相关的内容。但是，"六艺"中之所以以"礼"为先，其最大的原因还是统治阶级为了维护封建的礼法制度，以稳固其等级制度与秩序。即便是有"射与御"的体育教学内容，也都是讲求"礼仪""品行""气质"等的修养性教育活动,而非为争胜、争先等西方近现代竞技体育性质的教育。因此,古代中国不乏具有军事色彩、斗争方式的体育活动,这些体育活动内容理应促使古代中国产生高度发达的、多元性的体育运动。但是,这一较为可能的倾向性和极为重要的生成条件却被强大的封建"专制制度"和"宗法制度"等政治制度文化阻隔或抑制了。后来中国形成的"学而优则仕""劳心者治人,劳力者治于人"等"重文轻武"思想就是这一政治制度进一步发展的结果。因此,由于政治制度的差异,古代中国很难有促进追求个性发展,追求个人突出表现,以及重视或强调身体强健和为追求形体的健硕而进行体育的体育文化逻辑产生。

三、中国体育教学内容发展的文化责任

(一)中国学校体育教学内容应有文化追求

1.世界体育文化的发展呼唤多元文化并存

目前,全球化浪潮正鼓动社会的经济、政治、文化等各个方面冲破传统的民族、地区与国家的界限,在全球范围内辐射和全方位拓展。它随着电子计算机技术的应用与普及,以信息技术为主要的引领方式,以高新科学技术发展为先导,将人类的生产与生活引入了知识经济时代。经济全球化过程中,各种交流的日趋频繁,不可避免地导致了文化全球化、多样化发展,这也是自然形成的客观现实和发展趋势,其不以人的意志为转移的客观规律,只有更好地认识、尊重和利用这一规律,才能在全球化的背景下使自己得到长足的发展和进步。历史已经证明而且也会反复证明,一个国家的民族文化要获得进步与发展,不可能关起门来自我欣赏和陶醉,而是必须勇敢地走出去,与世界多元的、多种类型的文化进行碰撞和比较,接受世界文明的点验和审阅,依据世界发展的潮流与趋势不断吸取来自不同文化的精华,不断地完善和丰富自己,有预见性地制订适合自己的、能够适应全球化发展的战略定位和目标,找准与经济全球化发展相互砥砺的最佳结合点,以求在 21 世纪的世界文化丛林中营造最适合自身成长与发展的环境,进而成为能够代表未来世界先进文化或指引世界文化发展方向的促进力量和有机组成部分。

然而,改革开放以来,有一种不良倾向,即新的"崇洋媚外"习气沉渣泛起,而且有愈演愈烈之势。一部分人失去了对自己民族文化发展的自信心和自尊心,在经济与文化全球化浪潮的冲击下,在"西方中心论"思想的影响下,在作为"世界科技文化中心"的美国挟大量高新科学技术,以其深厚的经济实力为基础、强大军事实力为后盾,不断向世界各国"秀肌肉",不断向世界各地输出军事战争,强行推行自己西方民主政治和价值观的世界大环境中、世界格局中,一些人视美国强势文化为圭臬,不假思索、不加筛选、毫不犹豫地大量引入,不管会对民族传统文化带来何种冲击,不论会对国人产生何种不良影响,一味地模仿与追逐,比中国近代"西学东渐"中的"拿来主义"有过之而无不及,这种做法显然是不合时宜的、错误的。

事实上,在一些政治、经济、文化都趋于成熟、发展均衡的发达国家,对美国的强势文化都保持着高度的警惕,这种警惕性甚至要远远超出一些落后的发展中国家。因为,文化强势

的背后一定伴随着重大的经济利益,亦即经济利益驱使强势文化的推进。所以,越是发达的西方国家,越倾向于致力维护自身传统文化发展的安全和顺利,乃至有些国家把维护自身文化的充分发展作为21世纪自身文化建设的主要任务之一。应该看到,在全球化背景下,任何人为设置的民族文化壁垒都可能或正在崩塌,任何企图避免民族文化受到世界文化点阅与冲击的、人为的"防火墙"终将消失,没有任何文化是放之四海而皆适用的,没有任何文化是可以停止其发展脚步、超越现实的"超前文化",此中就包括美国在内的西方强势文化,更何况建设中国特色社会主义,实现民族伟大复兴所需要的文化,绝不是我国传统文化与西方强势文化的杂糅,而是对两种文化"扬弃"后的文化精华"聚合体",这一"文化聚合体"的特点就是其内部结构中,东西方两种优质文化不是并行发展的,而是要充分融合的。因此,在此背景下,任何对文化不负责任的盲目引入和生硬移植都是不利于我国文化发展的。

目前,虽然竞技体育仍然是世界体育发展的潮流,奥林匹克运动会仍然是世界体育的最大盛会,随着体育文化全球化发展,西方体育依旧保持着一种强势文化的特征。但是,体育文化将会是一个以时代发展特征为主流,以多种文化的共存与融合为基础,以多元价值追求为目标的一个形式多样、功能齐全、价值取向明晰的文化"聚合体",绝不会出现单一的体育文化发展模式。① 一位德国学者致力于对世界各国民族传统体育发展现状的研究,他在对世界各国家、各地区的"民族传统体育游戏"进行了调查、分析之后,得出的研究结论显示,"世界各个区域内,民族传统体育活动数量、范围缩小的速度呈现出逐渐被抑制的减缓趋势,基本趋于稳定;以竞技体育为主要形式的竞赛性体育活动,虽然仍然是阻滞和制约各民族传统体育发展的障碍,但是,一些国家和地区的地方性、区域性、民俗性传统体育以及新生的民间体育活动,已经开始重新吸引大家的关注和重视,对竞技体育发出了挑战"。我国学者甚至提出,要组织和举办具有东方文化特色的"东方体育运动会",以传播和发展东方体育文化。这说明虽然有经济全球化浪潮的冲击,各民族、各国家都仍然保持着自身的需求特征,甚至开始了对体育文化价值取向的复归,在适应全球化体育文化发展的基础上,力图使自身民族文化满足适应本民族的时代需求,是世界各国进行文化建设的重中之重。因此,21世纪的世界体育文化必将是普遍性与特殊性、统一性与多元性的协调与统一。

2.中国体育教学内容应具备的文化品性

(1)学校体育教学内容是体育文化的时代性与民族性的统一

体育文化作为人类社会文化发展、进步的主要显性内容,其反映着人类社会发展的历史性与现实性特征,承载着人类社会文化发展的阶段性需求,是人类社会发展到某一历史时期的阶段性成果和产物。体育文化在一定的社会文化发展历史时期产生,在人类社会与自然因素等多重因素的共同作用和影响下得以延续,为适应不同国家、不同地区、不同民族的文化发展需求发展而来。体育文化发展历史进程就是时间与空间、历史与现实的统一,是在纵向层面上,体育文化的传承与发展的历时性运动;横向层面上,体育文化完善与丰富的共时性运动的统一。由此,展现出一个现实性体育文化的宏观面貌。体育文化纵向发展的历时

---

① 石龙,王桂荣.西方体育人文价值的演变[J].中国体育科技,2008(5):20-30.

性,体现出某一种特定体育文化的社会属性和民族特质,这种属性和特质是需要传承才能存续与健康发展,这就形成了体育文化的民族性特点,形成了不同民族气质、不同发展水平和历史的文化存在状态。所谓"体育文化形态"应该是体育文化在发生、发展的历史演进中,受不同社会历史形态、不同社会发展水平影响而显现出的体育文化的阶段性特征;体育文化横向发展的共时性,反映出不同国家、不同民族和不同地区的体育文化的个体特征和现实存在状态,展示出具有个体特征的文化形态,在彼此展示与交流过程中的文化亲和力与文化适应力。所谓"体育文化的亲和力和适应力"就是体育文化交流与发展过程中,对其他体育文化实现兼收并蓄的态度和能力。而无论是对体育文化传承与发展的历时性研究,还是体育文化互相影响而得以丰富与完善共时性的审视,都会发现,学校体育对体育文化的传承与发展都起着至关重要的作用,学校体育教学内容始终是体育文化传承与发展历时性与共时性的载体,因为,学生是实现体育文化传承与发展的主体,教育是实现体育文化传承与发展的手段。

西方人文主义思想在我国大行其道,之所以如此,是因为我们对其缺乏足够的重视和研究。当中国教育、中国体育以及中国学校体育中人文主义思想的地位被无限拔高,"实用主义""实利主义""过度的功利主义"就会随之出现。"精致的利己主义"就会由此产生。人文主义思想在欧洲的产生与发展也有上千年的历史了,从古希腊浓郁的人文主义色彩,到古罗马西塞罗时代人文主义的产生,从欧洲"文艺复兴"时期"人文主义"思想的活跃,到18世纪德国的人文主义教育和近代美国的人本主义教育,都体现着西方社会对人文主义价值的推崇和追求。牟宗三先生认为,人文主义是源于古罗马对自己民族文化的反思和纠偏,由于古罗马民族原是一个比较野蛮的民族,为了教化民众,以西塞罗等为代表的人文主义者觉察到自己民族、大众之野蛮,反思了民族的生活纯粹为追求赤裸裸的原始生命的不足,认识到自己民族及大众在文化方面的寒碜和匮乏,期望一种有丰富文化生活内涵的自我文化改造。"……西塞罗的人文主义,正是担负起和尽到了这一责任。"因此,作为西方体育文化滥觞的古希腊、古罗马体育,一开始就具有较为浓郁的人文主义色彩。在古希腊大众意识中,体育就是人类认识自我和实现自我的一种方式或手段,是人生最崇高、最理想的一种生活运行方式,因此,古代奥运会的兴与衰,西方自然主义体育、实用主义体育、人本主义体育的发展均与此有关。

西方近代体育内容传入我国后,在经历了痛苦的选择、激烈的争论、艰苦的摸索和一段时期的不适应之后,西方体育中的许多内容被我国体育所内化(虽然这种内化还夹带着一些"不成熟的部分"),成为我国民俗传统体育内容的重要组成部分,但追根溯源,也与我国近代体育文化能够从西方体育文化中看到我国古代体育的身影有关,因为在"东学西渐"过程中,东方文化对西方体育文化曾经起到过积极的引领作用和贡献,也就是说,滥觞于古希腊、古罗马的西方近代体育文化的肌体中,也有东方体育文化的基因,在西方近代体育内容的璀璨星空中,也有中国古代体育内容的光辉在闪烁,其部分体育文化中,也有中国古代体育文化的优秀品性。这些基因和品性,在中西方体育文化交流和融合的过程中一定起到了某种积极作用。①

---

① 崔乐泉.东方体育文化之魂——中国古代体育文化及其特征[N].光明日报,2008-07-24.

从体育文化发展的历史长河中,我们不难发现,人类不同文明产生的不同文化,以各自不同的历史文化形态和民族文化形态并存、共生。世界体育文化的存在与发展也表现出这一基本特征,任何民族的体育文化在全球化背景下,都必须兼有文化的亲和力、兼容性与适应性,这是各民族体育文化求得发展的先决条件,任何以强势文化自居,任何以弱势文化自卑的态度都是不可取的。而实现体育文化发展的时代性与民族性和谐统一,才是当前世界体育文化发展主流,作为体育文化育人的学校体育教学内容是各国最为先进的体育文化的一部分,其存在与发展也更应该遵循和顺应这一发展的主流趋势。

(2)学校体育教学内容是体育文化具体性与抽象性的统一

体育文化在产生、发展的历史演进过程中,因受不同社会历史形态和发展水平影响,而显现出的体育文化的阶段性特征,被称为"体育文化形态"。每一种形态的体育文化都反映着体育文化在时间上符合特定历史条件的演进状况和特点;在空间上呈现出不同民族选择的具体存在方式与特有的发展道路。从体育文化存在的具体形态来看,在一定时空中产生的体育文化是具体性与抽象性的统一。所谓"具体性",就是每一种体育文化都有其外在的、形象化的表达方式,即运动方式、方法、规则、条件等;所谓"抽象性",是指在每一个具体的体育运动方式中,都内敛着一种能够反映这种体育文化方式产生、发展与现实中存在着的、具有地区性、时代性特征的隐性个性信息。体育文化的具体性与抽象性共同承载着体育文化的民族个性,共同维护着某一体育文化现实存在的基本逻辑。

具体性的体育文化形态,是体育运动方式与目标的统一,体育运动方式是一种自然的物理存在,其没有价值取向、文化存在与育人的方向性,而体育运动的目的性就具有了价值取向和体育文化育人方向的差异性。例如,在价值取向方面,西方竞技体育追求"更快、更高、更强"的极限挑战性,为实现此价值取向,参与者的训练活动以充分调动身体的运动能力、尽可能最大限度地挖掘和发挥人体的运动潜力,其结果是采用各种现代先进的训练方法、手段,使用最为先进的运动器材等取得了良好的效果;但另一方面,却有可能也因为身体的过度运动而对健康产生副作用,因为在追求"更快、更高、更强"时,西方竞技体育就有了追求"更快、更高、更强"为获得"锦标"的功利性,一些黄、赌、毒以及兴奋剂等对人身心会产生不良影响和异化的劣质文化,在功利性的驱使下应运而生。以增进健康、促进人体身心和谐发展为价值取向的东方体育文化,追求人体气血的顺畅运行,促使人体身心的协调统一,其采用较为和缓的运动方式,并附以对呼吸、吐纳的要求,不强调为身体的健硕而采取极端的训练方式,将其注意力放在运动对人体的健康促进作用,更不过分追求能力的比拼与激烈的对抗。体育文化形态的抽象性是实现体育文化育人目标的关键所在,亦即以内敛于具体体育形态之中的无形的、抽象的体育文化实现自身育人的目的。同一种体育文化形态,由于不同的育人目的选择不同,其抽象性被要求的育人目标也不相同。例如,同样的篮球运动,西方篮球倾向于培养参与者的个人能力与个体发展,追求集体中的个人核心,而东方篮球则追求整体性的团队合作,追求集体力量的最大程度发挥。

因此,体育文化形态是抽象性与具体性的统一,而学校体育教学内容作为具有明确育人目标的体育文化也体现着这种统一,在体育教学内容的选择与创编时,不能只考虑体育教学内容的具体形态,而应该结合我国体育教学、体育文化的育人目标,重点关注、挖掘和改造学校体育教学内容对学生的培养和教育价值取向,只有这样才能珍视民族传统体育的育人作用以及实现对西方体育的有目的的改造。

(二)中国体育教学内容应尊重中国文化发展要求

学校体育教学内容的选择与确立,与同时代体育发展的需求息息相关,而同时代体育的发展又与其共时的社会经济、政治、文化等的发展紧密联系,社会的经济、政治、文化等既是支撑体育发展的物质基础,也是规定体育发展方向的主要因素。就一般意义而言,体育文化是会随着社会的发展而发展的,社会对体育文化的认知度与需求常常取决于体育文化在社会发展中所起的作用以及将要起到的作用。而体育文化在社会发展中的作用与程度又常常取决于体育功能的发挥、体育价值取向与社会发展方向的契合度。然而,体育文化不是自然属性范畴的存在物,不是随着社会的政治、经济、军事、文化的发展自然发生的,而是具有社会文化与社会群体有针对性的文化选择过程,这就说明社会的发展并不意味着体育文化就一定能自然地获得进步和发展。社会主流文化的选择性与社会群体主体能动选择的差异性、倾向性,使体育文化呈现出满足不同社会需求的多样性和多层次性。再加上体育文化又是一种具有多种功能的客观存在物,这些功能的发挥又需要有一定主体文化活动的选择性。

"主体文化活动的选择性"是指体育文化的功能并不完全取决于选择主体的选择意向而被发挥出来,还依赖于体育文化的受众对体育功能的认识、认知与选择。只有体育文化功能选择主体的选择意愿与受众对体育文化功能的认识与选择一致时,体育文化的功能才能依据选择者的意愿被发挥出来。因此,体育文化需要选择主体对其功能进行价值分析与判断,如果社会主流文化对体育文化选择出现偏差,或者社会主体文化对体育文化的选择缺乏应有的具有客观性和科学性的文化考察;再如果社会群体、体育文化的受众对所选择的体育文化的主观认识水平有限,或认识上出现偏差,就会影响体育文化对社会群体的价值与作用的充分发挥。所以,体育文化的实际存在状态与方式是一定社会经济、政治与文化影响下的产物,体育发展与社会发展是一个文化互相反映、互相促进,实践中又互相作用的过程。

体育文化如此,作为体育文化载体的体育教学内容也是如此,体育教学内容是随社会体育的发展而发展的一个自然渐进与完善的过程,也是一个充满主观能动性的主动选择过程,而中国近代体育也是首先在学校中,以学校体育教学内容的形式发展起来的,因此,研究我国体育教学内容的文化发展从某种程度上来说,亦即研究我国体育文化的发展。

1.我国体育文化的发展要能够从容应对西方竞技体育的挑战①

21世纪上半叶,建设有中国特色的社会主义市场经济,探索和构建与之相适应的具有中国特色的政治、制度、文化,将是为实现中华民族的伟大复兴、实现"中国梦"奠定基础的重要任务。21世纪具有中国特色的社会主义新文化将是一个开放的、具有巨大魅力和良好适应能力的、具有中华民族特色的优质文化体系。而体育文化应该是这一优质的、具有社会主

---

① 卢元镇.中国传统文化与奥林匹克文化的冲突与融合[C]//北京大学北京论坛办公室.北京论坛(2006)文明的和谐与共同繁荣——对人类文明方式的思考:"奥林匹克运动与人类文明的和谐发展——多元文化的碰撞和融合"奥林匹克分论坛论文或摘要集(上).北京:北京大学出版社,2006:19-38.

义特色的文化体系中的重要内容,因此,体育文化也必须以一种富有活力的、兼有世界性和民族性特色的、能够为我国社会主义特色文化体系的建设作出应有贡献的优质文化。从而保证体育文化既能够为我国社会主义经济、政治、法律、文化、制度等的建设与发展提供应有的服务,也能够在社会主义文化适应世界发展的文化建设、改造、完善和丰富的过程中,获得自身长足的进步和发展。而要想真正完成这一目标和任务,学校体育文化、学校体育教学、学校体育教学内容的良好发展是其前提要素。因此,作为学校体育文化一部分的体育教学内容要紧盯社会体育文化发展的导向和趋势,紧密联系21世纪中国特色社会主义新文化发展的要求和目标,顺势、依时而动,充分体现我国体育文化的发展方向、要求与趋势。

以西方近现代竞技体育项目为主体,以各个竞技运动项目的比赛为基本形式的现代奥林匹克运动,在近现代世界体育史上一直处于强势地位。以奥林匹克竞技运动项目为主要内容的近现代体育教学内容,在世界体育交流日趋频繁的情形下,挟全球化浪潮的有利势头,一直在我国社会体育和学校体育的发展过程中占据着主流位置,对中国体育文化的发展来说,受此影响是严重的,对中国特色社会主义体育文化的构建来说,这很显然也是一种挑战。在此次挑战中,以中国体育、中国体育教学内容为主体的中国体育文化必须冷静思索、从容应对,保持一种谨慎、谦虚的态度,以对中国传统文化应有的自信心和自尊心,在世界体育文化的整体发展过程中,寻找既能适合自身发展的文化土壤,也能够适应世界体育文化发展潮流与趋势的发展方向,应以自身特有的文化魅力和影响力确立我国体育文化在世界未来体育文化发展中的地位。

从近代至今,在东西方体育文化交流的一百多年历程中,中国传统体育文化一直吸收着西方体育文化的发展成果,也始终保持着自身在体育家族中的一部分份额,而且也在不断努力将自己推向世界,以得到世界人民以及世界体育的认识和青睐。这一选择与传播过程充满冲突与协调、误解与信任、变异与融合等形式方面和内容方面的更替与变化,但研究者只是隐隐感受到内敛于体育运动形式之中的体育文化,对其受众具有教育、教养和影响作用,很少有学者深入探讨东西方体育文化在内涵与育人方面究竟有哪些差异,以及差异又有多大、多深?能不能将这些差异进行同化性改造?当西方强势文化或直接,或间接,或主动,或被动进入我国体育文化家族时,很多人只是本能地感觉到"好像有陌生人接近时,所引起的怀疑、猜测,甚至是反对等"不适反应,在不适出现时,一些人选择抑或认可,抑或不认可,甚至是深恶痛绝或热烈欢迎;然而,不管是何种态度,有一个不争的事实是,以奥林匹克运动为载体的西方体育文化至今仍然在世界体育文化牧群中,起到了这样一个领头羊的作用。至今,我国体育教学中的大部分内容就出自这类文化滋养下的内容。这种挑战至今仍然让许多人心存疑虑——中国传统体育文化在新形势下该如何迎接和应对挑战?

对于中国传统体育文化的优劣,已经有许多专家、学者都进行过研究和分析,如一些专家认为,中国传统体育文化和东方文化一样缺乏对竞争意识的激励、对民主精神的启迪、对开放态度的拓展、对科学理性的结合,除此之外,还缺乏培养和发展受众个性的追求和内涵。而这些又都是以奥林匹克运动为代表的西方体育文化所追求和致力于实现的,同时,这些也是中国进行特色社会主义市场经济建设,将自己融入世界现代化建设潮流之中所需要具备的心理品质。因此,从文化补缺与文化纳新这两个层面上的意义来讲,在现代化建设和全球化发展的大背景下,冷静面对西方体育文化的挑战,有选择地虚心接受奥林匹克体育文化,对此文化兼收并蓄,就是保证中国传统体育文化现代化发展的、负责任的态度。所以,中国体育文化要致力于实现与奥林匹克体育文化的融合,这种融合绝不是生硬的照搬与吸收,而是依据中国传统体育文化的需求,实现西方奥林匹克运动文化在中国在形式上的大踏步前进。在内涵上依据中国文化发展要求进行改造或重新释义,保证中国受教育的新一代能够自尊、自信、自强、自制、守纪、守责,成为敢于担当、勇于担当、善于担当,讲求实效、不慕虚名、不尚空谈的现代化新型建设者。也只有这样,中国的传统文化才能变得特色明显,功能齐全,生机勃勃,魅力四射——这就是我们需要的中国特色的体育文化。

“内涵上依据中国传统文化的需求”就是在当今的全球化背景下,中国传统文化建设需要奥林匹克“重在参与”的精神,要剔除“旨在取胜”的功利性;需要奥林匹克的“公平、公正、公开、平等”,要剔除“尔虞我诈”“特权意识”“投机取巧”行为;需要奥林匹克的“良好诚信与道德规范”,要剔除“不择手段、奢靡享乐、欺世盗名”;需要奥林匹克的“优美形体、潇洒表现”,剔除“聚焦极限、不顾健康”;需要奥林匹克“更快、更高、更强”的纯粹追求,剔除“黄、赌、毒”“血腥与暴力”的魅影袭扰;只有这样,才能建立起健康、安全的体育文化,也才能使中国的体育文化更具特色、更具生命力和影响力;也只有这样,中国特色的体育文化才能成为学校体育文化建设的主流声音,学校体育教学内容的安全性、稳定性、传承与创新性才能得到保证;当整个社会的体育文化都能成为社会主义特色建设所需要的、具有强大的促进力量的文化时,它就会成为“市场经济健康发展的文化护卫者”和“优质文化的榜样”。

2.中国体育文化要实现不断的自我完善

中华人民共和国成立以来,我国社会主义社会的国家政治体制本来就受到西方阵营的仇视、干扰与破坏,在西方社会不断打压、限制与阻截的艰难中缓慢发展。改革开放以后,我国经济、政治、文化等都有了长足的进步和发展,社会的物质文明极大丰富,国家的综合实力不断增强,充分显示了社会主义初级阶段制度的优越性,而西方一些国家对我国的仇视和打压并没有消减,而是随着我国国际话语权的不断增强、国际地位的不断提升而愈演愈烈,“‘银河号’事件”“驻南联盟使馆被炸”“南海撞机”“钓鱼岛闹剧”“贸易壁垒与战争”“颜色革命”“涉台、涉藏法案”“东海、南海袭扰”“无端指责与抹黑”……可以预见,随着中国在世界影响力的加大,这种压力也会随之增加。要逐渐消弭这些压力,就要建设强大的民族传统文化,使世界了解中国是一个负责任的大国,在实现民族伟大复兴的同时,不会谋求世界霸权,但也绝不会屈从任何霸权主义的压力,有斗而胜之的信心和决心。在此方面,中国民族传统体育文化在世界交流过程中,就担负着充分宣传自己、展示自己的责任。

在国际社会,建立起为世界所信服的、优质的体育文化,使之能够成为东方传统体育文化的典型代表,为世界体育文化发展作出应有的贡献,就是目前我国社会主义特色文化建设的重要任务,要实现这一目标或任务,我们就必须依据时代的需求,不断完善我国民族传统体育文化的丰富内涵,用中国传统文化所积蓄下来的自然、仁爱、俭朴、坚韧、顽强、和谐、大同等伦理道德,来丰富我国传统体育文化的内涵,并将之作为东方人类的文化遗产向全世界展示出来,以得到普遍的理解和认同,提升我国体育文化或整体文化的影响力。[①]

---

① 姜广辉.儒家经学中的十二大价值观念——中国经典文化价值观念的现代解读[J].哲学研究,2009(7):44-53.

弘扬中国优秀的传统文化,就是为了克服西方文化中所倡导的过度竞争、极端利己主义、高度个人主义对现代社会发展造成的损害而提出的,这些被称为西方文化"三大妖魔"的近代西方资本主义发展的产物,也在影响着世界体育的发展,也正在影响着具有中国特色的社会主义文化的构建和发展。因此,在我国体育文化的建设中,无论是运动方式的确立,运动规则的制定,还是竞赛组织的安排、体育人才的选拔,都应充分体现中国体育文化的特色,都应成为一种最民主的、最公正的典范,都要体现社会主义核心价值观的要求,都应该使每一位参与者享有自由参与、愉悦活动、追求多元、平等交往等自由与民主的权利。

因此,基于对中国文化某些优良品质的认识,我们认为,中国体育文化对于纠正或补充西方体育文化中的某些缺陷或弊端,具有一定的价值和意义。以奥林匹克的运动竞技、运动竞赛为核心诉求的西方体育,致力于追求人类身体达到"更高、更快、更强"的某一极限的可能性,主张"创造与创新的永无止境""挑战和超越人类极限""奋不顾身的全力以赴";而以中国体育为代表的东方体育文化则主要追求人类的自然、幸福与健康,因此,其强调"动静结合、内外兼修""身心兼顾、相互协调""格物致知、和而不同""刚柔相济、圆融贯通"。两者之中的"优质文化内涵"对人类和人类社会的发展都是不可或缺的,而两种文化中的"不良文化内涵"也都是现代社会与人类的现代化发展追求所必须克服的。西方竞技体育文化在追求功利性的同时,由于其极端的功利性也造就了种种对人类社会发展不利的发展"遏制力",也产生了许多副作用——社会资源、自然资源的巨大浪费,奢靡作风和暴力行为横行,与人类生活化体育的追求渐行渐远,对人类健康目标实现带来挑战……而在中国体育文化中,过于追求等级的分层、内敛的气质、和谐的关系等也在限制着平等、公正、创新等现代社会应有的文化气质的发展。但同时还应该看到,中国体育文化更具有休闲、娱乐和健康促进的精神内涵,其对不同性别、不同年龄和不同职业的社会大众具有更多的选择性和更强的适应性,在世界老龄化时代到来之时,它一定会受到广大老年人的关注和青睐,在推崇健康与休闲以抵抗现代社会发展给人类生活和生存带来的危机与威胁的当今世界,中国传统体育一定会迎来自己未来的辉煌,一定会成为推动世界体育文化交流与发展的主要力量,21 世纪的世界体育文化呼唤根据发展的需要,不断丰富和完善自身的中国体育文化。

3.要重视保持我国体育文化的独立性

近代中国,受国内外战乱及内忧外患的严重侵扰,当西方近现代体育传入之时,由于国人的生活还极不稳定,以及当时社会体育的现实(如体育还仅仅是少部分人能够参与的活动),大多数中国人还没能注意到这些外国强势文化给国家文化带来的深刻影响,再加上东西方不同文化之间的差异造成体育文化的矛盾和冲突不断涌现,以及由于奥林匹运动初兴时,其强大的社会与政治价值还没有真正凸显,也没能得以淋漓尽致地发挥,所以,大部分国人对西方竞技体育文化的价值还没有能够给予足够的重视,甚至出于对民族文化自尊心和安全性的维护,有人提出要抛弃"洋体育",从丰富的中国体育文化遗产中,觅取中国体育文化发展的独有之道,甚至,当在奥林匹克运动会上遭受失利时,还主张舍弃模仿西方竞技体育运动竞赛的方式,不参加世界奥林匹克运动会,脱离"远东奥林匹克运动会"。只有少数曾经留学国外,接触过奥林匹克运动,感受过奥林匹克运动强大价值的政治家、教育家、一些有识之士等,意识到了近代西方竞技体育的社会价值和政治意义。如我国著名的教育家,奥运会在东方的最早倡导者、曾任国民政府考试院院长的张伯苓先生就发出了著名的"奥运三问"。① 时至今日,这三个具有历史感召力的问题都被一一实现,那一时期传入我国的西方体育教学内容(如田径、游泳、体操、球类、举重等)也已经被内化为我国传统性的体育,在我国也具有了良好的发展基础,历史证明,要保持体育文化的良性发展,必须重视我国体育文化自身发展的独立性。

中华人民共和国成立后,我国就非常重视体育教育事业的建设与发展,在确立了社会主义教育方针之后,大力改造旧中国体育文化,积极开展丰富多彩的社会主义"新体育",有史以来真正实现了人民大众都能参与的"新民主主义体育"。为了在世人面前充分展示我国社会主义制度的优越性,突破西方阵营对社会主义社会建设的破坏和围堵,提升我国体育文化在世界交流中的分量和水平。中华人民共和国成立初期,我国体育加强了与苏联等社会主义阵营的交流与往来,以求尽快掌握西方现代体育在运动方式、方法以及管理、训练、竞赛、等方面的规律,加快西方体育在我国体育中的内化过程,促进中国体育事业的发展,最终走出了一条适合我国体育独立自主的发展之路。正因为如此,我国的体育发展也得到了世界的关注和认可,20世纪80年代,中国体育再一次以蓬勃之势,登上了世界的舞台——国际奥委会恢复了中国奥委会的合法席位。在坚持独立自主的发展过程中,中国体育文化显示出其强大的兼容性和内蓄力,在羽毛球、乒乓球、跳水、体操、自行车等众多体育项目中,努力消化、吸收这些项目的技战术思想核心、训练方法与手段、场地器材的规划与设置、运动竞赛的组织与实施等诸多方面的基本原理与规律,立足自我、不断探索、勇于创新与发展,赋予这些体育项目以新的内涵,终于实现了将这些体育项目内化为具有"他无我有、他有我新"的我国优势体育项目,也使之在我国具有了深厚的群众参与基础和较高的运动水平。

要保持我国体育文化发展的独立性,就要在大力推动西方竞技体育的同时,重视对民族体育内容的挖掘、保护和发展。我国是一个拥有56个民族的多民族国家,各民族都有自己灿烂的体育文化,民族体育内容丰富多彩。例如,蒙古族的摔跤、赛马,朝鲜族的秋千,傣族的划龙舟,塔吉克族的叼羊等,这些民族体育内容都具有浓郁民族风格和独特的身体运动或活动方式,这些传统体育活动内容,大部分还是各民族为庆祝节日而进行的重要活动内容,如蒙古族的"那达慕"大会、彝族的"火把节"、傣族的"泼水节"等,因此,它们是开展民族群众体育的重要基础。

为了推动少数民族体育的发展,20世纪50年代,我国各级体育或文化管理部门采取了一系列措施,如通过学校和多种形式的培训班,培养少数民族体育人才;调拨体育经费修建运动场地、购置运动器材;鼓励对民族传统体育内容进行专门的挖掘、整理和科学研究等。还定期举办民族传统体育运动竞赛和聚会等。1953年,我国在天津市举行了"第一届全国少数民族传统体育运动会",内容包括举重、拳击、摔跤、短兵和步射等5个竞赛项目,武术(拳术和器械)、民间体育(石锁、射箭、爬竿、跳板、沙袋、筋斗、叠罗汉、打术、跳术、跳绳等)、骑术等总计3大类表演项目,以及马球、舞龙、舞狮、杂技等特邀表演项目。其中维吾尔族的达瓦孜、蒙古族的摔跤、朝鲜族的跳板等民族传统项目给人们留下了深刻的印象。自本届全国少数民族运动会之后,这项赛事活动每四年举办一届。

---

① 韩丹.谈"奥运三问"的历史真相[J].体育与科学,2015(6):48-52+114.

中华人民共和国成立后,"武术"作为我国多个民族共有的传统体育项目,被列为社会主义"新体育"的一项重要内容,得到政府的大力支持并获得了蓬勃的发展,在1953年"第一届全国民族体育表演及竞赛大会"上,武术被列为包括拳术等共有383项的主要表演项目,拳术包括罗汉拳、八极拳、查拳、八卦拳、太极拳、通背拳、螳螂拳等139种。此次大会以后,组委会还组织由部分获奖人员组成的"赴京武术表演团",在中南海怀仁堂等多个地方,为党和国家领导人以及一些部委和高等院校作了汇报表演,时任国家政务院总理兼体委主任的贺龙元帅对武术的发展也给出了精准的指导意见,"民间流传的武术套路不仅汉族有,许多少数民族也有,因此,我们目前要做的头一件事就是花费力气去将其挖掘出来;第二件事就是将挖掘出来的东西进行整理,剔除反科学的内容,使它不仅符合科学的基本原理,而且易于练习者学习与掌握,并能够使他们收到良好的增强体质的效果;第三件事就是要善于博采众长、认真揣摩,将其发扬光大,以便取得更多、更好的效果"。

目前,为了弘扬民族文化,推动武术的普及和研究工作,使武术运动得到长足发展,国家体育总局专门成立了"武术管理中心",全国各地也都相继建立了"武术协会",并将武术列为国家全运会及各种体育比赛的正式比赛项目[①],使武术套路在技术风格、动作结构、动作质量与难度等方面都获得了很大的提高和突破,甚至还开发出了武术的集体比赛项目,但是由于诸多因素的影响,我国武术的发展一直游离在学校体育的边缘地带,武术为学校体育教学内容化的改造严重不足,其文化性的发展也必然会受到很大的影响。

第二节 体育文化育人的机理分析

习近平主席在党的十八大报告中指出:"文化是民族的血脉,是人民的精神家园。"这一论述较为全面、深刻地说明了文化对国家、对国人的重要意义和价值。为建设具有中国特色的社会主义,践行社会主义核心价值观,我们就必须进一步加深对文化、文化育人的价值和作用的了解与认知,只有这样,才能在加强中国特色的社会主义文化建设,促进文化育人工作的落实等方面做出有益的工作和贡献。

中国体育文化是中国社会主义新文化建设的重要一部分,加强文化育人工作的实施,也必须对体育文化育人的基本机理有深刻的认识。体育教学内容是体育文化的主体,强化体育文化育人工作也必须努力审视和加强学校体育教学内容的文化选择、审视和研究。体育文化育人是指在体育文化的传承、创新与发展的过程中,引导人们准确进行体育文化选择,使所选择的体育文化通过体育手段转化为个体文化,从而依据体育的价值取向,实现体育文化对人的自我完善、自我发展的积极影响。

---

① 杨建营.竞技武术比赛存在的问题及解决思路探析[J].西安体育学院学报,2016(1):80-87.

一、体育文化育人是具有时代感的判断

"文化育人"是在中国本土出现的一个概念。20世纪80年代"文化热"（如校园文化、课堂文化、课桌文化等）在我国学术界甚至整个社会中悄然兴起，从而进一步引发了教育界对各种文化以及各种文化与教育关系的重视，一些学者也开始提出和研究"文化育人"的基本机制和机理。[1] 1990年4月，团中央宣传部和中国高等教育学会联合召开了校园文化研讨会，团中央书记处书记李源潮指出："随着中国社会现代化建设的不断发展和快速成长与进步，文化育人的功能与价值越来越多地被彰显出来。"自此，我国高校开始重视对大学生的文化素质与素养教育，这一举措得到了中共中央领导以及我国高校师生的普遍认同和支持。2002年，教育部副部长袁贵仁指出，大学要通过文化的强大影响力去培养社会主义建设的有用人才，全体师生都要重视文化的显性与隐性育人价值的发挥，如教师要注意教书育人与环境育人，管理者要注意管理育人与服务育人等。2011年4月24日，在清华大学百年校庆大会上，时任中共中央总书记的胡锦涛同志在讲话中明确提出："要积极发挥'文化育人'的价值，加强社会主义文化的'核心价值体系'建设，大学生要努力继承、掌握和发展我国先进文化成果，'扬弃旧义，创立新知'，并且重视社会传播和后代延续……推动社会主义先进文化的完善和发展。"由于文化对人影响的潜在性和育人效果的长期性、延时性，从"文化育人"的现实情况来看，在我国，人们对文化育人的认识还不够深刻，"文化育人"的实践还并没有受到普遍性的注意和重视，人们对文化育人的价值和意义更是缺乏清晰的认识，体育文化育人的具体方式、方法也显得比较单一，所以，推进文化育人、体育文化育人工作的认识和建设，首先要站在时代发展的战略高度，去深刻领悟体育文化育人的重要意义和价值。

（一）体育文化是一种软实力

20世纪末，哈佛大学教授约瑟夫·奈最早提出了"软实力"的概念，他在《美国定能领导世界吗》一书中，特别指出"文化软实力"对促进民主、人权和开放市场等至关重要。至今，"文化软实力"得到世界各个国家的广泛认可。由于一个国家安全的存在与发展靠单一力量维持是并不存在的，需要综合实力来维持。综合实力主要包括两个方面的实力，即军事力量、科学技术和经济等方面的"硬实力"；从政治制度、思想状况、意识形态、文化发展水平等诸方面体现出来的"软实力"。至今，在世界日趋一体化的过程中，为争夺世界舞台中的话语权，各国之间综合实力的比拼和竞争越来越激烈——先进、文明、健康、充满活力的文化对促进社会发展具有极强的作用和价值，通过影响人与人之间的交往行为与方式，影响人们的思维方式、认识社会和改造社会的实践活动来实现其价值和作用，促进人的全面发展离不开这些包含丰富和增强人们的精神产品与精神力量的价值与作用。同时，"硬实力"与"软实力"是相辅相成的，经济与科学技术的发展同样也可以为文化发展水平的提升奠定坚实的物质基础。

---

[1]　徐伟.高校校园体育文化建设及其育人的内在机理分析[J].北京体育大学学报,2015(1):94-99.

随着人类社会不断进步发展,人们的认识边界也在不断拓展和深化,许多新知识、新技术都在不断涌现。在此过程中,一些新思想需要人们去接受,一些新理念需要人们去理解,一些新理论需要人们去认识,一些新名词需要人们去解释,与此相伴而生的是许多传统理论、过往认识等需要人们去遴选、去补苴。同样道理,随着全球化程度的不断提高,世界范围内的体育交流活动也在持续加强,来自不同民族、不同地域,产生于不同文化背景的体育现象之间的相互影响与作用日益深刻,融合与冲突也日趋剧烈。因为,虽然体育本质是中性的,但当它作为影响人、培育人、塑造人的一种教育手段时,它不能不与所处的社会政治、经济、文化、道德等大环境相联系,不能不受这一大环境的影响和制约。东、西方不同的体育文化在其形成与发展过程中,都在不断地吸取着本民族文化的精髓,体现着本民族文化的特质,显示着本民族文化的烙印,同时通过显性或隐性的方式对本民族成员起到教化、教养、教育的作用,为本民族政治、经济、文化的发展服务,如西方体育文化鼓励"狂放和张扬"个性,东方体育文化涵养"含蓄和内敛"的气质,也只有这样才能在自己民族的环境中发生、发展和强大。①

横看今日世界,纵观古今历史,我们都能够清晰地看到,大国崛起的历史经验都是重视文化与体育文化建设振奋民族精神,建设文化强国,通过体育文化提升国民素质,也促进了当今世界一体化发展的趋势。例如,在 20 世纪 80 年代,日本政府就通过公布实施《21 世纪文化立国方案》,提出从"经济建设为中心"向大力加强和重视"文化建设"转型的文化建设发展思路。韩国为应对亚洲金融危机,也于 1988 年正式提出了"文化立国"的国家发展战略。而 20 世纪 80 年代,新加坡也积极开展"儒学回归运动",加强精神文明建设。

目前,人们已经深刻认识到体育作为一种文化的价值。它作为世界各国普遍存在、交流频繁、传播直接、影响深刻的一种文化现象,无时无刻不在影响着人们的生活、学习与生产实践,被公认为是现代社会不可或缺的一种教育手段和生活方式。从结构特征来看,体育文化一部分来自对本民族文化的总结与发展,一部分来自对外来先进文化的介绍和借鉴。但是,无论哪一种形式的体育文化,在传承与发展过程中,都需要人为地进行一些去粗取精、去伪存真的筛选工作,体育比较研究就是这一工作的重要环节。因为,在人类文明从蛮荒时代的萌芽状态,逐步积累、完善、丰富和发展过程中,人类明确感受到了文化力量的强劲,特别是在当今世界全球化大背景下,来自不同国家和不同地区,内含着不同世界观、不同价值观的文化不断地进行着融合与冲突、渗透与排斥。

因此,我国体育教育在与国际接轨,实现体育教育一体化的比较和借鉴过程中,学界不但应重视对国内外体育教育现象基本知识、原理的普遍性与普适性进行通约分析,还应加强对国内外体育教育价值取向的独特性和方向性进行深入研究,以实现研究结果国际化与个体化、世界性与民族性的辩证统一,坚持民族利益至上,这也是比较教育研究必须遵守的原则之一。这一原则要求研究者在对中外体育教育现象进行比较研究时,不但要深刻领悟研究对象指称的针对性,以确保研究对象概念内涵与外延的一致性,而且还要认真分析研究对象本源性的适应人群与条件、实施范围与标准,以确保研究对象目标选择与价值取向的相似

① 蔺新茂.体育比较研究中的可比性问题分析——基于对"背景可比性"的拓展与认识[J].上海体育学院学报.2017(3):1-6.

性。只有这样,才能使比较研究的成果更具科学性和实用性。

重视文化建设和文化育人,既是建设文化大国,促进大国崛起历史经验的总结,也是凝聚中国力量、共同构筑与实现"中国梦",建设与发展中国特色的社会主义,顺应世界发展潮流的需要。①

(二)加强体育教学内容选择与管理维护国家体育文化安全

在世界各国的民主政治领域,从国家政策的制定到文化产品的消费等诸方面,都强调文化对加强民族凝聚力的育人及教化作用。1992年美国里根政府的教育部长威廉·贝内特(William Bennett)在《美国价值的贬抑:为我们的文化与儿童而战》一书中明确强调:"要坚定地立足于美国文化与历史,坚定地将统一的美国民族文化作为公民团结保持美国不被分裂甚至爆发战争的'黏合剂'。"②

在全球化背景下,文化融合与冲突似乎已经成为一种不可逆转的常态和发展趋势。而愈演愈烈的来自不同文化之间的冲突,各国、各民族间文明的冲突必将成为世界各国在一体化进程中,文化交流与发展战略考量的重要因素。尤其值得人们注意的是,在世界两大阵营的冷战结束以后,一直在谋求世界霸权主义、强权政治的国家,出于保持强势政治,始终坚持文化殖民政策,始终坚持"西方文化中心"的文化优越论思想,坚持以西方强势文化渗透、影响并试图改变他国民族传统文化的大国沙文主义文化思想,已经造成了一些弱势文化国家的传统文化日渐式微的后果。随着信息时代的到来,数字技术和网络技术得以高度发展,大大拓展了文化传播的时空,拓宽和延展了文化传播的模式,文化建设与发展自身的特点,以及文化对社会发展的促进作用显现后,所呈现出崭新的态势。因此,在世界经济一体化过程中,文明的冲突与文化的竞争是不可避免的,如何在此过程中保持民族传统文化的继承与发展,已成为涉及国家文化安全以及文化育人安全性的热点问题。目前我国作为一个正在崛起的世界大国,对外前进的脚步一直被他国企图迟滞,其崛起的态势一直在被他国企图遏制;对内处于社会转型时期,各种价值观引发的剧烈冲突,多种文化对国人影响的程度加深,都在改变着、重塑着国人的人生观和世界观,进而影响着国家的建设与发展。因此,我们必须重视和保持以优秀民族文化育人的强大作用,坚持以社会主义"核心价值观"体系来汇聚民族精神,大力弘扬和不断发展我国优秀民族传统文化,不断提升国人对民族文化的自尊和自信心,增强国人对民族传统文化的自觉性。在这一过程中,一定要重视发挥学校的校园文化建设以及文化育人的不可替代作用。值得注意的是,在世界文化交流中显得最为活跃、最为频繁的体育文化,在我国却一直没有被设置安全防护网,如作为学校体育文化载体的体育教学内容一直在向单一西方体育内容化发展,民族传统体育教学内容却在不断地被边缘化而淡出学校体育教学的课堂,这是令人担忧的问题。

早在中国近代西方体育文化强势进入我国学校体育,从而引发"土洋体育"之争时,1922年,美国基督教青年会体育干事麦克乐撰写的刊登在《申报》五十周年纪念刊上的文章《五

---

① 蔺新茂.体育比较研究中的可比性问题分析——基于对"背景可比性"的拓展与认识[J].上海体育学院学报.2017(3):1-6.

② 怀特.文化科学:人和文明的研究[M].曹锦清,杨雪芳,等,译.杭州:浙江人民出版社,1988.

十年来中国之体育及武术》,针对我国近代学校体育教学内容选择的问题,就提出了一些很有建树的观点,至今依然对我们的学校体育教学内容选择实践具有指导意义。"无论何国,构成学校体育教育新系统时,均宜利用其本国固有之本民族传统之教材。在中国,则有固有之国技诸如武术、器械者,皆因于历史与民俗之关系,更不宜轻视、漠视也。因是,依鄙意,中国武术等民族传统体育之教授法与其教材,更应加一番深入、透彻之研究,发明一种特有之、科学的教材和教授习练之法。因缺此法,现时学生既已习练过三四年之武术技击,尚未能获得多少实用之技。然如能选用较优良之教授法及教材,则一二年中即必能多多获益而有进步也……中国固有之民族传统游戏法亦应尽多深入研究。现时各处只知研究补遗外来之体育游戏法之。毫不注意重视中国之本民族传统游戏法。然余观之,如中国既已有某项活动教材,则不应勉强用它国者……"这既是一种警告,也是一种警醒,当时的中国学校体育如现在的学校体育一样,都在盲目地移植着西方近代体育教学内容,然而,与中国近代学校体育教学内容境遇不同的是,目前,人们仿佛渐渐失去了对传统体育文化的自尊心和自信心,在"盲目"之后又有了"不假思索"的习惯,他们视西方体育内容为圭臬,最终导致目前学校体育教学内容选择与使用的无障碍化或极端自由化,这对我国体育文化的发展来说是十分不利和危险的。[①]

　　因为,教育与文化,体育教育与体育文化有着十分密切的关系,而教育的本质"就是促进人与文化之间双向建构的手段"。也有人认为,教育即文化,体育教育即体育文化。直接作用和中介作用是文化对教育的两种作用。"中介作用"是指通过文化这个"中介",来实现社会的政治、经济、制度等对教育的影响。"直接作用"指文化影响教育的价值观念、教育目标、教学内容、方法等。特点是直接作用于受教育者的成长。受教育者的进步就是文化的成长,所以文化兴则教育兴,教育兴则文化成。[②] 因此,从某种程度上说,我国学校体育教育直接影响我国体育健康发展的安全性,在体育教学内容选择方面的极度自由与开放,也必然会导致我国体育发展的盲目性和无政府主义,进而通过一种不健康或不健全的体育文化影响国人,通过文化提升民族精神和凝聚力的理想可能就会落空。

(三)在理论上深剖认识体育文化的特点

　　体育文化育人的价值和作用如此之强大,值得体育教育工作者认真思考和恰当安排,但人们在学校体育教育实际工作中,忽视体育文化的育人作用,缺乏体育文化育人视野,甚至存在背离体育文化发展以及体育文化安全性的要求。缺乏体育文化的视野,主要表现在,在体育教育的目的与目标设计以及体育教学任务安排上,不重视对学生全面发展的教育,重视体育工具性价值的利用,重视学生体育知识、技术与技能的传习,忽视对学生思想品质、精神面貌的培育;在体育教育内容运用上,重视对体育知识与技术的直接运用,忽视体育对学生人文精神的教育性选择与应用;在体育教育的形式与手段上,重视体育显性教育价值(增进健康)的发挥,忽视体育隐性教育价值(人文精神)的作用;重视被动接受他人教育,忽视主动地自我教育;在体育教育思想上,不尊重受教育者的个体性、自由性与创造性的自然存在,

①　谭华.体育史[M].北京:高等教育出版社,2008:279.
②　杨淦.中华文化复兴的理性思考[J].艺术教育,2008(2):16-18.

背离体育教育的根本目的与基本要求。由此可见,尽管学校体育课程的课时不断增加、体育教学要求不断提高,学生每天都在学习和参与体育活动,但这并不等于体育文化真正发挥了育人的价值与作用。因此,对体育文化育人的意义认识不足以及对体育文化特点认知水平的低下,是造成上述问题的主要原因,而要提升体育文化育人的水平和实效性,就必须对体育文化以及体育文化育人的特点有深刻的认识。

认识体育文化,就应该对体育文化的外在表现形态、内在形成机制,以及与人的关系有进一步的了解。其实,文化属性是共有的,它或者它们具有一系列共有的概念和价值观及行为准则。要了解体育文化的属性与特点,只需要了解其上位文化的属性和特点。首先,文化是人类后天习得的,不会通过先天遗传而获得;其次,文化是一种包括各种内隐性、外显性的行为模式,通过多种符号系统获得或传递的、具有清晰的内在结构和自身规律的严谨的组织架构形式;文化既是一种有关人类自身生存的、实践活动的过程,也是一种关于前人的实践活动的结果;每一个人从出生到离世都在某种文化环境中生存、生活,也都在参与传承和创造文化;人的行为方式是由人自身后天所获得的文化的影响与支配的结果;人类个体进入社会、顺应社会的机制就是文化的掌握与传承,因此,人类创造文化的过程就是在改造社会。文化具有时代性、民族性和实践性,其主要特点体现在以下方面。①

1.文化是一种"无形性"存在

文化是客观存在的,其无时无处不存在于我们周围。同时,文化又是一种"无形"的存在,是看不见摸不着,但能为人所感知的存在。如同无色糖水中"糖"的存在,看不见摸不着,但一经尝试就知道它的味道;如同空气,也看不见摸不着,但你却能感受到它的清新与污浊,而且没有空气,人类一刻都难以存活;如同体育教学内容中所隐含的一种精神气质,看不到它的存在,但它却能从受教育者长期的修炼过程中习得;如同人自身素质高低的不同,无法看到,但与人接触,就能实实在在地感受到它的存在以及对人的支配。因此,文化是一种具有永恒统摄与驾驭力的内在力量。因此,从文化存在的形式上看具有隐匿性,从文化的内容上来看具有抽象性,从文化的功能上看具有迁移性;从文化影响力上来看,具有极强的对个体行为导向性。

2.文化是一种"整体性"存在

文化的"整体性"主要表现为文化是一个统一的、有机的、具有一定情境性而非机械性的整体。"机械性"的整体组织可以拆开,对这一整体中的各个局部逐一加以分析,以便深入探究各局部、各局部之间以及局部和整体之间的相互关系。就像一台出了毛病的器械,我们可以将其拆解,找出毛病所在,然后要么更换零件、要么直接维修,直至该器械功能恢复。而文化作为一种有机整体,各个局部之间、各个局部和整体之间,在某一情境的制约下,如水乳交融,无法分离。我们可以根据不同的目的与目标(如研究、建设学习或教育的需要),对文化进行各种各样的分类,如科学文化与悖谬文化,物质文化与精神文化,行为文化与制度文化;

---

① 蒿新茂.体育比较研究中的可比性问题分析——基于对"背景可比性"的拓展与认识[J].上海体育学院学报,2017 (3):1-6.

主流文化与边缘文化,精英文化与大众文化;人文文化与行为文化,先进文化与低俗文化,以及企业文化、校园文化、社区文化等。①

3.文化是一种"差异性"存在

每一个人认知能力不同、所受教育经历不同、所处环境不同、先天身体素质不同,即使是面对同一事物,处于同一过程,接受同一文化,人们的感觉、体悟与赋予某一对象的观念、看法、作用和价值也是不同的。例如,我们同样身处一个教室之中,接受同一位教师的同一个教学内容的教育,但由于每一个人的阅历不同、知识结构不同、智力水平不同、关注焦点的不同、精神与注意力状态的不同、上课时的心境情绪不同,教师与每一位学生互动机会的不同,就会产生不同的教学效果,形成大相径庭的个体文化。

4.文化是一种"渗透性"存在

文化存在的核心要素是价值观和思维方式,其以人类创造的各种知识为载体,渗透在人类的一切征服自然的活动和成果(包括物质世界)之中,渗透在人的认知、意识之中。例如,对同一现象或事物,不同国家、不同地区和不同民族的人们,对其的认识是有差异的,因为其文化视角与文化思维方式不同。另外,同一制度文化在有些部门或单位是可以得到顺利执行的,而在另一些部门或单位却不行;在同一单位,有些制度可以顺利实施,而另一些制度则无法实施。如各类建筑,或以媒介形式,都可以通过外在形态,来展示或表达文化内涵。如,北京大学的"五四广场",一些学校的礼堂、广场、外语角、图书馆等。这些都属于无形文化对人影响的"渗透性"存在。②

二、体育文化育人的基本规律

亨廷顿认为,文化是指人类生产或创造的、具有传承目的和传承过程影响的,特别是要传给下一代人和影响下一代人的每一件物品、习惯、观念、制度、思维模式和行为模式。文化是人类自身生产、生存活动的成果,其生成和发展有一定历史承继的连续性。承继的特点就是通过"文化育人"价值的实现,而文化育人也贯穿于人类历史发展的所有过程之中。因此,考察人类世界文化历史的发展,特别是考察每一次社会、文化转型时,在这一历史转型的关键节点上文化变化的状况,有助于我们深入了解和认识文化育人的特点和规律。③

(一)中世纪以基督教思想为核心的文化育人

在欧洲中世纪,属于封建社会发展末期,其时,基督教经院主义教育在欧洲大陆的文化

---

① 董小川.美国文化特点综论[J].东北师大学报:哲学社会科学版,2002(4):13-20.
② 李醒民.知识的三大部类:自然科学、社会科学和人文学科[J].学术界,2012(8):5-33.
③ 塞缪尔·亨廷顿,劳伦斯·哈里森.文化的重要作用——价值观如何影响人类进步[M].程克雄,译.北京:新华出版社,2010:8-9.

和意识形态中占据着统治地位,基督教的基本教义文化也顺理成章地成为中世纪欧洲文化的主体。"生而有罪"的罪恶意识和对罪恶的救赎意识是基督教文化的主流文化精神,这种基督主流精神就包括爱的意识、禁欲主义情感控制以及骑士精神,在这种主流文化的影响下或环境中,体育运动、运动竞赛是被严格禁止的。教会作为基督教文化策动者的主要动力源,在罗马帝国衰亡时期,这一组织机构担负起了于普遍混乱中构筑、建设、传播、创新、发展基督教主流精神文化的重任。教会组织进行教义文化传播,主要是通过设立学科,开办学校(如基督教青年会)等途径来进行的。如基督教教会最早开办的大学就有意大利的"博洛尼亚大学"、法国的"巴黎大学"等,此后,英国的"牛津"与"剑桥"两所大学,德国的"海德堡大学"与"科隆大学"等,都是由基督教教会兴办的、为基督教文化发展服务的大学。这些大学创办之初最大的特点就是规模小且远离社会,属于"修道院式"的中、小型化院校,"培养牧师和僧侣"就是基督教教会开办大学的最初目的,通过开办大学等多种形式,可以将基督文化顺利地融入西方人类文化的血脉之中,进而去教化、去影响、去培育西方人的精神世界。

(二)文艺复兴时期的人文主义文化育人

14 世纪至 17 世纪,始发于意大利,后又遍及整个欧洲大陆的文艺复兴运动,作为一种文化创新与文化改造运动,其在文学、艺术、教育等方面都掀起了积极的革新与改良运动,其文化确立与中世纪基督教的神学文化相对立,以复兴、传播和发展古希腊、古罗马的传统文化为革新的基本目标,以释解人的精神世界,为人类自由、自在、自主的生活服务为志向。因此,欧洲文艺复兴时期的文化所崇尚的主要精神就是在西方社会具有深厚基础的人文主义精神、个人主义精神以及笃信和倡导"自助者天助之""恪尽职守""努力工作"等敬业精神的新教理论。"人文主义文化"在对欧洲古典文化重塑与模仿、研究与继承的基础上,重视汲取欧洲古典文化传统思想与基督教神学思想,创新性地将"神与人"联系在一起,"借神颂人"来阐释自己的理想与愿景,并以此种育人形式达到"吸引受众,解放他人和丰富精神"的目标,人文主义文化育人的主要手段是,"人文主义者"倡导通过人为设计的语法、诗歌、绘画、雕塑、艺术、历史、道德、哲学等人文学科,对受教育者进行培育,以培养和提升人的人文素养与品格。①

(三)儒家文化的文化育人

我国古代民族文化的典型代表"儒家文化"是中华民族传统文化的核心和精髓之一。因此,中华民族传统文化的复兴,将以儒学精神和儒家文化为基本核心。儒家文化的精神实质就是"自强不息,积极进取"的人生态度,"家国天下,以人为本"的道德风范,"天下为公,世界大同"的入世理想,"兼容并蓄,和而不同"的处事规范,"天人合一,内外兼修"的哲学理念,"躬行践履,脚踏实地"的实干作风,"格物致知,知行合一"的治学品性,"格致诚正、修齐治平"的宽阔胸襟,"克己安人,严以律己"的自我修养,"重义轻利,义利并举"的侠义风骨。中国儒家文化历经几千年历久弥新,源远流长,价值强大,而且,其创造的儒学思想拥有一套

---

① 余子侠,乔金霞,余文都.传教士与近代中国电化教育的兴起[J].华中师范大学学报:人文社会科学版,2015(1):168-176.

严谨的传播系统,如中国古代教育完备的系统安排:"有教无类、因材施教"的教学理念;"礼、乐、射、御、书、数"等丰富的教学内容;"朝闻道,夕死可矣"的治学信念追求;"笃信好学,学优则仕"这一明确的教学目标;以及流行至今的人才应试选拔机制等。所以,我国儒学思想与文化正是通过这些严谨的教育系统进行传承和不断创新,有款款从历史走来,逐渐积累、沉淀、升华为比较稳定持久的我国民族传统文化中牢固的民族心理支撑,成为国人普遍信仰和遵守的公共道德系统和行为方式准则。①

(四)共产主义文化的育人价值

有人又称"共产主义文化"为"红色文化",它是从革命战争年代、社会主义建设时期走来,将马克思主义哲学作为基础,以马克思、列宁主义和毛泽东思想为行动指南,由中国共产党人领导的中国人民群众、中国各阶层的先进分子共同创造的、符合中国社会现实发展的、富含丰富民族革命精神、反映厚重民族文化内涵、代表民族文化正确发展方向的中国特色文化。在革命战争年代,在中国共产党领导下,历经二次国内革命战争、抗日救亡战争、人民解放战争等终于取得了全面的胜利,建立人民民主专政的新中国。也正是赖此艰苦卓绝的斗争过程,在种种困难面前、处于重重困境之中,中国共产党人以对马克思主义科学理论的笃信与躬行,以对民族文化的透彻理解和感悟,优选、重组、改造与吸收了古今中外的先进文化,以解决实际问题,在艰苦卓绝的革命实践中形成了"共产主义革命的文化(红色文化)"。这种文化在育人过程中,凝聚起了一种种个性鲜明、内容丰富的中国共产主义"文化精神",如,具有地域性特征的文化精神:井冈山精神、太行山精神、延安精神等;具有事件性特征的文化精神:长征精神、大生产精神、东征精神等;具有思想追求性特征的文化精神:艰苦朴素精神、自力更生精神、实事求是精神等。这些精神在不断地感召、团结、集聚、激励着国人,形成了一股强大的民族凝聚力,成为中国新民主主义革命成功的保证,而且这些精神至今仍令人感动、歆羡、向往。同时,这一文化也有其传播的特色手段:共产党人率先垂范,以实际行动为群众起好榜样示范作用;积极宣传,动员一切宣传力量,使群众提高认识、自觉行动;革命体验,使广大群众能亲身感受到革命的必要性和意义;思想动员,《义勇军进行曲》《在太行山上》《解放区的天》《黄河大合唱》《团结就是力量》等都是典型的思想动员、激发情感、鼓舞斗志的文化育人手段的文化载体。

三、体育文化育人的基本方式

普遍存在的文化时时刻刻都在影响和教育人,文化对人的这种教育与影响作用是隐性的、散乱的,其对人的教育与影响既有正向的、好的方面,也有反向的、不好的方面。从对中西文化育人的历史分析中,我们能够看出,文化育人是有意识的,是有明确针对性和目的性的。而人的成长与发展首先是人类"人格结构"的丰富与完善,而人类"人格结构"的丰富和完善就是一个整体协调的、层次清晰的文化育人系统,从这一意义上来说,文化育人的目标、

① 丁鼎.儒家礼乐文化的价值取向与中华民族精神[J].山东师范大学学报:人文社会科学版,2014(6):66-72.

方式、方法等都是具有层次性的。就像毛泽东主席在其《中国革命战争的战略问题》中分析的中国共产党人应该了解与研究"战争的规律"一样,"战争的规律、革命战争的规律、中国革命战争的规律"是具有层次性的。而今天,我们运用体育文化进行育人工作的目标层次性就包括人、中国人、健康的中国人、先进的中国人。所谓"人",就是从自然的人到具有文化自觉的人;所谓"中国人",就是从有文化自觉的人到具有中国传统民族文化及社会主义文化自觉和爱国主义精神的人;所谓"健康的中国人"就是通过体育文化的涵养培育,实现了体育促进人的健康发展本体性价值与目标的"身体健康的中国人";所谓"先进的中国人",就是通过体育文化的涵养与培育,实现了体育本体价值和工具价值与目标的具有高尚道德情操、健康的身心要件,正确的价值观、人生观,并愿意为国家发展、人类进步而贡献自己力量的人。因此,要实现具有特色的社会主义文化的育人目标,体育文化育人就要围绕上述几个目标来开展。

(一)要明确社会主义核心价值

从文化育人的目标、方式、方法、手段等诸方面来看,它是一个庞大的系统工程。又由于文化育人的潜在性、目的性、方向性和散乱性,其要求一个国家、一个民族在推进这项工程时,必须首先明确社会主义核心价值,只有这样,才能实现民族个性,培育民族精神。也只有这样才能使一个国家的文化保持其民族性,促进国人对民族文化的认同感、自信心、自尊心,这也是每一位国家公民都拥有"文化自觉"习惯的前提。

践行和实现社会主义核心价值观的精神动力需要民族精神作为保证,人们的认知、行为、生产、生存等一切活动都有一个基本的出发点和视角,这一视角和出发点就是依据各自不同的价值观确立的。因此,价值观是人们发现问题、分析问题和解决问题差异性的重要影响因素之一。发挥社会主义文化育人的作用就必须具有明确清晰的、对社会主义核心价值观的认识,党的十八大对社会主义核心价值也给予了精辟概括,这也是我们进行文化育人工作的基本依据。在国家层面、在社会层面和在个人层面都明确清晰地阐释了今后文化育人工作的重点。

(二)在文化传承与发展中育人

人类文化学家怀特曾经说过,文化是以社会遗传方式而非生物学方式传递的,它是通过社会运行机制进行的超越自然界生物与肉体的传递。体育的知识、体育运动技术、技能等,可以通过学习和体育实践而习得和掌握;但是,体育文化则需要通过上述的隐性培育过程逐渐形成。换句话说,知识是一种有形的、概念化的、术语理论的集合,而文化则是内在精神气质不断发展的结果。再认识、再创造,再提升、再创新等结合每一位受教育者的精神气质的形成过程必须通过传承与发展来完成。文化育人不是孤立的过程,而应该是在文化的学习、认知、传播与发展创新中来完成。文化必须经历传播与承继,即在时间维度上横向传播与传递和纵向上继承与发展甚至创新,只有这样,社会与社会文化才能得以持续性发展。

同时,文化的传播与继承依靠教育得以进行或实施,通过教育来完成和实现。教育就是对知识的教与学,归根结底就是发展人的文化创造能力,实现文化的社会性遗传。[①] 在文化传承中,文化传播主体首先对文化进行研究、内化或再创造,然后将其内敛于知识传授中通过教育资料传递给学生;也就是说,教学过程本身就包含了教育者对知识的重新生成与组合,从而达到内敛文化准确、丰富,能够充分激发学生的学习兴趣,促进学生的思考,提升学习效率的目标;而这一目标的实现就能够使学生对文化的理解准确而丰富、内化顺利而适切——文化的育人价值因此才能得以实现。

(三)重视渗透性文化教育

文化是内敛于知识、技术及人类一切活动过程中的普遍存在,文化育人是无形的,是渗透性的,它不可能脱离任何教育形式而孤立地存在,而教育是有方向性的、目标明确的人才培养活动,其对人才的直接培养目标就是为国家的政治、经济、社会、文化等诸多方面的进步与发展建设服务的。人类的一切活动都被融入了文化育人功能和目标,体现着文化育人的基本要求。由于文化育人是以隐性的间接方式渗透的,所以,就学校教育来说,文化育人的功能与目标的实现关键在于文化的载体——教学内容;文化育人目标的实现关键在于文化育人的主体——教师。因此,就学校体育教育的文化育人价值来说,体育教学内容作为体育文化的一种载体,对其的选择应充分考虑体育文化育人的目标、体育文化的安全性、体现目前学校教育使命、体现社会的需求。由于体育是自然科学和社会科学的综合体,就自然科学来说,体育是没有政治倾向性和文化选择方向性的,但就体育的社会科学属性来说,体育却是具有政治倾向性和文化选择方向性的。因为不同环境中产生的不同体育文化就有不同的育人方向性。

实现体育文化育人的前提表现在体育文化品质格调和学校体育教学内容所内敛的体育文化总量。因此,要加强体育学科建设,形成强大的体育文化育人力量是体育教学内容选择的基本要求。[②] 在此方面,加强对我国学校体育教学内容选择影响至深的西方近现代体育教学内容的分析与研究,对其进行科学合理的改造,才能被应用于我国学校体育教学甚至是国人的社会体育活动之中。否则,一种西方功利主义、实利主义、极端自由主义的文化会随西方体育教学内容在学生中传播与发展,潜移默化地影响人生观与价值观。而这也是我们社会主义核心价值观所竭力抵制和批判的。

首先,要有中国传统民族文化的自尊心、自信心。虽然近现代奥林匹克文化的影响巨大,世界对体育文化关注的目光更多地投向西方体育文化,但是,"民族的才是世界的,传统的才是最有生命力的",当西方体育文化在充分展示自身的优越性,吸引着人们的注意力,影响着人类社会生活时,其在充分表现正面推动力的自身文化先进性的同时,其具有文化负面影响力的自身文化的瑕疵也不断显现出来。要实现文化的国际化发展,我们在学习西方体育尽力实现东西方体育文化融合的同时,必须尽可能剔除西方体育文化中的瑕疵,以便尽可能地回避其对人类发展可能会产生的不良影响。同时,为了保持自身文化的健康发展,还必须用我们自己的民族传统文化去哺育、滋养本民族成员的世界观与价值观,使他们能够沿着

---

① 怀特.文化科学:人和文明的研究[M].曹锦清,杨雪芳,等,译.杭州:浙江人民出版社,1988:58.

② 黄欣加.营造校园体育文化氛围 加强学生综合素质培养[J].体育科学,2004(6):67-71.

体现和弘扬民族精神、民族感情、民族气质的方向发展。

其次,明确教育者对体育教学内容文化加工与文化传播的责任也是保证民族传统文化得以顺利传播、西方体育文化得以顺利科学融入的重中之重。没有一定的知识积累,没有一定的文化继承与文化传播的经历,就不可能对体育文化有深入的认识,也就不可能实现从民族文化的自信、自尊到对民族传统文化自觉和自为的转变。而在此方面,教育者对体育文化的敏感性决定了他对文化安全性的判断,也左右着教育者对体育教学内容所代表或所内敛的体育文化的选择,因此,国家、学校、教师必须设置体育文化育人安全性的防护墙,保证体育文化沿着社会主义特色文化发展的育人目标前行,其前提还是对体育教学内容进行客观的文化判断及选择,使其适应文化育人的要求,从而才能保证学生的体育文化参与、体育文化融入等基本途径的安全顺畅。同时,教育者还要对受教育者给予适当的文化育人方向的引导,走入学生的心灵,了解不同学生的文化需求,保证学生自己的选择准确,融入的心理结构恰当,内化为自己的思想准确。

总之,在现代社会,我们的学校体育教育应该站在更高的文化学的高度,用文化的自信、自尊去选择加工体育文化,不断提升体育文化育人的效果,使所培养的人才具备体育文化的自觉和自为,最终能够实现具有社会主义特色的体育文化的长足进步与发展。①

第三节 中国体育文化发展的机遇与挑战

一、中国体育文化发展的"优势"

由于东西方体育文化无论从内涵,还是从外在形式方面都存在差异,如西方体育更多的是对"竞争性"(更快、更高、更强)的强调和追求,以及在对此目标的追求过程中,对人体潜力的充分挖掘和展示。而中国民族传统体育则更重视和强调"健身性""娱乐性"甚至有些体育项目的设计还在尽力回避"竞争性";中国民族传统体育并不专注于对超乎人类极限和自然状态的超出常人的体格与体能的刻意追求,甚至回避和拒绝仅仅用一些量化指标去决定和控制体育活动中人的体育行为,去评判和甄别参与者的身体素质状况以及体质健康水平,特别反对西方体育为促进身体某些机能获得快速发展,而伤害和影响身体其他脏器或肢体健康成长。总而言之,中国古代民族传统体育强调练习者对自身身体状况及环境适应能力的一种内在感觉和体悟,重视运动过程中自己身体对运动适应性的切身体会,不过多地重视或强调他人的评价与判断,因此,中国古代民族传统体育在各种内容上,都表现为对无论男女老幼、好坏强弱的适应性,亦即中国古代民族传统体育适应于不同的人群,具有广泛的适应性。从中国民族传统体育的这一特点上来说,中国古代传统体育更具有人类普适性,更

---

① 蔺新茂.体育比较研究中的可比性问题分析——基于对"背景可比性"的拓展与认识[J].上海体育学院学报,2017
(3):1-6.

接近体育的本质追求。这就是中国民族传统体育文化发展的"优势",而这种优势主要体现在四个方面。

(一)中国民族传统体育具有强烈而专一的健身性

在中国特殊的地理环境和人文化境中产生的体育文化首先表现为独有的健身性,这是中国传统体育有别于西方近现代体育的一个显著特征。封建制的农业社会发展,使古代中华民族具有了顺应自然、和谐共处、勤劳顽强的生活习惯和品质,而儒家文化又使这一民族气质继续提升,诸如清静淡泊、天人合一,重个人静心修身养性以求祛病延年——在这一体育文化追求中,中华传统的保健养生实践与理论探索历经几千年的不懈追求,终于成为中华民族传统体育文化的典型气质。如《吕氏春秋·古乐》中就有记载:"昔陶唐氏之始,阴多滞伏而湛积,水道壅塞,不行其原,民气郁阏,而滞著,筋骨瑟缩不达,故作为舞以宣导之。"陶唐氏即尧帝,由于当时中原一带黄河水经常泛滥,水患无穷,所以环境潮湿淤积,造成人们心郁气闷、手脚肿胀,为了改善身体的不良状况,就在生活实践中,总结出了这种活动肢体的"消肿舞",以促使人们血流通畅、筋骨舒爽,从而达到治病延年的目的。①

保健养生在古代主要分三大部分:行气、导引及按摩术,这三者可以作为中国古代体育的文化基础。行气术又称吐纳术。其肇始于中国古代的什么时间,目前还没有明确的文献记载,但是,天津历史博物馆收藏的《行气铭玉杖首》一书中就有关于"行气"方式与方法的记载,其上以"三字诀"的形式,用40余字把"行气"的方法、要领,以及"行气"的功能都进行了描述,这是目前发现的我国历史上最早的关于"行气"养生的文献,而在1973年长沙马王堆汉墓中发现的《却谷食气篇》则是行气术在我国古代得以进一步发展的标志。而"导引术"也最早见于长沙马王堆三号汉墓出土的《导引图》,《导引图》描绘了40多个人徒手、执器械进行各种锻炼的情景,而从汉代开始,"导引养生术"在我国古代长盛不衰,敦煌藏经洞中发现的《呼吸静功妙诀》、南宋传下来的《文八段锦》、中医研究院收藏的《导引图》都形象地表述了我国古代导引养生术的发展。而中国医史博物馆收藏的《十二度按摩图》中,形象记录和描绘了我国古代"按摩术"的基本形式与方法,是我国古代"按摩养生"体育发展的历史见证。无论行气术、导引术,还是按摩术,它们在体育发展史上的作用是显而易见的。②

(二)中国民族传统体育具有强烈的娱乐性

中国古代体育随着社会经济的发展,生产力水平的不断提升、生产效率的不断提高,在最初仅为满足人类生产、斗争需要以及为促进身体健康、防病治病需要的体育活动时,出现了很大的变化,其中最大的变化是娱乐性成分在体育中占有的比重越来越大。许多富有技巧性、游戏性、观赏性的民间体育活动大量出现,而这一发展趋势从春秋战国时期就已经出现,到汉代进一步得以强化,而在唐宋时期发展水平已经相当高了。

《史记》中就有关于齐国首都临淄的居民体育娱乐活动的记载,齐人生活富裕,经常斗

---

① 黄亚飞,武赣龙,杜振巍.中国古代体育活动内容多样性及其独特文化精神阐释[J].南京体育学院学报:社会科学版,2008(6):78-82.

② 李鑫,梁金柱.敦煌壁画中的体育保健养生[J].体育科技文献通报,2016(1):33.

鸡、走狗、蹴鞠以取其乐。以蹴鞠为例,根据史料记载,在我国古代"蹴鞠"运动就已经是北方的一项很典型的体育娱乐活动了。而在当时的南方,蹴鞠也很流行,刘邦建立西汉以后,就曾经命人在都城建立"新邑",进行踢球、斗鸡、走狗、六博等体育活动,这也说明蹴鞠活动在当时非常普及和流行。① 而汉代的蹴鞠更是具有强烈的娱乐倾向,当时的蹴鞠主要有两种形式,一种是在音乐伴奏下进行的蹴鞠活动,靠多种技术、技巧展示各种动作;一种是带有部分竞技性特征的蹴鞠比赛。汉代有一首名为《鞠城铭》的诗,把蹴鞠竞赛的方式、规则、裁判以及比赛中的道德规范反映了出来。而且,这种既具有娱乐性又具有竞技性的体育活动不仅流行于民间,也同时影响到军队,史料记载,著名大将霍去病在塞外战斗之余,就曾以蹴鞠来训练士兵的。唐代的蹴鞠发生了重大变化,发明了充气的球,周围以 8 片皮子缝合,基本上跟现在的足球相似。同时,蹴鞠游戏还有了球门,就是在蹴鞠活动场地上竖一个竹竿制作的球门,扎上网子留一个球门洞,其活动没有过于强烈的对抗性,讲究踢球的技巧,就竞技性来说,比西方体育逊色一些。

到了宋代,蹴鞠除了有一种踢球入门的竞技形式之外,还有一种称为"白打"的活动形式。这就是当时蹴鞠作为一种娱乐活动而盛行的标志。蹴鞠运动发展到明、清时期,其娱乐性增强,竞技性式微,是妇女、儿童喜欢参与的主要体育活动形式,影响力也就逐渐变小,再加上由于程朱理学主张的"静以养生"思想的发展,逐渐走向衰落。而中国娱乐性的体育项目却历经风雨长盛不衰,直至中国近代保持了其丰富性和多样性。②

(三)中国民族传统体育的勇敢精神教育性

与中国古代娱乐性体育相对应的是中国古代体育中,还有一类是培养参与者勇敢精神的体育运动。如我国民间一直都有各种类型、各种形式的体操、杂技等体育运动,以我国宋代的水秋千为例,我国古代游泳运动中,就有跳水运动,"跳水"在我国古代也叫"扎猛子",而能够将秋千与跳水两项体育运动结合在一起,跟现代西方一些挑战极限性的体育项目非常相似,然而,我的这种体育项目已经在几千年前就出现了。这也充分说明和体现了我国民族传统体育和民间体育活动在我国古代的重要地位和作用。

游泳与跳水运动主要流行于我国古代的民间体育中,隋唐时期,游泳与跳水技术都有了很大的进步与提高。宋代出现了一种叫作"水秋千"的跳水活动。据文献记载,在金明池湖水当中的船上,竖立两根很高的竹竿,竿上捆扎秋千,跳水者于秋千之上摆荡,而当跳水者摆荡至跟秋千的横梁平齐之时,突然跳离秋千,以一个跟斗或连续的空翻跳入水中。由于动作是在具有一定高度的空中完成的,所以显得非常危险,对跳水者来说极具挑战性,而整个动作也具有很强的观赏性,所以,它要求表演者不仅要有良好的空间感觉、高超的技艺,同时还要有一定的耐力和勇气。对表演者以及观众来说,都是一种勇敢精神的培养。类似这样富有挑战性的民族传统体育活动在我国古代还有很多,如上"刀山"、过"火海"、踩高跷、高空舞龙狮等。③

① 崔乐泉.中国古代蹴鞠[J].管子学刊,2004(3):43-51.
② 卢长怀.中国古代休闲思想研究[D].大连:东北财经大学,2011.
③ 罗时铭.中国体育通史(第三卷)[M].北京:人民体育出版社,2008:235-237.

（四）中国民族传统体育的基本礼仪教育性

中国民族传统体育的另一个特点是在儒家思想的影响下的基本礼仪教育。以儒家思想为主流思想的中国古代社会，体育活动非常重视对社会道德伦理的维护，而非身体运动本身；推崇人们之间以礼相待的规范性追求，而不强调个体力量强大和平等竞争精神的培养；追求人对社会秩序的贡献，以及和谐安处于正常稳定的社会秩序中，从而消弭了中国古代体育文化中的竞争意识，使体育由竞争向注重表演性的文化特征发展。依据儒家学说的"身体观"，人应通过个体高尚道德的养成来强化社会秩序的稳定，而身体正是承载和负担这一重任的物质载体，因此，要通过各种被赋予了生活礼仪的身体练习活动来促进人格道德品质的养成，从而进一步促进社会秩序的稳定发展，如"射术"就被赋予了"礼"的要求；还有古人通过田猎以"观德""修德"；投壶中被注入了"修身、观人"元素，因此，在中国古代，身体被赋予了特殊的价值追求，"身体"的各种活动也就被要求要与社会生活密切联系。因此，我国古代民族传统体育就有了基本利益的价值追求。从西周时期学校六艺教育与体育相关的"射与御"的教育以及在其后的演变来看都具有这一显著特点。先以"驾驭"运动的发展来说。

据《周礼·地官·保氏》记载，古代最早的"御术"就是一项包括"五驭"内容的礼仪性教育的体育：其一是"御术"教育中关于"鸣和莺"的控制技巧练习。所谓的"鸣"就是指近现代还有的挂在马车轼木上的"和铃"，而所谓的"莺"则是挂在马车横木上的"莺铃"，对鸣铃和莺铃响声的控制技巧就是御术练习之一。这一技巧体现在驭手在驾驭马车时，通过控制马行的节奏、步伐幅度的大小、马匹之间的步调一致性，以保证"和铃"与"莺铃"发出清脆、节奏不乱的振铃声，这就说明驭手对马的控制有方，驭术高超。其二是"御术"教育中的"逐水曲"控制技巧练习。"逐水曲"是指驭车手能适应或依据地形的复杂变化，如驾车傍河道弯曲的水流而行时，驭手要能轻松熟练平稳地控驾车马，使之行进快速平稳，就表明驭手具备了高超的驾驭技术。其三是"御术"教育中的"过君表"控制技巧练习。"过君表"就是指驾车在国君面前行走通过，有接受国君检阅的含义，即驭手要能够心平气和、静如止水般地驾驭马车，保持马车稳定有节奏，以此对驭手进行尊重他人、谦虚谨慎，戒除心浮气躁、丧失品德等的基本礼仪教育。其四是"御术"中的"舞交衢"控制技巧练习。所谓"舞交衢"就是指驾车经过十字街口。也即是说，驾车经过车水马龙的街巷时，能够得心应手地驭马车灵活、轻松地闪躲、穿行，顺利前进，于车水马龙之中应付自如，如入无人之境。

与"御术"具有同样礼仪教育价值的我国古代"射术"也有同样的要求。《论语》中就有对"射术"的具体要求——"子曰：射不主皮，为力不同科，古之道也。"这里的"射"就被赋予了迎合礼乐的要求；"皮"指用布或兽皮做成的"箭靶"，而"射不主皮"，亦即射箭不追求射破箭靶子的力量，而应以射中为目的。意思是说，由于每个人力量的大小不同，因此，射艺的主要目标不在于将箭靶射透，而是以礼为主导的一种射箭规范追求。①

---

① 崔乐泉.东方体育文化之魂——中国古代体育文化及其特征[N].光明日报,2008-07-24.

二、中国体育文化发展的"瓶颈"

(一)目光短浅的小农意识

1."狭隘保守"的小农意识

历史的发展无数次证明,一个民族的传统文化越是持续时间长就越稳定,其对民众的影响就越是深厚而坚实,在其民族成员的深层次心理认知结构中,这种文化的传统成分积淀就越多,积淀成分对人的影响也就越是根深蒂固。我国古代小农生产的特点就是封闭性和稳定性;其关注的主体是劳动者自己的需要,而不是市场需要,其目的是确保自身生活自给自足,而不是为了满足市场上的商品交换。因此,为了保证这种既封闭、稳定,又简单、朴实的再生产过程顺利进行,需要的是维护与坚守而不是创新与发展变化,即需要的是一种"狭隘保守"。这种"狭隘保守"就是"口传身授、祖孙世袭"式的传统农业耕作方法、农具制作方法与手工劳动技术等,被世世代代原封不动地传下去。人们习惯于程式化的、固定的生产与生活方式,潜意识中,对任何事物的创新与发展都表现出本能的抵制和抗拒。这也就是许多生产劳动工具虽逾千百年而变化甚微的原因,譬如,汉代发明的"耧车""翻车"等农具被一直沿用到现代;在漫长的生产、生活岁月中,锄、叉、犁、锹等生产工具也很少改进。

2."平均主义"的分配习惯

中国传统农业社会的小农生产过程,在形成"狭隘保守"的小农意识的同时,还形成了典型的"平均主义"分配习惯。在我们传统的农业国度里,生产力水平低下、资源有限,人们的生活水平极低,在和自然竞争、和有限的资源竞争过程中,在不对周围人与资源进行剥夺的前提下人们依靠个人的努力,根本没有机会达到生活上、经济上出人头地的目的。因此,民众希望人人均等。所以才有孔子的主张:"吾闻有国有家者,不患寡而患不均,不患贫而患不安。盖均无贫,和无寡,安无倾。"(《论语·季氏》)在平均主义的社会里,别人的得失常与自己的得失相关,别人的得益通常是因为自己的损失。在这一社会现实中,必然会产生一种较为广泛的、普遍性的社会心理——嫉妒:当人有我无、人优我劣、人富我穷、人强我弱,自我追求、自我实现总不如人时,忧患与共而同欢不能,不愿成人之美等"平均主义"小农意识的个性气质就这样形成了。①

小农经济"平均主义"的生活观是"恨人有,笑人无","均衡得失与穷富";发展观是"进同行,退同步","进退一致、快慢同速";其影响下的个人行为在传统社会里已经形成了一种比较广泛、普遍的社会大众心理——舒缓、静态、无竞争、不讲差别。这种民族素质中的缺陷,作为一种文化影响因素,决定着我国体育文化的精神内涵和核心。

---

① 吴丹毛.文化精神[M].郑州:河南人民出版社,2012:109-111.

(二)"儒道佛"文化现代化进程的制约

1.儒家的体育文化观

儒家思想充满着实用理性,是积极入世的、重视此岸的学说,其思想框架的基本核心是"德"与"仁"。因为,这是以"农耕为主"的社会生产方式,以及以此生产方式为基础的"血缘宗法制"这一社会政体的产物。所以,儒家思想的政治理想就是在中国传统"宗法社会"中,建立起严谨的"君、臣、父、子"等的宗亲关系秩序,期望以社会公共道德的力量去规范社会所有成员的行为,使大众自觉地遵守和维护这一秩序。而要实现这一社会政治愿景,其前提首先是要保证整个社会生活稳定、百姓能够安居乐业,而儒家思想同时所弘扬的"忠、勇、孝、悌"观念,就是为维护宗法社会的基本体制,以推崇绝对权威、宣扬血缘纽带的儒学心理传统来准备和编织的;因此,儒家思想的人格道德理想与社会政治报复是相辅相成的有机体。儒家思想推崇的"仁",即克己正身,不事奢浮,要求人们树立远大志向,鼓励人们"以天下为己任"的抱负而积极入世。为了实现这一理想,要加强"克己正身、重义轻利、谦虚谨慎、脚踏实地、不事奢浮"的美德修养。

儒家文化中的体育文化强调各种体育活动社会作用及"事功"价值,所以无论是"射礼"还是"武舞";无论是"射御"技能的培养,还是蹴鞠、马球、捶丸等体育游戏与体育娱乐都带有鲜明的社会伦理教化目的性。这种文化倾向性在一定程度上,消解或消弭了我国传统体育文化的竞争意识,弱化了我国体育文化的竞争性和直接对抗性的追求。

2.道家的体育文化观

道家思想的核心是追求自然的"无为",就是所谓的"道法自然"。所以,"无为"的内涵包括两个层次的内容:一是认为,世上所有的灾难和丑恶都来自人类特别是统治者的"所作所为",因此,主张"无为而治""自然而然";二是屈从于命运的无常与艰险,主张"致虚守静""无为而为"。基于对上述两个层次的分析,可以看出,道家思想的显著特点就在于其抛弃儒家的社会伦理道德,否定儒家所推崇的阶级等差,反对各种人为设置的违逆自然法则的社会行为规范。而道家的身体观也以"反对人为法则约束,崇尚大道自然"为追求,讲求遵循与顺应自然,"致虚守静"式地避免对自然人刻意设置或添加的任何身体干涉;以"忘我"状态践行"爱身",通过"静坐"与"修心"等自然的方式和手段,在自然而然的修行中追求生命的自由自在。所以,换一个角度来说,也有人认为,道家学说就是"消极、圆滑、退缩、躲避"的"滑头哲学"的典型代表。

无论如何,道家"弃人为、法自然,讲究个体超越"的养生活动,从"心"的运动开始,为人类个体有限的生命追寻值得珍惜存在价值;相对于儒家体育文化对竞争性、对抗性的弱化来说,道家体育文化中完全没有了现代体育对竞争与对抗性的追求。但同时,相对于现代竞技体育过度的功利性追求而言,未必不能起到一种矫正作用。①

---

① 魏胜敏.中国传统导引养生术的方法论特征及其当代价值[D].福州:福建师范大学,2012.

3.佛教的体育文化观

佛教与道教文化一样都是一种修心的文化。然而,佛教文化与道家文化的修心主张的不同在于,道家文化注重人与现实的自然世界、自然社会之间关系的描述,而佛教文化则注重人与未来世界关系的瞻望:"由于人类'贪'和'欲'的'渴爱',使整个世界和全部人生都变成了人类自身无边的苦海。"因此,佛要求人们通过"修心"来断绝造成这些痛苦的一切根源,从而超脱"业"与"惑"的生死轮回,达到灭尽"以经验为根据"的、"贪、嗔、痴"的"社会"的我,达到寂静、安稳和常在与无苦的"涅槃"境界。因此,佛教的实质在于使人相信"没有纷争的彼岸世界"的存在,以求得内心的和平与宁静。佛教也吸收了儒家的忠、孝观念,伦理道德和宗法制度,使其更易于为士大夫和平民百姓所接受。佛法不仅仅是出家人修行的专利,其号召每个人都可以根据自身的具体情况和不同的发展愿景,从佛法的修习中获益:得到现世的安乐与解脱。

因此,佛教文化依然是一种养生文化,认为"生命无常",反对对身体的"执着"和过分的"贪恋与关照";同时,佛教还认为"人生难得应倍加珍惜",而"生命在于运动"和"生命在于修静"的两大理念在佛教文化身体观中都有体现,即主张"动形健身"和"静神养心"不可偏废。佛教《大毗婆娑论》卷 151 中,在提到健身、养生时,主张"若有于寿,恒作、受作,恒转、受转;时行、处行;修梵行……避灾厄;远凶戏。由此等故,寿不中夭"。亦即,要经常性地积极、主动地从事一些自觉、自愿的运动和劳动;正确选择适当的出行时间、路程和目的地;另一方面,进行佛教的禅定或瑜伽,通修习禅定,祛病强身、延年却老、陶冶性情,以及可以克服诱惑和七情六欲的困扰,使精神专注、安详,进而产生智慧。正因如此,佛教的禅定或瑜伽被我国气功养生界视为气功最高功法之"佛家功"。

(三)虚骄狂妄的至尊思想

我国民族传统文化是从黄河中下游发展起来的中华文化。其文化产生于四面隔绝的相对独立的中原地理环境之中。其北面是浩瀚的戈壁沙漠、草原;西北面是高山大岭与荒漠,在西北部草原上,曾有一定规模的游牧经济多次对这一农业区域进行过冲击,在四周有利地形的保护下,在辽阔、富饶的区域内,中原农业文明渐渐独立地发展起来,自给自足的小农经济、相对封闭的地理与人文环境,使中国传统文化成熟较早。公元前 221 年,秦始皇统一中国,统一语言与度量衡等,使生活、语言、习惯、地域、经济等———个具有统一的中国文化心理素质的国家逐渐形成了。形成初期,为了国家的安全,它就人为地修筑长城把自己同外界割裂开来。后中国传统文化经过先秦的发展,到汉代已逐渐发展成熟,汉唐宋时期,封建生产关系逐渐成熟起来,社会生产力也得以大幅提升,中国封建社会的发展达到顶峰,农业经济居世界先进水平。中华文明开始傲视四周,把目光洒向周边世界,并逐渐开解心理上的藩篱,与其他民族开始了文化交流。由于其时的中国文化与四邻比较具有较高的文化势能,所以这种交流实际上就是一种传播或同化。正如《孟子·滕文公上》中所讲:"吾闻用夏变夷者,未闻变于夷者也。"在这种文化传播过程中,华夏民族对其他少数民族依其于自身的区域方位而定称呼,如"东夷""西戎""南蛮""北狄"。自然落后的四邻也被这种先进的社会文化所吸引,从社会生产关系、生产力等诸方面积极引入和学习,如先进的封建制度到社会习俗,从典章知识到器皿用具,从瓜果菜蔬到黍稷稻麻,从君臣秩序到穿戴礼仪,即儒家统称的"礼乐教化"。虽然"西戎""北狄"等游牧民族数度侵扰,但中原文化强大而稳定的结构体系与内化力,却消化和内化了异族文化,反而使之接受华夏的"礼乐教化"而变成中国华夏族的共同体成员。

因此,四周封闭的地理环境、自给自足的农业经济、独立稳定的生产方式、先进有为的"礼乐教化"等诸多因素的束缚与限制,使中华文化培育出的华夏子孙眼界、心胸和发展观较为狭窄,经常性地处于一种封闭自我、只求自安、不向外看、囿于发展状态之中。朱元璋在其《皇明祖训》中就说:"西方诸夷,皆山隔海,僻在一隅,得其地不足以供给,得其民不足以使令。"这正是中华文化在军事上、政治上、经济上以及自身文化上保守性的反映。例如,明朝统治者为防止"元人"复来,限制民间交流活动,专门制定了"不思海上之发展,片板不得下海"①的"海禁"政策;清朝统治者为防止无限制通商而招致封建社会解体,就制定了"不准中国商船从事外洋贸易,洋人不准进入内地,洋妇不准入广州商馆"的"闭关锁国"政策,在经济、政治、文化等各方面都表现为唯我独尊和盲目排外的"精神"②。

正是在这种文化气质的影响下,中国文化中就有了"君子忧道不忧贫",为得到他人的尊重,不惜牺牲物质利益,在处理物与我、我与人、名与实的关系时,重义轻利、重名轻实,无视与轻视实际利益与利益原则的行为方式,使自己陶醉于由此而产生的崇高心理体验之中,就是这种妄自尊大的虚骄心理,使中国没有挤进向资本主义社会行驶的列车,在参与近代世界文明的竞争中,被远远抛在西方社会的后面而饱受欺凌。③

至于今天的体育文化,则有一例近代中国对西方文化态度的史实可以拿来引以为戒,当时德国首相俾斯麦敏锐地发现日本人游学欧洲时,"讲座学业,求地官制,归而行之",相比之下,中国人却显得目光短浅,就有了"日本其兴,中国其弱"的预言,而中国人则直接寻觅"某厂舰炮之坚利,某厂枪弹价值之低廉,购得而用之"。1894年,在中日甲午战争中,清王朝的北洋舰队一败涂地,30年后,梁启超对德国这位首相"不幸而言中中日之状况"而不胜感慨。④

三、中国体育文化发展的滋养

人类在长期的生产斗争实践中所创造的文明,包括物质文明、精神文明以及制度文明。不同的地理、人文等客观环境中,所孕生的文化就有不同的特质,不同的文化特质也会发展出不同的文化系统生成、发展、交流与传播、融合的演化进程与机制以及文化的不同层次和不同层次文化的相互关系等方方面面复杂的文化关系。对文化的研究和探索,正是源于

① 陈登原.国史旧闻(第三分册)[M].北京:中华书局,2000:66.
② 范文澜.中国近代史(上册)[M].北京:人民出版社,1962:59.
③ 高亚彪,吴丹毛.在民族灵魂的深处[M].重庆:西南师范大学出版社,2007:122.
④ 高亚彪,吴丹毛.在民族灵魂的深处[M].重庆:西南师范大学出版社,2007:136.

人类不满足于对物质文明的探索,希望把握更深层次的人类思维和行为方式产生与发展的规律,以及这些规律与社会发展变化之间的必然联系,从而使人类活动更具有自为的主动性。

(一)在不同环境中孕生的世界三大文明

古希腊人重视社会生活对个人的价值,他们崇尚和追求健硕的形体、勇敢的精神,他们将极大的热情和追求都投入到成就英雄伟业,从事航运商业活动,探索自然奥秘等个人探求与冒险活动之中。在这些活动中,逐渐形成了重视现实及现实的个人存在,珍视现实生活,追求生存的竞争,讲求民主政治,注意人与自然的关系等航海文明的文化特质。

而古印度人重视人的生命,推崇和追求消极的"永生",倡导自苦、自制和自我牺牲精神。印度民族文化中处处体现着"以博大精深的智慧思索时时有情的人生、以千万计的苦修与献身践行永恒的追求"等精神气质;古印度佛教就产生于这样的社会文化环境之中,作为印度文明雏形的印度佛教宣扬要"消极对待人生,追求彼岸世界"的人生观,在这种文化的熏陶中,形成了印度人不重视和不注意"客观世界的秩序"的一种人生倾向性,即没有充分考察和研究理想与现实或现实存在与人的意识之间的差别。

农业生产方式决定了人们必须春种秋收,而以水务治理农业发展的第一要求,这就需要为达到预期目的而统一组织"大规模的人力协作体系",而大规模的"群体协作"在催生"集体意识"的前提下,也催生出了"封建王权"的出现,这一体系需要有专治王权来集合单个盲目意志形成统一意志,专制王权通过各级组织与官僚来行使其管理职能,从而形成了"身份制"的人际关系和重视人际关系等道德伦理法则。而"集体意识"又在身份制的引导下,转变为一种单向的服从义务,并在发展过程中,通过维护封建伦理原则的方式得以固定下来。同时,劳苦的生活使中国人具有了"坚强的忍耐力"这一心理特征。因此,中国人具有很强的心理素质,这种强大的心理素质不仅能够把痛苦内化,而且还能够通过理智与感情冲突,实现物与我"和谐与统一"的再平衡,进而促使个体去应对和适应各种艰难的客观环境。

在此基础上,中国农业文明就形成了"专治与统一"的制度以及抑制个性、推崇集体意识和个人权威的心理特征。中华民族"杀身成仁,舍生取义",重视个人对社会包括国家、历史、家庭、亲友的价值,仰慕安邦定国、名垂青史的精神就源于这一心理特征。[①]

(二)西方强势文化带来的挑战

1.西方文化的强势入侵

文化传播学告诉我们,在多种文化的传播与交流过程中,主体文化首先要依据自身的价值追求对外来文化进行筛选,使之能够实现与主体文化的有机融合。这种选择与融合具有面与线的双重表现。以中国近代的"西学东渐"为例,西方近代(外来)文化与我国民族传统(固有或主体)文化相结合后,就能够形成一个个新的文化"生成体",从而构成了一个可供

---

① 吴丹毛.文化精神[M].郑州:河南人民出版社,2012:14-40.

我国民族传统文化选择的"文化平面",然后,由我国民族传统文化进行选择;而就在西方外来文化与我国民族传统文化相结合的过程中,由于西方文化与我国民族传统文化之间结合的紧密程度不同,以及西方文化被我国文化接受的程度不同,会形成西方文化占有不同比重的多种"文化变异体",按照与我国民族传统文化亲疏程度、结合紧密程度的不同呈现出线性排列状态,由我国的主体文化进行选择。这就形成了越是接近我国主体文化的"文化变异体"越容易被接受,但是,越是在容易被接受的"变异体"中,所隐含的西方文化信息的比重也就越低。这种选择对我国民族传统文化的发展至关重要。至于我国民族传统文化会做出什么样的选择,是由我国民族传统文化主体的性质所决定的。

中国文化受到西方文化的冲击,不是中西双方政治、经济以及"纯文化"性的交流,而是以近代西方资本主义文明为先导的、以军事侵略的形式,使西方强势文化伴随着血和火的战争而传入的。这就使得中西文化的交流困难极大,这是因为,这种强势入侵使得在中国文化一方面自然滋生一种抵御与抗拒心理,另一方面还要以积极的态度接受西方先进文化来完成资本主义文化的启蒙重任。因为,这一过程与主动承认外来文化的长处并虚心学习其长处所遇到的障碍要大得多,其中,就主要包括克服来自我国文化内部的心理障碍和对外来文化强制性的反抗性障碍。因此,我国近代的国人只能根据各自对西方文化的了解和认识程度,以及自己所具有的政治主张与抱负采取不同的处理方式,不同的处理方式对西方文化的容量不尽相同,这也形成了诸多的"文化变异体",供近代统治集团和社会大众去选择,而历史也将证明哪一种选择更适合民族文化及中华民族的生存和发展。

2.西方文化入侵带来的挑战

近代西方资本主义文化进入中国后,我国主体文化对其的选择也存在多种不同的态度:完全拒绝、全盘接受、改良、"西体中用""中体西用"等。完全拒绝的态度要克服的心理障碍最小,然而由于西方文化中的合理因素也被拒绝,对民族文化的生存和发展危害最大;"西体中用"的典型代表就是太平天国革命运动,其大规模地接受了西方文化,以新的社会理想去号召、鼓动和组织广大民众向落后的封建主义制度斗争。其接受已不仅仅局限于西方文化中的表层文化,如主张、仪式、口号等,而且也大量吸收了西方的组织制度、法律等中层文化,这些西方文化在太平天国革命初期的军事活动中,发挥了极为重要的作用。比如,"人皆兄弟"的博爱思想就博得了大批民众的支持和拥护,而所谓基督教义强调的"人无私财""严格供给制度""夜卧不光身,白昼不裸上体"的禁欲主义等西方文化,虽然也发挥了积极作用,但是,由于它的深层文化内涵与中国传统文化相距甚远,所以也会产生极大的负面效应。事实上,太平天国革命运动军事上的失败,首先是由文化上的失败造成的,其既不可能对外来文化进行深入的、系统的比较、分析与筛选,也没有按照实际需要和文化交流的规律对文化进行选择及结合,并加以正确引导和灵活运用,这种生硬的全盘接受是错误的。例如,设立"男营"与"女营"就废除了中国传统意义上的宗亲与家庭,这在战时是可行和必要的,但在和平时期就显得距中国传统文化太远,因此,是不会不引起人们的反感与抵制的。①

"中体西用"是我国文化面对西方文化时，主动性选择的一种体现，是清末"洋务派"对西方文化所秉持的一种态度，"洋务派"从维护清朝政府的封建主义统治出发，将西方文化划分为科学技术和政治经济制度两大部分，企图在科学技术领域学习西方，而在政治制度、经济制度领域则全力维护中国传统的封建君主专制制度，这是因为"洋务派"们出于自身的政治地位考量，认识到西方文化对中国传统文化和中国国体造成的巨大威胁，试图保护清王朝统治而采取的态度。

以清末"戊戌维新派"为代表的改良思想是中西文化交流过程中的另一种态度。事实上，它首先总结了日本明治维新中，对西方文化的学习态度和改革成果，认为日本是学习西方文化较为成功的范例，中国应仿效日本，应走"改良"的道路，"改良"是中国现实社会发展的有效途径。因为，"改良"可以避免剧烈的革命运动给社会生产力所带来的严重破坏，也可以避免革命后的反复与动荡。这是"维新派"们通过对英法资产阶级革命审视时明确认识到的问题。然而，由于中国文化没有接受过西方资本主义文化的启蒙，难以接受英国式的"君主立宪政体"，特别是它对高度专制的掌握实权的统治者来说是断难接受的。因此，其结果必然会招致失败。

"全盘西化"的主张，是一批激进的民主主义者和先进思想的知识分子发现推翻了清朝政府的封建君主专制并不等于推翻了整个封建制度，旧的文化传统仍在支配着人们的心灵与行动时，企图以西方文化替代中国传统文化，以便挑战并冲击中国深层的民族传统而采取的态度。他们大量介绍和引进西方学术思想，甚至喊出了"全盘西化"的口号。诚然，"全盘西化"是一定行不通的，因为"全盘西化"本身违反文化交流过程的客观规律，在中国这个具有深厚传统文化基础的国度里是不可能实现的，因此，对于我国这样一个有数千年丰厚文化底蕴的古老民族来说，在文化交流过程中，从所形成的文化变异体中再进行认真审视和选择才是一条正确的文化交流与学习之路。

在历史车轮驶过 100 年后的今天，当我们重新审视文化交流的历史，并将"彼时"与"现时"的情况进行比较时，就会发现，许多深层文化问题并没有得到真正解决，如何正确认识传统文化与文化现代化的关系问题，是时代给我们提出的一个新问题，任何文化革新都不可能超越或撇开现有的传统文化基础，有时甚至必须依靠和借助传统文化的力量。

于体育文化而言，当人们怀着急切的心情寻求体育文化的发展与运动技术的进步，追求体育文化的社会与经济价值时，一些传统文化的思想意识和伦理道德约束力就变得相对弱小，传统文化中的"重义轻利""正其道不谋其利"的观念，受到"拜金主义""极端自由主义"和"功利主义"等文化的冲击，于是，"技低钱高""以大打小""以假乱真"等，追求"奢靡享乐""重利轻义"等西方思想文化毫无防范地被引了进来。许多"禁区"的打破，必然会带来和引发一系列的社会问题，其中，最为严重的问题就是人们对整个中国传统道德的漠视与轻视成了一种普遍现象。

———————————————

① 吴丹毛.文化精神[M].郑州:河南人民出版社,2012:33.

四、世界体育需要中国体育文化的滋养

在研究我国古代体育发展与体育文化演变的历史与轨迹时，不难发现，我国古代体育文化对世界体育文化的发展贡献巨大。当西方世界绝大部分地区还处于萌发初始状态之时，中国民族传统体育文化已经逐渐开始向具有多元价值追求的世界先进文化过渡，并在其快速的发展过程中，逐渐形成了较为成熟的、具有自己鲜明个性的、高度发达的东方体育文化聚合体。而此时的西方，以欧洲及地中海地区古代希腊、罗马为代表的西方古代体育才刚刚起步或萌生，又经历了数百年（公元前 8 世纪至公元前 5 世纪）的发展，西方体育文化才得以逐渐形成和整体性发展。所以说，在世界早期的体育文化发展过程中，以中国古代传统体育文化为代表的东方体育文化作为世界主流体育文化，占据着世界体育文化发展的主导地位，并影响和推进着世界体育文化的发展。至今，虽然由于人类历史发展历程以及人类对体育文化追求的不断变化，中国传统体育的某些内容渐渐失去了往日的光彩，还有一些内容已经或正在消失，但中国民族传统体育中那些充满魅力和生命力的文化却由于曾经拥有的影响力，使其所具有的东方体育的气质和精神历久不衰，至今，不仅能够在东方体育文化中依然熠熠生辉，而且在西方体育文化中也能看到、感受到其影响和贡献。

以我国古代的"捶丸"为例。1282 年，在我国元朝时期，宁志斋编写的《丸经》曾记述，捶丸作为一种球类运动或游戏形式，早在我国宋朝时期就已经出现了，而且一直兴盛于宋、元、明三个朝代的宫廷内和民间。山西洪洞水神庙中《捶丸图》壁画上，有一幅描绘"捶丸"运动的图示资料，此图把参与捶丸运动的击球者的动作、球窝、球杖、地形、环境等都刻画得异常生动和形象。明朝时期，捶丸依然在民间体育活动中广泛流行，而且也成了宫廷中的一项高雅娱乐活动。现存于世的《明宣宗行乐图》中，就有一段描写与刻画明宣宗皇帝参与捶丸活动的场面，包括捶丸时的地理环境、地形特征、球的轮廓以及击球动作等，这一图示跟《丸经》中的叙述和《捶丸图》上刻画的场景基本一致。在总结和回顾西方体育运动发展的历史时，许多西方人认为，12 世纪，苏格兰人所玩的一种叫作"巴卡尼克"的游戏经过长期发展，逐渐演化成现代的高尔夫球运动。而且有证据显示：早在 14 世纪中期，就已经有英国人在进行一种近似现代高尔夫球的游戏运动了。然而，依据我国元朝时期《丸经》的记载，我国早在 1282 年就已经出现了捶丸运动的竞赛规则，比英国人确定高尔夫球竞赛规则的时间早了将近 500 年，亦有人说是 472 年。（最早于 1754 年，由苏格兰的圣·安德鲁斯高尔夫球友会制定了现代高尔夫球运动的规则。）同时，从运动形式、运动技术及运动方法上来讲，属于中国古代民族传统体育的"捶丸"运动和被西方人称为源于英国的现代高尔夫球运动，在三个方面的基本形式是相同的：第一，两种运动方式都有在活动场地的地面上挖出的"球洞"，在中国的捶丸运动规则中，被称为"球窝"，而在高尔夫球运动中被称为"球穴"，而且赛场"球洞"设置的差异性不大。《明宣宗行乐图》中记载，捶丸运动一共有 10 个球洞，而现代西方的高尔夫球运动则在场地中设置了"9 或 18 个球洞"。第二，中国古代的捶丸运动与西方现代的高尔夫球运动均是用球杖将"球体"击打入洞,两种运动形式所使用的球杖基本相同。第三,中国古代的捶丸运动与西方现代高尔夫球运动的场地选择、设计、布局方面极为相似。据《丸经》记载,捶丸场地要求要有凸凹、有平整、有峻仰、有低矮、有阻碍、有迎里、有内外的园林为场地;而现代西方高尔夫球对场地设计与布局也有特殊的要求,即既要有平坦地形、光滑的草地,还要有凹凸的地段、粗糙的沙洼,既要有水池、水沟等障碍物,还要有斜坡、沟壑等地质体。因此,从中国古代的捶丸运动的规则、运动形式与运动方法同西方现代高尔夫球运动的相似度及出现的时间上来看,西方现代高尔夫球运动显然具有中国古代捶丸运动的特征。有东、西方学者的大量史料研究表明,1219 年至 1260 年的 40 余年时间,我国北方的蒙古人先后进行了三次针对亚欧诸国大规模的西征,最远至欧洲的匈牙利、波兰等地区,将此前封闭的亚欧大陆彻底打开,从此,"东西往来如织""商贾教士及随从军队者不计其数"。此时,"东学西渐"得以实现,中国古代文明所造就的优秀古代文化被传入欧洲,如对欧洲文艺复兴与宗教改革运动产生过深远影响的中国古代三大发明——造纸术、印刷术、火药就在此时被传入欧洲。在这一东西文化大规模交流的时代,中国民族传统体育如捶丸、蹴鞠、体操等被传入欧洲部分地区乃至整个欧洲大陆是可能的。而只有顽固地坚持"西方中心论"的一些西方学者不愿意承认这一历史事实,因此,我国体育文化研究者们都有史料证据和理由相信,以中国为代表的东方体育文化对西方近代体育的产生与发展具有一定的贡献。这一贡献就包括如今吸引了成千上万爱好者的现代西方体育活动——高尔夫球运动,与在中国文明大地上盛行了千余年的中国古代的捶丸运动有着一定的渊源。①

而正如前面的论证所反复说明的一种事实,即由于中国古代的地理、人文、哲学、社会环境不利于带有强烈对抗与激烈竞争色彩的西方竞技式体育的发展。我国古代社会顺应自然、勤劳顽强的生活习惯,天人合一、静心修身的处事规范,和谐共处、清净淡泊的宽和精神,决定了中国古代体育(即使含有一定竞技性的体育)都呈现出一种以"礼"为先,追求身心和谐发展,重视文化娱乐价值追求的鲜明特征,这一特征与西方的那种带有强烈功利性、挑战性、激烈性的体育形式不同。同时,中华民族传统文化中的淳朴务实、顽强不屈的抗争精神,反映在古代体育之中就表现为"围绕战争需要",与相关的"军事训练"活动紧密结合,如田径、武术、蹴鞠、马球、游泳等。

如今,当重竞争与对抗、重成绩量化与效率追求、重挑战极限与身体潜能的西方竞技体育文化,以奥林匹克运动文化为主体,充满着浓重的功利主义色彩,在不断追求人类身心的极限,挑战人类生活的平衡状态,充分显示其文化适应性的优势与优质时,其在更宽泛的层面上,即在身体文化追求层面上的劣势与劣质也逐渐凸显出来,而且也导致诸多的问题和麻烦,使人类正滑向人性丧失、极端个人主义、拜金主义的泥潭。此时,中国传统体育文化就显现出了其巨大的优势,其以重视身体养生,兼顾身心和谐,倡导天人合一、张弛有度、动静结合、内外兼修、简洁朴实等基本理念和价值追求竭力回避着激烈竞争性、强烈功利性、极端的个人主义、拜金主义,使得目前我国民族传统体育在新的历史时期、新的社会发展条件下,已

---

① 崔乐泉.东方体育文化之魂——中国古代体育文化及其特征[N].光明日报,2008-07-24.

经被许多西方人所重视和热爱,反映了中国传统体育文化的强大生命力,其对当代体育主流文化一些不恰当的追求是一种超越和矫正,因此,中国民族传统文化在现实条件下又具有了时代意义,其一定会也一定要走向世界,走进世界体育文化的丛林中,而世界体育文化的健康发展,同时也需要中国传统体育文化提供滋养。

第四节　探寻中国学校体育教学内容选编的文化新视角

一、中国学校体育教学内容选编的文化时代性

(一)对待中国传统文化的几种态度

1.中国传统文化"赞美论"

西方文化自诞生之日起,就始终有源于古希腊的"西方人文主义思想"的滋养,倡导充分的个人自由和尊重个人权利,追求个人物质利益的最大化,崇尚西方式的民主政治制度,追求人文主义精神;而中国文化注重人与人、人与自然和人与社会之间的和谐关系,重视社会现实问题的解决。在面临着环境污染、家庭解体、强势政治与文化、局部侵略与战争等严重的社会与国际问题时,国人能够非常清晰地感受到中国传统文化所崇尚的,诸如"中庸之道""天人合一""世界大同"等的价值追求,这些都是可以用来保证世界"全球化"和谐发展,以及挽救西方"功利性""极端利己性""血腥掠夺性"等资本主义文化的一副副"灵丹妙药"。而从历史发展来看,在中国传统文化的伦理道德规范中,"心中有他人""互以对方为重"的思想是未来世界文化发展的趋势,而这必将取代西方的"个人本位""以自我为中心"的思想。西方"物支配人"的社会必将被"人支配物"的社会所取代,中国文化中"尊重自然,崇尚伦理实践"的思想文化,应该成为世界先进文化,而被西方人所接受和效法。

2.中国传统文化的"复兴论"

未来的中国文化的发展应致力于对自身文化的研究、丰富与发展,中华文化的复兴不能依赖对西方文化的简单效仿或盲目借鉴,照此发展,中国文化的复兴将会为世界文化发展作出更大的贡献。东西方文化各有其特点,也各自有自身的优、缺点,西方文化更多地强调人对自然的征服与改造,以高度发达的科学技术引领社会与人类的进步。而中国文化更多地强调人与人之间关系的和谐,讲究"人伦至上""互以对方为重",以此来促使每一位社会成员都能认清自己的责任和义务,并且以追求"礼仪与谦让"为先。这与西方的本位主义以个人为中心、以自我为中心的传统文化精神追求完全不同。因此,梁漱溟先生指出,一个礼让的社会必将在资本主义社会之后兴盛起来,这一社会文化的特质是,不强调对物质利益的追求为重,能够完美地解决人与人之间的和谐关系,如相安共处、彼此尊重等社会问题,这种社

会就是社会主义社会和共产主义社会,所以,中国文化的复兴必然代表着世界文化未来的发展方向。

3.中国传统文化的"批判论"

中国传统文化以"大一统文化"为追求的目标和宗旨,产生于古代农业文明时期的这种封建专制主义的"和谐型"文化,所保护的正是从封建专制主义整体中,产生出来的那个集权和"集权隶属型"的社会结构。这种文化的基本追求就是通过调和其内部构成因素,并建立起"和谐机制"来为"大一统"服务。中华民族传统文化强调"共性至上"和"集体主义意识"的"群体性"原则,虽然在中国长期的封建社会发展历史上,对社会稳定和民族团结与融合起到过积极的维护作用,但是,由于它否定"人的个性",反对人对"个人价值与权力"的追求,所以,它远离了未来人发展的需求,对人未来的发展来说,是具有破坏性和压抑性的文化。

(二)中西文化融合的问题和体育的责任

文化心理的变革是一个复杂、艰巨的过程,这使得文化融合的过程也十分复杂。研究文化融合有两个关键问题,其一,是如何在中西文化之中,寻找到最佳的"熔点";其二,是对中西文化交流的手段和途径的探寻。在这两个方面,中国的文化学术界普遍采取的方法是,在对中西文化差异点的寻找中,找寻"熔点",而寻找到的"差异点"似乎就是中西文化之间的"熔点"。比如,西方文化强调"人的个性",即便是在集体意识中,也不忘强调以"尊重个性"为前提,而中国文化强调"集体意识"、抑制"人的个性"发展,倡导个人利益服从组织利益。那么,就有学者设想将部分"崇尚个性"的西方文化元素注入强调"集体意识"的中国文化之中,这样就可以造就一种具有新的文化价值的观念,这种"新的文化价值观念"就兼容了中西两种文化的优点,而淘汰掉了中西方文化各自的缺点。然而,事实并非如此简单,对一种新文化价值的产生来说,尚无法证实将两种文化中的优质元素,人为地"融合"在一起而形成的"新文化",是否会按照"融合"者的意愿,来发挥其作为"新文化"的价值,而不会造成其价值的反向发展,因为,就人的主体性选择来说,哪一种文化的基因更为强大,其价值取向就会向哪个方向发展,这就造成了一种可能的"不确定性"。一旦这种不确定性成立,两种文化中劣质部分的结合和保留,反而会造成"融合者"文化追求愿景中的文化优质部分被淘汰。所以,中西文化融合靠简单的叠加或形式上的结合是不行的,两种文化的融合有赖于文化双方力量的大小和力量的彼此转化,在更大程度上,也依赖于我们能否把握这种融合的规律,控制这种融合的客观进程,依赖于社会文化制度所选取的社会文化政策和文化交流的原则。

在世界文化传播与交流过程中,学界普遍认为,任何一个国家都不能,也不可能彻底抛弃保持民族稳定发展的传统文化。文化融合的过程,其实就是国家文化如何更有效地利用传统文化,并在其中注入有助于其发展的外来文化,从而使传统文化发生优化性渐变,马克思主义思想在中国的传播与发展、创新与内化就是最为典型的成功案例。马克思主义作为一种外来文化,之所以能够在指导我国的新民主主义革命和社会主义改造中发挥其优质文化的巨大作用,很重要的原因就是始终坚持"实事求是"的原则①,马克思主义的追求者在自身不断的文化与实践探索中,逐渐完成了使马克思主义与中国革命和建设文化发展的融合。这一实现"文化融合"的成功经验对我们今天的文化建设和社会改造仍具有不可忽视的借鉴价值和指导意义。因为这种西方文化与我国传统文化的恰当与合理的融合,首先是融合手段与途径的合理与科学,为此,中国共产党付出了整整一代人的努力。如今,在新的西方文化强势东来所形成的"文化革新"浪潮的冲击下,如何确立科学合理的文化融合手段与途径的问题,再一次要求认真面对历史赋予我们的这一责任。

(三)文化发展战略理性分析

1.中国传统文化现代化面临的问题

有学者认为,中国传统文化的内部不存在西式"现代化"的文化基因,而西方现代化的发展方式也不是中国传统文化发展的必然规定或唯一的方向选择。因此,中国文化的未来发展与文化的现代化只能是一种西方优秀文化基因的移植和本土化培育的过程,这一过程需要通过不断的文化遗传与文化变异,来培育出一种不同于西方文化但优于西方文化、不同于中国传统文化又胜过传统文化"创新体",它将兼收中西两种文化的优质部分而淘汰各自的劣质部分,这个"文化创新体"的出现需要一代代传统文化守护者与开拓者的精心培育。

同时,世界各国的现代化都不可能脱离国际全球化的大环境而独自发展,广泛的国际交流与合作、相互协调与促进,以及以此为追求的思想意识上趋向相互认同与影响,价值观念上的彼此理解与尊重是各国进行"现代化"建设的共同特点和基本法则,对低文化势能的国家来说,这意味着要警惕民族文化精神与民族意识被淡化,以及民族凝聚力消弭甚至丧失,进而造成整个民族文化的分崩离析。而基于这种警惕性和防范意识的叠加,低文化势能国家的政府必须大力宣扬本民族传统文化来强化传统的民族意识。而对本民族文化的提倡和推崇,必须把握一个"度",以确保其不影响现代化进程。

因此,任何改革除了要强调时间上的缓慢渐进性,还要重视对民族传统文化稳定基因的保护。因为中国的现代化进程受到一系列慢变因素的制约:作为现代化主体力量的人的基本素质还相对较低;现代社会的思想意识还亟待完善,进行商品经济建设的理论和个体能力还需要研究;传统文化中的优质文化气质需要弘扬,劣质文化气质需要破除;组织资源作为现代化的载体需要长期培养与扶持;不同利益集团或既得利益集团,对有损切身利益的改革必然会顽强抵制。这些难题都需要一代又一代人实事求是的实干精神和不懈努力才能得以解决。而借助传统文化的势能推进民族传统文化的现代化是一种十分明智的选择。

2.中国传统优质文化的重建

中国民族传统文化是世界上最为稳定也是最具特色的典型性文化之一,它不仅具有顽强的生命力,在几千年来的发展过程中不但从来没有中断过,而且一直在影响和同化着周边民族的文化。目前,中华民族在全球化的大背景下,正在实现从传统社会向现代社会的根本

---

① 　陈占安."马克思主义中国化"的科学内涵[J].思想理论教育导刊,2007(1):9-14.

转变,这一历史性变革,对中国民族传统文化带来了巨大挑战,因为,"现代化"不是中国民族传统文化自身内部固有文化元素,也不是中国作为传统农业国家的民族传统文化发展的必然规定,它是西方文化的产物。所以,中国民族传统文化要实现现代化目标,就必须有选择地实现与西方文化的融合。因此,中国传统文化的未来发展,既不应该是"全盘西化",也不应该是"抱残守缺",追求中国民族传统文化的代表——儒家文化的全面复归,而应该是认真研究中国民族传统文化之中符合现代化的优质元素,再把中国传统文化纳入与世界文化特别是西方文化发展的共同轨道之中,借鉴、吸收有利于自我完善与发展的西方文化元素,逐渐形成适应全球化发展的、符合现代化要求的中国特色文化。这种发展方式要求不但不能丢失民族传统文化的特色,而且还必须促使这种特色得到进一步的加强,这就是总结数千年来中国传统文化稳定发展和存在的经验而得出的结论。要使民族传统文化与世界先进文化并轨,不但需要艰苦的努力,更需要智慧、机敏和耐力。对待这一历史的重担,每一位中华儿女都责无旁贷。

中国传统文化建设中,历来具有重视意识形态领域建设的传统,重视个体思想意识对国家建设与发展的作用,重视个体社会理想信仰对社会政治文明的价值。而中国文化精神核心中,强调"以天下为己任"的高度社会责任心、献身精神以及对真理的执着追求态度都是民族文化中的宝贵遗产。因此,要建设现代化的国家文化,首先必须重建中华民族传统文化的主体思想,有人认为,中华民族传统文化主体思想的核心内涵应该是"先天下之忧而忧,后天下之乐而乐""天下兴亡,匹夫有责"的责任心和义务感,主要任务是开创或营造一种"上下同心,官民一体,齐心协力,共渡难关"的良好局面或自然环境。通过对战后的德日两国崛起的历史经验来看,这是一个必须首先完成的历史任务,而像德日一样,世界上每一个能够在逆境中崛起的民族都有过这种经历。[①]

二、中国学校体育教学内容选编的文化方向性

世界"科学文化中心"从古代中国转移至意大利之后,历经英国留于美国,一直被西方人引以为豪,也因此出现了"西方中心论"的思想。然而,欧美近现代资源侵略与浪费式的经典发展方式,已经由发展初期的人均资源占有量相对过剩状态转变为人均占有资源的极度萎缩、不足和环境被严重破坏。因此,中国的现代化发展不具备欧美社会发展的优势:因为社会与自然资源充裕,个人才可能拥有众多的机会以及可观的收益;而在人口众多、资源稀缺的中国,个人过度的资源占有,必然会造成对其他社会成员生存条件的剥夺,这是威胁社会公平法则的一大问题;在强调人际关系的社会文化环境中,强调无限制的所谓"公平竞争",必然造成人与人之间残酷的搏杀,而形成其实"不公平的竞争",这是威胁社会平等法则的又一大问题。因此,如何充分发挥中国民族传统文化的力量,借助于"和谐"的人际关系的力量,强调"社会群体协调"的手段与方法去抑制过度的竞争,使得社会资源进行相对合理的分配,就成为中国文化的传统核心。这也是既具有历史性又具有现实合理性的中国特色社会

---

① 吴丹毛.文化精神[M].郑州:河南人民出版社,2012:170-175.

主义建设的必然选择,而中国现代化发展不可能以欧美文化为主要导向,这是包括体育文化发展在内的我国文化发展的基本路向选择。

(一)经济全球化发展的价值取向

20 世纪 90 年代,苏联的解体使东西方两大政治集团的冷战结束,世界战争的氤氲逐渐消散,然而,随之而来的就是经济全球化的到来,信息社会与知识经济的形成,又带来了世界范围内经济与文化的交流与冲突,多极化发展趋势与一极化发展的大国意愿的矛盾。在此方面,世界格局的变化正在将中国推向合作与发展的前沿:美国作为强力推进世界一极化的政治、军事、文化强国,正在逐渐失去世界的信任和支持;由于西欧建立起了统一的货币与防务政策,大幅度裁军取得了突破性进展,美国正逐步失去其在欧洲政治、经济、军事上的领导权;同时,为摆脱经济危机的威胁,谋求经济的快速发展,欧洲共同体与美国利益集团的国际竞争日益加剧,这两个相互对立的贸易集团不可能建立起稳定的世界秩序;而日本作为全球性经济大国,早已不满于自身"二流政治强国"的国际从属地位,其一直在谋求政治上的重新崛起,对美国全球霸权地位的挑战,首先表现在日美持续性的贸易摩擦,为谋求政治大国甚至军事大国的地位,日本参议院又通过了向海外派兵的法案对全球提出了挑战。在这种国际发展环境中,中国作为一个负责任的政治大国,在处理国际事务中发挥着重要的作用。因此,无论基于对地缘政治的考量,还是从经济利益出发,美国都必须重视发展同中国的经贸及政治关系。

所以,在目前国际关系格局的分化和重组之中,在全球化背景下频繁的国际交往中,世界各国都在寻找自我发展的机会,为自我发展创造条件。在此过程中,它们无不把自己的国家民族利益放在首要地位。为建立良好的"地缘政治",尊重国家的政治制度与意识形态、尊重他国的主权与领土完整、认同不同文化的差异性与独立性必将成为未来国际关系的基本准则,这就是经济全球化发展的必然价值取向。因此,积极建立和维护有利于我国发展的国际政治、经济环境,主动地对地区和国际形势发展施加影响,树立大国意识,为世界现代化进程作出必要的贡献是我国目前发展的主要责任。

(二)中国已成为国际经济竞争的主体力量

在经济全球化发展过程中,在"西方中心论"和自身经济利益的驱使下,为保持西方国家的经济、政治优势地位,维护西方资本的共同利益,一些西方发达国家之间,早就形成了一种发展战略的"默契",极力维护历史上形成的、不合理的国际经济格局。尽管激烈的冲突和争夺也会在这些发达国家之间时隐时现,但为共同的经济利益,它们一定会联手与后进的发展中国家作战,以便继续维持它们的经济地位,向落后国实施经济掠夺,这就是所谓的"弱肉强食"。面对世界经济格局纷繁复杂的变化,中国必须积极地投身于世界经济发展的洪流之中,坚持对外开放政策,确立自己在世界经济发展与竞争中的有利位置。在此形势下,中国经济要走向世界,首先就要建立起强有力的文化保障系统,增加自己的文化话语权及影响力,只有这样才能在政治、经济交流中,增强彼此的了解与信任,在国际市场中保有自己足够的话语权。

三、中国学校体育教学内容选编的文化特色性

有人说,体育文化发展研究的难点在于,它不像对社会经济发展的研究那样,具有明确的可以物化、量化、具体化的指标体系。体育文化作为整个社会文化的一部分,其自身就具有广泛的包容量和宽大涵盖面,而且还尚未被清晰化和形成共识性的概念。有人根据体育的文化消费对象,将体育文化分为三大类:第一类是群众性体育文化,即主要是社会大众参与和从事的各种体育活动,以及各种体育文化消费活动等,这类体育文化具有全民性、健身性、娱乐性、教育性等作用;第二类是学校的教育性体育文化,即主要是面向学校学生,根据学生的年龄、性别,以及学段、级段特点而设计的,主要由学校学生参与和接受的体育教育活动;第三类是为国家安全培养军事斗争所需要的人才的军事体育文化,即主要是根据未来军事战争的需要,为提升军事战斗人员的战斗力,而直接面向军事人员身体素质和能力提升的一类体育活动。

目前,在全球化的背景下,人们已经深刻感受到,体育文化作为各国普遍存在,国际交流频繁,传播直接、迅捷,影响深刻的一种身体文化,具有其特殊的人文和社会价值。它作为一种为保证现代社会发展,而进行的人才培养体系中不可或缺的教育手段或生活方式,无时无刻不在影响着人类的生活、学习与生产实践。从体育文化的基本结构来看,体育文化包括两大部分内容,一部分内容来自我国传统民族体育文化的总结与发展;一部分内容来自对外来先进体育文化(特别是奥林匹克竞技体育文化)的介绍和借鉴。但是,无论哪一部分体育文化的内容,在其传承、发展与创新性的总结过程中,都需要根据文化发展和文化育人的需要进行一些人为的"去粗取精""去伪存真"性的筛选工作。因为,在人类文明所创造的体育文化从蛮荒时代的体育萌芽,逐步积累、完善,使之得以丰富和发展,形成了今天具有强大影响力的体育文化系统之后,人类明显地感受到了体育文化价值的深厚以及文化力量的强大,特别是在目前世界经济全球化促进文化一体化的大背景下,来自不同国家和地区,具有不同文化内涵和不同世界观、价值观的体育文化在交流与发展过程中,不断地进行着冲突与结合,渗透与排斥的文化融合。

因此,我国的学校体育教育在与国际体育接轨,实现学校体育文化世界一体化的学校体育教学内容的选择与比较、借鉴过程中,学校体育理论研究者不但应重视对国内外体育教育的基本原理、普遍现象,以及体育基本知识对学校体育教育的普适性进行分析,还应加强对国内外体育教育价值取向的独特性和方向性以及体育教学内容对这种价值取向的独特性和方向性的适应性进行深入研究,以实现我国学校体育教学内容的世界性与民族性的辩证统一,而在这一研究过程中,坚持民族传统文化基本追求和基本利益至上的原则,是必须努力遵守的研究原则之一。这一原则要求体育文化的研究者在对中外体育教育现象进行比较研究时,不但要站在文化的高度上,深刻领悟研究对象的民族性、教育针对性、政治倾向性等,以确保学校体育文化对学生教育的安全性,而且还要认真分析与研究这些体育文化育人的适应人群与条件、实施范围与标准,以确保体育文化选择与加工的准确性。

所以,我们作为体育工作者或研究者,必须要以高度的责任感和自觉性去对待我国体育

文化事业的发展,去研究我国体育文化的历史与价值,还要充分认识和理解中西方体育文化的差异性,以及造成这些体育文化差异性的实际影响因素,对西方体育文化不能盲目借鉴、移植或简单附会,特别是在体育人文社会科学领域,不能被错误的"体育观念预设"所左右而不自知。每一位体育人、研究者、体育文化的传播者都应该拥有对我国体育文化的自信和自尊,并在此基础上,不断增强自己独立、深入思考体育文化的意识和能力。只有这样,我国的体育文化才能变得更鲜活、更智慧、更具魅力;也只有这样,我国的体育文化事业才能在每一位体育人自觉与自为的行动中,获得长足的进步;一个先进的、有影响力的体育文化体系才能得以建立,一个独立、智慧的"体育强国梦"也才能在体育文化的簇拥下成为现实!

参考文献

［1］罗时铭.中国体育通史(第三卷)［M］.北京:人民体育出版社,2008.

［2］罗时铭,赵诅华.中国体育通史(第四卷)［M］.北京:人民体育出版社,2008.

［3］傅砚农.中国体育通史(第五卷)［M］.北京:人民体育出版社,2008.

［4］盛琦.中外体育民俗文化［M］.北京:北京体育大学出版社,2011.

［5］谭华.体育史［M］.北京.高等教育出版社,2005.

［6］谷世权.中国体育史［M］.北京:北京体育大学出版社,1997.

［7］成都体育学院体育史研究所.中国近代体育史资料［M］.成都:四川教育出版社.1988.

［8］苏竞存.中国近代学校体育史［M］.北京:人民教育出版社,1994.

［9］李晋裕,滕子敬,李永亮.学校体育史［M］.海口:海南出版社,2000.

［10］中国第二历史档案馆.中华民国史档案资料汇编:第三辑(教育)［M］.南京:江苏古籍出版社,1991.

［11］中国史学会.戊戌变法(三)［M］.上海:上海人民出版社,1957.

［12］深化学校体育教学改革的研究课题组.深化学校体育教学改革的研究［M］.北京:人民教育出版社,1999.

［13］毛振明.学校体育发展史［M］.桂林:广西师范大学出版社,2005.

［14］毛振明.体育教学论［M］.2版.北京:高等教育出版社,2011.

［15］毛振明.实用学校体育学［M］.北京:北京师范大学出版社,2009.

［16］李祥.学校体育学［M］.北京:高等教育出版社,2001.

［17］毛振明.体育课程与教材新论［M］.沈阳:辽宁大学出版社,2001.

［18］毛振明,于素梅.体育教学内容选编技巧与案例［M］.北京:北京师范大学出版社,2009.

［19］毛振明.体育教学科学化探索［M］.北京:高等教育出版社,1999.

［20］毛振明.探索成功的体育教学［M］.北京:北京体育大学出版社,2001.

［21］曲宗湖,杨文轩.域外学校体育传真［M］.北京:人民体育出版社,1999.

［22］曲宗湖.体育课程的约束力与灵活性［M］.北京:人民体育出版社,2002.

［23］赖天德.学校体育改革热点探究［M］.北京:北京体育大学出版社,2003.

［24］赖天德.中国学校体育改革评述［M］.北京:高等教育出版社,2007.

［25］吴志超,刘邵曾,曲宗湖.现代教学论与体育教学［M］.北京:人民体育出版社,1993.

［26］杨文轩,陈琦.体育原理导论［M］.北京:北京体育大学出版社,1996.

［27］杨文轩,陈琦.体育原理［M］.北京:高等教育出版社,2004.

［28］张洪潭.技术健身教学论［M］.上海:华东师范大学出版社,2000.

［29］潘绍伟,于可红.学校体育学［M］.北京:高等教育出版社,2006.

［30］周西宽.体育学［M］.成都:四川教育出版社,1988.

［31］卢元镇.体育社会学［M］.北京:高等教育出版社,2001.

［32］卢元镇.体育的社会文化审视［M］.北京:北京体育大学出版社,1998.

［33］卢元镇.中国体育社会学［M］.北京:北京体育大学出版社,1996.

［34］卢元镇.体育人文社会科学概论高级教程［M］.北京:高等教育出版社,2003.

［35］苗大培.论体育生活方式［M］.北京:北京体育大学出版社,2004.

［36］程义广.中国近现代体育思想及体育教育发展论纲［M］.北京:北京体育大学出版社,2007.

［37］龚坚,张新.体育教育学［M］.重庆:西南师范大学出版社,2006.

［38］杨霆,颜天民.体育学习原理［M］.桂林:广西师范大学出版社,2005.

［39］张学忠.学校体育教学论［M］.北京:人民体育出版社,2002.

［40］季浏.体育课程与教学论［M］.桂林:广西师范大学出版社,2005.

［41］陈雪红.学校体育学［M］.北京:北京师范大学出版社,2008.

［42］刘清黎.体育与健康［M］.北京:高等教育出版社,2002.

［43］胡定荣.课程改革的文化研究［M］.北京:教育科学出版社,2005.

［44］课程教材研究所.20世纪中国中小学课程标准·教学大纲汇编(体育卷)［M］.北京:人民教育出版社,2001.

［45］王策三.教学论稿［M］.北京:人民教育出版社,1985.

［46］吕达.中国近代课程史论［M］.北京:人民教育出版社,1994.

［47］陈景磐.中国近代教育史［M］.北京:人民教育出版社,1979.

［48］裴娣娜.教学论［M］.北京:教育科学出版社,2007.

［49］弗·弗·克拉耶夫斯基.教育学原理［M］.张男星,曲程,等,译.北京:教育科学出版社,2007.

［50］施良方.课程理论——课程的基础、原理与问题［M］.北京:教育科学出版社,1996.

［51］黄甫全.现代课程与教学论(上册)［M］.北京:人民教育出版社,2006.

［52］乔治·J·波斯纳.课程分析［M］.3版.仇光鹏,韩苗苗,张现荣,译.上海:华东师范大学出版社,2007.

［53］郝德永.课程与文化:一个后现代的检视［M］.北京:教育科学出版社,2002.

［54］丛立新.课程论问题［M］.北京:教育科学出版社,2000.

［55］崔允漷.校本课程开发:理论与实践［M］.北京:教育科学出版社,2000.

［56］顾明远,孟繁华.国际教育新理念［M］.海口:海南出版社,2001.

［57］顾明远.民族文化传统与教育现代化［M］.北京:北京师范大学出版社,1998.

［58］高孝传,杨宝山,刘明才.课程目标研究［M］.北京:教育科学出版社,2001.

［59］陈晓端,郝文武.西方教育哲学流派课程与教学思想［M］.北京:中国轻工业出版社,2008.

［60］靳玉乐.现代课程论［M］.重庆:西南师范大学出版社,1995.

［61］靳玉乐.对话教学［M］.成都:四川教育出版社,2006.

［62］靳玉乐.反思教学［M］.成都:四川教育出版社,2006.

［63］靳玉乐,于泽元.后现代主义课程论［M］.北京:人民教育出版社,2005.

［64］靳玉乐,李森.现代教育学［M］.成都:四川教育出版社,2005.

［65］靳玉乐.新课程改革的理念与创新［M］.北京:人民教育出版社,2003.

［66］李秉德.教学论［M］.北京:人民教育出版社,2001.

［67］钟启泉.现代课程论［M］.2 版.上海:上海教育出版社,2003.

［68］钟启泉,李雁冰.课程设计基础［M］.济南:山东教育出版社,2000.

［69］钟启泉,张华.世界课程改革趋势研究(上卷)［M］.北京:北京师范大学出版社,2001.

［70］钟启泉,张华.世界课程改革趋势研究(中卷)［M］.北京:北京师范大学出版社,2001.

［71］钟启泉,张华.世界课程改革趋势研究(下卷)［M］.北京:北京师范大学出版社,2001.

［72］钟启泉,崔允漷,吴刚平.普通高中新课程方案导读［M］.上海:华东师范大学出版社,2003.

［73］钟启泉.课程的逻辑［M］.上海:华东师范大学出版社,2008.

［74］舒新城.近代中国教育思想史［M］.福州:福建教育出版社,2007.

［75］舒新城.中国近代教育史资料(上册)［M］.北京:人民教育出版社,1961.

［76］舒新城.中国近代教育史资料(中册)［M］.北京:人民教育出版社,1961.

［77］张岱年.文化与哲学［M］.北京:教育科学出版社,1988.

［78］石中英.教育学的文化性格［M］.太原:山西教育出版社,2005.

［79］黄书光,王伦信,袁文辉.中国基础教育改革的文化使命［M］.北京:教育科学出版社,2001.

［80］高宁.教育的嬗变和文化传承［M］.长沙:湖南大学出版社,2008.

［81］徐辉.课程改革论:比较与借鉴［M］.北京:人民教育出版社,2011.

［82］黄志成.国际教育新思想新理念［M］.上海:上海教育出版社,2009.

［83］郑金洲.教育文化学［M］.北京:人民教育出版社,2000.

［84］刁培萼.教育文化学［M］.南京:江苏教育出版社,2000.

［85］汪霞.课程研究:现代与后现代［M］.上海:上海科技教育出版社,2003.

［86］司马云杰.文化悖论——关于文化价值悖谬的认识论研究［M］.济南:山东人民出版社,1990.

［87］刘旭东.课程的价值取向研究［M］.兰州:甘肃教育出版社,2002.

［88］夏志芳,邓志伟.网络文化·课程开发［M］.合肥:安徽教育出版社,2008.

［89］袁振国.当代教育学［M］.北京:教育科学出版社,2004.

［90］陈玉琨,沈玉顺,代蕊华,等.课程改革与课程评价［M］.北京:教育科学出版社,2001.

［91］于向东,苑德庆,董馨.基础教育课程改革研究［M］.上海:华东师范大学出版社,2007.

［92］林玉体.美国教育思想史［M］.北京:九州出版社,2006.

［93］杨自伍.教育:让人成为人——西方大思想家论人文与科学［M］.北京:北京大学出版社,2010.

［94］戚谢美,邵祖德.陈独秀教育论著选［M］.北京:人民教育出版社,1995.

［95］毛礼锐,沈灌群.中国教育通史:第四卷［M］.济南:山东教育出版社,1988.

［96］曲宗湖,杨文轩.学校体育教学探索［M］.北京:人民体育出版社,2000.

［97］约翰·杜威.杜威五大演讲［M］.胡适,译.合肥:安徽教育出版社,2005.

［98］赵祥麟,王承绪.杜威教育论著选［M］.上海:华东师范大学出版社,1981.

［99］杜威.哲学的改造［M］.许崇清,译.北京:商务印书馆,1958.

［100］小威廉姆·E.多尔.后现代课程观［M］.王红宇,译.北京:教育科学出版社,2000.

［101］亚瑟·K.埃利斯.课程理论及其实践范例［M］.张文军,译.北京:教育科学出版社,2005.

［102］塞缪尔·亨廷顿,劳伦斯·哈里森.文化的重要作用——价值观如何影响人类进步［M］.程克雄,译.北京:新华出版社,2002.

［103］David G. Armstrong.当代课程论［M］.陈晓端,等,译.北京:中国轻工业出版社,2007.

［104］爱德华·泰勒.原始文化［M］.连树声,译.上海:上海文艺出版社,1992.

［105］水原克敏.现代日本教育课程改革［M］.方明生,译.北京:教育科学出版社,2005.

［106］佐藤学.课程与教师［M］.钟启泉,译.北京:教育科学出版社,2003.

［107］佐藤正夫.教学原理［M］.钟启泉,译.北京:教育科学出版社,2001.

［108］丹尼斯·劳顿,等.课程研究的理论与实践［M］.张渭城,环惜吾,黄明皖,等,译.北京:人民教育出版社,1985.

［109］麦克·杨.未来的课程［M］.谢维和,王晓阳,等,译.上海:华东师范大学出版社,2003.

［110］约翰·洛克.教育漫话［M］.傅任敢,译.北京:教育科学出版社,1999.

［111］马林诺夫斯基.文化论［M］.费孝通,等,译.北京:中国民间文艺出版社,1987.

［112］伍尔夫松.比较教育学——历史与现代问题［M］.肖甦,姜晓燕,译.北京:教育科学出版社,2007.

［113］顾明远,薛理银.比较教育导论——教育与国家发展［M］.北京:人民教育出版社,1998.

［114］埃德蒙·金.别国的学校和我们的学校——今日比较教育［M］.王承绪,邵珊,李克兴,等,译.北京:人民教育出版社,2001.

［115］赵中建,顾建民.比较教育的理论与方法——国外比较教育文选［M］.北京:人民教育出版社,1994.

［116］易中天.读城记(修订本)［M］.上海:上海文艺出版社,2002.

［117］资中筠.坐观天下［M］.桂林:广西师范大学出版社,2011.

［118］王天一,夏之莲,朱美玉.外国教育史(下册)［M］.北京:北京师范大学出版社,1985.

［119］毛振明,李忠诚.论选择体育教学内容的依据、原则与方法［J］.中国学校体育,2010(3):15-18.

［120］毛振明.对建立有中国特色体育课程和体育教材体系的探讨［J］.广州体育学院学报:

2002(3):86-87,92.

[121] 毛振明.对体育课程整体设计(大中小学课程衔接)的研究[J].北京体育大学学报,
2002(5):656-659.

[122] 毛振明.对现行中小学体育教学大纲目标体系的质疑[J].北京体育师范学院学报,
2000(2):1-5.

[123] 毛振明.论体育教材的选编[J].天津体育学院学报,2002(4):34-36.

[124] 毛振明,赖天德.论体育教学目标与体育教学内容的关系——兼析"目标引领教材内
容"与"课程内容资源开发"的问题[J].中国学校体育,2005(6):50-52.

[125] 毛振明.论体育教学内容的层次[J].体育教学,2002(4):4-5.

[126] 毛振明,赖天德.论体育课与促进学生健康的关系[J].中国学校体育,2004(4):59-60.

[127] 毛振明.深化体育课程教学改革要正确对待运动技能教学——对"淡化运动技能教
学"的质疑[J].中国学校体育,2004(3):8-9.

[128] 毛振明,赖天德.试析体育教学的主轴线——兼对"课的主轴线是目标而不是教材"等
说法的质疑[J].中国学校体育,2007(4):16-19.

[129] 毛振明.体育教学内容的分类方法[J].体育学刊,2002(6):8-11.

[130] 毛振明,赖天德.再谈体育教学内容的开发问题——对提倡"扁担南瓜进课堂"主要观
点的辨析[J].中国学校体育,2007(5):18-20.

[131] 毛振明,赖天德.体育课应引进什么新的教学内容[J].中国学校体育,2006(4):12-13.

[132] 毛振明.好的体育课的核心是好教材[J].体育教学,2007(3):49-51.

[133] 毛振明.对当前我国体育课程与教材理论的几点质疑(上)——读《新中国中小学体育
教材建设五十年》后的思索[J].体育教学,2000(3):18-20.

[134] 毛振明,赖天德.体育课应引进什么新的教学内容[J].中国学校体育,2006(4):12-13.

[135] 毛振明,赖天德.如何正确理解与运用自主学习[J].中国学校体育,2006(9):28-31.

[136] 毛振明.体育教材排列理论与方法研究[J].天津体育学院学报,2003(4):44-46,88.

[137] 盖清华,毛振明.体育教学内容的合理分层与排列——教科版初中《体育与健康》教材
特色分析[J].基础教育课程,2008(2):32-34.

[138] 贾齐.被组织的游戏:体育课程的一种理解——体育课程本体的解释学考察[J].体育
与科学,2005(1):18-23,59.

[139] 贾齐,周田敬,谭惜春.论体育学科教学内容的双重性特征及实践性意义[J].体育与科
学,2000(4):44-47.

[140] 贾齐.试论中小学教材构成形式多样化与教学内容理解之关系[J].体育教学,1998
(1):8-9.

[141] 王华倬.从历史经验看影响体育课程改革发展的因素[J].体育学刊,2004(11):78-80.

[142] 王华倬.论我国近现代中小学体育课程的发展演变及其历史经验[J].北京体育大学学
报,2005(7):937-941.

[143] 曾世华,陈婕.文艺复兴在体育思想史上的地位和贡献[J].上海体育学院学报,1999
(5):175-176.

[144] 王广虎.健康理念内涵的把握与学校体育改革的思考[J].成都体育学院学报,2001

（4）:29-33.

[145] 赖天德.选择体育教学内容的原则[J].中国学校体育,2010(4):2-3.

[146] 李世伟,杨飞云,卢其宝.选择体育教学内容的依据与方法[J].中国学校体育,2010
　　　（3）:32.

[147] 穆可辉.选择体育教学内容的基本依据与方法[J].中国学校体育,2010(3):29.

[148] 谢卓锋.体育教学内容选择依据的综述[J].中国学校体育,2010(3):28-29.

[149] 莫邦新.选择小学体育教学内容的基本原则[J].中国学校体育,2010(3):36.

[150] 蔡全坤.选择体育教学内容的三大策略[J].中国学校体育,2010(3):27.

[151] 于文忠.选择体育教学内容的教育性原则[J].中国学校体育,2010(3):36.

[152] 樊江波,胡滨.从发展的角度分析体育教学内容的选择[J].中国学校体育,2010(3):
　　　24-27.

[153] 董玉泉.如何合理有效地选择体育教学内容[J].中国学校体育,2010(3):22-24.

[154] 邵伟德,谢丽,邹旭铝.新课改以来体育教学内容研究状况分析与思考[J].体育教学,
　　　2010(6):44-46.

[155] 梁龙旭.论体育教学内容的创生[J].中国学校体育,2010(3):35.

[156] 潘绍伟.学习目标、内容标准与学习内容的关系[J].中国学校体育,2004(2):69-70.

[157] 滕子敬,季浏,耿培新,等.体育与健康课程为什么要目标统领学习内容[J].中国学校
　　　体育,2002(5):13-14.

[158] 宋旭.体育课程内容资源的开发和利用——读《体育课应引进什么新的教学内容》
　　　有感[J].体育学刊,2007(3):9-11.

[159] 岳志勇.学校体育兴起的背景与历史条件的比较[J].安徽体育科技,1998(3):14-16.

[160] 刘一民.略论体育的人文价值[J].天津体育学院学报,2002(3):66.

[161] 杨丽华.论学校体育教学内容的结构[J].北京体育大学学报,2000(4):535-537.

[162] 陈名实.基督教青年会与中国近代体育事业[J].中国宗教,2008(7):57-59.

[163] 卢元镇.面向21世纪的中国体育教育思想及其嬗变[J].中国学校体育,1999(5):65.

[164] 高彩云,吴忠义.略论我国学校体育教学内容体系的重建——兼谈TROPS运动的理论与
　　　实践[J].北京体育大学学报,2004(1):92-94.

[165] 杨正云.卢梭体育思想研究[J].体育学刊,1998(4):56-58.

[166] 周爱光.体育本质的逻辑学思考[J].武汉体育学院学报,1999(2):19-21.

[167] 周佳泉.基督教青年会与中国近现代体育[J].体育文化导刊,1998(2):32-33.

[168] 张建华,芦平生.体育课程的逻辑起点问题[J].天津体育学院学报,2010(3):246-248.

[169] 何元春.中学体育课程模式多元化的立论基础[J].沈阳体育学院学报,2001(4):
　　　27-29.

[170] 何元春.新世纪体育观的转变给我国学校体育课程设置的启示[J].南京体育学院学
　　　报:社会科学版,2001(3):23-25.

[171] 熊晓正.关于体育理论与实践几个问题的思考[J].体育文化导刊,2009(10):9-14.

[172] 熊晓正,林登辕.从"普及与提高相结合"到"各类体育协调发展"[J].体育文史,1997
　　　(5):16-20.

［173］熊晓正.中华人民共和国体育的历史基础［J］.体育文化导刊,1999(6):18-21.

［174］熊晓正,曹夯,林登辕.20世纪中国人体育认知的轨迹 从"师夷长技"到"民力富强之本"［J］.体育文化导刊,1997(2):18-21.

［175］熊晓正,林登辕.从"尚武教育"的张扬到"体育真义"的探讨［J］.体育文化导刊,1997(3):19-22.

［176］熊晓正,陈晋章,林登辕.从"土洋"对立到"建设民族本位体育"［J］.体育文化导刊,1997(4):13-17.

［177］郑国华,熊晓正,王永.竞技运动何以能在西方产生——从中西体育文化历史比较的视角［J］.北京体育大学学报,2006(12):1620-1622.

［178］顾渊彦.困惑与征途——从体育课程标准谈当前体育课程改革的发展动态［J］.江苏教育,2002(9B):14-15.

［179］顾渊彦.体育课程设计与教学单元构建——对教学单元界定的商榷［J］.体育教学,2006(5):16-18.

［180］顾渊彦,于晓东."约束力"与"灵活性"相结合的理论基础［J］.体育学刊,2002(1):24-26.

［181］张细谦.体育课程的本质涵义［J］.体育与科学,2007(2):29-31.

［182］闻昊.冷静审视中国体育发展的规律——对两种流行观点的质疑［J］.体育文史,2001(2):25-26.

［183］杨芳.学校体育的症结与出路［J］.体育文化导刊,2004(4):48-50.

［184］张洪潭.体质论与技能论的矛盾论——百年学校体育主线索厘澄［J］.体育与科学,2000(1):8-16,22.

［185］张洪潭.中国体育三分结构新说［J］.体育文史,2001(2):24-25.

［186］蒋国权,高嵘.体育课程——从工具论到本体论的认识［J］.山西师大体育学院学报,2008(3):91-93.

［187］蒋国权,高嵘,蒋建辉.对体育课程的理解:"工具"到"文本"［J］.首都体育学院学报,2006(1):9-11.

［188］蒋国权.从文化哲学的视野解读体育课程本质［J］.浙江体育科学,2011(3):72-74.

［189］蒋国权,高嵘.当代我国体育课程本质研究的现状与思考［J］.首都体育学院学报,2008(1):52-54.

［190］谭华.试论近代中国体育观念的变迁［J］.体育文化导刊,1988(3):2-6.

［191］谭华.近代中国社会的变革与武术的进步［J］.华南师范大学学报:社会科学版,2003(1):116-127,152.

［192］郭劲松.试论自然体育的历史教训［J］.沈阳教育学院学报,2002(1):114-115.

［193］郑俊武,邓星华.美国实用主义教育思想对中国近代体育的影响［J］.体育文化导刊,1998(1):36-37.

［194］赵诐华.论自然体育及其对中国近代体育的影响［J］.体育文化导刊,1998(3):33-36.

［195］王健.建国以来中学体育课程目标建设初探［J］.上海体育学院学报,2000(1):22-27.

［196］韩敬全,郑学会,孙志宏.关于体育课程性质的论争［J］.体育与科学,2008(5):38-40.

［197］李金梅,路志峻.我国体育课程与文化探讨［J］.体育文化导刊,2004（2）:48-51.

［198］熊斗寅.什么是体育［J］.体育文化导刊,1996（6）:8-10.

［199］胡永红,周登嵩.体育课程改革的文化动因［J］.西安体育学院学报,2010（4）:483-486.

［200］陈莉.体育课程文化的结构与特征论析［J］.北京体育大学学报,2011（5）:97-100.

［201］邱远.试论人文视野中体育教育的生命意义［J］.沈阳体育学院学报,2005（4）:5-7.

［202］吴键.体育课程与教学改革的反思与困惑［J］.体育教学,2008（10）:16-18.

［203］王占春.新中国中小学体育课程教材的建设与发展［J］.中国学校体育,1991（1）:19-23.

［204］王占春.新中国中小学体育教材史论纲（二）［J］.中国学校体育,2009（6）:6-10.

［205］郝德永.文化性的缺失——论课程的文化锁定机制［J］.学科教育,2003（10）:8-12.

［206］赵颖,郝德永.当代课程的文化底蕴与品质［J］.教育科学,2002（5）:25-28.

［207］姜德刚,郝德永.当代课程的文化建构使命［J］.高等教育研究,2001（6）:86-89.

［208］钟启泉.“知识教学”辨［J］.教育探究,2007（3）:5-11.

［209］钟启泉.课程改革的文化使命［J］.人民教育,2004（8）:8-11.

［210］顾明远.21世纪的中国教育——教育观念的现代化［J］.北京高等教育,1997（4）:5-10.

［211］顾明远,高益民.现代化与中国文化传统教育［J］.北京师范大学学报:社会科学版,1995（5）:1-8.

［212］黄书光.中西功利主义教育思想之比较［J］.中州学刊,1997（3）:42-46.

［213］伍柳氏.和而不同多元共生——略论全球化背景下中国文化发展策略抉择［J］.湖南社会科学,2011（5）:181-183.

［214］王中男,贺巍巍.文化视阈下的课程异化与回归——试论课程文化品性的重建［J］.广西师范大学学报:哲学社会科学版,2008（2）:84-87.

［215］黄甫全.课程本质新探［J］.教育理论与实践,1996（1）:21-25.

［216］彭虹斌.论课程与文化之间的关系［J］.教育理论与实践,2004（12）:37-40.

［217］陈时见,朱利霞.一元与多元:论课程的两难文化选择［J］.广西师范大学学报:哲学社会科学版,2000（2）:25-28.

［218］庞娟.课程——作为文化、为了文化［J］.当代教育论坛:综合版,2011（1）:87-89.

［219］于洪卿.论课程的文化内涵［J］.教育评论,1997（1）:13-15.

［220］陈桂生.“课程”辨［J］.课程·教材·教法,1994（11）:1-5.

［221］裴娣娜.多元文化与基础教育课程文化建设的几点思考［J］.教育发展研究,2002（4）:5-8.

［222］于洪卿.关于课程的文化思考［J］.赣南师范学院学报,1997（1）:84-87.

［223］吴康宁.社会学视野中的教育［J］.教育研究与实验,2006（4）:1-5.

［224］郝文武.从本体存在到本质生成的教育建构论［J］.教育研究,2004（2）:21-25.

［225］刘启迪.学校课程实施的文化背景与对策［J］.教育发展研究,2007（1）:27-30.

［226］甘剑梅.关于教育起点观的哲学阐释［J］.教育研究,2003（1）:19-24.

［227］刘宇.试论课程变革的思维方式［J］.全球教育展望,2008(1):28-32.

［228］鲁洁.一个值得反思的教育信条:塑造知识人［J］.教育研究,2004(6):3-7.

［229］王中华.新课程实施的文化障碍与策略［J］.教育理论与实践,2008(4):28-29.

［230］石中英.学校教育与国家文化安全［J］.教育理论与实践,2000(11):11-14,18.

［231］郑信军.课程的文化建构和文化关注［J］.教育评论,2002(6):11-14.

［232］张红霞.回溯与展望:国内近年课程文化研究现状及反思［J］.河北师范大学学报:教育科学版,2009(4):37-43.

［233］靳玉乐,陈妙娥.新课程改革的文化哲学探讨［J］.教育研究,2003(3):67-71.

［234］刘虹嘉,孙涛.从功利的迷失中回归教育的真义［J］.教育与管理:小学版,2006(6):3-5.

［235］许祥云."功利性"教育评鉴［J］.江西农业大学学报:社会科学版,2002(2):59-61.

［236］桑敬民.功利的"教育"对孩子的伤害［J］.北京教育:普教版,2003(7):77.

［237］吕红芳,边宇.美国"新体育"思想的历史解析与启示［J］.广州体育学院学报,2013(2):12-16.

［238］江怡.美国实用主义哲学的现状及其分析［J］.哲学动态,2004(1):27-31.

［239］蒲志强,赵道卿,董淑道.民国时期(1927—1949)中学学校体育制度的演变过程、特点及其历史价值［J］.北京体育大学学报,2005,28(10):1386-1389.

［240］张细谦.浅析卢梭的自然主义体育思想［J］.体育与科学,1998(1):29-32.

［241］吕万刚,孙立海,姚望.大、中学校体操教学现状的调查及分析［J］.武汉体育学院学报,2006(7):94-97.

［242］殷超,马莉.体育学院体操课程的边缘化及对策研究——以广州体育学院为例［J］.广州体育学院学报,2014(6):113-116.

［243］燕凌,李京诚,韩桂凤.进步主义教育运动对美国学校体育的影响［J］.首都体育学院学报,2017(1):36-38,84.

［244］李佐惠,黄宽柔,关文明.中美学校体操教育发展历程的比较［J］.体育学刊,2006(4):98-101.

［245］蔺文革,孟辉,孙思哲.中美学校体操教育改革比较研究——兼论我国学校体操教育未来发展［J］.沈阳体育学院学报,2016(6):102-105.

［246］刘亮,吕万刚,魏旭波,等.由精品到共享:《体操》课程建设转型升级的实践探索及启示［J］.武汉体育学院学报,2016(9):56-62.

［247］朱子芳,杨光.中学体操教学的困境与出路［J］.浙江体育科学,2016(5):85-88,99.

［248］蔺新茂,毛振明."预设观念"——体育教育比较研究中的一把双刃剑［J］.天津体育学院学报,2011(5):405-408.

［249］蔺新茂.实用主义体育与体育教学内容的实用性分析［J］.北京体育大学学报,2016,39(11):82-88.

［250］蔺新茂.体育比较研究中的可比性问题分析——基于"背景可比性"的拓展与认识［J］.上

海体育学院学报,2017,41(3):1-8.

[251] 迟旭,周世厚.是什么使比较成为可能?——论比较教育中的可比性[J].外国教育研究,2009,36(4):1-6.

[252] 彭虹斌.比较教育功能的时代转换:从借鉴到理解[J].比较教育研究,2007(3):29-32.

[253] 崔滨.我们为何勤劳却不快乐[J].健康,2012(2):67.

[254] 程志理.比较体育的目的和任务[J].哈尔滨体育学院学报,1989(4):20-22.

[255] 周育国.对实用主义哲学的否定与肯定[J].辽宁师范大学学报:社会科学版,2004,27(1):12-14.

[256] 杨光富.杜威与实用主义教育思想研究的里程碑——《现代教育的探索——杜威与实用主义教育思想》评介[J].外国教育研究,2003(5):63-64.

[257] 郭法奇.探究与创新:杜威教育思想的精髓[J].比较教育研究,2004,25(3):12-16.

[258] 沈丽玲,张军献.进步主义教育运动对美国"新体育"思想的影响[J].成都体育学院学报,2013,39(6):43-46.

[259] 程文广.我国学校体育思想发展的哲学反思[J].北京体育大学学报,2015(5):77-83.

[260] 张炜.袁敦礼体育教育思想及其当代价值[J].体育科学研究,2016(1):1-4.

[261] 刘黎明,王梓霖.西方自然主义教育思想的教师观及其当代价值[J].当代教师教育,2015(3):24-29,46.

[262] 王涛,王健."启蒙理性"的逻辑与展演:美国学校体育的历史解构[J].体育科学,2016(1):12-19.

[263] 崔乐泉.从冲突走向融合——近代中国传统体育与奥林匹克运动发展的历史审视[J].体育文化导刊,2007(7):23-30.

[264] 周爱光,宋亨国.对体育文化内涵的思考[J].体育与科学,2004(4):10-12.

[265] 周爱光,宋亨国.对中国传统体育文化价值的再认识[J].体育文化导刊,2005(9):15-18.

[266] 徐勤儿,高晶.竞技体育的西方文化渊源[J].体育文化导刊,2008(3):39-40.

[267] 卢元镇.谨慎的迂回:中国发展高尔夫运动之路[J].体育文化导刊,2004(4):12-13.

[268] 卢元镇.休闲的失落:中国传统文化的遗憾[J].体育文化导刊,2007(1):9-10.

[269] 卢元镇.中华民族传统体育的国际化[J].体育学刊,2016(5):1-3.

[270] 卢元镇.中国武术竞技化的迷途与困境[J].搏击·武术科学,2010(3):1-2.

[271] 卢元镇.中国文化对篮球运动的选择、认同与变异[J].体育文化导刊,2008(3):21-23.

[272] 卢元镇.希望在于东方体育文化的复兴——兼论从中国少数民族传统运动会向东方运动会转型[J].体育文化导刊,2003(10):16-19.

[273] 郑光路.鲁迅与武术、气功——中国近代体育史上一段重要的史实[J].体育文化导刊,2003(10):67-70.

[274] 肖正德,潘超群.西方自然主义教学思想发展脉络及对回归本真教学的启示[J].教育研究与实验,2016(1):43-48.

［275］刘辉平.中西文化论争与《新民主主义论》的文化观［J］.江西社会科学,1991（S2）：100-105.

［276］熊晓正.21世纪中国体育文化发展的哲学思考［J］.体育文史,2000（6）:9-10.

［277］谭华.70年前的一场中国体育发展道路之争［J］.体育文化导刊,2005（7）:62-65.

［278］韩晓虎.1912年以前《大公报》对学校体育的影响［J］.体育学刊,2010（10）:64-66.

［279］谭华.近代中国社会的变革与武术的进步［J］.华南师范大学学报:社会科学版,2003（1）:116-127.

［280］李明泉,王卉.文化发展的理性选择——关于21世纪中国文化发展战略的一些思考［J］.中华文化论坛,2003（3）:55-56.

［281］王华倬.论我国近现代中小学体育课程的发展演变及其历史经验［D］.北京:北京体育大学,2003.

［282］盛晓明.中国、英国中学体育课程改革与发展的比较研究［D］.北京:北京体育大学,2004.

［283］于晓东.整体性体育课程研究——基于新中国体育课程的思考［D］.南京:南京师范大学,2008.

［284］董翠香.我国中小学体育校本课程开发理论与实践研究［D］.北京:北京体育大学,2004.

［285］胥英明.后现代体育课程研究［D］.广州:华南师范大学,2006.

［286］杜伟.体育课程制度的现代性审视［D］.苏州:苏州大学,2009.

［287］张细谦.体育课程实施研究［D］.广州:华南师范大学,2007.

［288］牟艳.民国时期实用主义体育思想研究［D］.苏州:苏州大学,2005.

［289］李强.体育教育专业培养目标和课程设计的研究［D］.北京:北京师范大学,2010.

［290］王富仁.莫用学生的主观性取代教师的主体性［N］.中国教育报,2006-07-30.

［291］李小伟.技能大赛能否成为体育教师成长的新"引擎"?［N］.中国教育报,2017-01-06.

［292］崔乐泉.东方体育文化之魂——中国古代体育文化及其特征［N］.光明日报,2008-07-24.

［293］Tyler, R.W. Basic Principles of Curriculum and Instruction［M］. Chicago:University of Chicago press, 1949.

［294］Oliva, P.F. Developing the Curriculum［M］.(4th ed). N.Y.:Longman,1997.

［295］Lewy, A.(ed).The International Encyclopedia of Curriculum［M］. Oxford:Pergamon Press, 1991.

［296］James R. Brown. Teaching and Coaching Gymnastics for Men and Women［M］. New York:John Wiley & Sons, 1980:14.

［297］Culler. Jonathan. Comparability［J］. World Literature Today, 1995, 69（Spring）:268-270.

［298］James R. Brown. Teaching and Coaching Gymnastics for Men and Women［M］. New York:

John Wiley & Sons, 1980: 14.

[299] Lee Mabel. A History of Physical Education and Sports in the USA[M].New York: John Wiley & Sons, 1983.

[300] Wood,Thomas D. Physical Education(Part I, Health Education), The Ninth Yearbook of the National Society for the Study of Education[M]. Chicago: The University of Chicago Press, 1910: 74-104.